U0154341

第2版

Macroeconomics

總體經濟學

王志成 博士 著

五南圖書出版公司 印行

序

preface

總體經濟學所涵蓋的範圍十分廣泛；包括總體政策、貨幣、國際金融、行為函數等，常使初學者，有見樹不見林的感覺。本書將較常見的課題予以整理，透過圖形以及簡單的數學說明，有系統地將各章節內容予以連結，使讀者能一窺總體經濟學之堂奧。

這本書適用於大學部已修完經濟學原理課程者，可供作為一學期二學分或三學分的總體經濟學或相關的課程之用。此外，為了提高學習的實用性，書末附有歷年國家考試的試題以及解答，可供讀者準備同等級的相關考試時練習之用，同時部分題目也附上詳解，希望能達到讀者自習的效果。

本書承五南圖書公司諸位同仁鼎力協助，終能付梓，尤其編輯部的悉心校稿，使本書的誤謬減到最低，在此予以致謝！

王志成 謹識

2008 年 5 月於桃園

目錄
contents

第一章

國民所得會計

總體經濟學是以整個經濟社會為研究對象，亦稱所得理論或就業理論。通常衡量一個社會或國家的經濟表現有三個總體經濟變數特別重要的，分別是所得（或產出）、物價水準和就業量。例如，我們關心所得是否成長、物價水準是否穩定、失業率是否上升。對於整個社會經濟造成的影響以及哪些相關的政策能予以改善現況。

本章一開始先介紹三個重要總體經濟變數裡的所得，說明所得（產出）的定義與衡量，以及物價指數的種類與衡量等，同時對國民所得是否可以作為一個國家社會福利衡量的指標予以討論，而有關另一個重要經濟變數就業（失業率）則留待後續章節再進一步說明。

第一節　國民生產毛額

一、定義

國民生產毛額的定義：一國的國民生產毛額（gross national product, GNP）是該國「全體國民」在「一定期間內」所生產出來，供「最終用途」的物品與勞務之「市場價值」。

我們把上述的定義做進一步的說明如下：

1. 全體國民：也包括居住在國外的本國國民。
2. 一定期間：是指一年。
3. 最終用途：為了避免重複計算產品的價值。
4. 市場價值：具有市場活動，有市價可客觀衡量者才可以被計入，但有兩項非市場活動，因為有市價可以衡量，故一向被計入 GNP 內，例如，設算租金和農民留供自用之農產品。

二、衡量

國民生產毛額的衡量：可由支出面和要素所得面來衡量，而衡量所得到的結果皆相同。

㈠支出面

GNP $= C + I + G + X - M$

C：民間消費支出，包括：⑴耐久性；⑵非耐久性消費財；⑶服務三大類。

I：國內投資毛額，投資毛額＝該期增購的機器設備＋該期建造的建築物＋該期存貨的增加

G：政府支出，包括：⑴各種產品購買；⑵僱用軍、公、教人員薪津。

$X - M$：出口減進口：因為前述的C, I, G, X都有包括國外的產品在內，故直接從$C + I + G + X$（包括國內消費和國外進口）減去國外進口（M）。

►釋例

假設某國的國民所得稅資料如下：

進口	102	民間消費支出	108
出口	154	政府消費支出	32
間接稅	28	政府對企業補助	2
公債利益	30	國內資本形成毛額	72
未分配盈餘	9	國內資本形成淨額	54
受僱人員薪資	131	公司營利事業所得稅	11

請問 GNP 是多少？　【89 年政大科管】

由 $Y=C+I+G+X-M=108+72+32+154-102=264$

㈡要素所得法（附加價值法）

如果我們由一家公司在一段期間內的經營結果來看，公司的利潤是如何形成，以下列簡單的方程式來看：

總收入－中間投入成本－工資－租金－利息－折舊費用－間接稅淨額（間接稅－政府補貼）＝利潤。
即總收入＝中間投入成本＋工資＋租金＋利息＋利潤＋折舊費用＋間接稅淨額
總收入－中間投入成本＝工資＋租金＋利息＋利潤＋折舊費用＋間接稅淨額
即總收入－中間投入成本＝附加價值

整個社會的附加價值加總等於 GNP。所以 GNP＝附加價值加總＝工資＋租金＋利息＋利潤＋折舊費用＋間接稅淨額。

三、各種國民所得之間的關係

國內生產毛額（gross domestic product; GDP）的定義是該國的全體住民（包括外國人）在一定期間內所生產出來，供最終用途的物品與勞務之市場價值。

㈠ GNP 和 GDP 之關係

GDP＝GNP－本國國民在國外之所得
　　　　＋外國國民在本國之所得

►釋例

某外籍女傭與老闆結婚後成為家庭主婦，下列敘述何者正確？

(A)GNP 增加，GDP 減少　(B)GNP 減少，GDP 增加

(C)GNP 不變，GDP 減少　(D)GNP 減少，GDP 不變

(E)GNP 減少，GDP 減少　(F)以上皆非　【91 年政大科管】

(C)

外籍女傭在台灣工作時，勞力所得是計入台灣的 GDP 內，若已不是外籍女傭變成本國人後，在家庭所提供的勞務，GNP 並不計入，所以本國 GNP 仍維持不變，而本國 GDP 反而減少。

㈡國民生產淨額（net national product, NNP）

NNP＝GNP－折舊
折舊＝投資毛額－投資淨額

㈢國民所得（national income, NI）

NI＝工資＋租金＋利息＋利潤
＝GNP－折舊－間接稅淨額
＝NNP－間接稅淨額

㈣個人所得（personal income, PI）

PI＝NI－勞而不獲＋不勞而獲
＝NI－（營利事業所得稅＋未分配盈餘＋政府財產與企業所得）＋國內外對家戶的移轉性支付。

㈤可支配所得（disposuble income, DI）

DI＝PI－直接稅＝C＋S

第二節　物價指數

在總體經濟學所講的物價和個體經濟學的價格是有所差異的，它不是單一商品的價格，也不是單一期間的價格，那麼總體經濟的物價是討論什麼，又將如何表達呢？

假設今年的X商品的價格是P_x，去年的價格是P_x^0，為了比較今年和去年的價格，我們可以寫成：

$\frac{P_x}{P_x^0}$，稱為物價指數（price index）

若$\frac{P_x}{P_x^0}>1$，則$P_x>P_x^0$表示X商品變貴了

若$\frac{P_x}{P_x^0}<1$，則$P_x<P_x^0$表示X商品變便宜了

我們把上式同乘商品數量Q_x^0，表示成：

$$\frac{P_xQ_x^0}{P_x^0Q_x^0}$$

若$\frac{P_xQ_x^0}{P_x^0Q_x^0}>1$則$P_xQ_x^0>P_x^0Q_x^0$，表示支出增加了。

若$\frac{P_xQ_x^0}{P_x^0Q_x^0}<1$則$P_xQ_x^0<P_x^0Q_x^0$，表示支出減少了。

但我們買商品，不可能只是單一的，假設再加入一項y商品，則可表示成：

$$\frac{P_xQ_x^0+P_yQ_y^0}{P_x^0Q_x^0+P_y^0Q_y^0}$$

這個式子我們就x、y價格和x、y商品數量分開來討論；首先就x、y價格；若P_x、P_y是指消費者購買的商品與服務之價格則所計算的物價指數稱為消費者物價指數（consumer price index; CPI）。

若P_x、P_y是指生產者購買的商品與服務之價格則所計算的物價指數稱為躉售物價指數（wholesale price index; WPI）。

就x、y數量而言：

CPI和WPI是以基期的數量（Q_x^0、Q_y^0）或稱為固定的數量來作為權數（weight），由於CPI所用的權數，一般是以家庭收支調查得到的消費結構來計算的，故CPI亦常作為衡量生活成本（cost of living）指標，此外，物價膨脹率或稱通貨膨脹率（inflation rate），通常也就是指CPI的年增率：亦即以$\frac{\text{CPI}_t-\text{CPI}_{t-1}}{\text{CPI}_{t-1}}$作為第$t$年的物價膨脹率。

接著，我們再介紹另一種常見的物價指數，稱為國民所得平減指數（GNP Deflator），表示如下：

$$\text{GNP Deflator} = \frac{P_xQ_x + P_yQ_y}{P_x^0Q_x + P_y^0Q_y}$$

我們也是仿前面的物價指數、把價格和數量分開來討論；就 x、y 的價格；

P_x、P_y 是所有生產的商品與服務之價格，這個價格包括消費者、生產者和政府購買價格，所以範圍比CPI大，但只包括國內的生產商品，而CPI則包括國內和國外的消費商品。

就 x、y 的數量：

CPI 和 WPI 是基期的數量(Q_x^0、Q_y^0)而 GNP deflator 則是當期數量(Q_x、Q_y)。

上式中 $P_xQ_x + P_yQ_y$ 定義成名目 GNP（norminal GNP）

$P_x^0Q_x + P_y^0Q_y$ 定義成實質 GNP（real GNP）

故 $\text{GNP deflator} = \dfrac{\text{名目 GNP}}{\text{實質 GNP}}$

由於 GNP deflator 必須先求出名目 GNP 和實質 GNP，並不是直接求出的，故又稱為隱性物價指數（implicit price index）。

►釋例

從美國進口到台灣的小汽車降價，它會反應在：

(A)國民所得平減指數和消費者物價指數，兩者皆會

(B)國民所得平減指數和消費者物價指數，兩者皆不會

(C)國民所得平減指數但不會反應在消費者物價指數

(D)消費者物價指數但不會反應在國民所得平減指數 【91 年淡江保險】

(D)

與消費者有關的進口品降價，將會反應在CPI內，而國民所得平減指數所衡量的只包括本國的生產商品，並不包括國外的商品，故國外商品降價國民所得平減指數不會反應。

►釋例 1

假設民國 90 年的 GDP 平減指數為 125，實質 GDP 為 1,000，則名目 GDP 為：

(A)800　(B)8　(C)125,000　(D)1,250　(E)1,125　(F)以上皆非

【91 年政大科管】

(D)

$Y = Py = 1.25 \times 1{,}000 = 1{,}250$

►釋例 2

某國生產甲、乙、丙三種商品，其價格和數量如下表所示：

商品	1996 年		2001 年	
	價格	數量	價格	數量
甲	5	12	10	20
乙	3	10	10	20
丙	4	18	12	10

(1)請以 1996 年為基期，1996 年之數量為權數計算 2001 年之消費者，物價指數（CPI）。

(2)請計算 1996 年及 2001 年之名目 GNP。

(3)請計算 2001 年實質 GNP。

(4)請計算 2001 年 GNP 平減指數。【91 年銘傳管科】

(1)$\dfrac{10 \times 12 + 10 \times 10 + 12 \times 18}{5 \times 12 + 3 \times 10 + 4 \times 18} \times 100\% = 269.14\%$

(2)(1) $5 \times 12 + 3 \times 10 + 4 \times 18 = 162$

(2) $10 \times 20 + 10 \times 20 + 12 \times 10 = 520$

(3) $5 \times 20 + 3 \times 20 + 4 \times 10 = 200$

(4)$\dfrac{520}{200} \times 100\% = 260\%$

第三節　國民所得作為經濟福利指標的問題

我們常以平均國民所得的高低來區分該國家是已開發國家、開發中國家或未開發國家，在印象裡平均國民所得愈高的國家，似乎代表著該國家的社會福利。例如，歐美、日本等國家，但以平均國民所得來衡量一個國家的福利高低，是否有缺失存在呢？由於平均國民所得的計算必須是有公開的交易市場，可衡量的，可以被具體量化者。如果上述有一不成立，衡量出的平均國民所得可能會有低估的情況發生；以下列舉以平均國民所得作為經濟福利指標所可能發生的問題。

一、無法反映所得分配

「平均」的概念不等同於「分散」程度的功能。例如，平均每人國民所得為 16,000 美元，不代表每一個國民都擁有 16,000 美元。

二、地下經濟難以掌握

違反法律或以物易物的交易，無法由官方加以記錄者，並未列入 GNP 的衡量內，但這些交易不代表不存在。

三、漏掉了未上市的生產成果

除了設算租金和農民留供自用的農產品有計入GNP外，其餘未計算在內。

四、忽視休閒的價值

休閒可以提高人們的生活品質，甚至增進工作效率，但 GNP 卻未能考慮休閒價值。

五、外部成本與負產品也未扣除

例如，環境的汙染，GNP 未能將其衡量在內。

六、未能分辨產品性質與產品品質

產品品質的提升，可以使人們的效用提高，但GNP只能量化其價格而已。

第四節　家戶所得分配

測量個人的所得分配，以判斷其均勻與否，有兩種判斷指標，分別是：

⑴羅倫玆曲線（Lorenz curve）；⑵吉尼係數（Gini coefficient）。

先以一個簡單的例子來說明；若整個社會有10戶，將戶數繪在橫軸上，並予以累加，累加完了再同除10，換算成家戶累積百分比，同時，我們也假設整個社會的所得共有10元，將所得數繪在縱軸上，並予以累加，累加完了再同除10，也換算成所得累積百分比，如下頁圖：若整個社會的所得分配完全均勻，則有20%戶數會有20%之所得，40%的戶數有40%的所得等，即落在對角線上表示該社會的所得分配是絕對平均，若有20%戶數，卻沒有分配到任何的所得，如E點，或有100%戶數，卻只分配到20%的所得，如F點，皆表示該社會的所得分配是絕對不平均，而一般的所得分配情況是介於這兩種極端之間，將低所得逐漸往高所得累計的戶數百分比，與他們對應的所得擁有比例之累加百分比所形成的曲線，稱為羅倫玆曲線（Lorenz curve）而這條曲線愈接近對角線表示所得分配愈平均。反之；羅倫玆曲線離對角線愈遠，愈靠近直角三角形則所得分配愈不平均。

在比較兩個國家的所得分配、哪一個比較平均時，可以將兩個國家的羅倫玆曲線放在一起比較，愈接近對角線（絕對均等線）則該國的所得分配較平均，但如果是有幾個國家要一起比較時，並將所得分配情況予以排序，若採用羅倫玆曲線就會變得比較繁複了。這裡介紹另一種衡量所得分配指標，稱為吉尼係數（Gini coefficient），這裡先定義吉尼係數；我們把A（即對角線和羅倫玆曲線圍成的面積）當分子，而$A+B$當作分母，即$A/A+B$。若所得分配絕對平均，則羅倫玆曲線和對角線重合，即A的面積趨近零，則吉尼係數接近零。反之；若羅倫玆曲線愈靠近直角三角形時，即A的面積接近$A+B$時，則吉尼係數接近一。因此，吉尼係數愈小，表示所得分配愈平均。而吉尼係數的範圍是介於零和一之間。

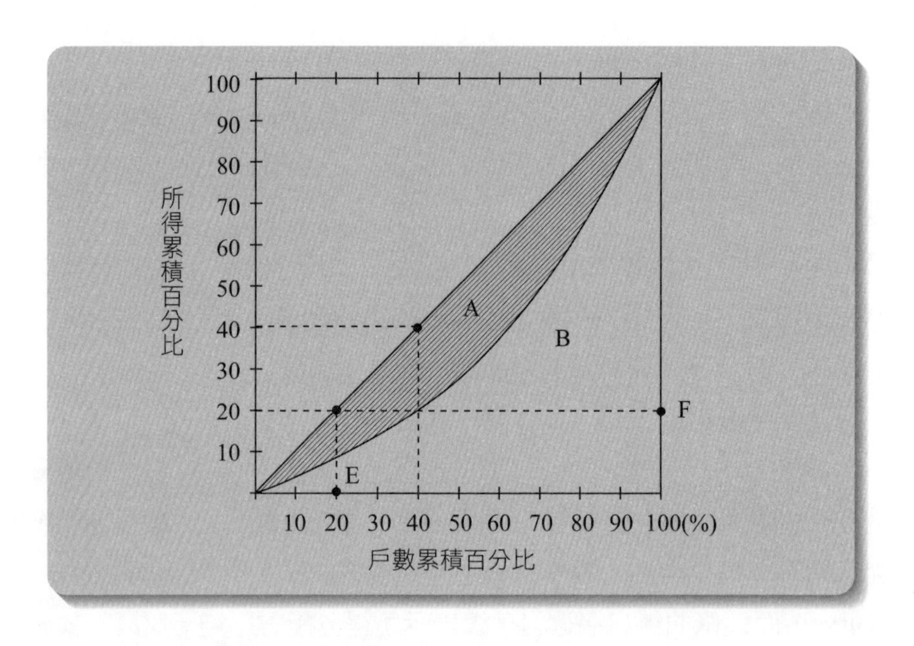

第五節　新的經濟福利指標

由於以 GNP 作為衡量一個國家之社會福利指標有上述的缺失，經濟學者諾浩思（William Nordhans）和杜賓（James Tobin）在 1972 年提出經濟福利測度（measure of economic welfare, NEW）；試圖修正以國民所得來衡量國民經濟福利之缺失：

國民生產毛額（GNP）
減：折舊
國民生產淨額（NNP）
加：休閒
　　未上市產品
　　遺漏資本所提供之勞務
減：無益的產品
　　負產品
　　遺漏資本之折舊
　　其他
經濟社會淨額（NEW）

由上述的經濟福利淨額（NEW）是否可以用來取代傳統衡量社會福利指標 GNP 呢？由於 NEW 的衡量項目無法客觀地予以衡量，甚至涉及到主觀的價值判斷等問題，例如，休閒的價值如何衡量。

而所謂的無益產品是哪些？例如，香菸對不抽菸的人是無益產品，但對癮君子而言，卻不是無益產品，所以NEW存在無法衡量與主觀判斷等問題，因此以 GNP 作為衡量社會福利指標雖有諸多的缺失，但卻不失其可衡量與客觀性，所以至今還是以 GNP 作為社會福利的衡量指標。

題庫精選

一、選擇題

(　) 1. 甲乙兩家人原本各自居住在自有住宅中，如果他們交換房屋住，並給付對方等同於市場價值的租金，則國民生產毛額會：　(A)不變　(B)增加　(C)減少　(D)先增後減。　【91年普考第二試】

(　) 2. 關於國民所得的衡量，從支出面計算可以表示成「民間消費」加「投資毛額」加「政府消費」加「出口」減「進口」，以下敘述何者正確？　(A)民間消費只計算經過市場交易的產品　(B)投資毛額包括該期存貨的增加　(C)政府消費部分包括購買性支出以及移轉支出　(D)出口等於進口時，國際貿易對國民所得沒有貢獻。

【94年普考第二試】

(　) 3. 計算國內生產毛額時只將最終產品和服務列入是因為　(A)這是唯一在交易過程中真正被購買的產品或服務　(B)中間財的損耗數量無法計算　(C)中間財的購買價格不易搜查　(D)將所有商品或服務都列入會導致重複計算。　【94年四等特考】

(　) 4. 下列何者屬「最終產品」（final goods）？　(A)建材　(B)家庭用水　(C)中央公債　(D)起重吊車。　【90年普考第一試】

(　) 5. 關於國民生產毛額（GNP）和國內生產毛額（GDP）的說明，以下敘述何者正確？　(A)兩者的差等於要素在國外所得淨額　(B)兩者的差等於外人直接投資淨額　(C)通常國民生產毛額大於國內生產毛額　(D)通常國內生產毛額大於國民生產毛額。

【91年普考第二試】

( ) 6. 下列何者為衡量所得分配程度的指標？ (A)吉尼係數 (B)加速原理 (C)貨幣乘數 (D)物價指數。 【93 年四等特考】

( ) 7. 以下何種稅最會加重所得分配的不均度？ (A)累進稅（progressive tax） (B)比例稅（proportional tax） (C)定額稅（lump-sum tax） (D)累退稅（regressive tax）。 【91 年普考第二試】

( ) 8. 甲國去年 GNP 成長率為 12%，其人口增加率為 4%，通貨膨脹率 5%；乙國去年 GNP 之成長率為 8%，其人口增加率為 2%，通貨膨脹率為 2%；這兩國之實質每人 GNP 成長率，何者較高？ (A)甲國 (B)乙國 (C)一樣 (D)無法比較，因兩國產品種類可能不同。
【90 年普考第一試】

( ) 9. 某麵包廠每年自麵粉廠購進 15 萬元麵粉，並以 5 萬元付廠房租金，10 萬元付勞動工資，若麵包成品之銷售收入為 50 萬元，則該工廠每年生產之附加價值為多少萬元： (A)15 (B)20 (C)30 (D)35。 【94 年普考第二試】

( ) 10. 國民生產毛額不包含下列哪一部分？ (A)勞動者的工資 (B)企業所有者的利潤 (C)債權人的利息 (D)自己修理電燈的市場價值。
【94 年普考第二試】

( ) 11. 某國在 1996 年與 2002 年，某一都市正常家庭所消費的產品種類與所對應的價格、消費數量資料如下：

	1996 年		2002 年	
	價格	數量	價格	數量
牛肉麵	100 元（每碗）	50 碗	200 元（每碗）	30 碗
牛仔褲	250 元（每條）	4 條	500 元（每條）	2 條

若以 1996 年為基期，則 2002 年的消費者物價指數（consumer price Index）為： (A)100 (B)150 (C)200 (D)250。

【93 年普考第二試】

（　）12.若民間消費 80 億元，淨投資 60 億元，政府消費 40 億元，毛投資 70 億元，間接稅淨額 8 億元，淨輸出 20 億元，則國民所得（NI）為：　(A)202 億　(B)192 億　(C)200 億　(D)210 億。

【90 年高考三級】

（　）13.假設某兩家庭的家庭主婦原先並未外出工作，而在家中處理家務，自八十年元月開始分別為對方所僱用，所做的工作仍是處理家務，設若兩人每月所付出與所賺得之月薪均為一萬元，則她們對八十年國民所得的影響為：　(A)使國民所得增加 48 萬元，因為兩個家庭的收入與支出都應計入　(B)使國民所得增加 24 萬元，因為國民所得只計收入或支出　(C)對國民所得不生影響，因為收入與支出相抵後，淨額為零　(D)使國民所得增加 12 萬元，因為家務工作只能減半計入。【90 年普考第一試】

（　）14.在下述項目中，何者並非計入附加價值的項目之一？　(A)折舊　(B)利潤　(C)間接稅淨額　(D)中間投入成本。【92 年四等特考】

（　）15.下列有關名目 GDP、實質 GDP 與 GDP 平減指數三者之間的關係，何者正確？　(A)GDP 平減指數＝（名目 GDP ／實質 GDP）×(A)100　(B)名目 GDP＝（GDP 平減指數／實質 GDP）×(A)100　(C)實質 GDP＝（名目 GDP × GDP 平減指數）／(A)100　(D)名目 GDP＝（實質 GDP × (A)100）／ GDP 平減指數。

【94 年普考第二試】

（　）16.吉尼係數（Gini coefficient）愈大，表示所得分配：　(A)愈平均　(B)愈不平均　(C)愈穩定　(D)愈不穩定。【93 年普考第二試】

（　）17.關於國民所得這個概念，下列敘述何者正確？　(A)國民所得是存量的概念　(B)國民所得是流量的概念　(C)國民所得毛額不包括政府部門　(D)根據最終用途法計算和根據附加價值法計算，結果不同。【90 年高考三級】

（　）18.下列項目中，哪一項有計入國民所得的統計範圍中？　(A)家庭主

婦的家務操作 (B)農民留供自用的農產品 (C)自己修理汽車 (D)自己油漆房子。 【92年四等特考】

( ) 19.假設某國2002年的實質GNP為$1,000，GNP平減指數是200，則當年度的名目GNP為： (A)$5 (B)$500 (C)$2,000 (D)$200,000。 【91年普考第二試】

( ) 20.國民生產毛額減折舊後，可得： (A)國民生產淨額 (B)國民所得 (C)國內生產毛額 (D)可支配所得。 【92年普考第二試】

( ) 21.下列關於羅倫茲曲線和吉尼係數的敘述，何者不正確？ (A)若兩條羅倫茲曲線相交，則兩者的吉尼係數一定不相等 (B)若吉尼係數為零，則所得分配為完全公平 (C)吉尼係數的數值小於或等於1 (D)若兩條羅倫茲曲線不相交，則可以由圖形比較吉尼係數的大小。 【90年高考三級】

( ) 22.以下何者的反映所得分配的指標 (A)吉尼係數（Gini coefficient） (B)國民生產毛額（gross national product） (C)國民生產淨額（net national product） (D)菲力浦曲線（Phillips curve）。 【94年四等特考】

( ) 23.下列何者不包括在國民生產毛額內？ (A)推銷員所賺取的所得 (B)學生因成績好，獲得獎學金 (C)台商赴大陸投資賺取的所得 (D)林老師在某高中任教賺取的所得。 【94年普考第二試】

( ) 24.以要素所得法所計算的國民所得項目包括： (A)淨出口 (B)消費與投資 (C)消費、投資、政府支出 (D)勞動報酬、利息、地租，利潤。 【93年四等特考】

( ) 25.請根據下述資料，計算出GDP的值：①國內要素所得41,200億元；②國民要素所得41,100億元；③國民生產毛額50,000億元；④折舊5,000億元 (A)49,900億元 (B)45,000億元 (C)48,800億元 (D)50,100億元。 【92年四等特考】

( ) 26.在國民所得帳中，計算NI（國民所得）時，下列何者不該列入？

(A)消費借貸之利息 (B)自有住宅之租金 (C)股票配發之股利 (D)政府支付之退休金。 【90 年高考三級】

( ) 27.下列哪一項不包括在國內生產毛額（GDP）中？ (A)菲律賓外籍女傭的薪水 (B)台灣派駐非洲農耕隊員的薪水 (C)自有房屋設算租金 (D)農民留供自用的農產品。 【94 年普考第二試】

( ) 28.國民生產毛額和國民生產淨額的差是： (A)出口－進口 (B)政府支出 (C)折舊 (D)直接稅。 【90 年高考三級】

( ) 29.下列何者會被計算在國民生產毛額中： (A)外勞的收入 (B)污染與噪音等負產品 (C)家庭主婦家務價值 (D)台商到大陸投資所賺的所得。 【93 年普考第二試】

( ) 30.以國內生產毛額作為衡量福利的指標，有一些缺點存在。其中，忽略下列哪個因素會高估經濟福利 (A)休閒價值 (B)地下經濟 (C)污染與公害 (D)婦女在家的勞務貢獻。 【94 年四等特考】

( ) 31.以下何者不是觀察所得分配的指標？ (A)最高 20%的家戶所得除以最低 20%的家戶所得 (B)羅倫茲曲線（Lorenz curve） (C)吉尼係數（Gini coefficient） (D)恩格爾曲線（Engel curve）。

【91 年普考第二試】

( ) 32.下列何者不屬於政府消費性支出項目？ (A)國防支出 (B)失業救濟金 (C)教育文化支出 (D)公務人員薪資。 【93 年四等特考】

( ) 33.假設某國的消費者物價指數（CPI）在 1985 年時是 103，而在 1990 年時是 125，又假設此國的通貨膨脹率一直是正的，則這個國家計算 CPI 時所使用的基期應為以下何者？ (A)1985 年 (B)1991 年 (C)1985 年之前 (D)介於 1985 年和 1990 年之間。

【94 年四等特考】

( ) 34.關於國民生產毛額的定義，下列何者正確？ (A)為流量概念 (B)地下經濟也包括在內 (C)是指在一個時點下的總產量 (D)只計算財貨的市場價值，不計算勞務的市場價值。 【93 年普考第二試】

(　) 35.下列何者不屬於「流量」（flow）的概念？　(A)所得　(B)利息收入　(C)勞動人口　(D)公司損益。　【90年高考三級】

(　) 36.在下列因素中，何者將導致民間消費支出的增加？　(A)利率提高了　(B)物價水準降低了　(C)物價水準提高了　(D)財富減少。

【92年四等特考】

(　) 37.某麵包廠每年自麵粉廠購進10萬元麵粉，並以5萬元付廠房租金，8萬元付勞動工資，若麵包成品之銷售收入為40萬元，則該工廠每年生產之附加價值為：　(A)17　(B)25　(C)30　(D)40。

【91年四等特考】

(　) 38.下列有關物價指數的敘述，何者正確　(A)生產者物價指數PPI（producer price index）所涵蓋商品範圍包含勞務項目　(B)消費者物價指數CPI（consumer price index）所涵蓋商品範圍包含中間原料　(C)消費者物價指數CPI是以當期支出份額（current period expenditure share）作為權數（weightor）所計算而得的指數　(D)GDP平減指數所涵蓋商品範圍包含存貨。　【94年四等特考】

(　) 39.下列何者應計入國內生產毛額（GDP）的計算中？　(A)樂透中獎彩金　(B)證券經紀商的手續費收入　(C)買賣股票資本利得　(D)外籍女傭薪資收入。　【91年四等特考】

(　) 40.下列何者不是說明所得分配的程度？　(A)最高最低組所得倍數　(B)羅倫玆曲線　(C)吉尼係數　(D)菲力浦曲線。

【94年四等特考】

(　) 41.根據國民所得會計原則，以下哪一項目不計入民間投資？　(A)新住屋建造　(B)購置古董古畫　(C)基於投資需要發行額外的股票　(D)工廠擴建整修。　【94年四等特考】

(　) 42.當一國所有的所得皆集中在一個人手中時，吉尼（Gini）係數是多少？　(A)0　(B)0.5　(C)1　(D)5。　【92年普考第二試】

(　) 43.國民生產毛額與國民生產淨額的差距為：　(A)折舊　(B)國民所得

(C)間接稅　(D)直接稅。　【94 年四等特考】

(　) 44. 一段期間內，本國國民所生產的最終財貨與勞務之市場價值總和稱為：　(A)每人所得　(B)可支配所得　(C)國民生產毛額　(D)國內生產毛額。　【94 年四等特考】

(　) 45. 在一個所得分配完全平均的國家中，吉尼係數之值為　(A)零　(B) 1　(C)大於 1　(D)小於零。　【91 年四等特考】

(　) 46. 下列各政策宣示中，哪一個是較可行的？　(A)萬能政府　(B)用最少的政府支出，創造最大的人民福祉　(C)用一定的政府支出，創造最大的人民福祉　(D)完全平均的所得分配。【91 年四等特考】

(　) 47. 以下對於「國民所得」指標的描述哪項不正確？　(A)可以適度反映所得分配　(B)難以掌握地下經濟（毒品、賭博與色情）　(C)不包含休閒的價值　(D)未扣除外部性的負產品。【94 年四等特考】

(　) 48. 工資加利息加租金加利潤之和為：　(A)國內生產毛額　(B)國民生產毛額　(C)國民所得　(D)可支配所得。　【92 年普考第二試】

(　) 49. 下列哪一項支出不包括在我國政府消費支出？　(A)國防支出　(B)維護公共秩序與安全支出　(C)公債利息支出　(D)一般公共事務支出。　【92 年普考第二試】

二、計算題

1. 試簡單說明以下各項應包括在何國的國民生產額（gross national product）內？及應包括在何國的國內生產毛額（gross domestic product）內？

⑴美國 IBM 公司台灣分公司所賺得的利潤。

⑵美國福特汽車公司在台灣公公司僱用當地勞工所付的工資。

⑶菲律賓籍勞工在台灣打工所賺的工資。

⑷台塑公司付給美國花旗銀行在台分行的利息支出。

⑸台灣長榮海運租用紐約港碼頭的租金。　【79 年清大工工所】

2.根據以下資料計算國民生產毛額、國民生產淨額及國民所得。

（單位：新台幣億元）

社會保險	10
公司所得稅	30
移轉性支付	8
未分配的公司利潤	20
個人所得	120
一般間接稅	12
折舊	20

【78 年中興企研甲】

3.下列是某一國 1991 的所得統計資料：單位百萬元。

政府支出	$150
消費支出	325
毛投資支出	70
資本耗損（折舊）	25
政府移轉支付	60
社會安全捐	30
個人所得稅	110
出口	125
進口	50
未分配企業利潤	45
企業間接稅	20

試求：㈠ GNP；㈡ NNP；㈢ NI；㈣個人所得；㈤可支配所得。

【81 年政大統研】

4.給定下表的資訊，計算遺漏的資料：

年	名目GDP（億）	實質GDP（1996年的幣值）（億）	GDP平減指數（1996=100）	通貨膨脹率（GDP平減指數%）	實質GDP每人資本（在1996的幣值）	人口（百萬）
1996	7,813	(1)	100	1.8	(2)	250
1997	(4)	8,165	(3)	1.7	(5)	252
1998	(8)	(7)	102.86	(6)	33,344	255

【91年大同事業經營】

第二章

古典學派的總體經濟理論

十八世紀末期至 1936 年凱因斯的《就業、利息與貨幣之一般理論》（*The General Theory of Employment, Interest and Money*）一書出版的這一段期間，盛行的經濟理論稱為古典理論，或稱為古典學派。

古典學派之總體經濟模型把一個經濟社會之活動區分成兩部分：生產與需求，而認為貨幣除了當交易媒介外，沒有其他的功能。討論的重點就落在生產上，如何生產？必須經由勞動市場（labor market）決定均衡的就業量，再透過生產函數（production function）來決定產出。依序分別討論如下。

第一節　勞動市場與生產函數

一、勞動需求

由生產函數　$y=F(N,\bar{k})$

式中　y：產出，$\bar{k}$：資本固定，N：勞動量

$MPP_N=\dfrac{\partial y}{\partial N}>0$　勞動的邊際產出大於零。

$\dfrac{\partial MPP_N}{\partial N}<0$　勞動的邊際產出遞減。

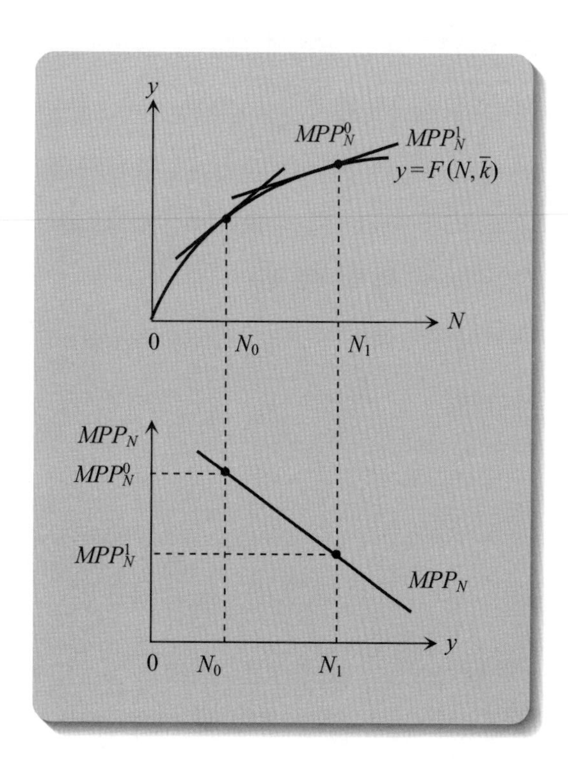

廠商追求利潤最大的勞動使用量條件為 $MPP_N=\frac{W}{P}$

即勞動的邊際產出等於實質工資率時，所使用的勞動量可以使廠商的利潤達到最大。

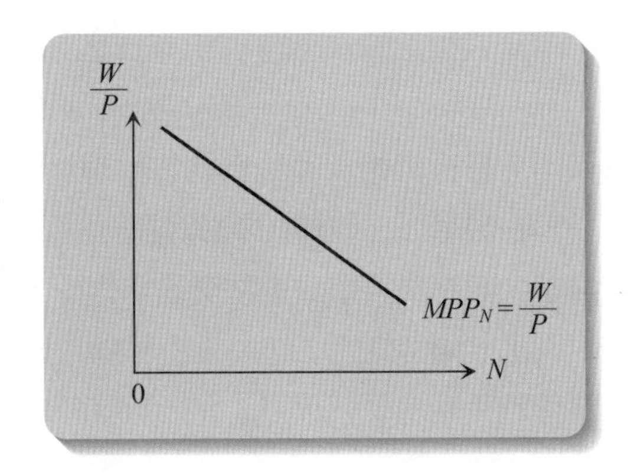

所以 $MPP_N=\frac{W}{P}$ 乃勞動需求曲線，我們可以看出勞動需求量（N^d）和實質工資率 $\left(\frac{W}{P}\right)$ 呈反向關係，故勞動需求函數可寫成 $N^d=N^d\left(\frac{W}{P}\right)$，且 $\frac{\partial N^d}{\partial \frac{W}{P}}<0$。

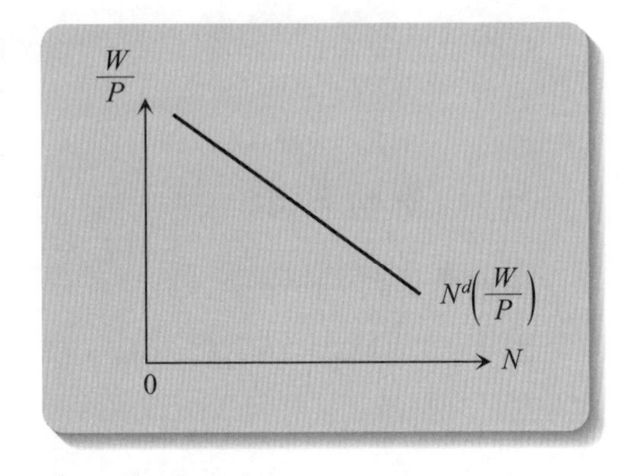

二、勞動供給

由個別勞動供給者對休閒和所得間的選擇追求個別的效用極大，即：

$$\text{Max } U(T, Y)$$
$$\text{s.t} \quad Y=\frac{W}{P}(24-T)$$

式中　T：休閒；Y：所得；$24-T$：工作時間。

當工資率上升時，休閒（T）淨減少（即工作時間增加）

表示隨著工資率的上升，工作時間亦增加。

就整體社會而言，隨著工資率的上升，勞動提供量增加，即兩者是正向關係，故勞動供給函數可寫成N^s
$N^s\left(\frac{W}{P}\right)$，且$\frac{\partial N^s}{\partial \frac{W}{P}}>0$

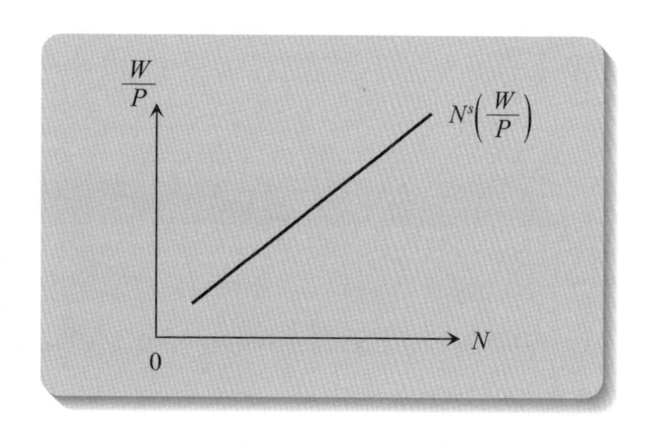

三、勞動市場均衡

結合勞動需求與勞動供給，可以得出均衡的工資率$\left(\frac{W}{P}\right)_0$與均衡的勞動量$N_0$。如圖：

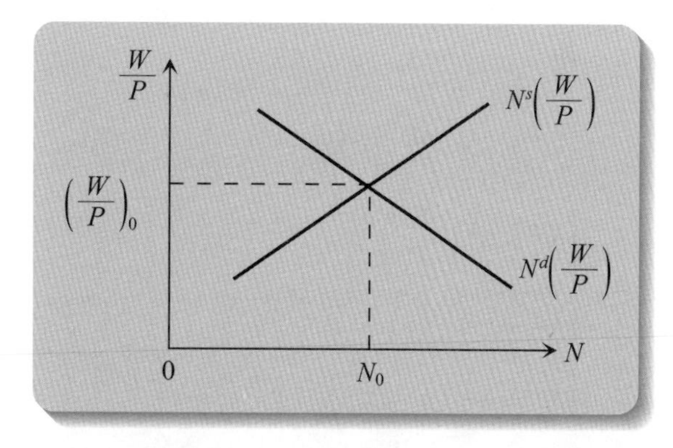

若$\left(\frac{W}{P}\right)>\left(\frac{W}{P}\right)_0$時，勞動市場有超額供給（ES），在物價和工資皆可調整的情況下，實質工資下降，一直到$\left(\frac{W}{P}\right)_0$為止，若$\left(\frac{W}{P}\right)<\left(\frac{W}{P}\right)_0$時，勞動市場有超額需求（ED），在物價和工資皆可調整的情況下，實質工資上升，一直到

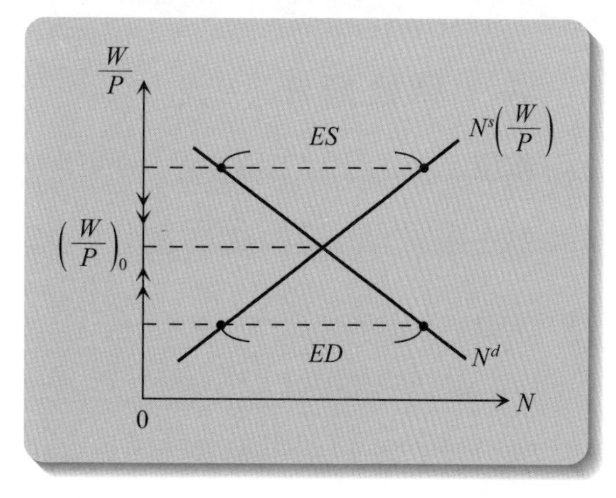

$\left(\frac{W}{P}\right)_0$為止。

第二節　商品市場的供給面

古典學派的供給面（supply side），即商品市場的總合供給曲線（aggregeate supply curve）。

在導出古典學派的總合供給曲線，我們需要幾個項目，就是先前所介紹的勞動市場以及生產函數，加上古典學派假設的物價與名目工資具有伸縮性。

一、勞動市場

$$\begin{cases} N^D = N^D\left(\frac{W}{P}\right) \\ N^S = N^S\left(\frac{W}{P}\right) \\ N^D = N^S \end{cases}$$

二、假設條件

物價（P）和名目工資（W）都可以上下伸縮。

三、生產函數

$y=F(N,\bar{k})$，式中：N：勞動量；$\bar{k}$：資本存量固定。

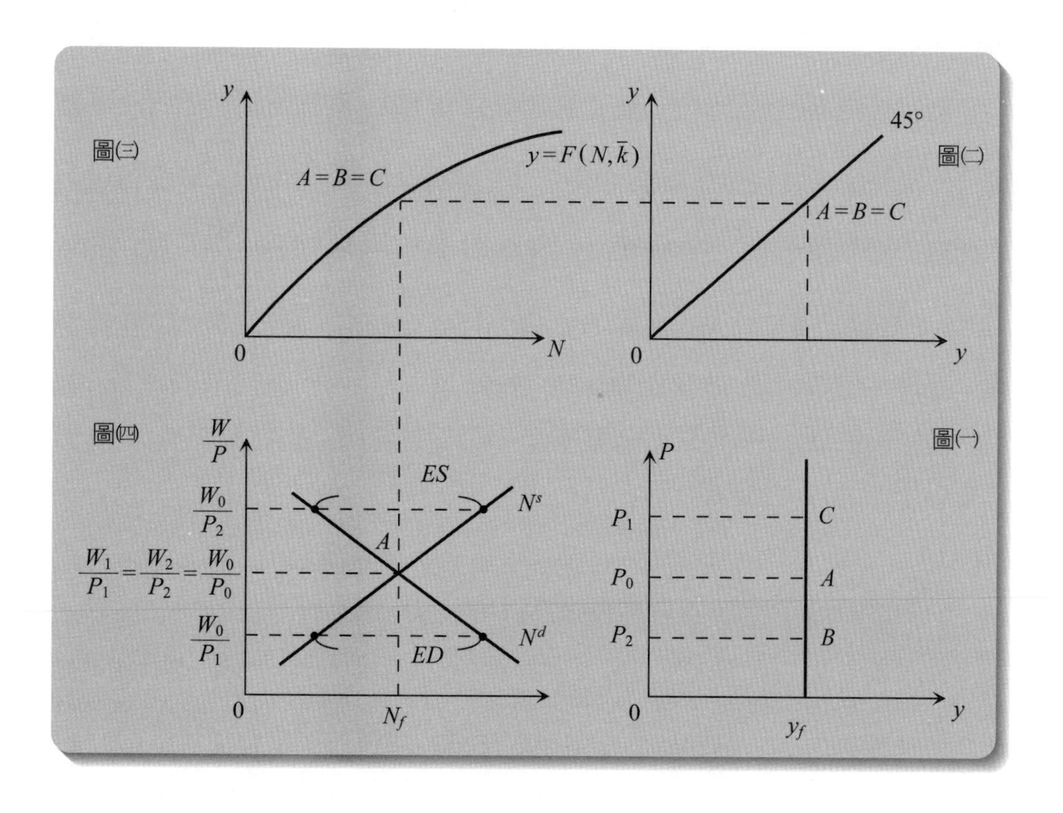

假設物價為P_0時，圖(四)的勞動市場勞動供給線$N^S=N^S\left(\frac{W}{P}\right)$和勞動需求曲線$N^d=N^d\left(\frac{W}{P}\right)$相交於$A$處，決定均衡的實質工資率$\frac{W_0}{P_0}$和充分就業的勞動量$N_f$，將$N_f$代入圖(三)的生產函數內，得到$y_f$，透過圖(二) 45°線的座標轉換，得到所對應的$y_f$。圖(一)的$A$點座標為$(P_0, y_f)$，以下我們讓物價下降或上升，以找出不同物價水準所對應的產出。

若物價由P_0下降到P_2，而工資仍維持在W_0，則實質工資由$\frac{W_0}{P_0}$上升

到 $\frac{W_0}{P_2}$，勞動市場有超額供給（ES），古典學派假設物價和工資都可以上下伸縮，當工資由 W_0 下降 W_2 時，實質工資由 $\frac{W_0}{P_2}$ 下降到 $\frac{W_2}{P_2}$，且 $\frac{W_2}{P_2}=\frac{W_0}{P_0}$，於是勞動量又回到 N_f，將 N_f 代入圖㈢得到 y_f，再將 y_f 透過圖㈡的座標轉換，最後得到圖㈠的 B 點座標為 (P_2, y_f)。

若物價由 P_0 上升到 P_1，而工資仍維持在 W_0，則實質工資由 $\frac{W_0}{P_0}$ 下降到 $\frac{W_0}{P_1}$，勞動市場有超額需求（ED），古典學派假設物價和工資都可以上下伸縮，當工資由 W_0 上升到 W_1 時，實質工資由 $\frac{W_0}{P_1}$ 上升到 $\frac{W_1}{P_1}$，且 $\frac{W_2}{P_1}=\frac{W_0}{P_0}$，勞動量又維持在 N_f，將 N_f 代入圖㈢得到 y_f，再將 y_f 透過圖㈡的座標轉換，最後，可得到圖㈠的 C 點座標為 (P_1, y_f)。

將圖㈠的 A、B、C 三點座標連線，可以得到一條垂直於充分就業產出的古典學派總合供給曲線。

第三節　商品市場與賽伊法則

古典學派商品市場理論最重要的基柱是法國經濟學家賽伊（John Baptiste Say, 1767-1832）所提出的賽伊法則（Say's Law）。賽伊法則認為商品的供給創造對其本身的需求（supply creates its own demand）；即商品之總供給（aggregate supply, AS）會自動等於商品的總需求（aggregate demand, AD）。

賽伊認為個人或企業為什麼會產生這麼多的商品，原因是他需要這麼多的商品，作為消費或投資之用，或用來交換別人所生產的商品，供自己作為消費或投資用。因此，商品的總供給一定會等於商品的總需求。賽伊法則可用符號與圖形表示如下：

$AS = y^s = y$：商品的供給

$AD = y^d = y$：商品的需求

商品市場的均衡條件

$AS = AD$ 即 $y^s = y^d = y$

圖形顯示，商品市場的均衡點無限多，構成一條過原點的 45°線，表示無論任何情況，總供給都會等於總需求，即商品市場永遠處於均衡狀態下。

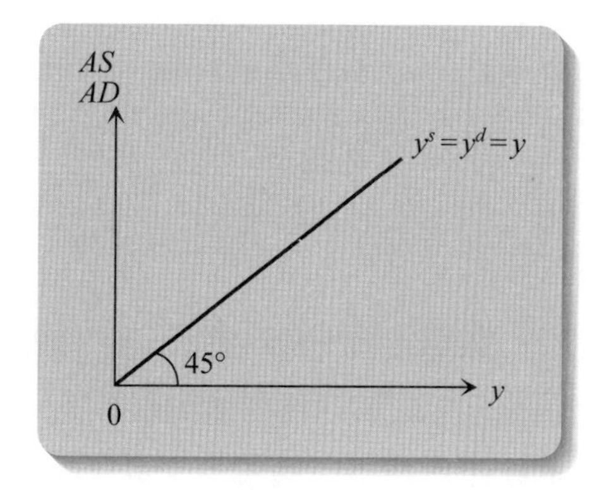

有經濟學者對賽伊法則提出質疑，認為賽伊法則只有在一個以物易物的經濟社會才會成立，在以貨幣交易的經濟社會裡，儲蓄與投資是分工的，並無法保證，在任何的產出水準下，儲蓄一定會等於投資，因為投資與儲蓄受不同的因素所影響；即任何產出水準不一定是均衡產出水準，所以，賽伊法則不一定成立。這個論點以代數表示如下：

$$AS = y^s = y$$

$$AD = y^d = C^d + I^d，$$

其中C^d：消費需求

I^d：投資需求

均衡條件

$$AS = AD$$

$$y = C^d + I^d$$

$$Y - C^d = I^d$$

$$S = I^d$$

依照定義S表示儲蓄。賽伊法則認為在任何產出水準下，總供給等於總需求，相當於在任何產出水準下，儲蓄等於投資需求量。而批評者認為在任何產出水準下，儲蓄不一定會等於投資需求。

古典學派為了回答這個問題，引進了利率來說明透過利率的調整則投資將會等於儲蓄。說明如下。

一、儲蓄與投資的均衡

在資本市場裡有資金供給者與資金需求者，資金供給者是為了儲蓄，而儲蓄是利率的增函數，利率愈高，儲蓄愈多，即$S = S(i)$。

資金需求者是為了要用來投資，而投資是利率的減函數，利率愈高，投資愈少，即$I = I(i)$。

當投資等於儲蓄時，決定均衡的市場利率（i）及均衡的投資與儲蓄量。若投資不等於儲蓄時，資本市場將透過利率（i）的調整，進而使投資等於儲蓄。如下頁圖所示：

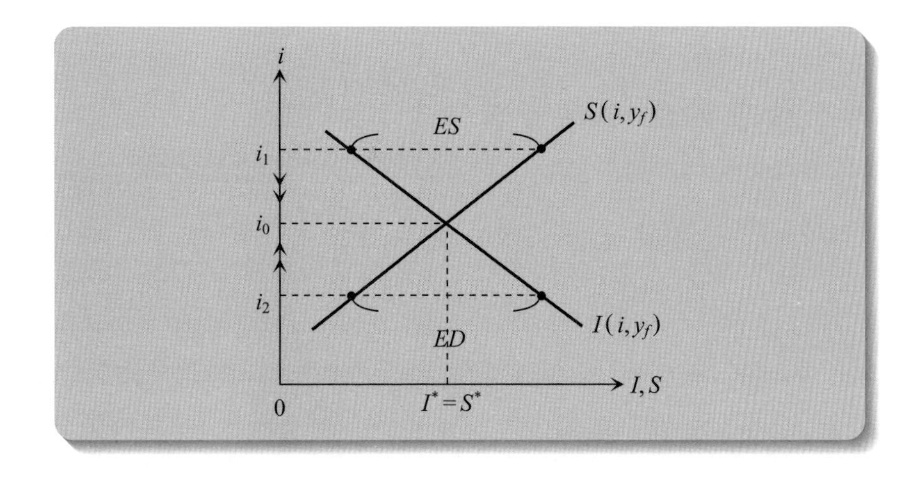

當利率水準為 i_1 時，儲蓄量大於投資量，此時過多的資金供給，透過利率的下降，以減少資金的供給。一直到 $i=i_0$ 。當利率水準為 i_2 時，投資量大於儲蓄量，此時過多的資金需求，透過利率的上升，以減少資金的需求。一直到 $i=i_0$ 。

當 $i=i_0$ 時，也同時決定均衡的儲蓄量與投資量。

上述僅說明透過利率的調整可以使得資本市場的儲蓄等於投資，但儲蓄等於投資除了表示資金的供需相等（達成均衡）外，背後又隱含了什麼經濟含意呢？

以一個簡單的例子來說明利率（i）在資本市場所扮演的角色，若有一位農夫將他所收穫的稻米以 3,000 元出售，其中自行消費 1,500 元，剩下 1,500 元，未消費如同是儲蓄一般，那麼如何保證這 1,500 元會被其他部門所吸收呢？可透過利率的管道，利率愈高，就可以取得該資金。即有貨幣交易的社會、如何使創造出來的供給有等值的需求，可以透過利率的調整。也就是說經由利率，可以使投資等於儲蓄。所以，勞動市場決定的產出須透過市場利率的調整，必定是均衡的產出水準，即賽伊法則成立。

二、債券的供給與需求

資金的需求者透過發行債券來籌措資金，所以資金的需求者也就是債券的供給者。

資金的供給者則透過購買債券的方式來儲蓄，所以資金的供給者也就是債券的需求者。

因此，債券供給者就是資金需求者，而目的為了投資債券需求者就是資金供給者，而目的是為了儲蓄。

所以投資與儲蓄、或債券供給與需求其實是資本市場的一體兩面。

►釋例

根據古典模型，資金需求為$I(i)+(G-T)$。資金供應為$S(i)$，當政府增稅 100 億，則：(A)投資量降低　(B)儲蓄量降低　(C)利率不變　(D)消費降低　(E)產出減少。【91 年中山財管】

(B)

第四節　古典學派的貨幣理論

一、貨幣數量學說

古典學派認為大眾持有貨幣的目的只是作為交易媒介；換句話說，古典學派認為貨幣只具備交易媒介的功能。古典學派的貨幣理論稱為貨幣數量學說（quantity theory of money）。

1911 年美國經濟學者費雪（Irving Fisher）提出貨幣之交易方程式，如下：

$$MV'=PT$$

其中 M：貨幣數量

V'：在一段期間內，每一單位貨幣平均的交易次數

P：商品與勞務之平均價格

T：商品與勞務之交易量

式中 V' 又稱為貨幣的交易流通速度（transaction velocity of money）。影響 V' 的重要因素是經濟單位的收支間隔，如果收入與支出的間隔愈長，則貨幣轉手次數愈少，V' 愈小；反之，收入與支出的間隔愈短，則貨幣轉手次數愈多，V' 愈大。

T 是交易總量，通常經濟社會的運產銷制度，愈複雜，分工與專業化的程度愈高，則最後的產出就愈高，則交易總量愈大。

就事後（ex post）觀點而言，交易方程式是一個恆等式（identity），直觀來看貨幣數量乘上交易次數一定會等於商品與勞務之平均價格乘上交易總量。接著我們假設短期內最後的產出量和交易總量之間成一固定比率，即 $\frac{y}{T}=c$，c 是常數，$0<c<1$，而定義 $V'=cV$，V 稱為所得流通速度（income velocity of money），即在一段期間內，平均每單位貨幣被用來購買最後產出的次數。所以交易方程式可以改寫成：

$$MV'=PT$$

$$McV=Pcy$$

$$MV=Py$$

這個方程式表示貨幣數量乘上所得流通速度等於商品與勞務之平均價格乘上最終產出量。

二、劍橋方程式

英國的經濟學家馬夏爾（Alfred Marshall, 1842-1924）從另一個角度來解釋貨幣數量和最後產出之關係。他認為大眾願意保有的平均貨幣數量（M^d）等於名目所得（即最後的實質產出乘以價格；py）的某一比例（k），即

$$M^d = kpy$$

若貨幣供給（M^s）等於 M，即 $M^s = M$
則貨幣市場的均衡條件為：$M^s = M^d$

$$M = kpy$$

我們稱之為劍橋方程式（cambridge equation）。
若把 k 移到等號左邊，改成 $M\frac{1}{k} = py$，
則 $\frac{1}{k}$ 等於交易方程式的 V，即 $\frac{1}{k} = V$

而這又表示何種意義呢？我們可舉一個簡單的例子來說明，若貨幣數量（M）是 100 元，而名目所得（py）是 1,000 元，表示這 100 元的貨幣數量要購買 10 次的最後產出，才能產出 1,000 元的所得，而購買 10 次則是貨幣數量（100 元）占所得（1,000 元）比例之倒數。

三、貨幣中立性

古典學派的勞動市場決定均衡就業並透過生產函數決定產出量（y_f），即總供給。

根據賽伊法則，任何產出量都是均衡的產出量。所以，若總供給等於y_f時，總需求亦必等於y_f，因此，商品市場一定達到均衡。

最後，貨幣數量是決定物價水準。因為貨幣的所得流通速度（V）與均衡產出水準（y_f）皆不受貨幣數量變動影響，將$y=y_f$代入$MV=py$內，得到：

$$MV=py_f$$

短期每一個經濟單位之收支習慣非常穩定，不受貨幣數量變動之影響，故V是固定的，令$V=\overline{V}$，代入$MV=py$內，得到：

$$M\overline{V}=py_f$$

當貨幣供給變動時，僅造成物價水準同比例變動，但並不影響最後的產出水準，因此形容貨幣如同是「女人的面紗（veil）」一般，對實際的產出沒有任何影響，謂之貨幣的中立性（neutrality of money）。

第五節　古典模型

一、市場的意義

我們將前述的行為方程式，可以歸納進一步了解方程式之間的關聯性與所代表的經濟涵義，了解古典學派經濟理論的精神。首先由生產函數(1) $y=F(N,\bar{k})$ 與勞動市場包括(2)勞動需求 $N^d=N^d\left(\dfrac{W}{P}\right)$、(3)勞動供給 $N^s=N^s\left(\dfrac{W}{P}\right)$、(4)勞動供給＝勞動需求即 $N^d=N^s$，由方程式(1)(2)(3)(4)都是屬於古典學派商品市場的供給面，主要是決定均衡的實質工資（$\dfrac{W}{P}$）、就業量（N）和產出（Y），以圖形表示如下：

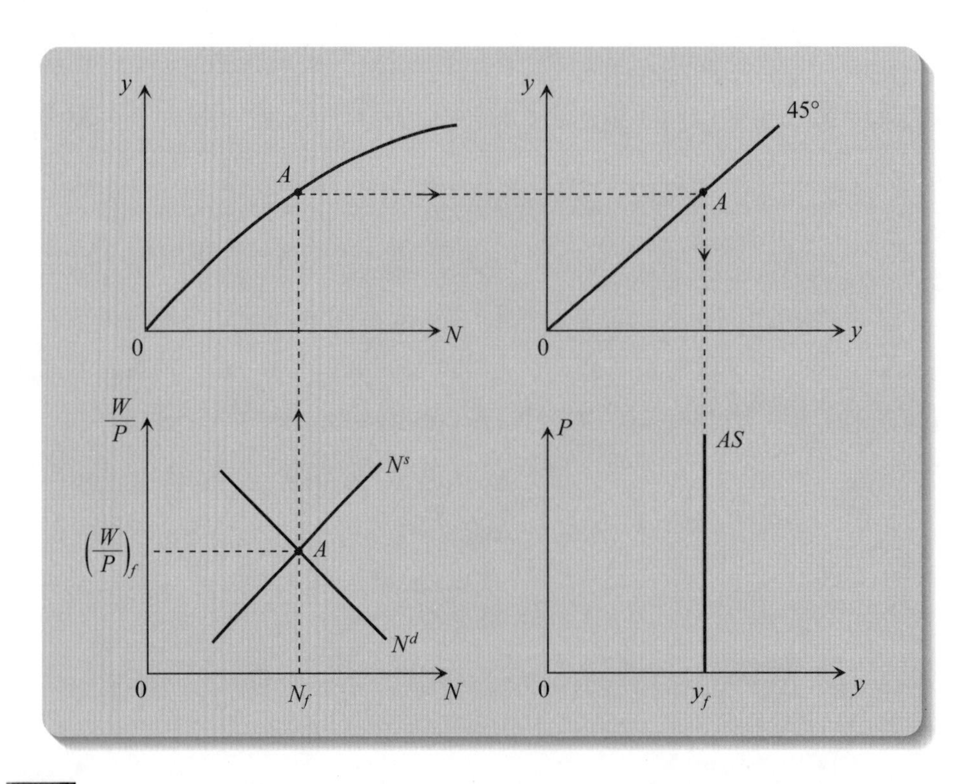

若勞動市場所決定的就業量為充分就業的就業量（N_f），同時決定充分就業時的實質工資$\left(\frac{W}{P}\right)_f$，將$N_f$代入生產函數得到充分就業下的產出（$y_f$）。

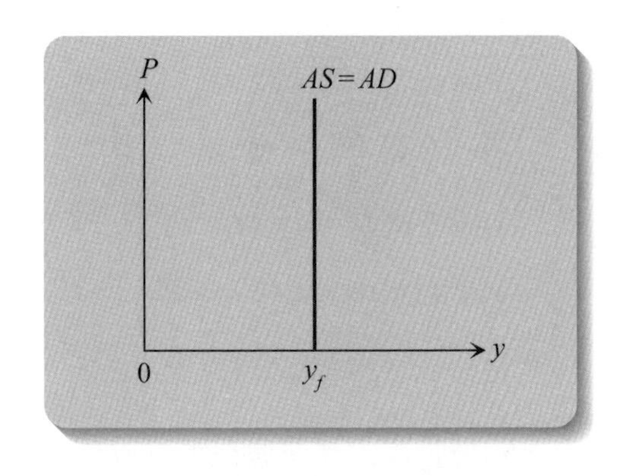

至於古典學派商品市場的需求面為何呢？根據賽伊法則「供給創造本身之需求」，古典學派的商品市場需求面是附著在供給面上。以圖形表示如下：

從上圖可以看出，古典學派的均衡產出為y_f，至於物價水準呢？古典學派為了解釋物價水準，所以引進貨幣市場，即貨幣數量學說，以交易方程式表示；$MV=Py$，假設M和V皆為固定常數，將交易方程式繪在橫軸為y，縱軸為P的座標平面上，再配合古典學派的供給面，兩線相交即可得到均衡的物價水準（P^*）。

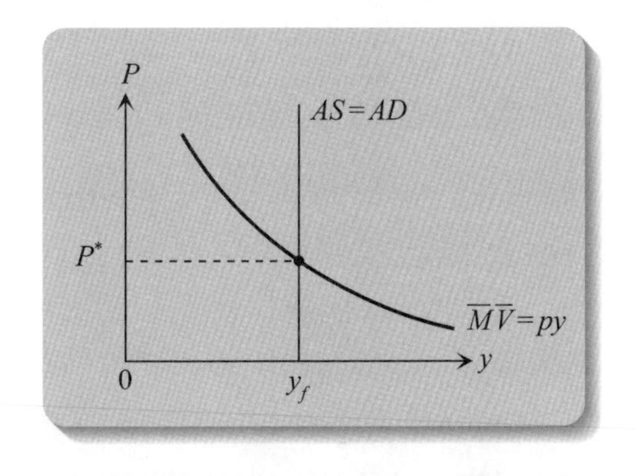

到目前為止，我們已經得到了就業量（N_f）、產出（y_f）、實質工資$\left(\frac{W}{P}\right)_f$、物價水準（$P^*$），在一個以貨幣交易的社會裡，如何保證賽伊法則成立呢？古典學派以資本市場，包括儲蓄函數$S=S(i)$、投資函數$I=I(i)$，儲蓄＝投資。透過利率（i）的調整，來達成資本市場的資金分配，當儲蓄（S）等於投資（I）時，隱含賽伊法則成立。如圖所示：

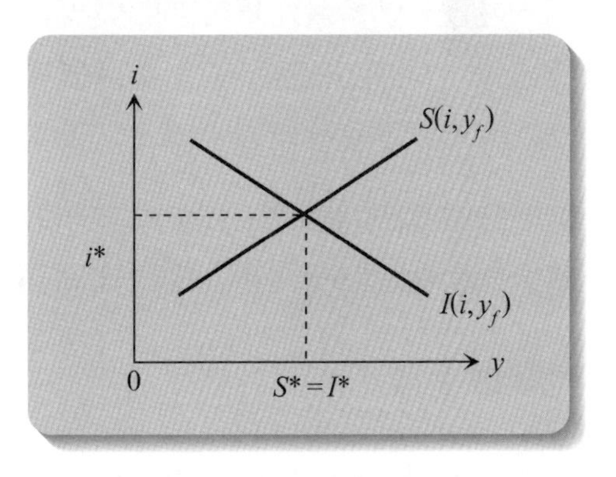

二、古典二分法（the classcial dichtomy）

(1)生產函數：$y=F(N,\bar{k})$

(2)勞動需求：$N^d=N^d\left(\frac{W}{P}\right)$

(3)勞動供給：$N^s=N^s\left(\frac{W}{P}\right)$

(4)勞動需求＝勞動供給，$N^d=N^s$

(5)儲蓄函數$S=S(i)$

(6)投資函數$I=I(i)$

(7)儲蓄＝投資$S=I$

而(2)(3)(4)稱為勞動市場，(6)(7)(8)為資本市場，由前面的說明可知透過(1)生產函數和勞動市場可以得到實質工資、就業量和產出，再經由資本市場則可以求得利率、儲蓄和投資量。

我們稱生產函數和勞動市場與資本市場為實質部門，所決定的變數稱為實質變數；而貨幣市場$MV=Py$，稱之為貨幣部門

實質部門自行決定所有的實質變數，包括實質工資、就業量，產出，利率，投資、儲蓄量而貨幣部門與實質部門的生產函數與勞動市場結合決定物價水準，同時決定所有的名目變數，包括名目所得（$p\times y$）、名目工資（$p\times\frac{W}{P}$）、名目利率（$i+\hat{p}$）。這種實質部門單獨決定所有的實質變數，不受貨幣部門的影響，而貨幣部門則結合實質部門，決定所有的名目變數，稱之為古典二分法（the classcial dichtomy）。

►釋例 1

令勞動需求曲線為$L^d=40-(W/P)$，勞動供給曲線為$L^s=4+5\left(\frac{W}{P}\right)$，生產函數為$Y=36+12L$，貨幣供給量$M^S=333$，貨幣流通速度為$V=4$，則

均衡時，$L^* =$ ？、$Y^* =$ ？、$P^* =$ ？。【89 年淡江財金】

(1)由 $L^d = L^s$，$40 - \left(\frac{W}{P}\right) = 4 + 5\left(\frac{W}{P}\right)$，得 $\left(\frac{W}{P}\right)^* = 6$

(2)將 $L^* = 34$ 代入 $Y = 36 + 12L$，得 $Y^* = 444$

(3)由 $MV = py$，將 $M = 333$，$Y = 444$，$V = 4$ 代入得 $P^* = 3$

►釋例 2

在下列條件你將偏好當借款者？

(A)名目利率為 20%且通貨膨脹率為 25%　(B)名目利率為 15%且通貨膨脹率為 14%　(C)名目利率為 12%且通貨膨脹率為 9%　(D)名目利率為 5%且通貨膨脹率為 1%　【91 年淡江保險】

(A)

題庫精選

( ) 1. 在古典模型中，若勞動的邊際生產力提高將對經濟造成何種影響？ (A)勞動需求線左移 (B)產出增加，物價也上升 (C)產出增加，就業量下降 (D)產出增加，實質工資上揚。 【91年四等特考】

( ) 2. 根據古典的貨幣數量學說，貨幣供給額增加 10%則： (A)實質所得增加 10% (B)名目所得減少 10% (C)物價上漲 10% (D)實質所得與物價上漲各 5%。 【90年普考第一試】

( ) 3. 古典學派的總合供給曲線為一條垂直線，其背後道理是： (A)貨幣工資可自由調整 (B)貨幣工資無法向下調整 (C)貨幣市場無法達到均衡 (D)存在物價膨脹現象。 【92年四等特考】

( ) 4. 在古典學派的想法中，實質利率決定於： (A)貨幣供需 (B)通貨膨脹率 (C)投資與儲蓄 (D)總合供給與需求。【91年四等特考】

( ) 5. 若民眾向銀行借款的利率為 7%，而每年物價上升率為負百分之二，則民眾負擔之實質利率為： (A)9% (B)7% (C)5% (D)2% 【91年四等特考】

( ) 6. 根據傾向數量學說，若貨幣流通速度不變，所得增加 10%，貨幣供給增加 10%，則物價： (A)約上漲 10% (B)約上漲 20% (C)約上漲 1% (D)大致不變。 【90年高考三級】

( ) 7. 下列何種敘述是正確的： (A)最低工資率會幫助勞工找到更高薪的工作 (B)最低工資率會使更多非技術工人失業 (C)最低工資率只有訂在執行工資率以下才有負面的效果 (D)最低工資率的訂定可幫助消弭勞動供給過剩的失衡。 【90年普考第一試】

( ) 8.根據貨幣數量學說，在社會產出與貨幣交易流通速度不變的假設下，名目貨幣供給成長率增加 10%會使物價上升多少？ (A)10% (B)小於 10% (C)大於 10% (D)不確定。 【91 年四等特考】

( ) 9.根據劍橋現金餘額方程式（Cambridge Cash Balance Equation）實質國民所得等於 1,000，貨幣數量等於 500，物價等於 2，則貨幣的所得流通速度等於： (A)1 (B)2 (C)3 (D)4。【91 普考第二試】

( ) 10.當整個經濟的生產達到充分就業水準時，長期總合供給曲線會趨向何種型態 (A)水平線 (B)垂直線 (C)正斜率 (D)負斜率。

【94 年四等特考】

( ) 11.下列有關學派的論點，何者正確？ (A)古典學派認為需求管理政策有效 (B)古典學派強調需求創造本身的供給 (C)凱因斯學派認為失業為常態 (D)凱因斯學派認為總合供給線為垂直線。

【93 年四等特考】

( ) 12.根據貨幣數量學說的看法，當貨幣供給量增加 10%時： (A)物價水準也會增加 10% (B)物價水準會降低 10% (C)利率水準降低的幅度會小於 10% (D)物價水準上升的幅度低於 10%。

【92 年四等特考】

( ) 13.所謂貨幣中立性（Neutrality）是指貨幣供給變動時： (A)對於物價及實質產出均不影響 (B)只引起物價的變動，但對實質產出不發生作用 (C)只引起實質產出的變動，但對物價不影響 (D)對於實質產出及利率均不影響。 【92 年四等特考】

( ) 14.在古典學派的想法中，實質利率決定於： (A)貨幣供需 (B)跨期消費決策 (C)投資與儲蓄 (D)總合供給需求。

【94 年普考第二試】

( ) 15.下列何者會導致貨幣所得流通速度（Income Velocity of Circulation of Money）的提高？ (A)經濟體系貨幣化程度的提高 (B)家庭、企業與政府彼此間的移轉性支出相對於國民所得之比重逐漸下跌

(C)銀行減少自動提款機的設立　(D)房地產、股票等資產的交易大幅成長。【94 年四等特考】

(　) 16.在古典學派模型中，總產出如何決定？　(A)完全由供給面決定　(B)完全由需求面決定　(C)供需兩方面同時有影響力　(D)主要由需求面決定。【91 年四等特考】

(　) 17.古典學派的總合供需分析說明，以下敘述何者正確？　(A)若生產科技進步，將使均衡產出與物價都上升　(B)貨幣供給增加，短期內物價不會變動而產出會增加　(C)總產出由供給面決定，需求面只決定物價　(D)物價變動時，貨幣（名目）工資仍維持不變。【91 年普考第二試】

(　) 18.若預期物價上升率由 4%上升至 6%，則費雪效果（Fisher effect）指出：　(A)實質利率會增加 2%　(B)名目利率會增加 2%　(C)名目利率會增加 6%　(D)名目利率與實質利率皆不變。【91 年四等特考】

(　) 19.貨幣中立性（neutrality）說明的是，在長期的情形下，貨幣供給增加：　(A)只會影響產出，不影響物價　(B)只會影響物價，不影響產出　(C)同時影響產出與物價　(D)不影響產出，也不影響物價。【91 年普考第二試】

(　) 20.下列何者為工會企圖提高工資的最佳策略？　(A)提倡「愛用國貨」運動，促使社會大眾消費本國產品　(B)限制勞務供給，使「物以稀為貴」　(C)以罷工來脅迫雇主提高福利　(D)鼓勵廠商的聯合僱用行為。【90 年普考第一試】

(　) 21.關於總體經濟發展歷史的說明，下列敘述何者錯誤？　(A)經濟學始祖亞當斯密（Adam Smith）在《國富論》中強調「看不見的手」會使經濟自動運行順暢　(B)古典學派的賽伊法則（Say's law）強調供給可以創造自己的需求　(C)凱因斯在《一般理論》中強調政府的積極作為可以挽救經濟的蕭條　(D)貨幣學派與理性預期學派都強調政府的權衡性經濟政策長期而言對經濟有利。【94 年四等特考】

( ) 22.古典學派和凱因斯學派的總合供給曲線型態不同，主要源於以下哪個因素？ (A)兩者對貨幣市場如何決定利率的看法不同 (B)兩者對於總需求變動因素的看法不同 (C)兩者對於貨幣工資調整僵固性的看法不同 (D)兩者對於消費支出之主要決定因素的認定不同。

【91 年普考第二試】

( ) 23.按時間先後排列，各學派演進的順序應為何 (A)凱因斯學派、古典學派、理性預期學派、貨幣學派 (B)古典學派、貨幣學派、理性預期學派、凱因斯學派 (C)古典學派、貨幣學派、凱因斯學派、理性預期學派 (D)古典學派、凱因斯學派、貨幣學派、理性預期學派。

【94 年四等特考】

( ) 24.長期而言，物價變動主要受到哪項因素的影響？ (A)失業率 (B)貨幣供給成長率 (C)名目利率水準 (D)實質利率水準。

【91 年普考第二試】

( ) 25.關於名目工資和實質工資的關係，下列敘述何者正確？ (A)名目工資的成長率一定大於實質工資的成長率 (B)名目工資的成長率一定小於實質工資的成長率 (C)當物價上升時，實質工資也上升 (D)當物價上漲率高於名目工資上漲率時，實質工資下降。

【90 年高考三級】

第三章

簡單的凱因斯模型

古典學派主張在工資、物價、利率皆可上下伸縮且賽伊法則成立，結論是充分就業是常態、貨幣具有中立性，和古典二分法。引申對政府的角色定位，認為政府應採自由放任（laissaz fair），透過價格機能（the invisible hand）市場自然會達成均衡，必然達到充分就業和其產出水準。

1929年開始的「經濟大恐慌」（the grand depression）在該期間百業蕭條，失業率居高不下，以歐洲的英國為例，當時失業率達18%，而美洲的美國則高達20～25%的失業率，似乎非古典學派所宣稱的充分就業是常態。

1936年　凱因斯（Keynes）在《貨幣、利息和失業的一般理論》（*The General Theory of Employment Interest and Monty*）簡稱「一般理論」中探討；為什麼失業率會大於充分就業的失業率？我們如何降低失業率呢？針對上述問題，凱因斯認為，造成失業率大於充分就業的失業率的原因是整個社會的有效需求不足，即產生了緊縮缺口（deflationary gap）。而降低失業率的方法就是增加有效需求，透過自發性的支出，經由乘數效果（multiplier effect）使得所得倍數的增加以降低失業。當景氣低迷時，民眾的消費意願和投資意願低落，此時，政府應積極扮演刺激景氣的角色，透過需求面的管理政策，來增加有效需求，這個看法和古典學派對政府應不干預市場的看法大異其趣，在凱因斯的觀點，政府職能在經濟體系裡應該類似推手的角色，凱因斯的經濟理論，不但影響當代的財經政策，甚至對後續的經濟理論的發展也有非常深遠的影響。

第一節　凱因斯的總需求理論

一、總需求理論

凱因斯之總需求理論（theory of aggregate dermond）是討論如何決定一個經濟社會需求面均衡的最後產出（均衡所得）水準，而需求面之均衡產出水準不一定等於充分就業時供給面之產出水準，即需求面均衡產出水準並不一定能保證勞動市場達成充分就業。因此，如何使得總需求的水準，剛好等於這個經濟社會達成充分就業所能夠供給之最終財貨與勞務呢？即想辦法使社會的總需求達到社會充分就業水準的總供給。

二、基本假設

1. 勞動市場未達充分就業，產出亦未達充分就業之產出。
2. 物價水準固定不變。

   凱因斯把物價水準設定為不變，是因為當時的物價水準非常穩定，此外，把物價水準設定成不變，可以針對探討分析的標的所得的變動。
3. 利率水準固定不變。

   凱因斯認為利率水準是由貨幣市場來決定的，某一利率水準將對應某一投資水準，當利率波動，又將影響投資的變動，在簡單凱因斯模型裡，利率先影響投資額，接著投資額的變動再影響所得（或產出）的變動。利率是透過投資間接影響所得，這種處理方式可避免利率變動對所得的干擾。
4. 屬於「事前」觀念的探討。

   所謂的事前（ex ante）是打算要那麼做的意思。例如，事前的投資是投資者，打算要投資的金額，如果是 1,000 萬，最後（或實際上）不一定就是 1,000 萬，可能會比 1,000 萬多或相等皆有可能。同理；事前的儲蓄是儲蓄者打算要儲蓄的金額，當然這個金額與事後（或實際上）儲蓄也不一定相等。而這些事前的行為我們可以用函數形式來表示，例如投資函數、儲蓄函數等。

第二節　商品市場均衡所得的決定

在單一市場均衡所得決定模型裡，是探討商品市場（commodity market）需求面之均衡所得（產出）水準由這個市場單獨決定。而商品市場是指最終財貨與勞務（商品）之需求（或稱總需求，aggregate demand, AD）與供給（或稱總供給，aggregate supply, AS）；商品市場乃是一實物之概念，在一特定期間（如一年）內交易之各種商品難以用實物單位表示，故為方便起見以其市場價格計算，用貨幣單位表示，此即等於國民生產毛額（gross national product, GNP），或等於國民所得毛額（gross national income, GNI 或以 Y 表示）。

一、兩部門均衡所得之決定

假定一個封閉（無國外部門）且沒有政府參與經濟活動的經濟社會，家庭提供勞動力給企業，賺取所得，從事消費與儲蓄。企業則向家庭購買勞動力，從事生產與投資。

在這個經濟社會裡，對商品的需求來自兩個部門；家庭部門與企業部門；家庭對商品的需求是用來消費的，故稱為消費需求（consumption demand）。總需求等於消費需求加投資需求，以符號表示。

$$AD = C^d + I^d$$

其中；C^d：家庭的消費需求

I^d：企業的投資需求

總需求的數量是按商品市場價格計算，以貨幣單位表示，如果企業生產這個數量的商品，則它便等於國民所得毛額，所以上式又可寫成：

$$AD = Y^d = C^d + I^d$$

Y^d：對國民生產毛額之需求

而商品的供給，也是按商品市場價格計算，以貨幣單位表示，所以商品之供給量等於國民所得毛額，以符號表示：

$$AS = Y^s = Y$$

Y^s：國民所得毛額之供給

當總供給等於總需求時，商品市場達成均衡，以符號表示：

$$AS = AD$$

$$Y^s = Y^d$$

$$Y = C^d + I^d$$

令 $C^d = C_0 + bY$，$I^d = I_0$

則 $Y = C_0 + bY + I_0$

得 $Y^* = \frac{1}{1-b}(C_0 + I_0)$

Y^*：均衡所得。

舉一例說明；假設某一經濟社會各部門之經濟行為方程式如下：

家庭部門：$C^d = 60 + 0.6Y$

企業部門：$I^d = 40$

$AS = Y$

$AD = C^d + I^d = 60 + 0.6Y + 40$

$AS = AD$ 即 $Y = 60 + 0.6Y + 40$

得 $Y^* = 250$

以圖形表示如下：

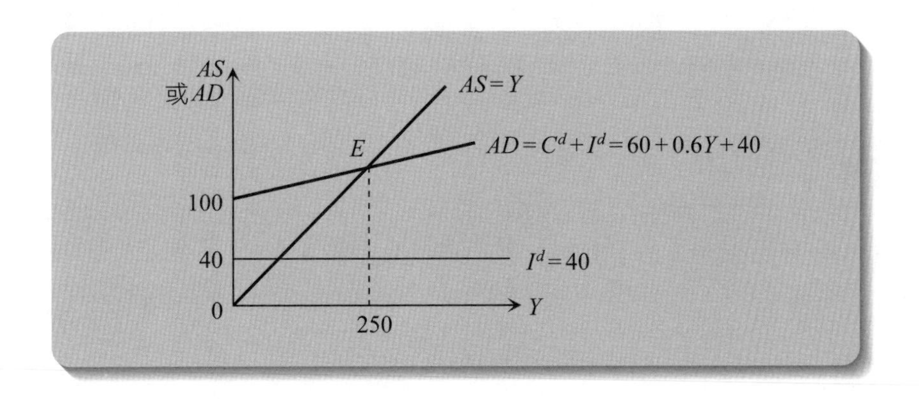

如果總供給不等於總需求時，商品市場如何調整以達成均衡呢？

同上例，分別以 $Y=200$ 或 $Y=300$ 來討論。

當 $Y=200$ 時，$AS=200$，則 $AD=60+0.6\times 200+40=220$。表示 $AS<AD$，故本期商品市場出現供不應求的現象，由於假設物價水準是固定的，無法調升價格來應付市場需求，所以下期企業將會增加生產。

當 $Y=300$ 時，$AS=300$，則 $AD=60+0.6\times 300+40=280$，表示 $AS>AD$，故本期商品市場出現供過於求之現象，由於假設物價水準是固定的，無法透過降價來消除剩餘的商品，所以下期企業將會減少生產。

以圖形表示如下；

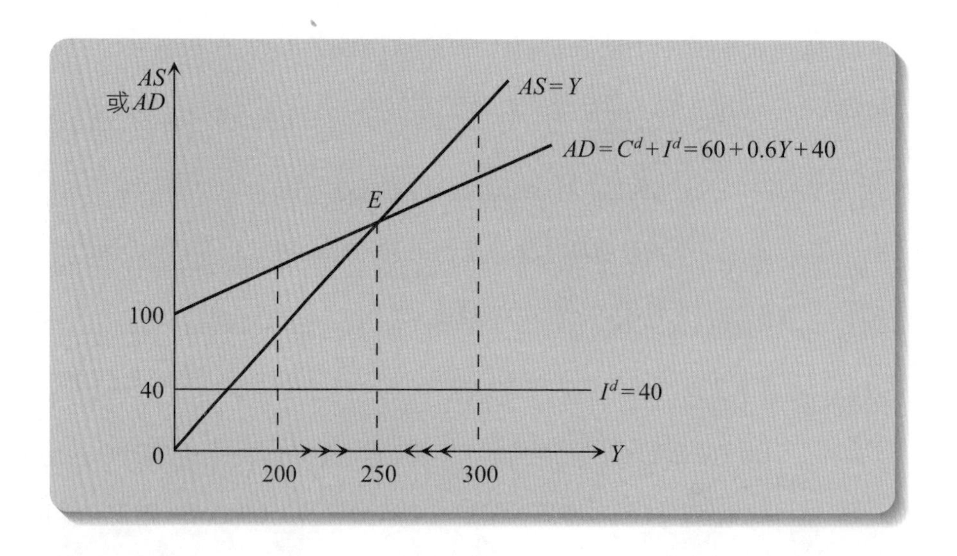

►釋例

簡單凱因斯模型中 $C=100+0.8Y$，$I=500$，當實際所得為 $Y=2,000$ 時，實現的投資為＿＿＿＿＿＿。【91 年中山財管】

解答

300

由 $Y=2,000$ 代入 $C=100+0.8Y$，得 $C=1,700$（實現的消費）將實際所得 2,000 減實現消費 1,700 得實現投資為 300。

商品市場之均衡條件可以另一種形式表示，

$$AS=AD$$

$$Y=C^d+I^d$$

$$Y-C^d=I^d$$

$$S=I^d$$

式中 $S=Y-C^d=Y-(C_0+bY)=-C_0+(1-b)Y$

即總供給等於總需求之均衡條件，相當於儲蓄（S）等於投資需求（I^d），

即 $AS=AD$，可以 $S=I^d$ 表示。

依上例；家庭部門：$C^d=60+0.6Y$

企業部門：$I^d=40$

滿足 $S=I^d$ 時的均衡所得為何？

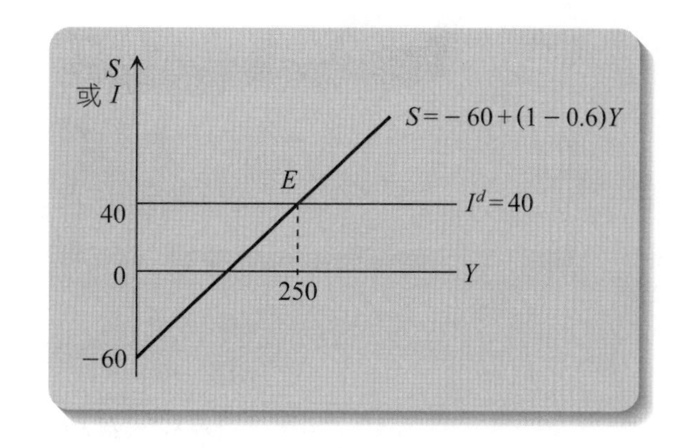

由

$S=Y-C^d=Y-(60+0.6Y)=-60+(1-0.6)Y$

$I^d=40$

故 $S=I^d$，即 $-60+(1-0.6)Y=40$

得 $Y^*=250$

二、三部門均衡所得之決定

如果政府參與經濟活動，則這個經濟社會便有三個部門：家庭、企業與政府。

假定政府對最終財貨與勞務亦產生需求，如果政府之支出量不受所得水準之影響，則：

$G^d=G_0$

G^d：政府對商品之需求

現在，總需求因政府加入，變成為：

$$AD=C^d+I^d+G^d$$

總供給不變，仍為：

$$AS = Y$$

所以，新的均衡所得水準為：

$$AS = AD$$
$$Y = C^d + I^d + G^d$$

G^d 為政府對商品之需求，而商品需求的支出如果是政府採取徵稅來支應，那麼對商品市場會產生影響，因為政府徵稅會影響到大眾可支用之所得，因而影響到消費需求。

民眾每年賺到的所得必須繳完稅才可以支用這些所得，稱之為可支配所得，以符號表示為 $Y_D = Y - T$，而至於稅的形式有哪些呢？可以分成三種形式。

㈠定額稅

T 為獨立於所得變動的固定常數，寫成：

$T = T_0$。

㈡比例稅

T 為所得的函數，且與所得呈一定的比例，寫成：

$T = tY$，t 為固定稅率。

㈢綜合稅

由定額稅和比例稅組成的，寫成：

$T = T_0 + tY$

所以考慮稅後的所得，我們把消費支出（C）在三部門裡改成是可支配所得（Y_D）的函數，即$C=C(Y_D)$。

令稅後消費函數為$C^d=C_0+bY_D=C_0+b(Y-T)$，$I^d=I_0$，$G^d=G_0$

由　$AS=AD$

$$Y=C^d+I^d+G^d$$

$$Y=C_o+b(Y-T)+I_0+G_0$$

我們依稅收不同的形式來計算均衡所得如下；

當$T=T_0$時，$Y=C_0+b(Y-T_0)+I_0+G_0$

$$Y=C_0+bY-bT_0+I_0+G_0$$

$$(1-b)Y=C_0-bT_0+I_0+G_0$$

$$Y^*=\frac{C_0-bT_0+I_0+G_0}{1-b}$$

當$T=tY$時，$Y=C_0+b(Y-tY)+I_0+G_0$

$$Y=C_0+bY-btY+I_0+G_0$$

$$(1-b+bt)Y=C_0+I_0+G_0$$

$$Y^*=\frac{C_0+I_0+G_0}{1-b+bt}$$

當$T=T_0+tY$時，$Y=C_0+b(Y-T_0-tY)+I_0+G_0$

$$Y=C_0+bY-bT_0-btY+I_0+G_0$$

$$(1-b+bt)Y=C_0-bT_0+I_0+G_0$$

$$Y^*=\frac{C_0-bT_0+I_0+G_0}{1-b+bt}$$

►釋例

假定一個經濟社會各部門之經濟行為方程式如下：

家庭部門：$C^d=60+0.6(Y-T)$

企業部門：$I^d=40$

政府部門：$G^d=30$，$T=30$

則　由　$AS=AD$

$$Y=C^d+I^d+G^d$$

$$Y=60+0.6(Y-30)+40+30$$

$$Y^*=280$$

以圖形表示如下；

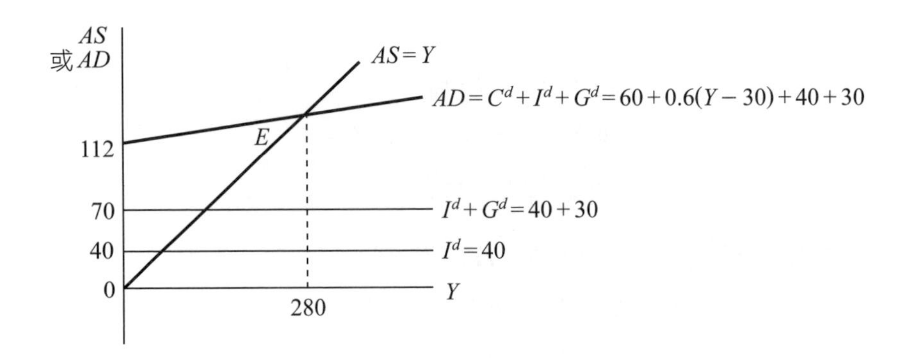

商品市場之均衡條件　$AS=AD$，亦可以其他方式表示。

$$AS=AD$$

$$Y=C^d+I^d+G^d$$

$$Y-C^d=I^d+G^d$$

$$Y-〔C_0+b(Y-T)〕=I^d+G^d$$

$$-C_0+(1-b)(Y-T)+T=I^d+G^d$$

$$S'+T=I^d+G^d$$

此處$S'=-C_0+(1-b)(Y-T)$，$(Y-T)$是課稅後家庭可支用之所得。

以上例　家庭部門：$C^d=60+0.6(Y-T)$

企業部門：$I^d=40$

政府部門：$G^d=30$，$T=30$

滿足$S'+T=I^d+G^d$之均衡所得為何？

由 $S' = -C_0 + (1-b)(Y-T) = -60 + (1-0.6)(Y-30)$

$T = 30$，$I^d = 40$，$G^d = 30$，

故 $S' + T = I^d + G^d$，即 $-60 + (1-0.6)(Y-30) + 30$

$= 40 + 30$

得 $Y^* = 280$

以圖形表示如下：

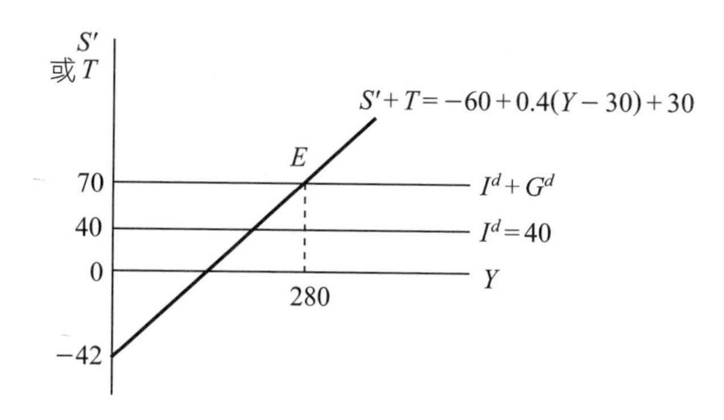

三、四部門均衡所得之決定

包括國外部門（foreign sector）之經濟社會稱開放經濟社會（open economy）。在一個開放的經濟社會裡，對於本國商品之需求，除了國內之消費需求、投資需求與政府需求外，尚有外國對本國商品之需求，即出口需求（export demand, X^d）。由於影響出口需求是受國外因素所影響，故我們假定 $X^d = X_0$。

開放模型之總需求可寫成：

$$AD = C^d + I^d + G^d + X^d$$

在一開放的經濟社會裡，商品之供給除本國所生產的，尚包括國外輸入之商品，所以，總供給可寫成：

$$AS = Y + M$$

M是進口商品數量。M受到國內因素所影響，而單一市場模型是討論國內所得（Y），所以進口是所得的出數，即$M = M(Y)$。當國內所得上升時，進口數量增加。反之；當國內所得下降時，進口數量減少。綜合上述之討論，一個開放經濟社會商品市場均衡之條件可寫成：

$$AS = AD$$
$$Y + M = C^d + I^d + G^d + X^d$$

令　$M = mY$，$C^d = C_0 + b(Y - T) = C_0 + b(Y - T_0)$

$I^d = I_0$，$G^d = G_0$，$X^d = X_0$，$T = T_0$

代入上式得

$$Y + mY = C_0 + b(Y - T_0) + I_0 + G_0 + X_0$$
$$Y + mY = C_0 + bY - bT_0 + I_0 + G_0 + X_0$$
$$(1 - b + m)Y = C_0 - bT_0 + I_0 + G_0 + X_0$$
$$Y^* = \frac{C_0 - bT_0 + I_0 + G_0 + X_0}{1 - b + m}$$

►釋例 1

假定一個開放經濟社會各部門之經濟行為方程式如下：

家庭部門：$C^d = 60 + 0.6(Y - T)$

企業部門：$I^d = 40$

政府部門：$G^d = 30$；$T = 30$

國外部門：$X^d=40$；$M=0.1Y$

則　　由　$AS=AD$

$$Y+M=C^d+I^d+G^d+X^d$$

$$Y+0.1Y=60+0.6(Y-30)+40+30+40$$

$$Y^*=304$$

解答

以圖形表示如下；

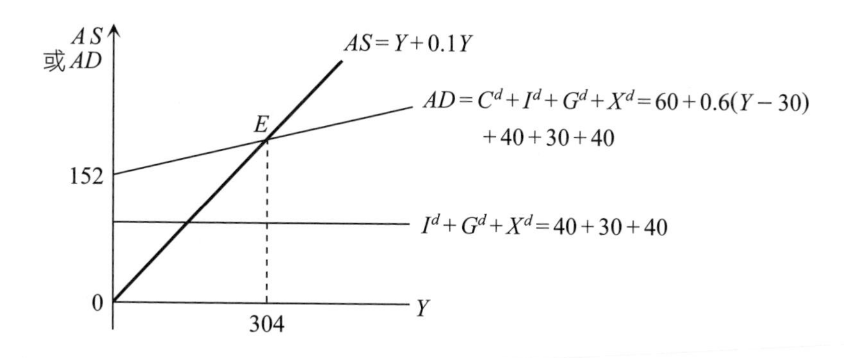

均衡條件亦可以另一種方式表示，由　$AS=AD$

$$Y+M=C^d+I^d+G^d+X^d$$

$$Y-C^d+M=I^d+G^d+X^d$$

$$Y-〔C_0+b(Y-T)〕+M=I^d+G^d+X^d$$

$$-C_0+(1-b)(Y-T)+T+M=I^d+G^d+X^d$$

$$S'+T+M=I^d+G^d+X^d$$

式中 $S'=-C_0+(1-b)(Y-T)$

►釋例 2

同上例，家庭部門：$C^d=60+0.6(Y-T)$

企業部門：$I^d = 40$

政府部門：$G^d = 30$；$T = 30$

國外部門：$X^d = 40$；$M = 0.1Y$

滿足 $S' + T + M = I^d + G^d + X^d$ 之均衡所得為何？

$$-60 + (1 - 0.6)(Y - 30) + 30 + 0.1 \quad Y = 40 + 30 + 40$$

$$Y^* = 304$$

以圖形表示如下：

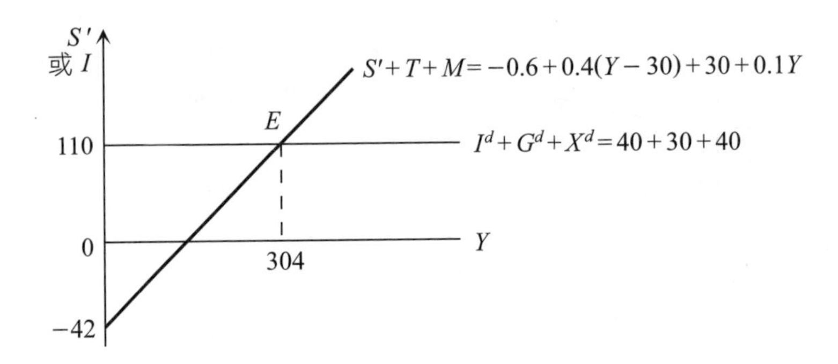

►釋例 3

設一國購買國內製造消費品的數量為 $C_d = 100 + 0.8Y$，向國外購買消費品的數量為 $C_f = 50 + 0.1Y$，$I = 200$，$G = 100$、$X = 500$，則依凱因斯模型該國均衡國民所得為__________。【91 年中山財管】

2833.3

►釋例 4

在早期凱因斯學派理論中（如 keynesian cross model），常將出現 $Y=C+I+G+(X-M)$，以下何者有關論述是正確的？

(A)上式是一恆等式

(B)上式是一所得的安定條件

(C)上式中各變數是事前（ex-ante）概念

(D)上式中各變數是事後（ex-post）概念　【90 年逢甲企管】

(C)

由總供給等於總需求，$Y+M=C^d+I^d+G^d+X^d$

將 C^d 和 I^d 和 G 移項，寫成：

$$Y-C^d-I^d-G^d=X^d-M$$

在等號左邊加 T 再減 T，T 表示政府稅收

即　$(Y-T-C^d)+(T-G^d)-I^d=X^d-M$

其中 $(Y-T-C^d)$ 乃民間的儲蓄，以 S' 表示，而 $(T-G^d)$ 乃政府的儲蓄。上式的符號改成：

$$S'+(T-G^d)-I^d=X^d-M$$

$S'+(T-G^d)$ 乃民間儲蓄加上政府儲蓄，即國內儲蓄，當 $S'+(T-G^d)-I^d$ 大於零，表示國內儲蓄大於國內投資，本國有多餘資金，可以供給外國使用，則淨出口（X^d-M）大於零。本國有貿易的順差（trade surplus）

反之；當$S'+(T-G^d)-I^d$小於零，表示國內儲蓄小於國內投資，本國資金不足，必須對外借款，則淨出口（X^d-M）小於零，即本國有貿易逆差（trade deficit）。

►釋例 5

實現的$I+G$大於實現的$S+T$時，有：

(A)貿易逆差　(B)貿易順差　(C)財政赤字　(D)財政盈餘　(E)存貨意外增加　【90 年中山財管】

(A)

由$I+G+X=S+T+M$，移項得$(I+G)-(S+T)=(M-X)$，若$I+G>S+T$時，即$(I+G)-(S+T)>0$，故$M-X>0$

►釋例 6

當政府有預算赤字時：

(A)它的購買低於淨稅收入　(B)必須以投資債券來彌補　(C)將使民眾儲蓄增加　(D)它是負儲蓄　【89 年政大財管】

(C)

►釋例 7

簡單凱因斯模型中，縱軸是支出，橫軸是：

(A)國民所得　(B)國民所得淨額　(C)可支配所得　(D)個人所得　(E)假定以上四點皆相等　【89 年中山財管】

(E)；不考慮賦稅時這四種皆相等。

第三節　乘數的概念

一、定義

總支出中因為外生變數的變動，均衡所得將是倍數的增加，此倍數稱為乘數（multiplier）。

$$乘數=\frac{\Delta Y\text{（均衡所得）}}{\Delta X\text{（外生變數）}}$$

二、二部門乘數

假設一個二部門模型，只有消費（C）和投資（I）

均衡時：$Y=C^d+I^d$

令 $C^d=C_0+bY$，$I^d=I_0$ 代入得

$Y=C_0+bY+I_0$　等號兩邊全微分得

$dY=dC_0+bdY+dI_0$

$dY(1-b)=dC_0+dI_0$

$$\frac{dY}{dC_0}=\frac{1}{1-b}$$

$$\frac{dY}{dI_0}=\frac{1}{1-b}$$

投資乘數：自發性投資的增加，經過乘數的作用，可引起幾倍於這投資量的所得增加。

$$投資乘數=\frac{\Delta Y}{\Delta I}$$

㈠自發投資（autonomous investment）

投資的增加與國民所得無關的投資稱之為自發投資。

㈡誘發投資（induced investment）

由於國民所得的增加導致投資的增加。

自發性的支出，與所得的增加無關的支出增加，包括政府支出、消費支出、淨輸出的增加、投資支出；反之，凡是與所得有關的支出，即稱為誘發性支出。

►釋例

當 $mps=0.1$ 且沒有進口或所得稅，當投資增加 100（百萬）價格水準是固定的，則實質 GDP：

(A)減少 10（百萬）　(B)增加 90（百萬）　(C)減少 1（百萬）　(D)增加 1（百萬）　【89 年政大財管】

(C)

三、三部門乘數

三部門是除了私人部門、企業部門外又引進了政府部門，和二部門不同之處在於引進了政府部門，除了考慮政府的支出（G）外，還要考慮有關政府的收入，即稅收（T）。由前述三部門均衡所得決定裡，對於政府的收入（稅收）可以區分成三種形式，分別是定額稅 $T=T_0$，比例稅 $T=tY$，與綜

合稅 $T=T_0+tY$，當稅收的形式不同，計算出的乘數當然也不盡相同，以下分別就稅收形式討論三部門的乘數

㈠定額稅

假設 $C^d=C_0+bY_D$

$Y_D=Y-T$

$T=T_0$

$I^d=I_0$

$G^d=G_0$

計算 $\frac{dY}{dC_0}$，$\frac{dY}{dI_0}$，$\frac{dY}{dG_0}$，$\frac{dY}{dT_0}$ 等乘數。

由 $Y=C^d+I^d+G^d$

$Y=C_0+bY_D+I_0+G_0$

$Y=C_0+b(Y-T_0)+I_0+G_0$

$Y=C_0+bY-bT_0+I_0+G_0$

$(1-b)Y=C_0-bT_0+I_0+G_0$ 全微分

$(1-b)dY=dC_0-bdT_0+dI_0+dG_0$

$\frac{dY}{dC_0}=\frac{1}{1-b}$ 自發性消費支出乘數

$\frac{dY}{dT_0}=\frac{-b}{1-b}$ 定額稅賦乘數

$\frac{dY}{dI_0}=\frac{1}{1-b}$ 自發性投資支出乘數

$\frac{dY}{dG_0}=\frac{1}{1-b}$ 自發性政府支出乘數

㈡比例稅

假設 $C^d=C_0+bY_D$

$Y_D=Y-T$

$T=tY$

$I^d = I_0$

$G^d = G_0$

計算 $\frac{dY}{dC_0}$，$\frac{dY}{dI_0}$，$\frac{dY}{dG_0}$，$\frac{dY}{dt}$等乘數

由 $Y = C^d + I^d + G^d$

$Y = C_0 + b(Y - T) + I_0 + G_0$

$Y = C_0 + b(Y - tY) + I_0 + G_0$

$Y = C_0 + bY - btY + I_0 + G_0$　全微分

$dY = dC_0 + bdY - btdY - bydt + dI_0 + dG_0$

$(1 - b + bt)dY = dC_0 - bYdt + dI_0 + dG_0$

$$\frac{dY}{dC_0} = \frac{1}{1 - b + bt} = \frac{1}{1 - b(1 - t)}$$

$$\frac{dY}{dt} = \frac{-bY}{1 - b + bt} = \frac{-bY}{1 - b(1 - t)}$$

$$\frac{dY}{dI_0} = \frac{1}{1 - b(1 - t)}$$

$$\frac{dY}{dG_0} = \frac{1}{1 - b(1 - t)}$$

㈢綜合稅

假設 $C^d = C_0 + bY_D$

$Y_D = Y - T$

$T = T_0 + tY$

$I^d = I_0$

$G^d = G_0$

計算 $\frac{dY}{dC_0}$，$\frac{dY}{dI_0}$，$\frac{dY}{dG_0}$，$\frac{dY}{dT_0}$，$\frac{dY}{dt}$等乘數

由 $Y = C^d + I^d + G^d$

$Y = C_0 + bY - bT_0 - btY + I_0 + G_0$　全微分

$dY = dC_0 + bdY - bdT_0 - btdY - bYdt + dI_0 + dG_0$

$$(1-b+bt)\,dY=dC_0-bdT_0-bYdt+dI_0+dG_0$$

$$\frac{dY}{dC_0}=\frac{1}{1-b+bt}=\frac{1}{1-b(1-t)}$$

$$\frac{dY}{dT_0}=\frac{-b}{1-b+bt}=\frac{-b}{1-b(1-t)}$$

$$\frac{dY}{dt}=\frac{-bY}{1-b+bt}=\frac{-bY}{1-b(1-t)}$$

$$\frac{dY}{dI_0}=\frac{1}{1-b+bt}=\frac{1}{1-b(1-t)}$$

$$\frac{dY}{dG_0}=\frac{1}{1-b+bt}=\frac{1}{1-b(1-t)}$$

►釋例 1

依據凱因斯模型 $C=C_a+0.8(Y-T)$，$G=100$，$T=100$，則自發性消費須增加若干才能使誘發性消費增加 100________。　　【91 年中山財管】

$\Delta C_a=25$

►釋例 2

以下有關誘發性租稅的敘述何者是正確的？

Ⅰ.誘發性租稅與可支配所得有關。

Ⅱ.誘發性租稅的乘數效果將大於其他租稅。

Ⅲ.誘發性租稅與實質 GDP 和可支配所得的關聯性是薄弱的。

(A) Ⅰ和Ⅱ　(B) Ⅰ和Ⅲ　(C) Ⅱ和Ⅲ　(D) Ⅰ、Ⅱ和Ⅲ

【89 年政大財管】

(B)

四、四部門乘數

四部門是私人部門、企業部門、政府部門和國外部門，國外部門又稱為貿易部門，貿易包括外國對本國產品的需求，以及本國對外國產品的需求，當考慮的部門愈多時，對於所得變動的影響應該愈複雜，而且因素愈多對於所得影響的倍數效果，應該愈小，即四部門的乘數小於三部門的乘數，而三部門乘數又小於二部門的乘數。

由 $Y = C^d + I^d + G^d + X^d - M$

$$Y = C_0 + bY_D + I_0 + G_0 + X_0 - M_0 - mY$$

$$Y = C_0 + b(Y - T) + I_0 + G_0 + X_0 - M_0 - mY$$

$$Y = C_0 + b(Y - T_0) + I_0 + G_0 + X_0 - M_0 - mY$$

$$Y = C_0 + bY - bT_0 + I_0 + G_0 + X_0 - M_0 - mY \quad \text{全微分}$$

$$dY = dC_0 + bdY - bdT_0 + dI_0 + dG_0 + dX_0 - dM_0 - mdY$$

$$(1 - b + m)\,dY = dC_0 - bdT_0 + dI_0 + dG_0 + dX_0 - dM_0$$

$$\frac{dY}{dC_0} = \frac{1}{1 - b + m}$$

$$\frac{dY}{dT_0} = \frac{-b}{1 - b + m}$$

$$\frac{dY}{dI_0} = \frac{1}{1 - b + m}$$

$$\frac{dY}{dG_0} = \frac{1}{1 - b + m}$$

$$\frac{dY}{dX_0} = \frac{1}{1 - b + m}$$

$$\frac{dY}{dM_0} = \frac{-1}{1 - b + m}$$

第四節　緊縮缺口（deflationary gap）與膨脹缺口（inflationary gap）

一、緊縮缺口

在某一特定期間，社會的總需求（AD_1）小於達成充分就業所需的總需求（AD_0），而形成需求不足的現象，造成經濟緊縮，這一部分的需求不足稱為緊縮缺口。

如圖形所示：當 $Y<Y_f$ 時，緊縮缺口為 AB。

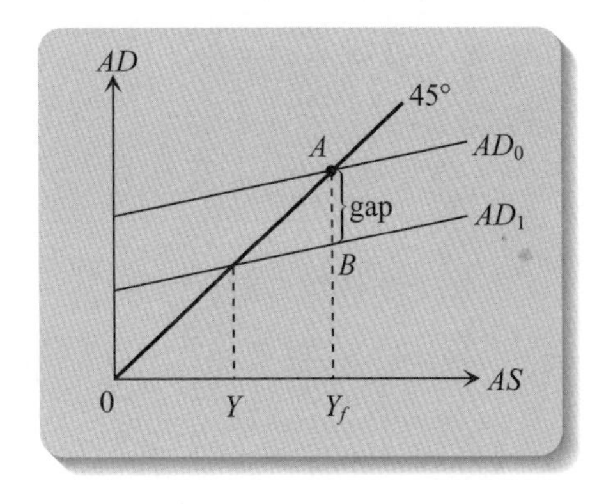

二、膨脹缺口

在某一特定期間，社會的總需求（AD_1）大於達成充分就業所需的總需求（AD_0），而形成需求過多的現象，造成通貨膨脹，這一部分需求過多的部分稱為膨脹缺口。

如圖形所示：當 $Y>Y_f$ 時，膨脹缺口為 EF。

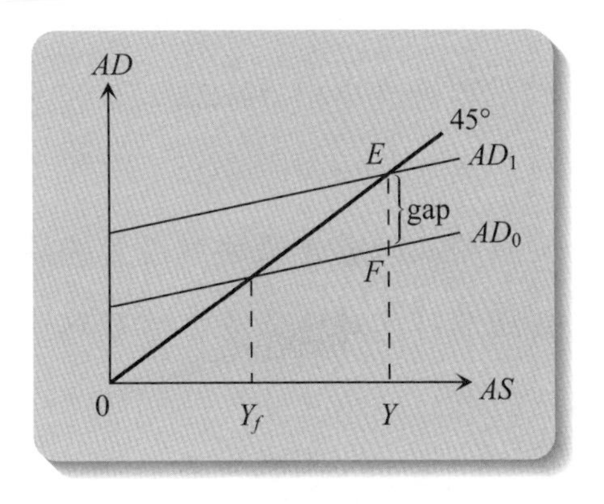

►**釋例 1**

設一封閉經濟體系之簡單凱因斯模型如下：

$Y=C+I+G$ $I=500$

$G=800$ $Y=C+S+T$

$Y_d=Y-T$ $C=100+0.8Y_d$

$T=50+0.25Y(T=T_0+tY)$

根據以上資料，試計算及簡答下列各題：

1. 求均衡所得與乘數。

2. 若充分就業所得 4,000，此時是否有緊縮缺口或膨脹缺口？缺口幅度為多大？ 【90 年台大財金】

1. (1)均衡所得 $Y^*=3{,}400$

   (2)乘數 $\frac{\Delta Y}{\Delta I}=\frac{\Delta Y}{\Delta C}=\frac{\Delta Y}{\Delta G}=2.5$

   $\frac{\Delta Y}{\Delta T_0}=-2$

2. (1)緊縮缺口 (2) 240

►釋例 2

假設不考慮進出口，$MPC=0.75$，均衡所得爲 2,500，而充分就業的國民所得爲 2,800，則；

1. 請問此時有膨脹缺口或緊縮缺口？是多少？

2. 請問可同時增減多少的 G 與 T，來彌補此一缺口？【90 年交大管科】

1. (1)緊縮 (2) 75

2. (1)$\Delta G=75$ (2)$\Delta T=-100$ (3)$\Delta G=75$，$\Delta T=-100$

第五節　平衡預算乘數（balance budget multiplier）

一、定義

在政府原先預算平衡的情況下，政府同時增加支出（ΔG），與課徵相同的稅收（ΔT），以維持預算的平衡，所引起的所得增加對稅收增加的倍數，稱為平衡預算乘數。

這裡所提及的稅收變動進一步分成兩種定義方式，$\Delta G=\Delta T_0$，與 $\Delta G=\Delta T$，兩者的差異在於第一種是指定額稅變動的部分，第二種是不論稅是何種形式全部是指稅的變動。以下區分兩種定義來討論平衡預算乘數。

(一)$\Delta G=\Delta T_0$

(1)假設$C^d=C_0+bY_D$

$Y_D=Y-T$

$T=T_0$

$I^d=I_0$

$G^d=G_0$

(2)假設$C^d=C_0+bY_D$

$Y_D=Y-T$

$T=T_0+tY$

$I^d=I_0$

$G^d=G_0$

計算平衡預算乘數

⑴令 $dG = dT_0 = dB$

由 $Y = C^d + I^d + G^d$

$Y = C_0 + bY_D + I_0 + G_0$

$Y = C_0 + b(Y - T) + I_0 + G_0$

$Y = C_0 + b(Y - T_0) + I_0 + G_0$

$Y = C_0 + bY - bT_0 + I_0 + G_0$ 全微分

$dY = dC_0 + bdY - bdT_0 + dI_0 + dG_0$

$(1 - b)dY = -bdT_0 + dG_0$

$(1 - b)dY = -bdB + dB$

$(1 - b)dY = (1 - B)dB$

$$\frac{dY}{dB} = \frac{1-b}{1-b} = 1$$

⑵令 $dG = dT_0 = dB$

由 $Y = C + I + G$

$Y = C_0 + b(Y_D) + I_0 + G_0$

$Y = C_0 + b(Y - T) + I_0 + G_0$

$Y = C_0 + b(Y - T_0 - tY) + I_0 + G_0$

$Y = C_0 + bY - bT_0 - btY + I_0 + G_0$ 全微分

$dY = dC_0 + bdY - bdT_0 - btdY + dI_0 + dG_0$

$(1 - b + bt)dY = dC_0 - bdT_0 + dI_0 + dG_0$

$(1 - b + bt)dY = -bdB + dB$

$(1 - b + bt)dY = (1 - b)dB$

$$\frac{dY}{dB} = \frac{1-b}{1-b+bt} = \frac{1-b}{1-b(1-t)}$$

結論：上述三種稅的形式，若以 $\Delta G = \Delta T_0$ 來定義平衡預算，則綜合稅的平衡預算乘數不等於一。

(二) $\Delta G = \Delta T$

(1)假設 $C^d = C_0 + bY_0$

$Y_0 = Y - T$

$T = T_0$

$I^d = I_0$

$G^d = G_0$

(2)假設 $C^d = C_0 + bY_0$

$Y_0 = Y - T$

$T = tY$

$I^d = I_0$

$G^d = G_0$

(3)假設 $C^d = C_0 + bY_0$

$Y_0 = Y - T$

$T = T_0 + tY$

$I^d = I_0$

$G^d = G_0$

計算平衡預算乘數

由於平衡預算的定義點採 $\Delta G = \Delta T$，即稅的形式不管是哪一種，皆以全部的稅收的變動（ΔT）等於政府支出的變動（ΔG）。

計算時，不需要把稅收的形式拆開，(1)(2)(3)做法皆相同

令 $\Delta G = \Delta T = \Delta B$

由 $Y = C^d + I^d + G^d$

$Y = C_0 + bY_0 + I_0 + G_0$

$Y = C_0 + b(Y - T) + I_0 + G_0$

$Y = C_0 + bY - bT + I_0 + G_0$ 全微分

$$dY = dC_0 + bdY - bdT + dI_0 + dG_0$$

$$(1-b)dY = dC_0 - bdT + dI_0 + dG_0$$

$$(1-b)dY = -bdB + dB$$

$$(1-b)dY = (1-b)dB$$

$$\frac{dY}{dB} = \frac{1-b}{1-b} = 1$$

結論：上述三種稅收的形式，若以 $\Delta G = \Delta T$ 來定義平衡預算，則所計算出的平衡預算乘數皆等於一。

►**釋例**

「短期下，政府等量增加政府購買與定額稅收不會影響所得。」試評斷此敘述之真僞，並述明理由。 【89 年台北大學財政】

（×）；平衡預算乘數為 1 時，產出亦會增加。

第六節 節儉的矛盾（the paradox of thrift）

一、定　義

當整個社會都計畫增加儲蓄，但結果所呈現的儲蓄卻減少了，此現象稱為「節儉矛盾」。

二、圖形分析

㈠投資不為所得的函數時

$I=I_0$

計畫增加儲蓄（ΔS），使得儲蓄函數由S_0往上移到$S_0+\Delta S$，所得由Y_0減少到Y_1，而已實現的儲蓄不變。

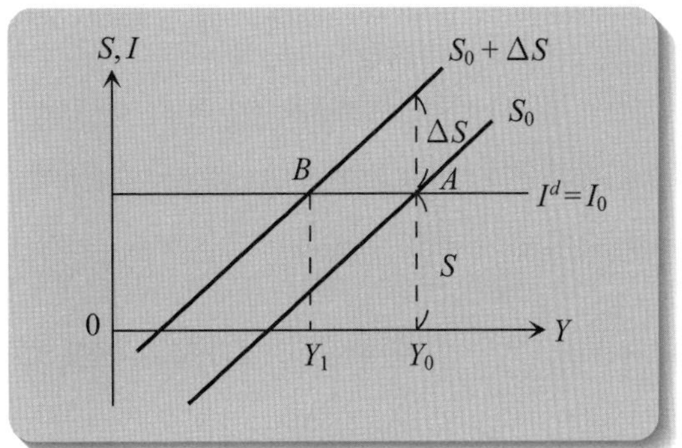

㈡投資為所得的增函數時

$I^d=I_0+I_1Y$

計畫增加儲蓄（ΔS），使得儲蓄函數由S_0往上移到$S_0+\Delta S$，所得由Y_0減少到Y_1，而已實現的儲蓄由S_0減少到S_1。可得出節儉矛盾的結論。

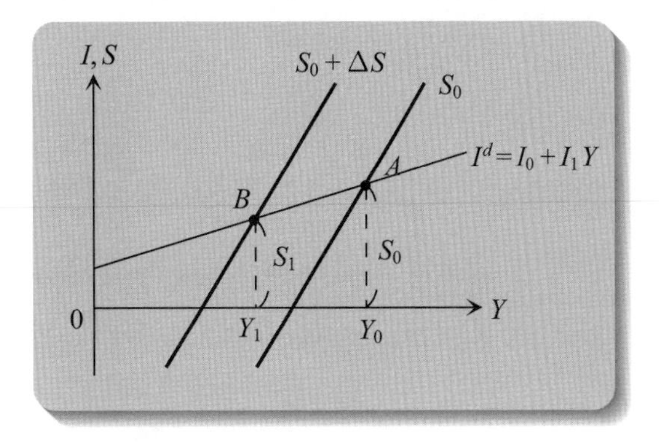

題庫精選

一、選擇題

(　) 1. 就政府支出乘數而言，下列敘述何者為真？　(A)所得稅率愈大，乘數愈大　(B)邊際進口傾向愈大，乘數愈大　(C)邊際消費傾向愈大，乘數愈大　(D)邊際儲蓄傾向愈大，乘數愈大。

【92 年普考第二試】

(　) 2. 關於凱因斯學派的論點，下列何者正確？　(A)強調供給創造需求　(B)認為充分就業為常態　(C)認為工資具向下僵固性　(D)強調以法則代替權衡的政策。　【93 年普考第二試】

(　) 3. 凱因斯本人假設工資與物價的調整十分緩慢以解釋下列何種現象？　(A)持續性地大量失業　(B)惡性通貨膨脹　(C)高利率持續　(D)停滯膨脹（stagflation）　【91 年四等特考】

(　) 4. 海島國與內陸國均為資源未充分利用之國家，兩國之經濟部長為提高國民所得及生產，前者採取鼓勵出口的方法，後者採取擴大內需的方式，世界銀行總裁聘請您評估這兩國之策略，您覺得：　(A)採取鼓勵出口是提高所得及生產之唯一方法　(B)採取擴大內需是提高所得及生產之唯一方法　(C)兩者皆可能促成所得及生產之提高　(D)兩者皆不可能促成所得及生產之提高。【90 年普考第一試】

(　) 5. 如果總支出函數為：$AE = 325 + 0.6Y$，式中，Y表實質所得，則自發性支出乘數是多少？　(A)5　(B)−325　(C)2.5　(D)0.6。

【92 年普考第二試】

(　) 6. 假設政府要消除緊縮缺口，且又要採平衡預算方式，試問政府的政

策應為何 (A)同時減少政府支出與稅收 (B)同時增加政府支出與稅收 (C)增加政府支出，減少稅收 (D)減少政府支出，增加稅收。【94 年四等特考】

( ) 7.下列何種狀況會造成均衡所得增加？ (A)政府增加課稅 (B)自發性進口增加 (C)自發性儲蓄增加 (D)政府支出增加。【92 年普考第二試】

( ) 8.在簡單凱因斯模型中，均衡條件要求： (A)所得等於消費 (B)貨幣供給等於貨幣需求 (C)事後投資等於儲蓄 (D)預擬投資等於儲蓄。【94 年普考第二試】

( ) 9.下列何者終究會使 M_{1B} 減少？ (A)銀行減少超額準備 (B)某甲將活期存款戶款項提出，以現金方式持有 (C)法定準備率降低 (D)某甲將定存改存活期存款。【94 年四等特考】

( ) 10.在簡單凱因斯模型中，下列哪一經濟變數是可變動的？ (A)所得 (B)利率 (C)物價 (D)匯率。【94 年普考第二試】

( ) 11.就簡單凱因斯模型而言，已知總支出函數為：$AE=100+0.8Y$，式中，Y 表實質所得，則均衡所得是多少？ (A)100 (B)500 (C)-320 (D)1000。【92 年普考第二試】

( ) 12.令 $Y=C+I+G$，若 $C=60+0.8Y$，$I=10+0.1Y$，$G=50$，則均衡所得為： (A)1000 (B)1200 (C)1500 (D)2000。【93 年四等特考】

( ) 13.簡單凱因斯模型（Keynesian model）乘數效果，係指： (A)自發性（autonomous）支出變動影響總體經濟均衡產出變動的倍數 (B)誘發性（induced）支出變動影響總體經濟均衡產出變動的倍數 (C)總體經濟均衡產出變動影響自發性（autonomous）支出變動的倍數 (D)總體經濟均衡產出變動影響誘發性（induced）支出變動的倍數。【91 年普考第二試】

( ) 14.假設甲國為一封閉經濟體系，其總體經濟資料可表達如下：$C=100+0.75Y_d$，$Y_d=(1-t)Y$，$I=150$，$G=250$，$t=0.2$，式中 C 為

消費，Y_d 為可支配所得，I 為投資，G 為政府支出，說明在上述設定下的均衡國民所得（Y）是多少？ (A)1,250 (B)1,300 (C) 1,350 (D)1,400 【91 年四等特考】

( ) 15.就一封閉經濟體系而言，已知消費函數：$C=100+0.8Y_d$，投資：$I=200$，政府支出：$G=300$，淨稅賦函數：$T=300$；式中，Y_d 為可支配所得。如果總支出函數為：$AE=a+bY$，式中，Y 為實質所得；則 $a=$？ (A)360 (B)600 (C)240 (D)300。【92 年普考第二試】

( ) 16.根據簡單凱因斯模型，政府支出增加，會造成： (A)均衡所得增加 (B)均衡物價上升 (C)失業率上升 (D)國民所得分配不均。

【92 年普考第二試】

( ) 17.下列狀況中，哪一種現象會造成總支出減少？ (A)自發性投資增加 (B)政府支出增加 (C)自發性儲蓄增加 (D)自發性出口增加

【92 年普考第二試】

( ) 18.在簡單凱因斯模型中，均衡條件要求： (A)所得等於消費 (B)貨幣供給等於貨幣需求 (C)事後投資等於事後儲蓄 (D)商品需求等於商品供給。 【91 年四等特考】

( ) 19.所謂平衡預算乘數是決定於： (A)消費等於投資 (B)經常帳等於資本帳 (C)國際收入等於國際支出 (D)稅額變動量等於政府購買支出變動量。 【93 年四等特考】

( ) 20.在簡單凱因斯模型中，若政府僅課徵定額稅，則平衡預算乘數值為： (A)0 (B)1 (C)-1 (D)小於-1。 【94 年普考第二試】

( ) 21.簡單凱因斯模型中，若邊際消費傾向為 b，則租稅乘數為： (A)$-b$ (B)1 (C)$-b/1-b$ (D)$1/1-b$。 【94 年四等特考】

( ) 22.在簡單凱因斯模型 45 度線分析法中，以下何者不是均衡的達成？(A)投資加儲蓄等於總所得 (B)投資等於儲蓄 (C)預擬及實現的總支出等於總所得 (D)45 度線和總需求線相交。

【91 年普考第二試】

(　) 23. 在一封閉經濟體系中，若消費函數為 $C=(A)400+0.8Y_d$，投資為 $I=(A)100$，政府支出為 $G=(A)300$，政府稅收為 $T=(A)200$；式中，Y_d 為可支配所得。如果總支出函數為 $AE=a+bY$，式中，Y 為實質所得；則 $a=$？　(A)600　(B)640　(C)800　(D)1000。

【94 年普考第二試】

(　) 24. 如果預擬的總需求大於實際總產生，則：　(A)存貨增加，國民生產毛額增加　(B)存貨減少，國民生產毛額減少　(C)存貨增加，國民生產毛額減少　(D)存貨減少，國民生產毛額增加。

【94 年四等特考】

(　) 25. 當經濟存在緊縮缺口或膨脹缺口時，政府以自發性支出消除缺口的做法稱為：　(A)貨幣政策　(B)產業政策　(C)外匯政策　(D)反景氣循環政策。　【94 年四等特考】

(　) 26. 在簡單凱因斯模型中，已知當可支配所得為 100 時，消費為 60；當可支配所得為 200 時，消費為 140。請問：邊際儲蓄傾向是多少？(A)0.2　(B)0.4　(C)0.6　(D)0.8。　【94 年普考第二試】

(　) 27. 政府如果增加對家戶補助的權衡性移轉支出，則對於總體均衡所得的乘數效果幅度有多大？　(A)和課稅一樣，但效果為正　(B)和政府支出增加一樣　(C)和平衡預算乘數一樣　(D)沒有乘數效果，均衡所得不變。　【91 年普考第二試】

(　) 28. 某國目前處於資源未充分利用的情況，若欲使所得或生產提高，應：　(A)獎勵儲蓄，以便厚植國力　(B)鼓勵進口，以便充裕物資供應，安定市場　(C)鼓勵消費，以便消化存貨刺激生產　(D)發行新鈔，以便增加流通籌碼。　【90 年普考第一試】

(　) 29. 在簡單凱因斯模型中，甲國的邊際消費傾向為 0.8，乙國為 0.5，則下列關於政府支出乘數的敘述何者正確？　(A)甲國為 2　(B)甲國為 5　(C)乙國為 3　(D)乙國比甲國大。　【93 年四等特考】

(　) 30. 在簡單凱因斯模型中，邊際消費傾向為 0.75，則政府支出乘數等

於： (A)0.75 (B)1.33 (C)4 (D)5。 【94 年四等特考】

( ) 31.下列哪一種情況，並不會產生節儉矛盾的現象 (A)充分就業 (B)有效需求不足 (C)過剩的生產能量 (D)社會上有許多人失業。

【94 年四等特考】

( ) 32.根據凱因斯理論，下列何種情況能促使失業率降低？ (A)家計部門增加儲蓄 (B)廠商減少投資 (C)政府增加支出 (D)政府增加課稅。 【92 年普考第二試】

( ) 33.所有條件相同下，開放經濟的政府支出乘數，比封閉經濟的政府支出乘數來得： (A)小 (B)大 (C)一樣大 (D)不一定。

【93 年普第二試】

( ) 34.在簡單凱因斯模型中，若政府稅收形式為定額稅，則平衡預算乘數值為： (A)0 (B)1 (C)介於 0 與 1 之間 (D)大於 1。

【91 年四等特考】

( ) 35.政府自發性支出增加一單位時，產出呈倍數增加的現象，稱為：(A)政府預算赤字 (B)政府支出乘數 (C)平衡預算乘數 (D)自動穩定因子。 【93 年普考第二試】

( ) 36.民間消費支出加上民間儲蓄等於： (A)政府收入 (B)政府支出 (C)投資支出 (D)個人可支配所得。 【93 年四等特考】

( ) 37.下列何者錯誤？ (A)自發性支出不受國民所得影響 (B)本國的所得增加會使進口增加 (C)邊際消費傾向與邊際儲蓄傾向話必等於 1 (D)國民所得帳是一事前計畫的目標。 【90 年輔大金融】

( ) 38.下列何者正確？ (A)存貨投資不屬於GDP (B)存貨投資項必為正的 (C)在颱風季節中，消費者物價指數容易高估物價上漲率 (D)存貨投資等於毛投資減淨投資 (E)以上皆非。 【91 年輔大金融】

二、計算題

1.若經濟體系內之各項支出函數如下所述，試估算商品市場均衡時之所得水準？

$C=1200+0.75Y_D$

$I=800+0.15Y$

$G=600$

$T=400$

$X=600$

$M=200+0.1Y$ 【80 年中山企研】

2. 已知一個簡單實物面總體經濟模型為：

$c=35+0.8(1-t)y$

$i=30$

$g=15$

$x=40$

$m=15+0.1Y$

式中，c＝消費，y＝所得，t＝稅率，i＝投資，g＝政府支出，x＝輸出，m＝輸入，請計算下列各題：

㈠貿易差額等於零時，均衡所得為若干？

㈡為達到㈠的均衡所得，稅率 t 應為若干？

㈢在㈠的均衡所得與㈡的稅率下，預算盈餘或赤字為若干？

現在假設稅率比㈡的稅率提高 5 個百分點，亦即提高 0.05，請另計算下列三小題：

㈣新的均衡所得為若干？

㈤在㈣的均衡所得下，有多少預算盈餘或赤字？

㈥以㈣的均衡所得下，貿易差額為若干？ 【80 年中興企研丙】

3. A 國的總體模型如下：

$C=20+0.8(Y-T)$ C：消費

$I=100$ Y：國民生產毛額

$G=240$ I：投資

$T=0.25Y$ G：政府購買

（回答時請寫下計算過程）　T：政府稅收

(A)請計算均衡的國民生產毛額及政府的預算赤字（或盈餘）。

(B)若改變政府購買的方式來達到充分就業，則政府購買應增加或減少多少？

(C)A 國政府若想以改變稅率的方式達到充分就業，則稅率應改為多少？

(D)在改變稅率前，自發性支出的乘數（MULTIPLIER）為何？改變稅率後又為何？

(E)如果政府想保持預算平衡，又想達到充分就業，則其稅率應為何？政府購買應為何？　【79 年清大工工所】

4.設有一包含政府部門的簡單凱因斯模型如下：

$Y=C+I+G \quad I=100$

$Y=C+S+T \quad G=40$

$C=60+0.8(Y-T) \quad T=40$

其中，Y=國民生產淨額，$Y-T$=可支配所得，C=消費，I=投資，T=租稅，G=政府支出，S=民間儲蓄。

㈠請計算均衡國民生產淨額 Y 與可支配所得 $Y-T$。

㈡請計算投資乘數。

㈢若充分就業所得（GNP）水準為 $Y_f=960$，請問此時有緊縮缺口還是膨脹缺口？此缺口有多大？若 $Y_f=900$ 呢？　【80 年中興統研】

5.假定的一開放經濟模型，其中：

$C=40+0.75(Y-T)$

$I=40-200i$

$G=100$

$T=0.20Y$

$NX=X-0.1Y$

上列諸式中，C 為消費，Y 為所得，T 為政府稅收，I 為投資，i 為利率（設原先為 5%），NX 為貿易收支差額，X 為出口（設原先為 250），G 為政

府支出。

㈠計算均衡所得。

㈡計算貿易收支。

㈢若充分就業所得水準為 $Y_f=100$，則此時有緊縮缺口或膨脹缺口？缺口多大？

㈣若出口需求減少 100，則對均衡所得貿易收支的影響如何？

㈤若利率由 5%提高為 10%，能改善多少貿易收支？為什麼？

【81 年成大交研甲乙組】

6. 設一封閉經濟體系之凱因斯模型如下：

$Y=C+I+G$	Y：國民生產毛額
$Y=C+S+T$	C：消費
$C=100+0.8Y_d$	I：投資
$I=500$	G：政府支出
$G=800$	T：租稅
$Y_d=Y-T$	Y_d：可支配所得
$T=50+0.25Y$	

根據以上資料，試計算及簡答下列各題：

㈠求均衡所得水準（Y）。

㈡若充分就業所得為 3,000，此時是否有緊縮缺口或膨脹缺口？

㈢若充分就業所得為 4,000，此時是否有緊縮缺口或膨脹缺口？缺口多大？如何消除？【81 年政大企研丙】

7. 若租稅是誘發的，則在二部門經濟的乘數一定大於三部門的，而三部門的又一定大於四部門的。【81 年中興企研甲】

8. 國民所得 Y、儲蓄 S、租稅 T、投資 I、政府支出 G、輸出 X、輸出 M 之間的關係如圖㈠，在均衡國民所得水準下，關於貿易收支下列何者正確？(A)只有 ab 之黑字 (B)只有 bc 之赤字 (C)只有 cd 之赤字 (D)只有 ef 之赤字 (E)只有 fg 之黑字。

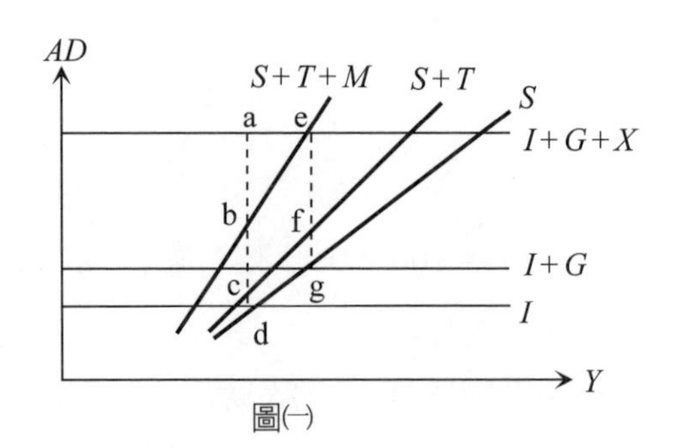

圖㈠

【80 年成大交研】

9. 平衡預算乘數（balanced budget multiplier）一定等於 1，沒有小於 1 的情況存在。【79 年台大商研 B】

10. 設 $C=50+0.9Y_D$，$I=100$，$G=80$，$T=50$，$X=100$，$M=20+0.1Y_D$，$Y_D=Y-T$，請求：

㈠均衡時，所得 $Y^*=$？政府赤字（或盈餘）為何？貿易餘額為何？

㈡設 G 上升 10 單位，則 Y 會如何變動？對貿易餘額之影響為何？

㈢若本國通貨升值 1%會使 X 下降 2 單位，M 上升 5 單位，則本國通貨升值 10%對均衡所得與貿易餘額之影響為何？【89 年淡江財金】

第四章

修正的凱因斯模型

在前面的簡單凱因斯模型裡，凱因斯為了專注分析有效需求如何影響產出（所得）做了物價水準固定與利率水準固定的假設。所以凱因斯僅就商品市場的總合供給與總合需求來決定均衡的所得，我們也可以從代數的角度來看，當總合供給 AS 等於 Y，而總合需求假設是三部門，則 $AD=C+I+G$，寫成函數形式為 $AD=C(Y_D)+I(?)+G_0$。若把利率引入投資函數內則 $AD=C(Y_D)+I(i)+G_0$，均衡時 $AS=AD$，故 $Y=C(Y-T)+I(i)+G$。這個方程式裡面有 Y 和 i 兩個未知數，但只有一條方程式，凱因斯的處理是將 i 設定為某一水準，若 $i=i_0$，則所對應的 $I=I_0$，所以方程式變成 $Y=C(Y-T)+I_0+G_0$，一條方程式，一個未知數 Y，那麼就會有唯一解了。

如果把利率引入投資函數內，那麼 $Y=C(Y-T)+I(i)+G_0$，這兩個未知數 Y 和 i，要有唯一解，勢必還要加入另一條方程式，這一章所加入的另一條方程式是貨幣市場，它的函數形式是 $\frac{M}{P}=L(i,Y)$，式中 $\frac{M}{P}$ 是貨幣供給，$L(i,Y)$ 是貨幣需求，假設貨幣供給是央行完全可以控制，則 M 為常數，物價仍假設是固定的，故也是常數，而貨幣需求是所得（Y）和利率（i）的函數。如果把凱因斯的商品市場均衡條件 $Y=C(Y-T)+I(i)+G_0$，再加上貨幣市場均衡條件 $\frac{M}{P}=L(Y,i)$，則兩條方程式，兩個未知數 Y 和 i，就有唯一解了。也就是當這個社會的商品市場和貨幣市場同時達成均衡時，社會上的均衡所得（Y）和利率（i）被同時決定。

這裡有一個問題就是為什麼要找貨幣市場進來？為何不找別的市場？

先前在古典學派裡市場的均衡利率是由可貸資金理論所決定，當投資等於儲蓄時，市場的均衡利率即可被決定，而該利率是唯一的，而凱因斯認為當儲蓄函數是所得的函數時，即 $S=S(i,y)$，當所得變動則儲蓄函數也跟著變動，此時，利率就不是唯一了，如圖；當 $y=y_0$ 時，$i=i_0$。

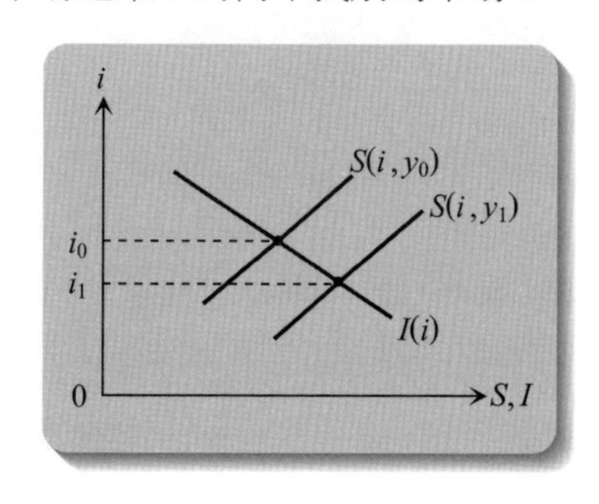

而y上升到y_1時，$i=i_1$。

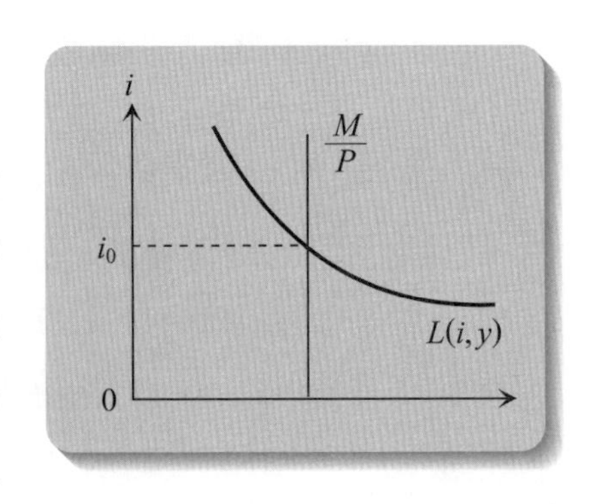

所以凱因斯認為可貸資金理論是所得變動時，利率不是唯一的，依據凱因斯的說法，利率要由貨幣市場來決定。當貨幣供給等於貨幣需求時，市場的均衡利率就可被決定出來，假設貨幣供給為$\frac{M}{P}$，貨幣需求為$L(i,y)$，均衡時，$\frac{M}{P}=L(i,y)$，利率為均衡利率，例如$i=i_0$。

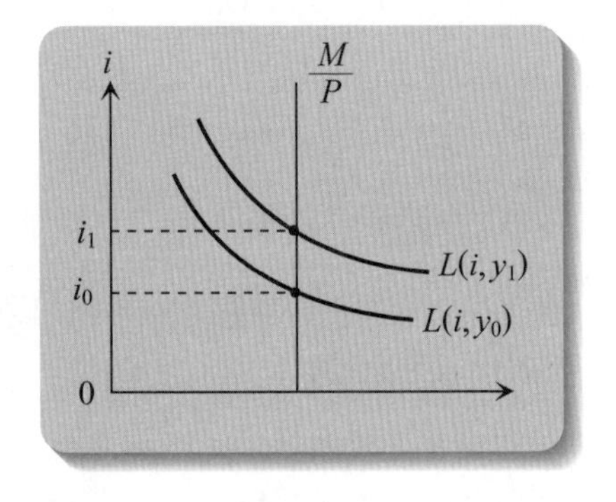

Hicks和Hanse認為凱因斯批評古典學派的可貸資金理論時，自己在解釋貨幣市場也犯了相同的錯誤，當所得變動時，貨幣需求$L(i,y)$也會移動，那麼市場的利率就不是唯一了，如圖；當$y=y_0$時，$i=i_0$，而y上升到y_1時，$i=i_i$。

Hicks和Hanse把凱因斯對古典學派可貸資金理論的批評，當所得變動時，利率也跟著變動，把所對應的利率與所得繪成一條具有負斜率的曲線，這一條曲線線上每一點都是投資等於儲蓄，即商品市場均衡，稱這條線為IS曲線，如下圖。

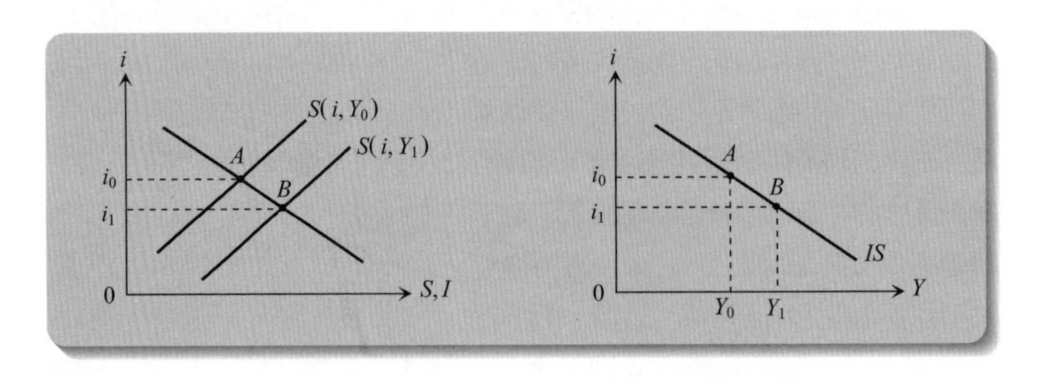

再以批評凱因斯的貨幣市場，當所得變動，利率也跟著變動把所對應的所得與利率繪成具正斜率的曲線，該曲線的線上每一點都代表貨幣供給等於貨幣需求，即貨幣市場均衡，稱這條線為*LM*曲線，如下圖。

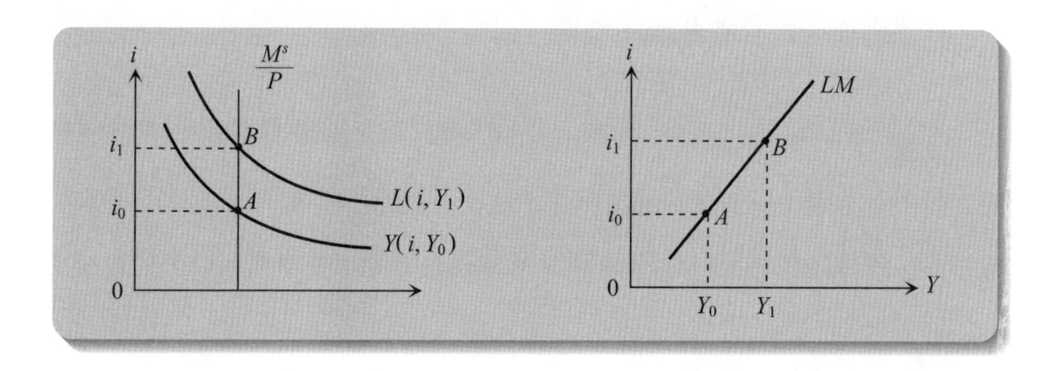

再將 IS 曲線和 LM 曲線合併，相交的點（*E*點）表示當商品市場和貨幣市場同時達成均衡時，決定市場上的均衡所得（Y^*）與均衡利率（i^*）。如右圖。

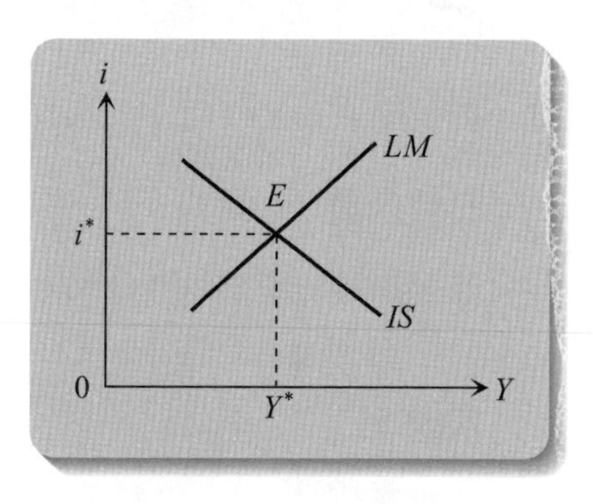

第一節 IS-LM模型

假設：

1. 物價是固定的，因為當時的物價非常穩定，所以做此假設，同時也是簡化分析。

2. 所得和利率是可變動的，這裡有別於簡單凱因斯模型僅考慮所得的變動。

IS-LM模型又稱為修正的凱因斯模型，所謂的修正是指在簡單凱因斯模

型內利率是固定的，修改成利率是可變動的。而 IS-LM 模型是由 Hicks 和 Hansen 所提出來的，所以又稱為 Hicks-Hansen 模型。

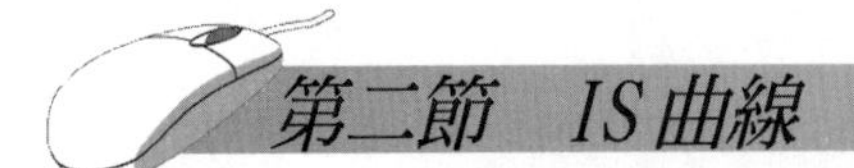

第二節　IS 曲線

定義：

表示商品市場均衡時，所得和利率組合的軌跡。這裡所指的商品市場均衡是指達成簡單凱因斯模型的均衡條件，投資等於儲蓄（$I=S$）。

一、商品市場均衡——不考慮政府部門

儲蓄函數　$S=S(Y)$　$S'=\frac{dS}{dY}>0$（表示所得和儲蓄是正向關係）

投資函數　$I=I(i)$　$I'=\frac{dI}{di}<0$（表示利率和投資是負向關係）

商品市場均衡時，$I(i)=S(Y)$，即投資=儲蓄。

說明：

在橫軸所得（Y）縱軸利率（i）的座標平面上，先設定某利率水準 i_0，向左對應得到 i_0 的投資水準 $I(i_0)$，再往下對應得知 $I(i)=S(Y)$ 時的 $S(Y)$，並就 $S(Y)$ 找出所對應的所得水準 Y_0，得到 A 點的座標 (i_0, Y_0)。同理；再選擇另一個利率水準 i_1，依相同的步驟，找出 B 點的座標 (i_1, Y_1)，將 A 點和 B 點達成一線，即得到一條負斜率的 IS 曲線。

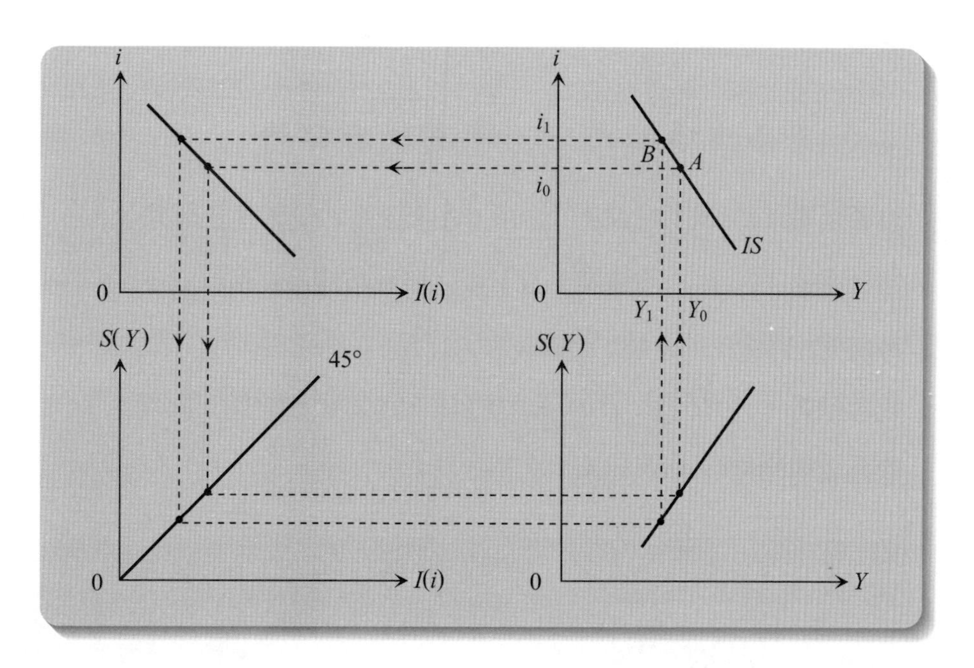

方程式：

假設 $C=C_0+bY$

$I=I_0-vi$

由 $AS=AD$，因 $AS=Y$，而 $AD=C+I$，即

$$Y=C+I$$

$$Y=C_0+bY+I_0-vi$$

$$Y=\frac{C_0+I_0-vi}{1-b}\text{……IS 曲線}$$

或把消費函數改成儲蓄函數，即 $S=Y-C=Y-(C_0+bY)=-C_0+(1-b)Y$

均衡時，$I(i)=S(Y)$，即

$$I_0-vi=-C_0+(1-b)Y$$

得 $Y=\dfrac{C_0+I_0-vi}{1-b}$……IS 曲線

二、商品市場均衡——考慮政府部門

儲蓄函數　$S=S(Y)$，$S'=\dfrac{dS}{dY}>0$（表示所得和儲蓄是正向關係）

投資函數　$I=I(i)$，$I'=\dfrac{dI}{di}<0$（表示利率和投資是負向關係）

政府支出函數　$G=G_0$

稅收函數　$T=T(Y)$，$T'=\dfrac{dT}{dY}>0$（表示所得和稅收是正向關係）

商品市場均衡時，$I(i)+G=S(Y)+T(Y)$

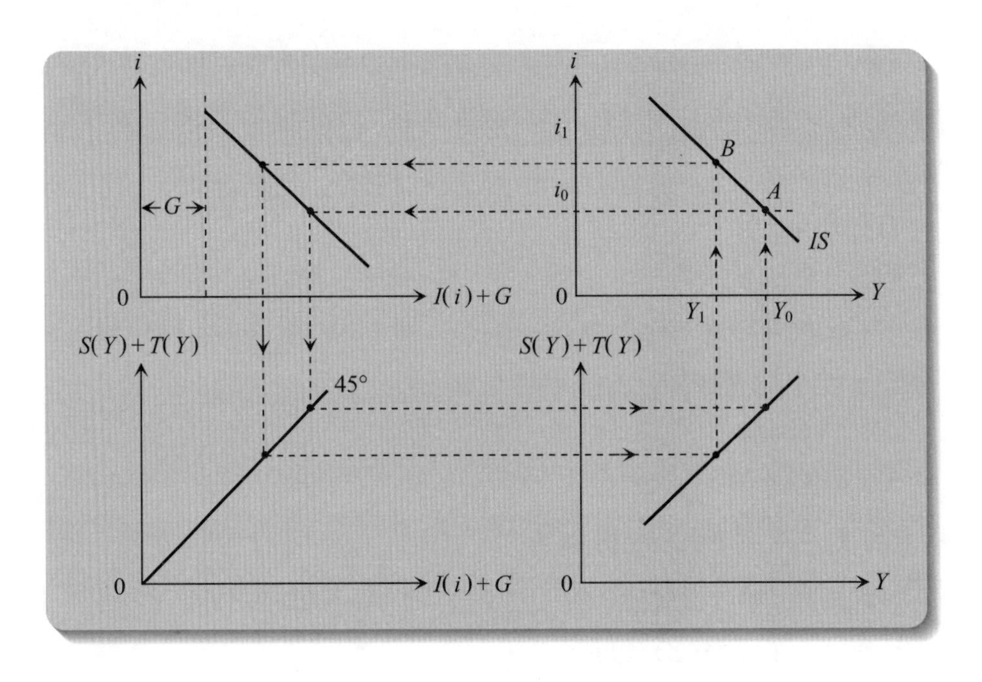

說明：

在橫軸為所得（Y）縱軸為利率（i）的座標平面上，先設定某一利率水準i_0，為找出所對應的所得（y），向左對應得到i_0的投資水準$I(i_0)+G$，再往下對應得知$I(i)+G=S(Y)+T(Y)$時的$S(Y)+T(Y)$，並就$S(Y)+T(Y)$找出所對應的所得水準y_0，得到A點的座標(i_0, Y_0)。同理；再選擇另一個利率水準 i_1，再依相同的步驟，找出 B 點的座標 (i_1, Y_1)，將 A 點和 B 點連線，即可得到考慮政府部門的 IS 曲線。

方程式 假設 $C=C_0+bY_D$

$$Y_D=Y-T$$

$$T=T_0$$

$$I=I_0-vi$$

$$G=G_0$$

由總供給＝總需求，總供給為 Y，總需求為 $C+I+G$，即

$$Y=C+I+G$$

$$Y=C_0+bY_D+I_0-vi+G_0$$

$$(1-b)Y=C_0-bT_0+I_0-vi+G_0$$

$$Y=\frac{C_0-bT_0+I_0+G_0-vi}{1-b}\text{……IS 曲線}$$

或是把消費函數改成儲蓄函數，即 $S=Y_D-C$

$$Y_D-(C_0+bY_D)=-C_0+(1-b)Y_D=-C_0+(1-b)(Y-T)$$

均衡時，$I(i)+G_0=S+T_0$

$$I_0-vi+G_0=-C_0+(1-b)(Y-T_0)+T_0$$

$$I_0-vi+G_0+C_0=(1-b)Y-(1-b)T_0+T_0$$

$$I_0-vi+G_0+C_0=(1-b)Y-T_0(1-b+1)$$

$$I_0-vi+G_0+C_0=(1-b)Y+bT_0$$

$$Y=\frac{C_0-bT_0+I_0+G_0-vi}{1-b}\text{……IS 曲線}$$

三、IS 曲線的形狀

假設 $C=C_0+bY_D$

$$Y_D=Y-T$$

$T = T_0 + tY$

$I = I_0 - vi$

$G = G_0$

由 $Y = C + I + G$ 得 $Y = C_0 + b(Y - T) + I_0 - vi + G_0$

$$Y = C_0 + b(Y - T_0 - tY) + I_0 - vi + G_0$$

$$Y = \frac{C_0 + I_0 + G_0 - bT_0}{1 - b(1 - t)} - \frac{v}{1 - b(1 - t)} i$$

IS 曲線的斜率可以寫成：

$$\frac{di}{dY} = \frac{1 - b(1 - t)}{-v} < 0$$

式中 b 愈大，v 愈大，t 愈小，則 IS 線愈平坦。反之；式中 b 愈小，v 愈小，t 愈大，則 IS 線愈陡。

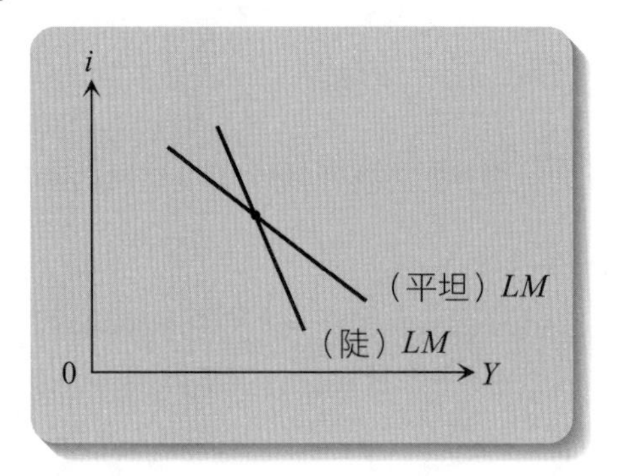

若 $V = 0$ 表示投資完全不受利率影響時（$-v = \frac{dI}{di}$），IS 線為垂直線。

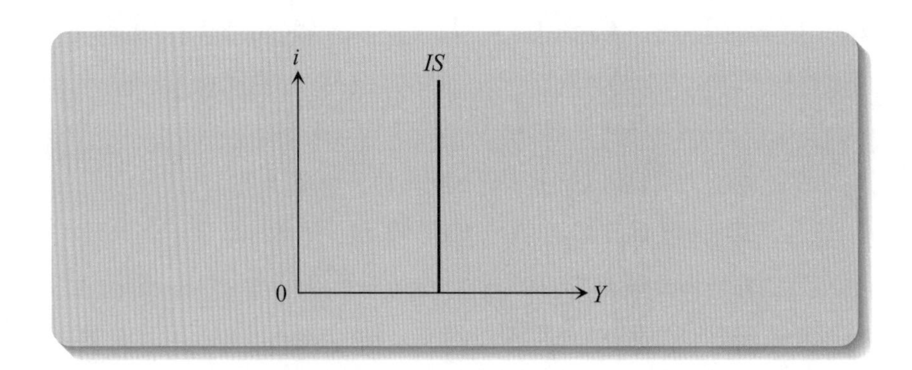

四、IS 曲線的移動

若 IS 曲線為 $Y = \frac{C_0 + I_0 + G_0 - bT_0}{1 - b(1 - t)} - \frac{v}{1 - b(1 - t)} i$

當 C_0，I_0，G_0 上升或 T_0 下降時，整條IS固定於某一利率水準，水平向右移。

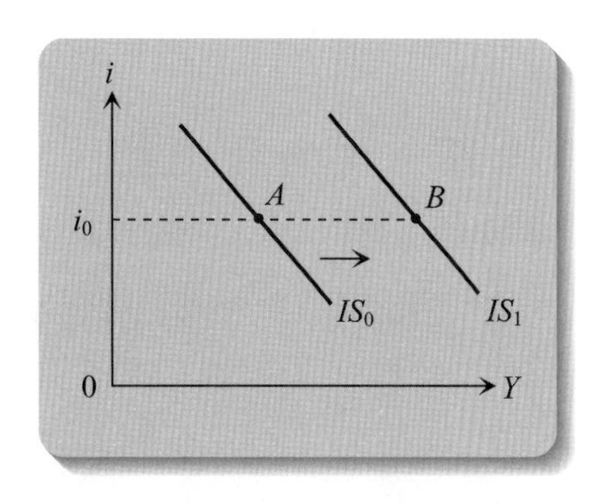

當 C_0，I_0，G_0 下降或 T_0 上升時，整條IS固定於某一利率水準，水平向左移。

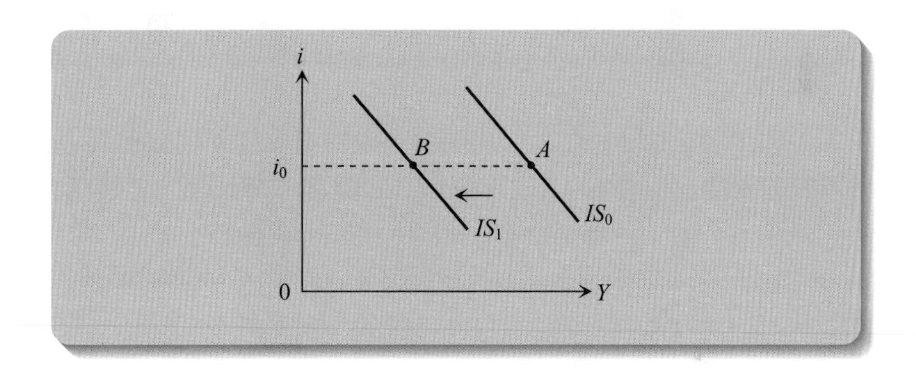

►釋例

緊縮性的貨幣政策會使：(A)IS 向左移 (B)總需求向右移 (C)投資減少 (D)以上皆非 【91 年輔大金融】

解答

(C)

五、均衡的調整

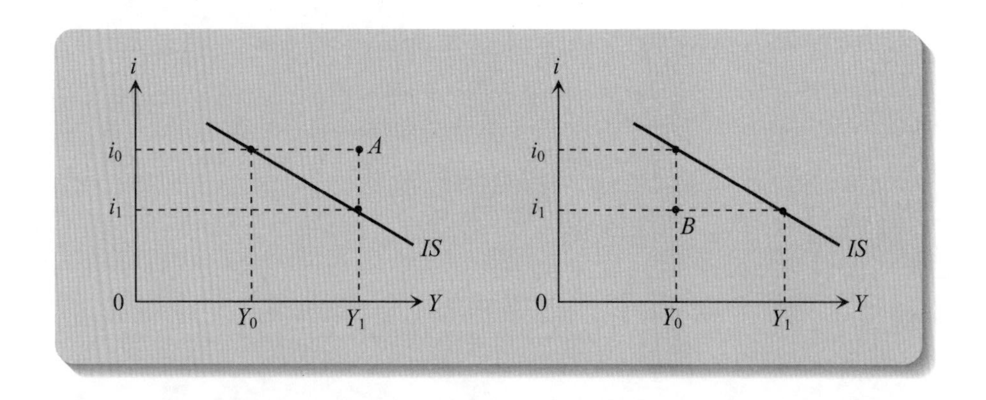

在 IS 曲線的線上每一點都代表投資等於儲蓄（$I=S$）或是政府增加投資支出等於儲蓄加上稅收，（$I+G=S+T$）即商品市場均衡，若是落在線外皆表示商品市場失衡，直接透過所得的增減來達成均衡。

㈠以 A 點為例

在固定利率水準 $i=i_0$，均衡的所得是 Y_0，但實際所得卻是 Y_1，而 Y_1 大於 Y_0，表示 $I(i_0)<S(Y_1)$ 或是 $I(i_0)+G_0<S(Y_1)+T(Y_1)$ 即總供給大於總需求，顯示 A 點有超額供給（ES）。

若固定所得 $Y=Y_1$，均衡的利率是 i_1，但是實際利率卻是 i_1，而 $i_1<i_0$，表示 $I(i_0)<S(Y_1)$ 或是 $I(i_0)+G_0<S(Y_1)+T(Y_1)$，即總供給大於總需求。

㈡以 B 點為例

在固定利率水準 $i=i_1$，均衡的所得是 Y_1，但實際所得卻是 Y_0，而 Y_1 大於 Y_0，表示 $I(i_1)>S(Y_0)$ 或是 $I(i_1)+G_0>S(Y_0)+T(Y_0)$ 即總供給小於總需求，顯示 B 點有超額需求（ED）。

若是固定 $Y=Y_0$，則均衡的利率是 i_0，但實際的利率是 i_1，而 $i_0>i_1$，表示 $I(i_1)>S(Y_0)$ 或 $I(i_1)+G_0>S(Y_0)+T(Y_0)$，即總供給小於總需求。

A 點有超額供給，透過所得減少，達成均衡，B 點有超額需求，透過所得增加，達成均衡。

由上述的討論可知落在 IS 曲線線上的點都表示商品市場均衡，而落在曲線的上方，表示商品市場有超額供給，透過所得減少來達成均衡。而落在曲線的下方，表示商品市場有超額需求，透過所得增加來達成均衡。

第三節　LM曲線

定義：

表示貨幣市場均衡時所得與利率的組合軌跡。

而所謂的貨幣市場均衡是指貨幣需求（M^D）等於貨幣供給（M^S）。以下就貨幣需求和貨幣供給的內容分別敘述如下：

一、貨幣需求

凱因斯認為大眾保有貨幣之動機有三：交易動機、預防動機及投機動機，分別說明如下：

(一)交易性貨幣需求（transactionary demand for money）

大眾持有貨幣之主要理由是，收入與支出不可能同時發生，故必須保有一定數量的貨幣以便利支出。就一個經濟社會而言，一特定交易數量對應一特定之所得水準。因此，交易性貨幣需求必與所得水準保有特定之關係；當所得愈高，交易性貨幣需求量愈大。反之，則愈小。凱因斯認為利率對交易性貨幣需求沒有經營影響，例如，交易性貨幣需求是受所得之影響。

㈡預防性之貨幣需求（precautionary demand for money）

在日常生活中，除一般正常開支外，尚可能發生一些預料之外的事情，需要做支出，例如生病、東西壞了需要修理等。為了應付這種意外的開支，就得保有適當數量的貨幣，這種貨幣需求稱為預防性貨幣需求。

㈢投機性之貨幣需求（speculative demand for money）

民眾的財富中部分願意以貨幣方式保有，民眾因而會對貨幣產生需求，這種性質的貨幣需求稱為投機性貨幣需求。凱因斯認為在特定的財富水準下，投機性的貨幣需求是利率的函數；市場利率上升，投機性貨幣需求量減少。

市場利率下降，投機性貨幣需求量上升。

綜合上述的討論，貨幣需求受到所得（Y）和利率（i）的影響，而且將貨幣需求分成三種動機，其中交易性與預防性的貨幣需求是受所得（Y）影響，投機性的貨幣需求則是受到利率（i）影響，可以表示成 $M^D=L(Y,i)=L_1(Y)+L_2(i)$。

其中 $L_1(Y)$ 表示交易性和預防性之貨幣需求

$L_2(i)$ 表示投機性貨幣需求。

二、貨幣供給

凱因斯假定貨幣數量（M）完全由政府所控制，則貨幣供給 M^S：

$$M^S=M/P$$

三、貨幣市場的均衡

由 $M^S = M_0 / P$

$M^D = L(Y, i) = L_1(Y) + L_2(i)$

均衡時 $M^S = M^D$ 即

$$\frac{M_0}{P} = L_1(Y) + L_2(i)$$

為了簡化分析，令 $P = 1$，則 $M_0 = L_1(Y) + L_2(i)$

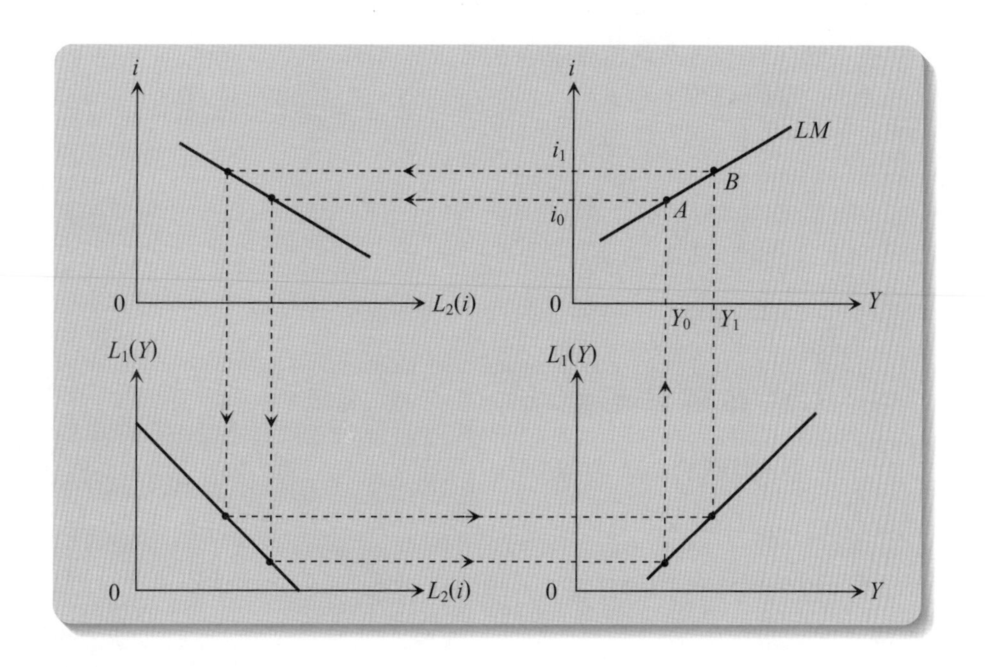

說明：

在橫軸所得（Y）縱軸利率（i）的座標平面上，

先設定某一利率水準 i_0，向左對應得到 i_0 的投機性貨幣需求水準 $L(i_0)$

再往下對應得知 $L_1(Y)+L_2(i)=M_0$ 時的 $L_1(Y)$，並以 $L_1(Y)$ 找出所對應的所得水準 Y_0，得到 A 點的座標 (i_0, Y_0)。同理；再選擇另一個利率水準 i_1，並依相同的步驟，找出所對應的所得 Y_1，得到 B 點的座標 (i_1, Y_1)，將 A 點和 B 點連線，即可得到一條正斜率的 LM 曲線。

方程式：

假設：

$M^S=\dfrac{M_0}{P}$（實質貨幣供給＝名目貨幣供給／物價水準）

$\dfrac{M^D}{P}=L_1(Y)+L_2(i)$（實質貨幣需求）

$L_1(Y)=kY$（交易性和預防性的貨幣需求）

$L_2(i)=L_0-hi$（投機性的貨幣需求）

均衡時，$M^S=M^D$，令 $P=1$

$$M_0=kY+L_0-hi$$

$$i=\frac{1}{h}(kY+L_0-M_0)$$

……LM 曲線

四、LM 曲線的形狀

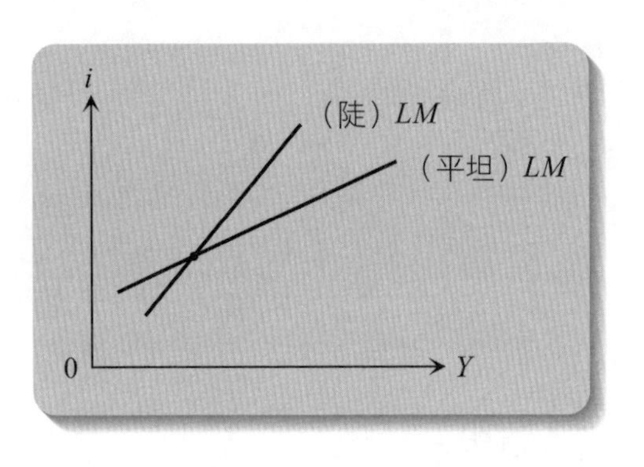

由方程式所得到的 LM 曲線

$i=\dfrac{1}{h}(kY+L_0-M_0)$

LM 曲線的斜率可以表示成；

$\dfrac{di}{dY}=\dfrac{k}{h}>0$，

式中　k 愈大，h 愈小，則 LM 線愈陡，

k 愈小，h 愈大，則 LM 線愈平坦，

當$h=0$，（$\frac{dL_2}{di}=-h=0$）表示投機性的貨幣需求不受利率變動的影響，則 LM 曲線斜率為無窮大，即為一條垂直線。

當 $h=\infty$，（$\frac{dL_2}{di}=-h=-\infty$）表示投機性貨幣需求的利率彈性為無窮大時，則 LM 線的斜率為零，為一條水平線。

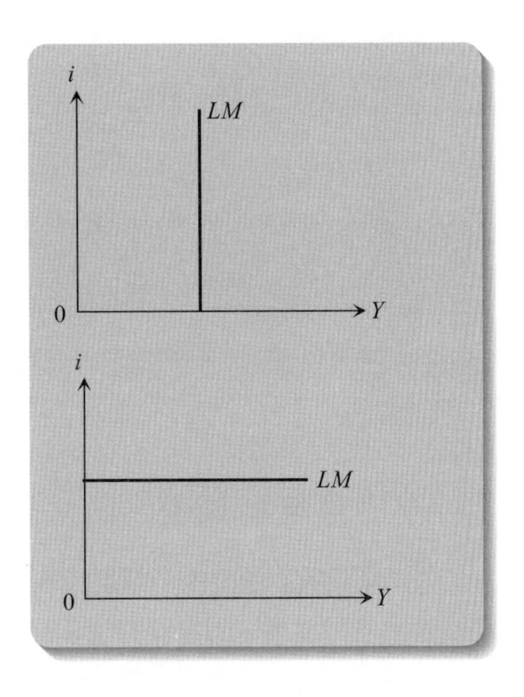

五、LM 曲線的移動

由方程式所得到的 LM 曲線

$$i=\frac{1}{h}(kY+L_0-M_0)$$

$$i=\frac{k}{h}Y+\frac{L_0-M_0}{h}$$

當 M_0 上升或 L_0 下降，則 LM 曲線向右移動。

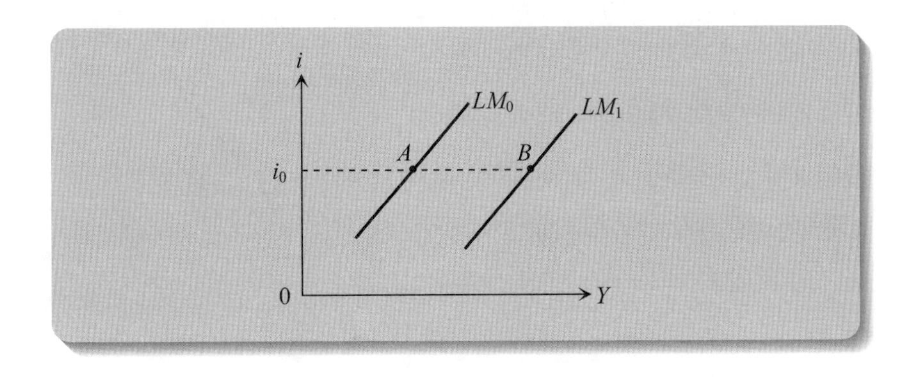

當 M_0 下降或 L_0 上升，則 LM 曲線向左移動

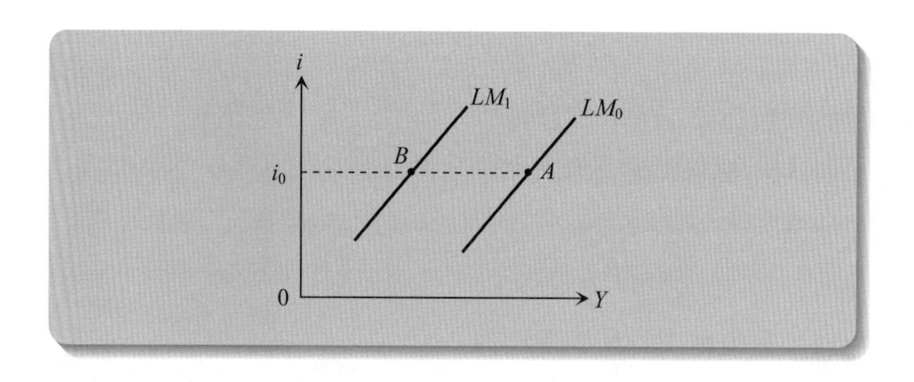

六、均衡的調整

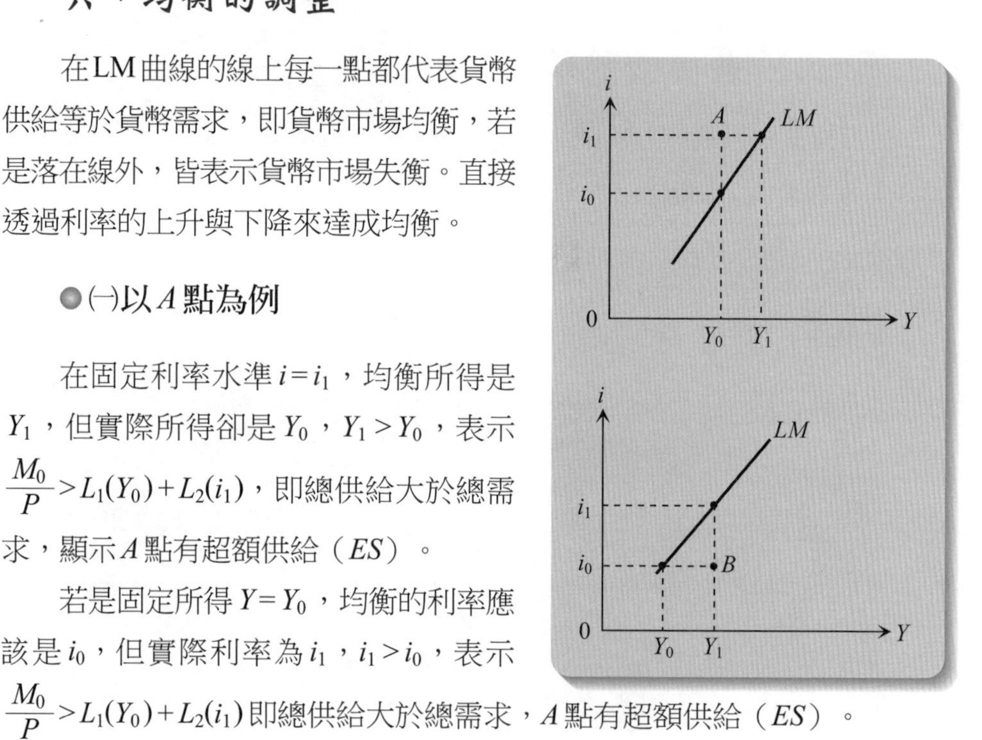

在LM曲線的線上每一點都代表貨幣供給等於貨幣需求，即貨幣市場均衡，若是落在線外，皆表示貨幣市場失衡。直接透過利率的上升與下降來達成均衡。

㈠以 A 點為例

在固定利率水準 $i=i_1$，均衡所得是 Y_1，但實際所得卻是 Y_0，$Y_1>Y_0$，表示 $\frac{M_0}{P}>L_1(Y_0)+L_2(i_1)$，即總供給大於總需求，顯示 A 點有超額供給（ES）。

若是固定所得 $Y=Y_0$，均衡的利率應該是 i_0，但實際利率為 i_1，$i_1>i_0$，表示 $\frac{M_0}{P}>L_1(Y_0)+L_2(i_1)$ 即總供給大於總需求，A 點有超額供給（ES）。

㈡以 B 點為例

在固定利率水準 $i=i_0$，均衡所得是 Y_0，而實際所得為 Y_1，而 $Y_1>Y_0$，

表示 $\frac{M_0}{P} < L_1(Y_1) + L_2(i_0)$ 即總供給小於總需求，顯示 B 點有超額需求（ED）。

若是固定 $Y = Y_1$，則均衡利率是 i_1，但實際利率卻是 i_0，且 $i_1 > i_0$，表示 $\frac{M_0}{P} < L_1(Y_1) + L_2(i_0)$，即總供給小於總需求，顯示 B 點有超額需求（ED）。

A 點有超額供給，透過利率的下降來達成均衡，B 點有超額需求，透過利率的上升來達成均衡。

由上述的討論可知落在LM曲線的線上都表示貨幣市場均衡，而落在曲線的上方，表示貨幣市場有超額供給，透過利率的下降來達成均衡。而落在曲線的下方，表示貨幣市場有超額需求，透過利率的上升來達成均衡。

第四節　IS-LM模型均衡所得與利率之決定

IS-LM模型，均衡所得及均衡利率決定於商品市場與貨幣市場同時達成均衡，以圖形表示，即IS-LM曲線的交點，均衡所得為 Y^*，均衡利率為 i^*。

一、均衡所得的求算

IS 曲線：假設 $C = C_0 + bY_D$

$$Y_D = Y - T$$

$$T = T_0 + tY$$

$$I = I_0 - vi$$

$$G = G_0$$

由 $Y = C + I + G$ 得 $Y = \frac{C_0 + I_0 + G_0 - bT_0}{1 - b(1-t)} - \frac{vi}{1 - b(1-t)} \cdots\cdots (1)$ IS 曲線

假設　$M^S = \frac{M_0}{P}$

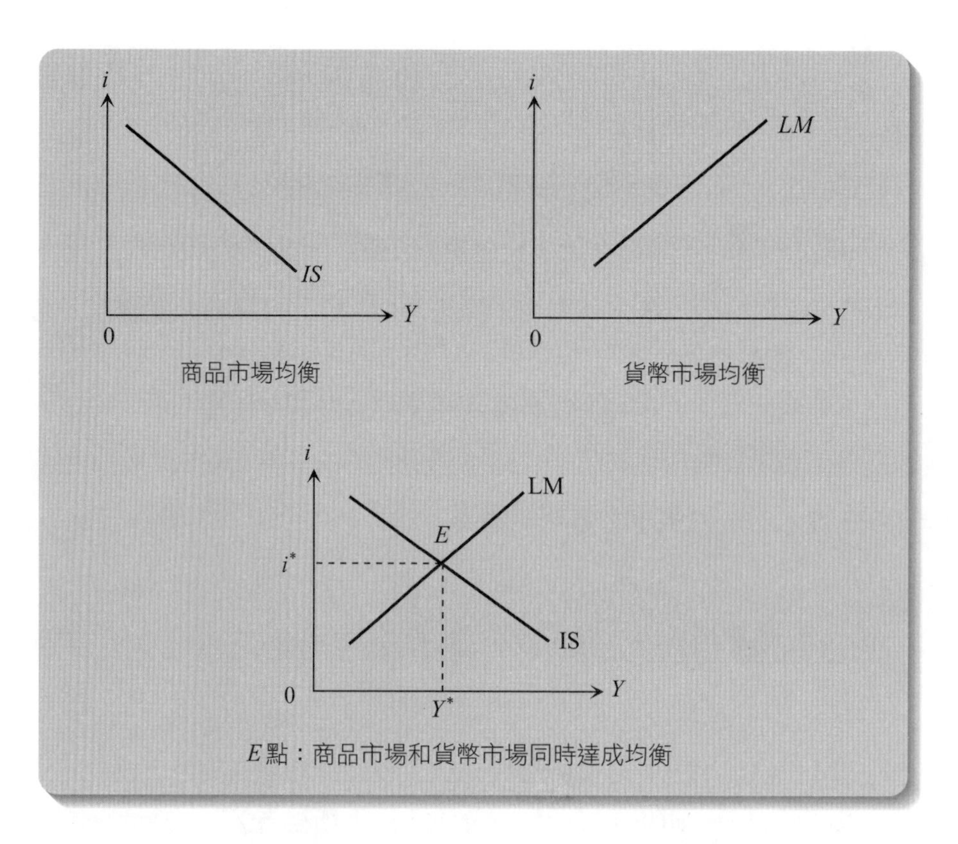

E點：商品市場和貨幣市場同時達成均衡

$$M^D = L_1(Y) + L_2(i)$$

$$L_1(Y) = kY$$

$$L_2(i) = L_0 - hi$$

由 $M^S = M^D$，令 $P = 1$，

得 $i = \frac{1}{h}(kY + L_0 - M_0)$……(2) LM 曲線

將(2)代入(1)得

$$Y^* = \frac{1}{1 - b(1-t) + v\left(\frac{k}{h}\right)}\left(C_0 + I_0 + G_0 - bT_0 + \frac{vM_0}{h}\right)$$

二、自發性支出乘數的求算

㈠自發性支出乘數

$$\frac{\partial Y}{\partial C_0}=\frac{\partial Y}{\partial I_0}=\frac{\partial Y}{\partial G_0}=\frac{1}{1-b(1-t)+v\left(\frac{k}{h}\right)}$$

㈡定額稅乘數

$$\frac{\partial Y}{\partial T_0}=\frac{-b}{1-b(1-t)+v\left(\frac{k}{h}\right)}$$

㈢平衡預算乘數

令 $\Delta G_0=\Delta T_0=\Delta B$

$$\frac{\partial Y}{\partial B}=\frac{1-b}{1-b(1-t)+v\left(\frac{k}{h}\right)}$$

㈣貨幣供給乘數

$$\frac{\partial Y}{\partial M_0}=\frac{v/h}{1-b(1-t)+v\left(\frac{k}{h}\right)}$$

三、均衡的調整

同時考慮商品市場和貨幣市場時，當經濟體系是失衡狀態，是如何自動調整以達到均衡呢？就個別的商品市場和貨幣市場來看；如下圖；

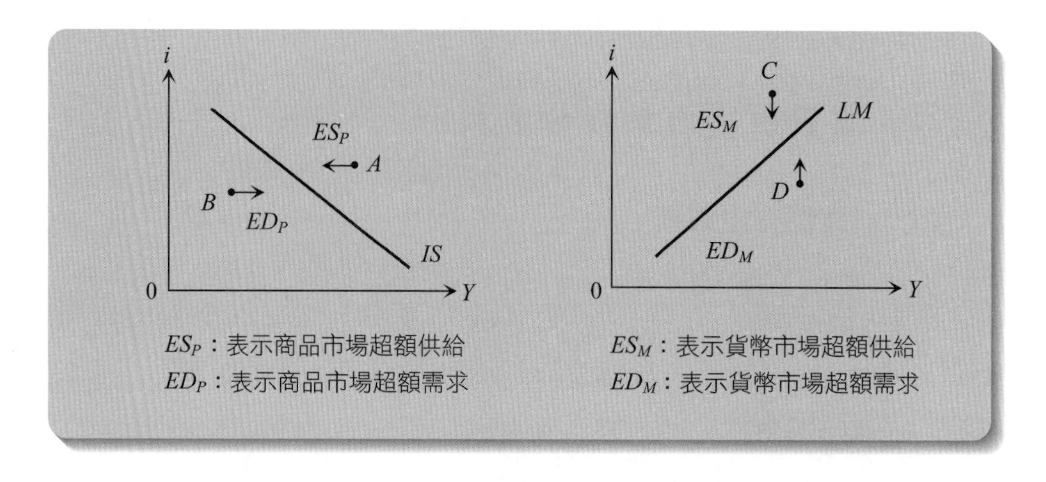

商品市場不均衡，會直接影響所得，經由所得的調整，使之達到均衡。如 A 點，商品市場有 ES_P，所得（Y）減少，而 B 點商品市場有 ED_P，透過所得增加來達成均衡。

貨幣市場不均衡，會直接影響利率，經由利率的調整，使貨幣市場達成均衡，如圖的 C 點，貨幣市場有 ES_M，則利率下降，而 D 點，貨幣市場有 ED_M，則利率上升。

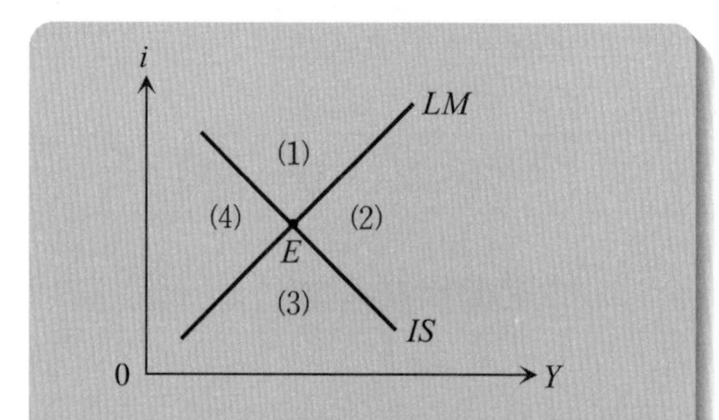

若把兩個市場合併來看，IS 曲線和 LM 曲線，可以將所得和利率的座標平面分割成四個區域，分別是(1)、(2)、(3)、(4)區域。

四、由不均衡狀態調整到均衡的過程

假設原先的組合在 A 處，商品市場有 ES_p，貨幣市場有 ES_M，由前面所

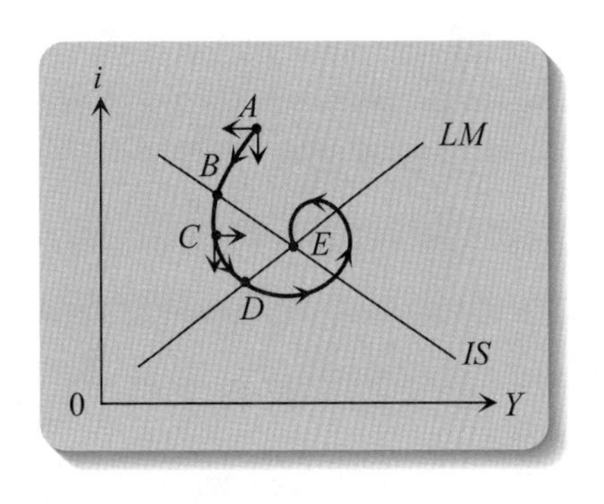

敘述的調整方式，商品市場有 ES_p，透過所得減少。

貨幣市場有 ES_M，透過利率的下降，經濟體系有向左及向下調整的力量，即由 A 點移動到 B 點。B 點商品市場達成均衡，而貨幣有 ES_M，於是利率下降，到達 C 點。C 點的位置在商品市場有 ED_p，所以所得增加，貨幣市場有 ES_M，利率又將下降，形成向右及向下的調整力量，即由 C 點移動到 D 點。

D 點是貨幣市場達成均衡，而商品市場有 ED_p，於是所得增加，調整力量向右，依此調整過程，以逆時針的調整路徑，一直到均衡點 E 為止。

►釋例

以一般 IS 線及 LM 線將平面分成四部分，若實際經濟處於 IS 之右方及 LM 之左方，則有：

(A)均衡所得大於實際產出 (B)均衡所得小於實際產出 (C)意外的存貨增加 (D)計畫中的存貨增加 (E)貨幣需求大於貨幣供給。

【89 年中山財管】

(C)

商品市場有超額供給，且貨幣市場有超額供給。

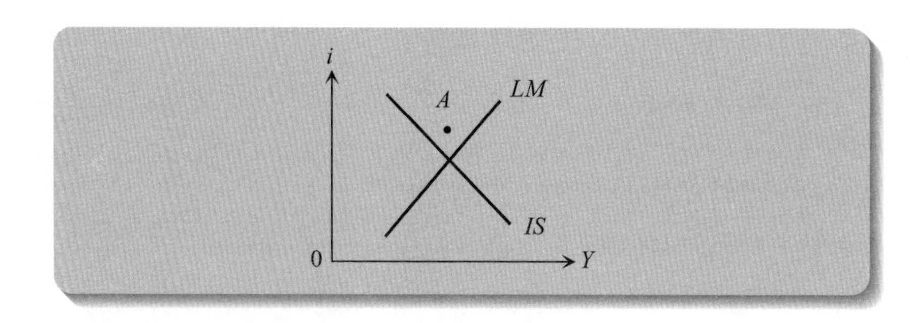

第五節　政策之有效性

當經濟不景氣時，政府可以採取擴張性的總體政策，提高有效需求，使得產出增加，就業量增加，而總體政策包括了財政政策與貨幣政策，實施的目的是為了增加產出，若實施後產出較未實施前增加，我們稱該政策有效，而政策的有效與否，到底是受到什麼因素的影響呢？

這一節我們透過政策的傳遞過程來探討影響政策有效性的因素為何。

一、財政政策

㈠財政政策（fiscal policy）

政府調整其財政收支來影響整體經濟活動的方法。

1. 擴張性的財政政策（expansionary fiscal policy）

如果目前的國民所得低於充分就業水準，政府可以增加支出或降低稅負以擴張總產出。

2. 緊縮性的財政政策（contractimary fiscal policy）

如果景氣過熱，物價漲勢蠢蠢欲動，則減少政府支出或提高稅負降低總

需求以期抑制物價膨脹。

3.財政政策之有效性

政府實施財政政策，使所得增加的幅度愈大，則該財政政策就愈有效。政府支出增加（ΔG）或稅收減少（ΔT）透過乘數效果使所得（Y）

$$\left.\begin{matrix} G\uparrow \\ \text{或} \\ T\downarrow \end{matrix}\right\} \longrightarrow Y\uparrow$$

$\frac{\partial Y}{\partial G}$ = 政府支出乘數，$\frac{dY}{dT}$ = 稅賦乘數

倍數的增加，若政府支出的幅度愈大或減稅幅度愈大，當然，對所得增加（ΔY）的幅度就愈大，此外，影響財政政策之有效性除了政府支出和減稅幅度外，若同時考慮貨幣市場，則 LM 曲線的斜率大小也會影響財政政策的有效性；LM 的斜率愈小，則 LM 曲線愈平坦，則財政政策的效果愈大。反之，LM 的斜率愈大，則 LM 曲線愈陡，則財政政策的效果愈小，如圖所示：

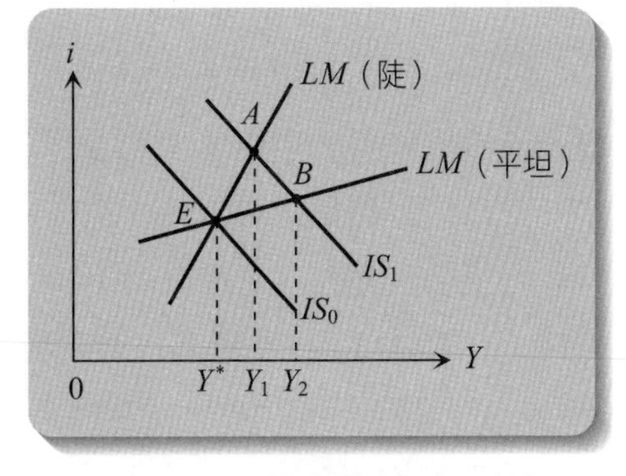

當 LM 愈平坦（即 LM 斜率愈小）時，實行財政政策使 IS_0 移動到 IS_1，均衡點為 B，所得從 Y^* 增加到 Y_2。

當 LM 愈陡（即 LM 斜率愈大）時，實行財政政策使 IS_0 移動到 IS_1，均衡點為 A，所得從 Y^* 增加到 Y_1。而 Y_2 大於 Y_1。

至於 LM 曲線的斜率是由什麼組成的；我們以前述的 LM 曲線方程式為例，LM 曲線斜率為；$\frac{di}{dY}=\frac{k}{h}$，其中 h 是利率變動相對投機性貨幣需求的變動，表示成；$\frac{\partial L_2}{\partial i}=-h$。

當 h 愈大則 LM 曲線愈小，即 LM 曲線愈平坦；反之，當 h 愈小，則 LM 曲線愈大，即 LM 曲線愈陡。

㈡財政政策的排擠效果（crowding out effect）

政府支出增加時，貨幣市場上出現超額需求，利率往上調整。利率上升，廠商投資的機會成本上升，因此投資需求下降，此稱為排擠效果。

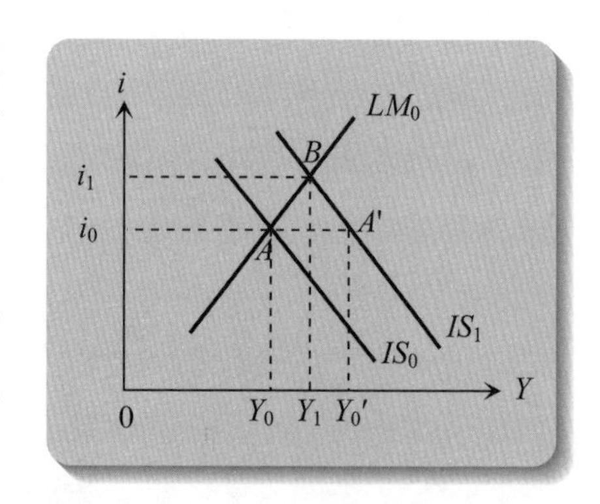

如圖：當政府支出增加，使 IS_0 向右移動到 IS_1，利率由 i_0 上升到 i_1。而所得由原先的 Y_0 增加到最後的 Y_1。

這裡所謂的利率由 i_0 上升到 i_1，將使投資需求減少，那麼投資需求減少是反應在哪一部分呢？由乘數原理可知，當投資需求減少，所得也將倍數減少，也就是所得將因為利率上升，導致投資需求減少，而將使所得減少。一開始政府支出增加，在利率固定時（$i=i_0$）採擴張性政策透過政府支出的乘數效果所得由 Y_0 上升到 Y_0'。均衡點為 A'，但 A' 點僅是商品市場均衡，貨幣市場有超額需求利率上升，沿著 IS_1 的 A' 點往上調整一直到 B 點，商品和貨幣市場達到均衡為止。利率上升，導致投資需求減少，再透過乘數效果，使得所得減少，減少的所得為 Y_1Y_0'，原先的所得從 Y_0 增加到 Y_0'，最後是增加到 y_1，被排擠的所得為 Y_1Y_0'。

從圖形也可以看出排擠效果的大小與 LM 曲線或 IS 曲線的斜率有關；當 LM 曲線為正斜率，討論 IS 曲線的極端情況。

當 IS 曲線是垂直線，表示投資對利率彈性等於零，如圖；當政府支出增加使 IS_0 向右移到 IS_1，所得由 Y_0 增加到 Y_1，沒有排擠效果。

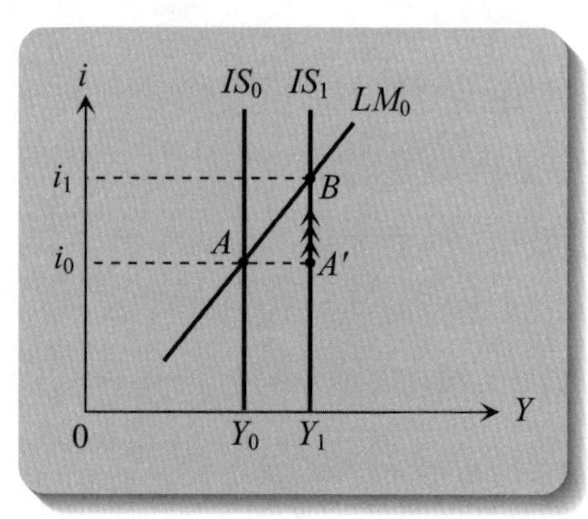

當IS曲線是水平線，表示投資對利率彈性等於無窮大，如圖；當政府支出使 IS_0 向右移到 IS_1，所得仍維持在 Y_0，政府支出增加完全被利率的上升所排擠掉了。

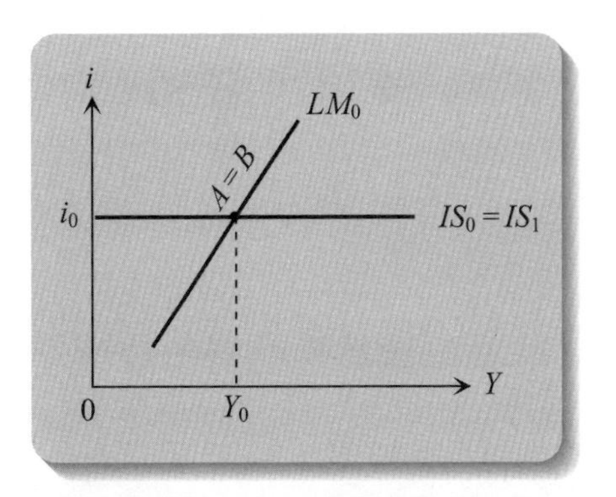

接著，我們IS曲線視為正常形狀的負斜率，來觀察當 LM 曲線的斜率處於極端情況時，對於排擠效果的大小，

當 LM 曲線為垂直，即貨幣需求對利率彈性等於零，如圖；

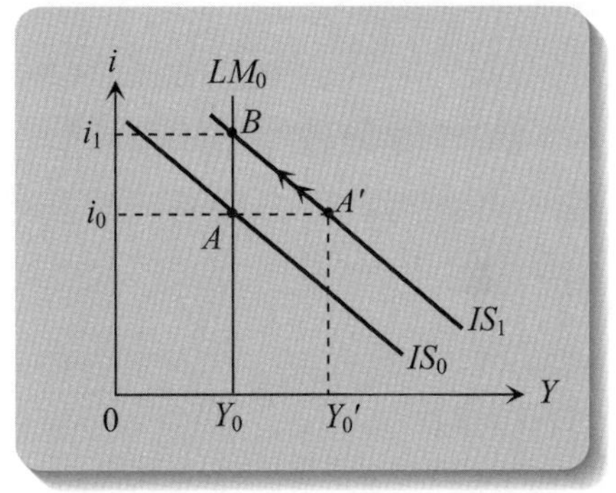

當政府支出增加使 IS_0 向右移到 IS_1，所得仍維持在 Y_0 水準，即產生完全排擠。

當 LM 曲線為水平時，即貨幣需求對利率彈性等於無窮大，如圖：當政府支出增加時，IS_0 向右移動到 IS_1，所得由 Y_0 增加到 Y_1 沒有排擠效果。

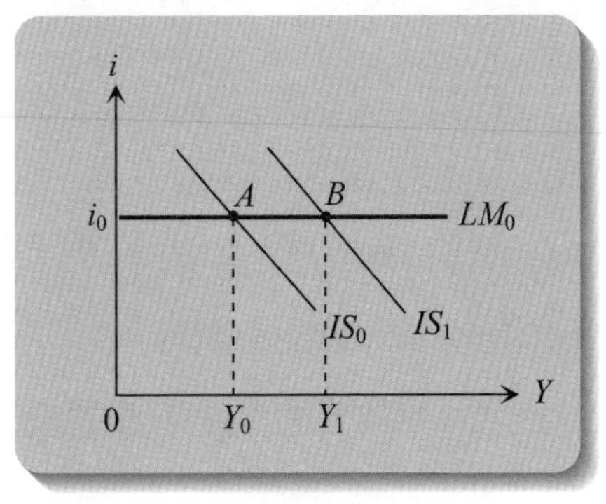

從上述的討論可以做一簡單的歸納，當 IS 曲線愈陡，即 IS 曲線斜率愈大時，排擠效果愈小，而 LM 曲線愈平坦，即 LM 曲線的斜率愈小時，排擠效果愈小，反之；當 IS 曲線愈平坦，或 LM 曲線愈陡，則排擠效果愈大。

二、貨幣政策

貨幣政策（monetary policy）：中央銀行藉控制貨幣數量來左右經濟活動的方法。

㈠擴張性的貨幣政策（expansionary monetary policy）

當經濟社會面臨總需求不足而造成失業時，中央銀行以增加貨幣供給來提高總合需求。

㈡緊縮性的貨幣政策（contractionary monetary policy）

當經濟社會的總合需求過多，經濟體系有物價膨脹的壓力時，中央銀行以減少貨幣供給來降低總合需求。

㈢貨幣政策的有效性

貨幣政策對所得的影響選擇如下；

$$M^S\uparrow \xrightarrow{(1)} i\downarrow \xrightarrow{(2)} I\uparrow \xrightarrow{(3)} Y\uparrow$$

我們先從影響過程的第(3)階段來看，如何使所得（Y）增加幅度愈大，當投資（I）增加的幅度愈大，透過乘數效果所得增加的幅度就愈大。

接著，第(2)階段，我們希望看到i下降較小幅度，就會使投資（I）增加較大的幅度，即$\frac{\partial I}{\partial i}$愈大。

表示利率變動相對於投資的變動，但前面的符號我們寫成$\frac{\partial I}{\partial i}=-v$，即$v$愈大，而 IS 曲線的斜率為$\frac{di}{dY}=\frac{1-b(1-t)}{-v}$，當$v$愈大，表示 IS 曲線的斜率愈小，即 IS 曲線愈平坦。

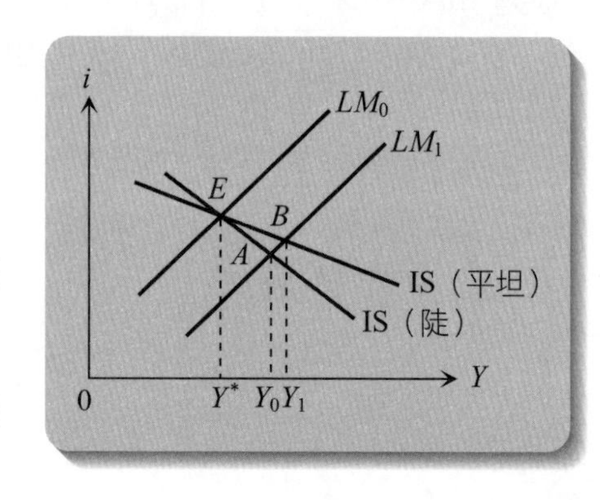

是不是IS曲線愈平坦，貨幣政策的

效果就愈好呢？我們以 IS 曲線一條較平坦，另一條較陡，在同樣的貨幣供給增加的情況下，對所得的影響。

當 IS 愈平坦或 IS 曲線的斜率愈小時，貨幣供給增加使 LM_0 移動到 LM_1，所得增加到 Y_1。

當 IS 愈陡或 IS 曲線的斜率愈大時，貨幣供給增加使 LM_0 移動到 LM_1，所得增加到 Y_0，而 $Y_1 > Y_0$。

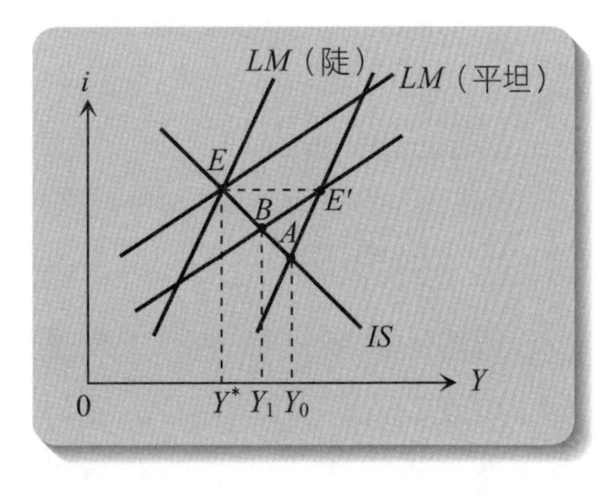

接著我們再來看第(1)階段，當貨幣供給增加時，希望能看到利率（i）大幅的下降，而影響投資性貨幣需求（L_2）是增加較小的幅度，即 $\frac{\partial L_2}{\partial i}$ 愈小，表示利率變動相對於投機性貨幣需求之變動，依前述的符號我們寫成 $\frac{\partial L_2}{\partial i} = -h$，即 h 愈小，而 LM 曲線的斜率為 $\frac{di}{dY} = \frac{k}{h}$；當 h 愈小，表示 LM 曲線的斜率愈大，即 LM 曲線愈陡。

同理；是否LM曲線愈陡，貨幣政策的效果就愈好呢？我們以LM曲線一條較平坦，另一條較陡，在同樣增加貨幣供給的情況下，對於所得的影響。

貨幣供給增加的幅度為 EE'，則 LM 較陡的曲線新均衡點為 A 點，所得為 Y_0，而LM較平坦的曲線新均衡點為 B 點，所得為 Y_1，而 Y_0 大於 Y_1，所以 LM 曲線愈陡，則貨幣政策的效果愈大。

由上述的討論可知貨幣政策對所得的影響過程，可分成三個階段來看：(1) LM 曲線斜率愈大，即 h 愈小，則貨幣政策效果愈大；(2) IS 曲線斜率愈小，即 v 愈大，則貨幣政策效果愈大；(3)涉及投資乘數的大小，若投資乘數愈大，則所得增加幅度愈大。

第六節　貨幣學派和財政學派

一、貨幣學派（monetarism）

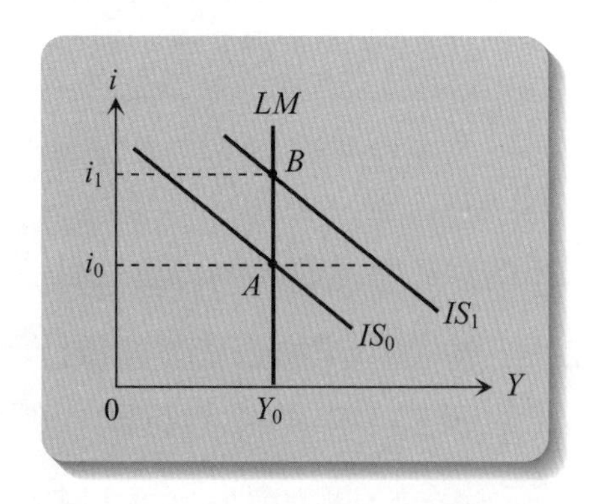

㈠代表人物

Milton Friedman

㈡政策主張

利率不影響投機性的貨幣需求，即 $h=0$，或LM斜率為無窮大，LM曲線的形狀為一垂直線，認為只有貨幣政策有效，財政政策無效。

當LM曲線為垂直線，擴張性財政政策的實施使 IS_0 移動到 IS_1，均衡點為 B 點，所得仍為 Y_0，但利率從 i_0 上升到 i_1。

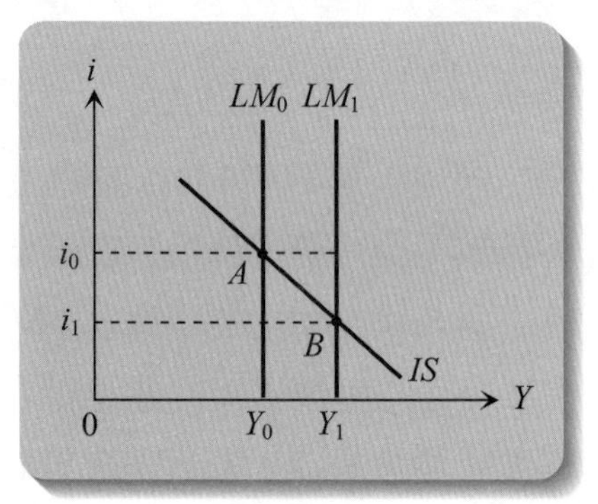

當LM曲線為垂直線，實行擴張性貨幣政策使 LM_0 向右移動到 LM_1 均衡點為 B 點，利率由 i_0 下降到 i_1，所得由 Y_0 上升到 Y_1。

►釋例

「如果貨幣需求不受利率之影響，則LM曲線為垂直，且財政政策無效」試評斷此敘述之真偽，並述明理由。　　　　【89年台北大學財政】

（○）

二、財政學派（fiscalists）

㈠代表人物

James Tobin, Paul Samuelson

㈡政策主張

利率不影響投資，即 $v=0$，或 IS 斜率為無窮大，IS 曲線的形狀為一垂直線。

認為只有財政政策有效，貨幣政策無效。

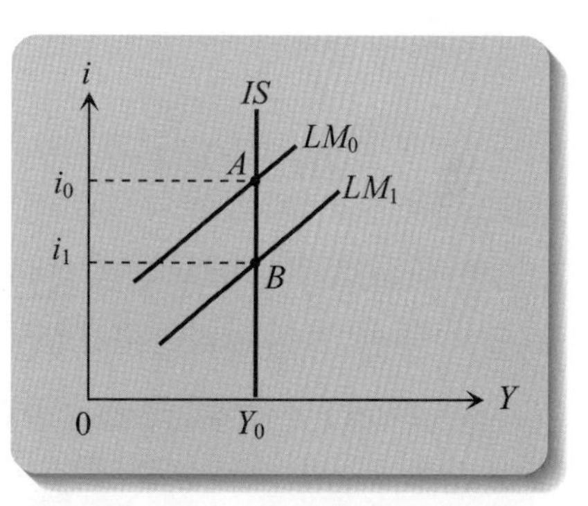

當 IS 曲線為垂直線，擴張性的貨幣政策使 LM_0 向右移動到 LM_1，均衡為 B 點，所得仍然維持在 Y_0。

當 IS 曲線為垂直線，擴張性的財政政策使 IS_0 向右移動到 IS_1，均衡點為 B 點，所得由 Y_0 上升到 Y_1。

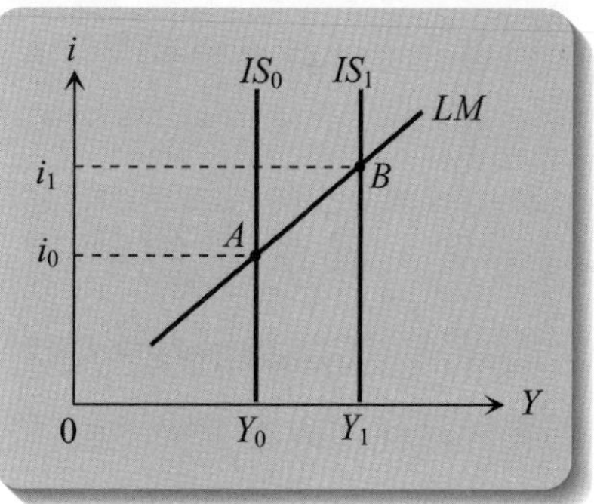

第七節 穩定政策

一、政策的主動與被動

㈠主張政策主動者認為

當經濟體系經常受到衝擊，政府應主動地採取貨幣或財政政策以免造成產出和就業量波動。

㈡主張政策被動者認為

財政政策與貨幣政策都有時間落後的問題，包括認知落後（recognintion lag）、決策落後（decision lag）、執行落後（execution lag），效驗落後（impact lag）。而財政政政策在決策落後和執行落後較嚴重，貨幣政策在效驗落後上較嚴重，基於上述的時間落後，不如採一個固定的規則，大家來嚴格遵守，免得興利不成反成害。

二、盧卡斯的批評（Lucas critique）

理性預期學派的學者勞勃・盧卡斯（Robert Lucas）認為當政策制定者想要估計任何政策變動的影響時，必須要將民眾的預期考慮進來，若以總體計量模型作為政策的評估，無法將政策對預期的衝擊考慮進去，這種對傳統政策評估的批評稱為盧卡斯批判（Lucas critique）。

►釋例

Lucas Critique 說明新古典學派之看法有誤，在面對需求不足下，主張凱

因斯理論之政府干預。【90年元智企管】

(×)

三、法則(rules)與權衡(discretion)之爭議

㈠法則

法則政策(rules policys)是指決策者事先宣布政策將如何因應不同的情況,且承諾會遵循事先的宣告。

主張法則政策者認為政黨政治的體制,因經濟決策的不一致造成景氣的波動,即政治景氣循環(political business cycle),以及,權衡政策的時間不一致性(time inconsistency)問題,即政府的政策隨著時間經過出現不一致的情況。最後將造成民眾對於政府的政策宣布產生不信任,反而影響政策的效果。基於上述原因,建議政策制定者只要遵循固定法則就可以解決這些問題。

㈡權衡

權衡政策(discretion policys)是指決策者針對發生的經濟事件自由裁量,並選定當時最恰當的政策。

主張權衡政策者認為失衡時透過經濟體系自動地調整,這種速度太慢且政府對資訊的取得有優勢(superion information)。所以對突發性的資訊取得及研判比民眾方便且快速,所以,政府應積極地採取權衡政策來干預失衡的經濟體系。

四、固定貨幣成長法則

貨幣學派的傅利德曼（Milton Friedman）在貨幣政策的實際操作上，主張以法則代替權衡。而所謂的法則是指固定貨幣成立法則；物價上漲率＝貨幣成長率－貨幣需求的所得彈性 × 經濟成長率。做法是將貨幣供給控制在一固定的年成長率上，理由是貨幣的影響顯著。

若政策執行不當，反而造成景氣波動的根源，所以應十分慎重，若無十足把握，不如採取簡單的固定成長法則。比較穩當一些。

►釋例 1

貨幣學派（monetarists）認為造成物價的波動是來自：
(A)利率的變動　(B)貨幣供給的變動　(C)將目前的GNP水準改變到充分就業的GNP　(D)供給面的衝擊　(E)政府的行動　【91 年成大財金】

(B)

►釋例 2

貨幣學派認為貨幣政策長期無效，短期方可能有效，而在IS-LM圖上相當於IS接近水平，LM接近垂直。且認為人為之貨幣政策干預反而造成總體經濟波動，故主張採取穩定貨幣供給成長以使物價能夠長期穩定。

【90 年元智企管】

（○）

第八節　政府的預算

一、政府的預算收支

政府的財政可分成支出和收入兩大部分，而支出是指國防、教育文化、公共建設、償付公債利息等，收入主要是來自於稅收、公營事業盈餘繳庫。若政府的支出減政府的收入大於零，稱為預算赤字（budget deflict）。

若政府的支出減政府的收入小於零，稱為預算盈餘（budget surplus）。

若政府的支出減政府的收入等於零，稱為預算平衡（balance budget）。

二、政府負債

當政府的支出超過收入時，它會向民間部門貸款來融通預算赤字。過去所累積的債務就稱為政府負債。

當政府的支出超過收入時，所產生的預算赤字，有三種的支應方式：

㈠貨幣融通

指政府向中央銀行舉債，藉由發行貨幣來支應政府支出的方法。

►釋例

當一個政府增加公共支出時，為了避免民怨而不敢採行增稅的措施，此時若以貨幣融通的方式來因應公共支出的增加，請問此項政策的長期影響為何？

(A)所得上升　(B)該國貨幣貶值　(C)物價上升　(D)失業率下降　(E)以上皆非　【91 年輔大金融】

解答

(B)(C)

㈡賦稅融通

透過增稅的方式，來支應政府的支出。

㈢公債融通

政府以發行公債的方式向民間或國外借貸。

三、李嘉圖均等定理

李嘉圖認為若政府以減稅的方式造成預算赤字增加，並以發行債券來融通赤字，一個理性消費者，會認為政府今日的減稅，同時採債券融通方式，在未來政府必須以增稅來償還到期的債券利息，所以在政策上今日的減稅，實際上是未來的增稅。所以現在的減稅是帶給民眾暫時所得，最後還是會被拿走，實際上整體的所得並未提高，所以消費者不會增加其消費支出，這種觀點謂之李嘉圖均等定理（Ricardian equivalence theorem）。

以一個簡單的兩期消費模型為例，來說明此定理的精神；

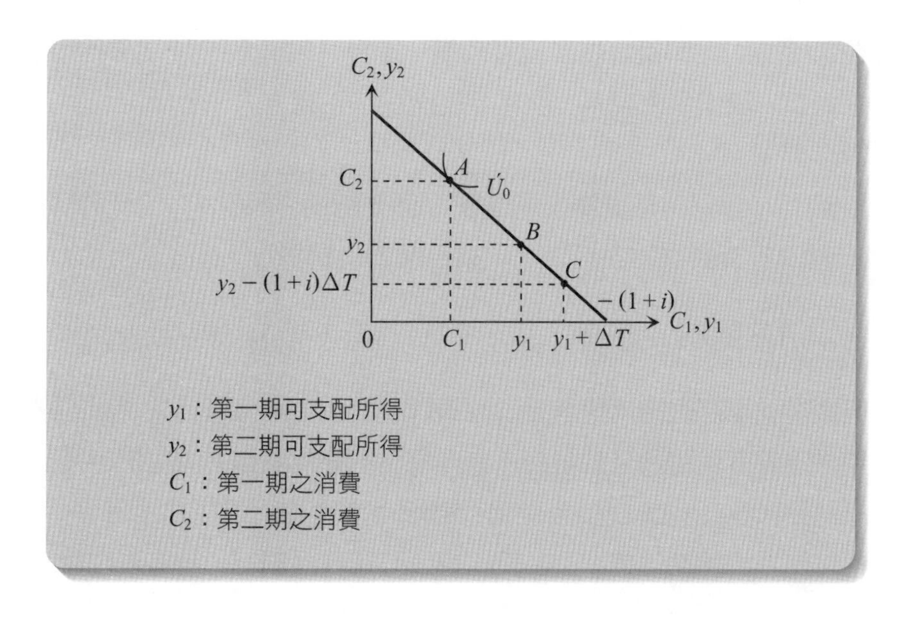

針對第一期減稅（臨時）則第一期的所得增加為$y_1+\Delta T$，即第一期所得增加，第二期政府以增稅方式來償還債務。所以第二期所得為$y_2-\Delta T-\Delta T\cdot i=y_2-(1+i)\Delta T$，即造成第二期所得減少，由於消費均衡點仍維持在$A$點，除非預算線整條外移。否則消費均衡點不變。即臨時的減稅。並無實質的效果。

四、李嘉圖均等定理不成立的原因

以政府負債觀點認為李嘉圖均等定理不會成立的，原因有三：

㈠人們是短視的

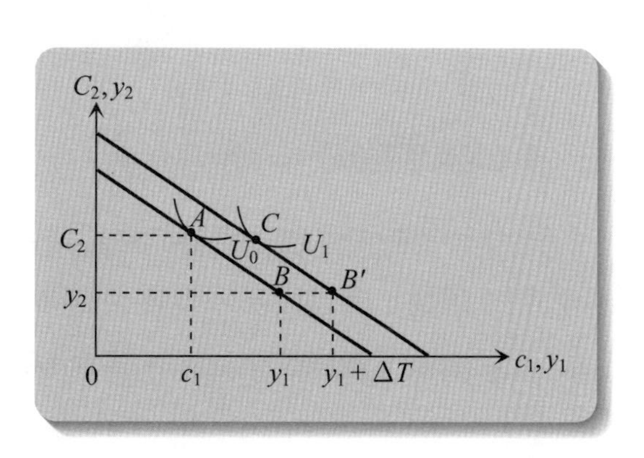

民眾若沒有考慮到現在政府政策將導致未來稅收的變動，負債融通的減稅會讓民眾相信其整

體所得是增加的，即使實際上沒有改變，因此，減稅將造成消費的增加。

以兩期消費模型來說明，現在減稅而民眾不認為未來會增稅，對第一期消費的影響；

如圖：人們認為是實際上的減稅，則 B 點向右移到 B'，新預算線通過 B' 點，新的無異曲線切在 C 點上，第一期的消費增加。

㈡借款限制

所謂借款限制是指消費者可以向銀行或其他金融機構貸款金額的限制。

如果消費者面臨到貸款限制，今天政府的負債融通的減稅措施，即使未來的所得將減少，也會使消費者因目前所得的增加而提高其消費。

再以簡單的兩期消費模型為例，說明有貸款限制時，政府減稅對消費的影響。

如圖；有借款限制時，原消費均衡點 A 點，將移動到 B 點，效用為 $U_0{}'$，若第一期政府減稅，所得由 y_1 增加到 $y_1+\Delta T$，第二期政府增稅，所得由 y_2 減少為 $y_2-(1+i)\Delta T$，消費均衡點和所得組合皆在 C 點，效用為 U_1 大於 $U_0{}'$，第一期的消費也較原先的 B 點增加到 C 點。

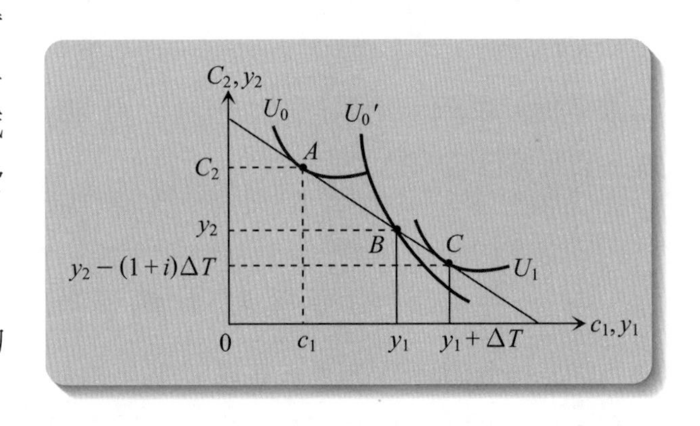

㈢未來世紀

如果今天政府的負債融通的減稅措施，消費者預期未來的增加稅賦不會由他們來承擔，而是由下一世代來負擔，則消費者也會提高其消費。

若以兩期消費模型來說明，其圖形與結果與「人們是短視的」相同。

►釋例

Ricardo 均等定理說明政府擴大支出下，發行公債和增稅將出現同樣效果，在此假設下，新政府宣稱不增稅並無實質定義。【90 年元智企管】

（○）

題庫精選

( ) 1.如果真實產出的水準高於充分就業下的產出水準，則下列何者是政府有效的因應措施？ (A)採取減稅措施 (B)增加政府支出 (C)調降利率 (D)減少貨幣供給 【91年普考第二試】

( ) 2.在IS-LM模型中，我們假設： (A)所得固定不變 (B)利率固定不變 (C)物價固定不變 (D)消費固定不變 【92年普考第二試】

( ) 3.在IS-LM模型中，投資支出自發性地增加： (A)會造成物價上揚 (B)會造成所得增加，但所得增幅小於投資 (C)會造成利率上揚，進而排擠私人消費，故所得增減不定 (D)會造成均衡消費量上揚 【91年四等特考】

( ) 4.凱因斯認為經濟嚴重不景氣時，擴張性的貨幣政策將不能有效地降低利率水準，這時的經濟體系可能處於： (A)儲蓄率小於零 (B)充分就業 (C)工資物價僵固 (D)流動性陷阱 【91年普考第二試】

( ) 5.下列何種情況下，貨幣政策對實質所得的控制較為有效： (A)貨幣需求對利率比較敏感 (B)利率對貨幣供給額的改變比較不敏感 (C)民間消費沒有財富效果 (D)投資對利率下降的反應比較敏感。 【90年普考第一試】

( ) 6.中央銀行在公開市場拋售公債將導致： (A)LM曲線左移 (B)LM曲線右移 (C)IS曲線左移 (D)IS曲線右移 【91年四等特考】

( ) 7.如果投資需求對利率的變動變得比較不敏感時，將會導致： (A)財政與貨幣政策的效果都變小 (B)財政政策的效果變小，貨幣政策

的效果變大 (C)財政與貨幣政策的效果都變大 (D)財政政策的效果變大，貨幣政策的效果變小。【94 年四等特考】

( ) 8.根據標準的 IS-LM 模型，貨幣供給量的下降會造成： (A)利率上升，所得上升 (B)利率上升，所得下降 (C)利率下降，所得下降 (D)利率下降，所得上升【91 年四等特考】

( ) 9.當經濟體系處於流動性陷阱（liquiaity trap）時： (A)財政政策無效 (B)財政政策可以發揮較大的效果 (C)貨幣政策可以發揮較大的效果 (D)財政政策及貨幣政策均無效。【92 年四等考試】

( ) 10.在下述因素中，何者會導致均衡利率的降低？ (A)國民所得水準提高了 (B)中央銀行在公開市場購入債券 (C)預期物價上漲率降低了 (D)物價水準提高了。【92 年四等考試】

( ) 11. IS 曲線為一條負斜率的曲線，表示： (A)隨著物價水準的下跌，均衡國民所得水準會增加 (B)隨著利率水準的上升，均衡國民所得水準會減少 (C)隨著利率水準的上升，均衡國民所得水準會增加 (D)隨著利率水準的上升，失業率會減少。【92 年四等考試】

( ) 12.如果利率對貨幣市場的超額供給反應變得比較不敏感時，將會導致： (A)財政政策與貨幣政策的效果都變小 (B)財政政策的效果變小，貨幣政策的效果變大 (C)財政政策與貨幣政策的效果都變大 (D)財政政策的效果變大，貨幣政策的效果變小。

【93 年普考第二試】

( ) 13.若政府增加支出，但為平衡預算，政府同時增加相同的課稅，則經濟體系的產出，將： (A)下跌 (B)不變 (C)上升 (D)先上升後下跌。【90 年高考三級】

( ) 14.以下何種情況會使物價與利率上升，產出、消費及投資減少？
(A)貨幣供給增加 (B)公共支出減少 (C)能源價格大幅上升
(D)本國貨幣對外貶值【91 年普考第二試】

( ) 15.政府預算赤字增加，最可能造成： (A)民間投資受排擠 (B)貨幣

供給減少　(C)膨脹缺口擴大　(D)存貨累積增加。

【90 年普考第一試】

(　) 16.下列何者最有助於降低預算赤字？　(A)降低租稅　(B)增加利率　(C)增加軍事支出　(D)減少移轉性支出。　【90 年高考三級】

(　) 17.下列何種狀況表示流動性陷阱的現象？　(A)IS 為垂直線　(B)IS 為水平線　(C)LM 為垂直線　(D)LM 為水平線。【92 年普考第二試】

(　) 18.在何種狀況下，IS 曲線會向右移動？　(A)政府課稅增加　(B)貨幣供給增加　(C)貨幣需求增加　(D)廠商自發性投資增加。

【92 年普考第二試】

(　) 19.在IS-LM模型中，若政府發放 100 億慰問金給大地震罹難者家屬，則：　(A)IS 曲線右移，均衡利率下降　(B)IS 曲線左移，均衡所得增加　(C)IS　曲線右移的原因為政府購買商品與勞務支出增加　(D)IS 曲線右移的原因是此筆慰問金可能使消費量增加一些。

【91 年四等特考】

(　) 20.根據凱因斯學派的想法，在 IS-LM 模型中：　(A)可決定均衡國民所得與物價水準　(B)IS 曲線與 LM 曲線交點代表商品市場與勞動市場同達均衡　(C)政府減稅會造成IS 曲線右移　(D)物價上升會使 LM 曲線右移　【91 年四等特考】

(　) 21.當物價水準上升時，將會導致何種變化？　(A)IS　曲線往左移動　(B)總合供給曲線往上移動　(C)總合需求曲線往上移動　(D)LM 曲線往下移動。　【92 年四等特考】

(　) 22.當名目貨幣供給量增加時，會導致何種變化？　(A)LM 曲線往左上方移動　(B)IS 曲線往左下方移動　(C)總合供給曲線往右下方移動　(D)總合需求曲線往右上方移動。　【92 年四等特考】

(　) 23.當 IS 曲線為垂直線而 LM 曲線為正斜率時；　(A)貨幣供給增加，均衡所得會增加　(B)貨幣需求增加，均衡所得會增加　(C)政府支出增加時，會得到完全排擠效果的現象　(D)政府支出增加時，均

衡所得會增加。【92 年普考第二試】

(　) 24.當廠商的投資需求對利率的敏感度愈大時： (A)IS 曲線愈陡 (B)LM 曲線愈陡 (C)IS 曲線愈平坦 (D)LM 曲線愈平坦。

【92 年普考第二試】

(　) 25.假設物價水準 $P=1$，貨幣需求為 $L=8000-400i$，其中 i 為名目利率，若貨幣供給由 4000 增加為 6000 時，名目利率將 (A)上升 2.5% (B)下降 2.5% (C)上升 5% (D)下降 5%【94 年四等特考】

(　) 26.所謂排擠效果是指： (A)政府預算赤字造成利率下降，因而降低民間投資 (B)政府預算赤字造成利率上升，因而降低民間投資 (C)緊縮貨幣政策造成利率下降，因而降低消費水準 (D)緊縮貨幣政策造成利率上升，因而降低消費水準。【93 年四等特考】

(　) 27.下列敘述何者正確？ (A)增稅可以消除緊縮性缺口 (B)有緊縮缺口時應採擴張的貨幣政策 (C)有緊縮缺口時應採緊縮的財政政策 (D)緊縮缺口表示均衡所得大於充分就業所得。

【93 年普考第二試】

(　) 28.在經濟體系尚未達到充分就業時，若財政當局提高稅率，在消費支出不受利率水準與投資支出不受所得水準影響的前提下，將會導致： (A)消費支出提高 (B)物價水準增加 (C)實質所得增加 (D)投資支出增加。【94 年普考第二試】

(　) 29.若邊際消費傾向為 0.9，且沒有排擠效果（Crowding Out Effect），則若政府減少購買 100 億，將使總需求曲線： (A)右移 900 億 (B)左移 100 億 (C)右移 100 億 (D)左移 1000 億。

【90 年高考三級】

(　) 30.凱因斯模型（Keynesian model）中的排擠效果（crowding out effect），說明的是： (A)民間支出減少，均衡利率下降，排擠政府的消費與投資 (B)政府支出減少，均衡利率下降，排擠民間的消費與投資 (C)民間支出增加，均衡利率上升，排擠政府的消費與

投資 (D)政府支出增加，均衡利率上升，排擠民間的消費與投資

【91 年普考第二試】

( ) 31. IS-LM 模型中，IS 與 LM 線的交點，代表的是： (A)商品市場與貨幣市場同時達到均衡 (B)勞動市場與商品市場同時達到均衡 (C)貨幣市場均衡所顯現的總產出與均衡利率的關係 (D)商品市場均衡所顯現的總產出與均衡利率的關係 【91 年普考第二試】

( ) 32.在IS-LM模型中，下述何種狀況會造成均衡所得增加且均衡利率下降？ (A)貨幣供給減少 (B)政府支出增加 (C)消費者支出增加 (D)貨幣需求減少。 【92 年普考第二試】

( ) 33.下列何者是政府預算赤字擴大的原因？ (A)戰爭 (B)景氣過熱 (C)政府削減社會福利支出 (D)政府出售公營事業股票。

【91 年四等特考】

( ) 34.政府提高利息所得稅但同時降低營利事業所得稅，可能的影響為：(A)儲蓄與投資均減少 (B)儲蓄與投資均增加 (C)儲蓄可能增加、減少或不變，但投資必然增加 (D)投資可能增加、減少或不變，但儲蓄必然減少。 【90 年普考第一試】

( ) 35.當政府收入大於政府支出時，我們稱之為： (A)政府預算赤字 (B)政府預算盈餘 (C)國際收支順差 (D)國際收支逆差。

【92 年普考第二試】

第五章

完整的凱因斯模型

簡單的凱因斯模型假設在物價水準和利率固定的情況下，探討商品市場均衡所得的決定，而修正的凱因斯模型，將利率是固定的假設予以放寬，透過商品市場和貨幣市場，共同決定均衡的所得和利率，但仍假設物價是固定的。不論是簡單凱因斯模型或是修正凱因斯模型所探討的都是屬於需求面。接著，如果把物價水準固定的假設予以放寬，讓物價水準也能變動，並將物價水準與總需求量予以連結，就可以說明物價和總需求量的關聯性，至此，需求面的分析，大致已完成。但供給面呢？凱因斯學派偏重於需求面的解釋，而供給面則須借助古典學派了，古典學派對於總合供給的分析十分完整，基於賽伊法則成立「供給創造本身的需求」，需求面是附著於供給面上的，所以對於需求面古典學派未予以深入討論（因為沒有必要），這一章我們把凱因斯學派的需求面，以及古典學派處理供給面的方式予以結合，如同各取其精華一般，稱為總供給——總需求模型（AD-AS model）就可以用來解釋重要的總體變數，包括利率、所得、物價水準、就業量，以及工資率等，所以也有人把這種整合兩個學派的分析模型稱之為「完整的凱因斯模型」（complete Keynesian model）。

第一節　總合需求曲線（aggregate demand curve）

一、定義

貨幣市場和商品市場同時達成均衡時，物價水準與所得組合的軌跡。

二、導出

當 $P=P_0$ 時，實質貨幣存量為 $\frac{M_0}{P_0}$，IS 和 LM_0 相交於 A 處，商品市場和貨幣市場同時達成均衡，所得為 y_0，利率為 i_0，若物價內 P_0 下降到 P_1，實質貨幣存量為 $\frac{M_0}{P_1}$，且 $\frac{M_0}{P_1}>\frac{M_0}{P_0}$，$LM$ 曲線向右移，IS 和 LM_1 相交於 B 點，商品市場和貨幣市場同時達成均衡，所得為 y_1，利率為 i_1，我們把上述的物價和所得的變動過程，以橫軸變數放所得，縱軸變數放物價，並對應 IS 和 LM 曲線的交點，分別是 A 點對應 A' 點，B 點對應 B' 點，交將 A' 和 B' 連線即得到總合需求曲線，簡稱為 AD 曲線。

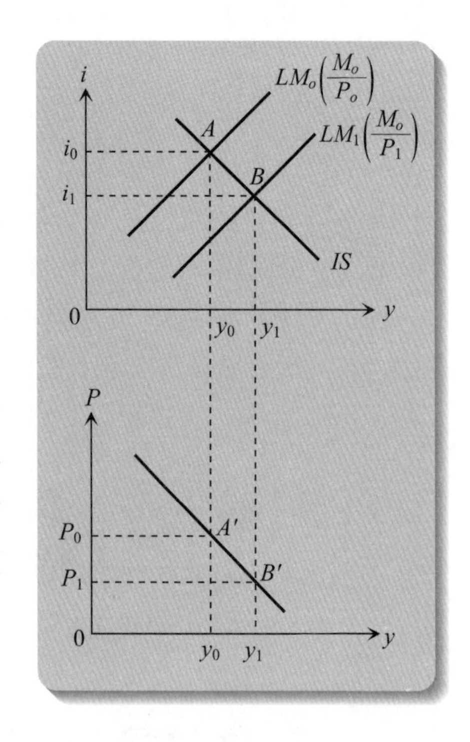

►釋例 1

設名目工資固定總供給線為 $Y=1{,}050+10P$，設總需求由 $IS-LM$ 構成 '$C=60+0.8Y,\ I=350-1{,}000r,\ G=50,\ M^s=100,\ \frac{M^d}{P}=40+0.2Y-1{,}000r$ 則在均衡之下：(1)$P=$______；(2)$Y=$______；(3)$I=$______。

【90 年中山財管】

(1)$P=5$；(2)$Y=1{,}100$；(3)$I=110$。

總合需求曲線為負斜率，是因為價格上升所產生的替代效果和所得效率。【90 年銘傳管科】

解答

(×)

三、*AD* 線呈垂直之特例

●情況 1

$\dfrac{\partial I}{\partial i}=-v=0$，即 *IS* 曲線是垂直線

說明：

上圖原均衡為 A 點所對應的剩率為 i_0，所得為 y_0，而在 $IS-LM$ 模型物價 P 為外生變數，即 $P=P_0$，下圖是把物價和所得描繪在座標平面上，對應的 A' 點，座標為 (P_0,y_0)。若物價由 P_0 下降到 P_1，實質餘額增加 LM 曲線由 $LM_0(P_0)$ 移動到 $LM_1(P_1)$，但所得仍是 y_0，B 點座標為 (i_1,y_0)，對應下用的 B' 點座標 (P_1,y_0)，將 A' 和 B' 連線即可得到一條垂直的總合需求曲線。

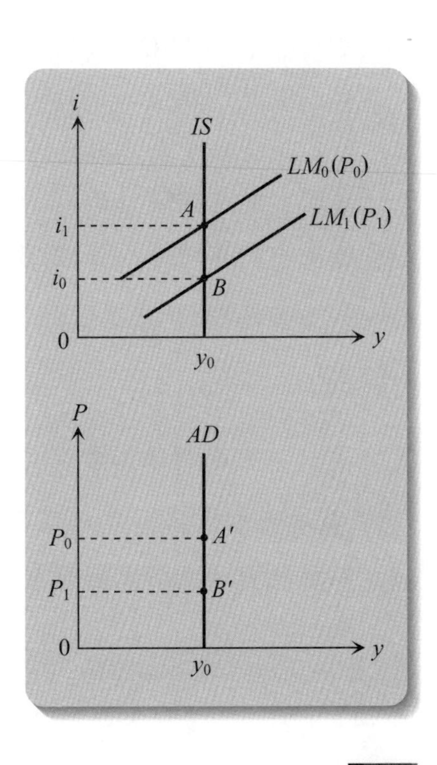

情況 2

$\dfrac{\partial L_2}{\partial i}=-h=-\infty$，那$LM$曲線是水平線

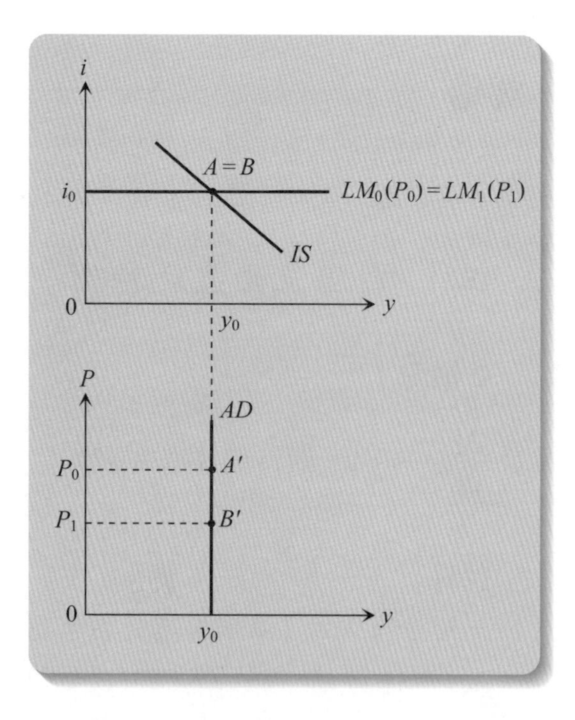

說明：

上圖原均衡為A點，所對應的利率為i_0，所得為y_0，在$IS-LM$模型裡，物價為外生變數，此時的$P=P_0$，下圖是將物價和所得畫在同一座標平面上，對應為A'點，座標為(P_0,y_0)，當物價由P_0下降到P_1，實質餘額增加，$LM_0(P_0)$向右移到$LM_1(P_1)$，變動後的均衡點B和變動前均衡A點皆相同，對應下圖的B'點，將A'點和B'連線，得出一條垂直的總合需求曲線。

►釋例

貨幣需求不太受利率影響時，則：

(A)總需求為水平線　(B)總需求為負斜率　(C)總需求接近垂直線　(D)投資意願低落對均衡所得影響很大　(E)投資意願低落對均衡所得影響很小

【91 年輔大金融】

(B)(E)

四、*AD* 曲線的移動

AD 曲線是由 *IS* 和 *LM* 同時均衡時，所推導出來的，所以當 *IS* 曲線或 *LM* 曲線移動時，*AD* 曲線也會同方向且同幅度移動。

影響 *IS* 向右移的因素有 I_0上升、G_0上升、C_0上升、T下降，上述的因素變動將使 *AD* 曲線也向右移動。

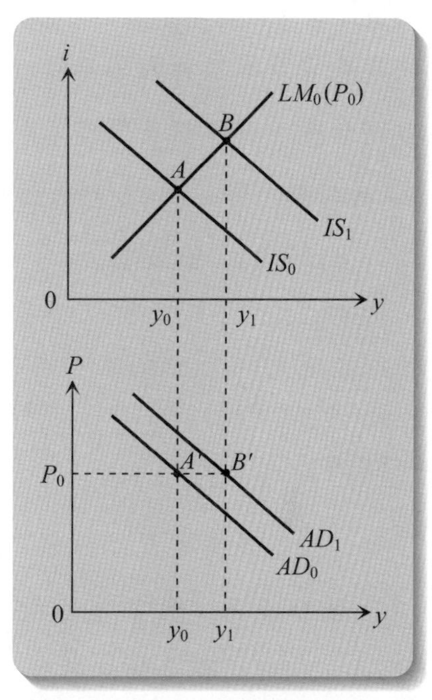

影響 *LM* 向右移動的因素有 M_0上升、$L_1(y)$上升、P_0下降

除了 P_o下降外，上述因素變動將使 *AD* 曲線也向右移動

若影響 *IS* 向左移的因素有 I_0下降、G_0下降、C_0下降、T上升上述因素變動皆使 *AD* 曲線向左移動。同理；影響 *LM* 向左移的因素有 M_0下降、$L_1(y)$下降、P_0上升除了P_0上升外，上述因素變動皆會使 *AD* 曲線向左移動。

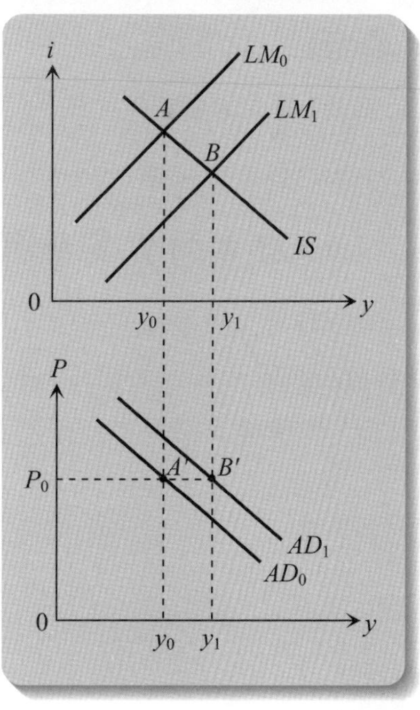

►釋例 1

假設在貨幣需求對利率不敏感的經濟環境下，如果社會大眾對未來債券市場看好，而降低貨幣需求的動機，則：

(A)總需求下降　(B)總需求上升　(C)總需求變化不大　(D)(A)與(C)皆正確　(E)(B)與(C)皆正確　【90 年輔大金融】

(B)

►釋例 2

下列何者不是去年九二一地震對去年第四季經濟的影響？

(A)失業率提高　(B)財富受損導致消費支出減少　(C)民間重建投資支出增加　(D)政府賑災物資導致總供給線右移　【89 年中山財管】

(D)；應是總需求線向右。

五、皮古的實質餘額效果(Pigou's real balance effect)

1933 年古典學派的皮古（A. C. Pigou）在他的《失業的理論》（*The theory of Employment*）一書中，他對失業的解釋是因為勞動市場沒有尊重市場機制，工會要求最低工資所造成的。

㈠皮古解釋失業之理由

工會制定了最低的實質工資。

若工會制定最低的實質工資（$\overline{W}/P$），則$\overline{AB}$：非意願性失業。

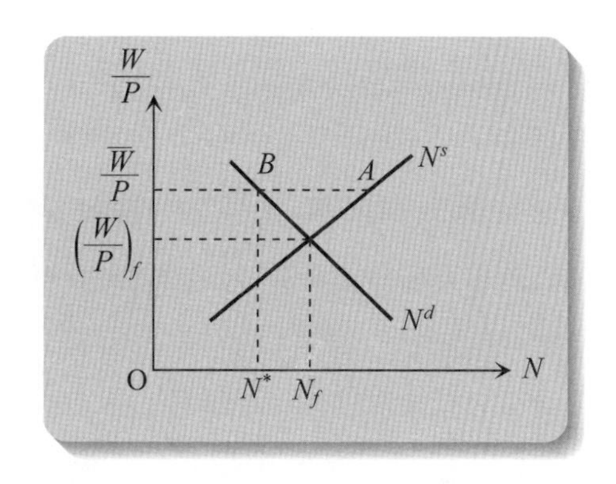

㈡凱因斯學派解釋失業之原因

凱因斯認為即使名目工資及物價均可上、下伸縮，而就業量是充分就業量時之就業量，產出為充分就業之產出。若有流動性陷阱存在，即貨幣需求對利率完全彈性時，仍不會有充分就業之均衡解。

㈢皮古對凱因斯學派之反駁

皮古認為，即使有流動性陷阱存在，消費函數本身會受到實質貨幣餘額的影響而變動。當消費者手中持有一定的貨幣額時，物價的下跌使其實質貨幣餘額增加，消費者有如財富增加，故會增加消費。皮古認為物價的下跌會透過實質貨幣餘額的影響來刺激消費，而被稱為皮古效果（Pigou effect）或實質餘額效果（real balance effect）。

透過實質餘額效果，仍可脫離流動性陷阱，而達到充分就業。即AD與AS必有均衡解，但實證資料並不支持皮古之說法。

1. 正常情況（即 LM 正斜率時）

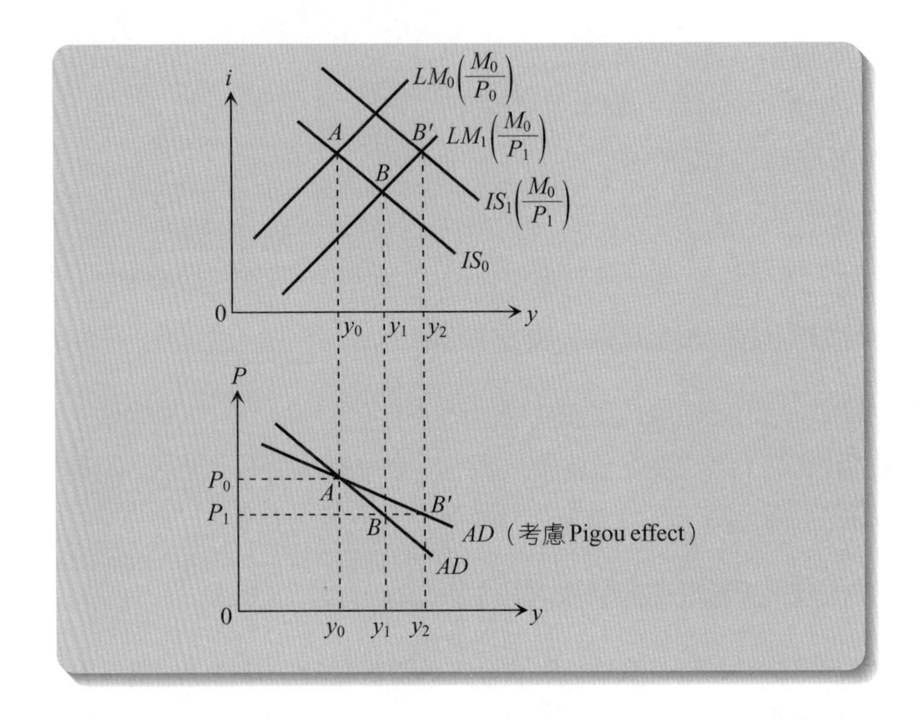

上圖，原均衡點為 A，對應的 $P=P_0$，$y=y_0$，若 P_0 下降到 P_1 則 LM_0 向右移動至 LM_1，在不考慮皮古效果時，均衡點為 B 點，對應的 $P=P_1$，$y=y_1$。若考慮皮古效果時，P_0 下降使 IS_0 移動到 IS_1 均衡點為 B' 點，對應的 $P=P_1$，$y=y_2$。

下圖的 AB 連線，即為不考慮皮古效果之 AD，AB' 連線即為考慮皮古效果之 AD。

考慮皮古效果之 AD 線，其圖形較不考慮皮古效果之 AD 線之圖形平坦。

2. 流動性陷阱（即 LM 有呈水平階段）

右圖，原均衡點為 A，對應的 $P=P_0$，$y=y_0$；若 P_0 下降 P_1 則 LM_0 移動到 LM_1，在不考慮皮古效果時，均衡點為 $B(A=B)$，對應的 $P=P_1$，$y=y_0$；若考慮皮古效果時，P_0 下降將使 IS_0 向右移到 IS_1，均衡點為 B' 點，對應的 $P=P_1$，$y=y_3$，下圖的 AB 連線，即為不考慮皮古效果之 AD。AB' 連線即為考慮皮古效果之 AD。

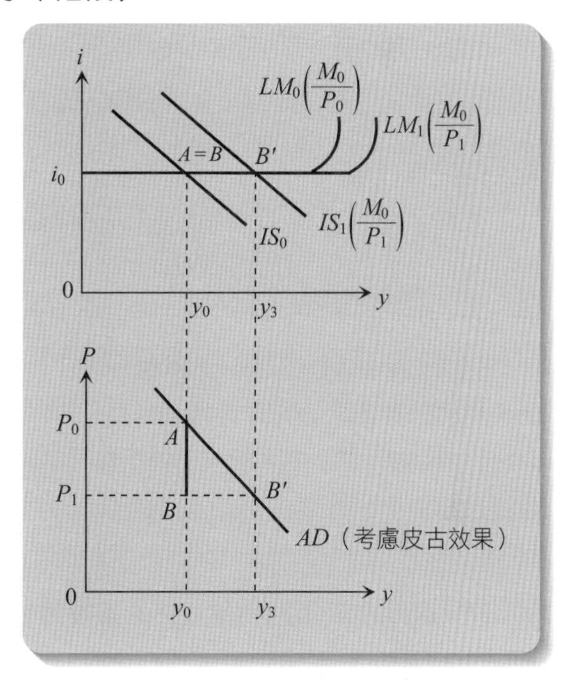

不考慮皮古效果之 AD 線在有流動性陷阱時，呈垂直線。考慮皮古效果的 AD 線在有流動性陷阱時，呈負斜率。

第二節　總合供給曲線

一、定義

在其他情況不變下（如：生產技術、資本存量等不變下）物價水準與產出間呈正向關係的曲線。

二、導出

在導出總合供給曲線時，我們需要幾個項目，分別是勞動市場、生產函數、假設條件等。

當假設條件不同 ，所導出的總合供給曲線的形狀也不同。

(一)勞動市場

$$\begin{cases} N^D：W=pf(N) & \cdots\cdots\text{勞動需求} \\ N^S：W=p^e g(N) & \cdots\cdots\text{勞動供給} \\ N^D=N^S & \cdots\cdots\text{均衡條件} \end{cases}$$

(二)假設條件

$P^e=\rho(p)$ 表示預期物價（p^e）是實際物價（p）的函數。

(三)生產函數

$y=F(N,\overline{K})$，式中 N：就業量；$\overline{K}$：資本存量固定。

三、古典學派的 AS 曲線

假設條件的 $P^e=\rho(p)$，$\rho'=\dfrac{\partial P^e}{\partial P}=1$，表示預期物價變動等於實際物價變動，勞動供給者對於實際物價能充分反應，即沒有貨幣幻覺。

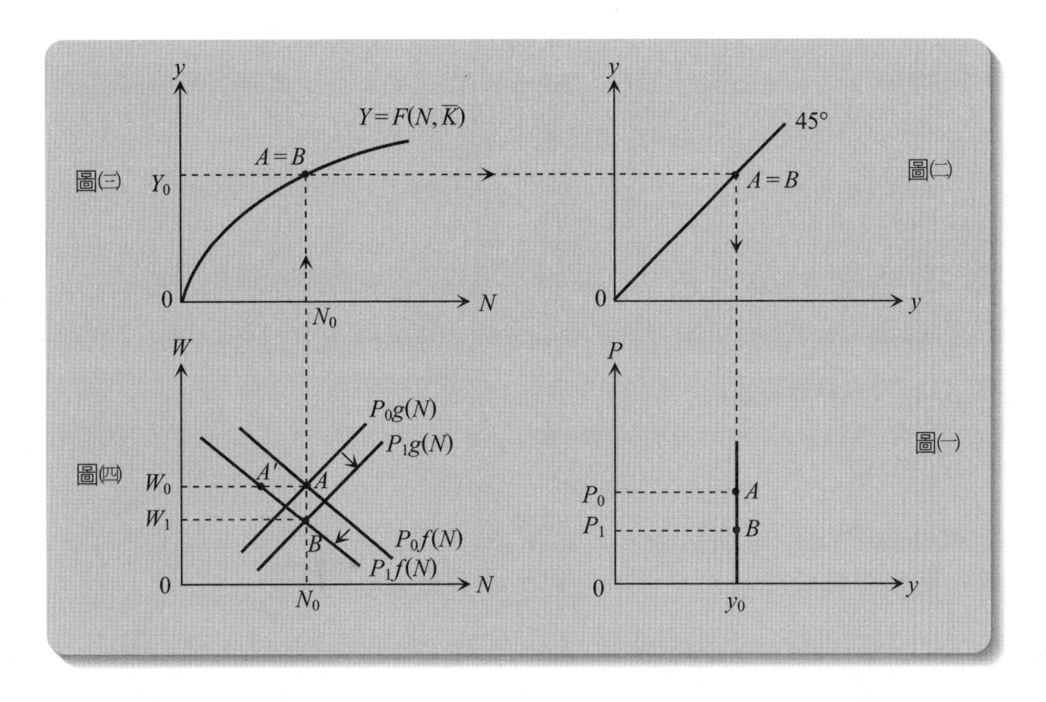

說明：

假設：物價為 P_0 時，圖㈣的勞動市場，總供給曲線 $P_0g(N)$ 和總需求曲線 $P_0f(N)$ 相交於 A 點，決定均衡的工資率 W_0 和就業量 N_0，將 N_0 代入圖㈢的生產函數內，待到 Y_0，透過圖㈡ 45°線的座標轉換，得到所對應的 Y_0，圖㈠的 A 點座標為 (P_0, y_0)。若物價內 P_0 下降到 P_1，則圖㈣勞動市場在工資為 W_0 時，實質工資將由 $\frac{W_0}{P_0}$ 上升到 $\frac{W_0}{P_1}$，勞動需求將減少，於是勞動需求線由 $P_0f(N)$ 向左移動至 $P_1f(w)$，則勞動市場有 AA' 的超額供給，用古典模型裡勞動供給者，沒有任何的貨幣幻覺，當實質工資提高到 $\frac{W_0}{P_1}$ 時，勞動供給者將增加其勞動供給，於是勞動供給線由 $P_0g(N)$ 向右移到 $P_1g(N)$，勞動市場的均衡點為 B 點，工資率為 W_1，就業率為 N_0，將 N_0 代入圖㈢得出的 y 仍是 y_0，將 y_0 代入圖㈡，再轉到圖㈠得到 B 點座標 (P_1, y_0)，將圖㈠的 A 點和 B 點連線，即可得到一條垂直的總供給曲線。

►釋例

有如下典型經濟模型：

$Y=F(L,\overline{K}), \partial Y/\partial L>0, \partial^2 Y/\partial L^2<0$

$Y=C(Y)+I(r)+G$

$M/P=L_0+\alpha Y-\beta r$

$L^S=L^S(W/P^e), dL^S/d(W/p^e)>0$

$L^d=L^d(w/p)$

$L^s=L^d$

若短期中總供給線為正斜率，下列何者不是其原因？

(A)名目工資僵固　(B)物價僵固　(C)資方物價預期為理性預期　(D)勞方物價預期為適應預期　(E)實質工資僵固　【89 年中山財管】

(E)；實質工資僵固，則總合供給線為垂直線。

四、凱因斯學派的 AS 曲線

假設條件：$P^e=e(p), \rho'=\dfrac{\partial P^e}{\partial P}=0$，表示實際物價變動時，預期物價仍維持不變，即勞動供給者，有貨幣幻覺，此外，勞動市場依凱因斯的說法，工資（W）具有向下僵固性，即工資有一最低水準，只能往上調整，不能低於最低工資。假設最低工資為 W_0，則 $N=N^D=N^S$，$W>W_0$ 表示高於最低工資 W_0 時，均衡就業量由勞動供給和需求共同決定，而 $N=N^D$，$W<W_0$，低於最低工資時，均衡就業量則由勞動需求來決定。

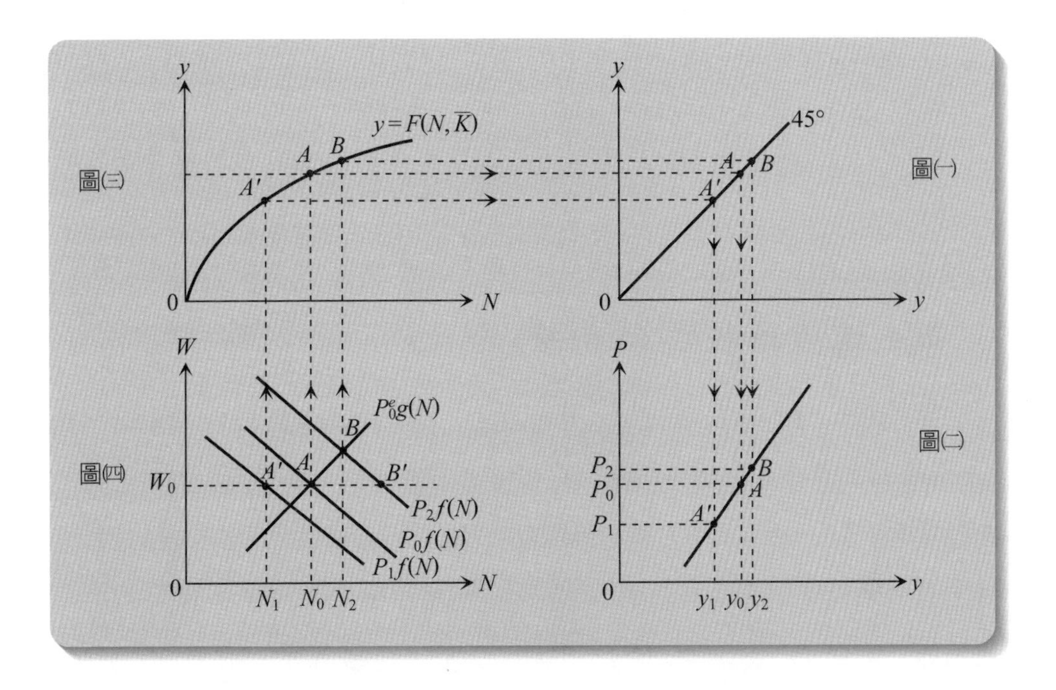

假設：

物價為 P_0 時，圖(二)的 A 點座標為 (P_0, y_0)，若物價由 P_0 下降到 P_1 時，圖(四)的勞動市場在工資為 W_0 時，實質工資由 $\dfrac{W_0}{P_0}$ 上升到 $\dfrac{W_0}{P_1}$，勞動需求將因此而減少勞動需求，勞動需求曲線 $P_0f(N)$ 向左移到 $P_1f(N)$，勞動市場有超額的勞動供給 AA'，而勞動供給者因為完全的貨幣幻覺，它完全不知這物價已下跌到 P_1，因此勞動需求曲線仍維持在 $P_0^ef(N)$ 的水準，因工資有向下僵固性，所以市場工資仍是 W_0 的情況下，均衡的就業量為 N_1（A 點的就業量和 A' 的就業量選最小的），將 N_1 代入圖(三)得到 y_1，再將 y_1 透過圖(一)的座標轉換，得到圖(二)的 A' 點座標為 (P_1, y_1)。

若物價由 P_0 上升到 P_2 時，圖(四)的勞動市場在 $W=W_0$ 時，實質工資率由 $\dfrac{W_0}{P_0}$ 下降到 $\dfrac{W_0}{P_2}$，廠商將增加勞動需求，需求曲線由 $P_0f(N)$ 向右移到 $P_2f(N)$，勞動市場在 AB' 的超額需求，但勞動供給者，有完全的貨幣幻覺，因此供給曲線仍維持在 $P_0^ef(N)$，由於高於 W_0 的工資，是由勞動供給和需求相等時決定，因此，$P_0^e f(N)$ 和 $P_2 f(N)$ 相交於均衡點 B，將 B 點的 N_2 代入圖㈢得到 y_2，再經由圖㈠的座標轉換，得到圖㈡的 B 點座標 (P_2, y_2)，將 A'、A 和 B 三點連線，即可得到一條斜率的總合供給曲線。

五、適應預期的 AS 曲線

假設條件：$P^e = \rho(p), \rho' = \dfrac{\partial P^e}{\partial P}, 0 < \rho' < 1$，表示實際物價（$P$）變動時，預期物價也反應，但不是完全反應，僅是部分反應而已。勞動供給者有部分的貨幣幻覺。

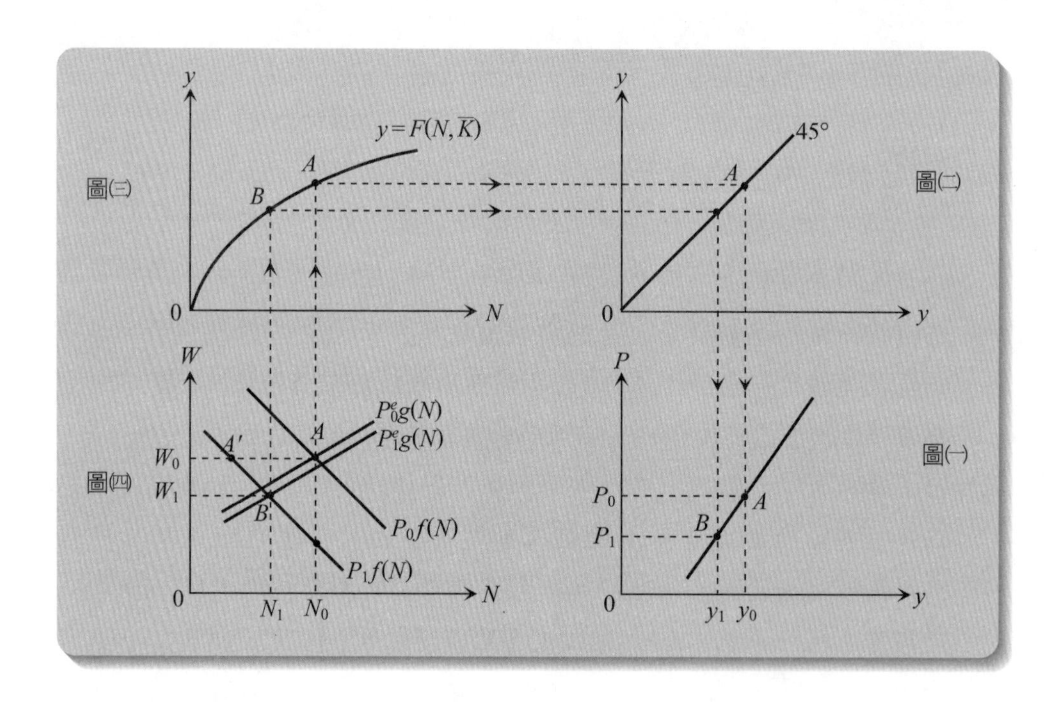

說明：

假設：物價為 P_0 時，圖㈣的勞動市場合供給曲線為 $P_0^e f(N)$ 和勞動需求曲線$P_0f(N)$，兩線相交於A點，決定均衡的工資W_0和就業量N_0，將N_0代入圖(三)的生產函數內，得到y_0，透過圖(二) 45°線的座標轉換，得到所對應的y_0，圖(一)的A點的座標為(P_0,y_0)。若物價由P_0下降到P_1，則圖(四)的勞動市場在工資為W_0時，實質工資為$\frac{W_0}{P_0}$上升到$\frac{W_0}{P_1}$，勞動需求將減少，於是勞動需求線由$P_0f(N)$向左移到$P_1f(N)$，則勞動市場有AA'的超額供給，適應預期視勞動供給者對於所下跌的物價只做局部反應，預期價格下跌到P_0^e但小於P_1，當實質工資提高時，勞動供給者，將增加其勞動供給，於是勞動供給線由$P_0^ef(N)$向右移到$P_1^ef(N)$，勞動市場的均衡點為B點，工資率為W_1，就業量增加為N_1，將N_1代入圖(三)得出y_1，將y_1代入圖(二)，再轉到圖(一)得到B點座標(P_1,y_1)，將圖(一)的A點和B點連線，即可得到一條正斜率的總合供給曲線。

►釋例

有如下典型經濟模型：

$Y=F(L,\overline{K}),\ \partial Y/\partial L>0,\ \partial^2Y/\partial^2L<0$

$Y=C(Y)+I(r)+G$

$M/P=L_0+\alpha Y-\beta r$

$L^S=L^S(W/P),\ dL^S/d\left(\frac{W}{P}\right)>0$

$L^d=L^d(W/P)$

$L^s=L^d$

設有$L^d=L^s$，且名目工資有僵固性，則如何能獲致充分就業均衡？

(A)提高勞動生產力 (B)增加資本設備 (C)緊縮貨幣 (D)擴張貨幣 (E)擴張政府支出 【89年中山財管】

(D)(E)

此模型為凱因斯的工資僵固性模型，總供給線為正斜率，只要需求增加即可達到充分就業。

第三節　完整的總體經濟模型——AD-AS模型

完整的總體經濟模型應該包括商品市場、貨幣市場、勞動市場及債券市場，共四個市場，但分析時我們只要針對商品市場、貨幣市場、勞動市場即可，並不需要討論債券市場，主要的理由是當四個市場的總和是零時，其中三個市場都是均衡市場，則第四個市場（即債券市場）必定也達成均衡，此稱為瓦拉斯法則（Walra's Law）。

這裡我們舉一個簡單的例子，來說明何謂瓦拉斯法則，先定義ED_S表示債券市場的超額需求、ED_Y表示商品市場的超額需求、ED_M表示貨幣市場的超額需求、ED_N表示勞動的超額需求，若$ED_S+ED_Y+ED_M+ED_N=0$為瓦拉斯法則的限制式，當$ED_Y=ED_M=ED_N=0$，表示商品貨幣，勞動三個市場皆達成均衡（所謂均衡是指超額需求或超額供給等於零），那麼由瓦拉斯法則限制式，可得出$ED_S+0+0+0=0$即$ED_S=0$，第四個市場，債券市場也會達成均衡。

一、完整的總體經濟模型的構成

這個模型把它稱完整的總體經濟模型，其實是把各學派的論點加以整合，例如，凱因斯學派解釋的需求面，由貨幣市場和商品市場結合成總合需求，與古典學派所解釋的供給面，以勞動市場和生產函數並假設物價和工資是完全競爭市場而得出總合供給，我們把需求面和供給面予以結合，就可以解釋物價(P)、利率(i)、所得 (y)、就業量(N)、工資(W)等總體變數，不再是局限於解釋某些經濟變數，而其他的經濟變數假設是固定不變的情況下。

(一)商品市場

$AD=C(y)+I(i)+G$（總需求＝消費＋投資＋政府支出）

$AS=y$（總供給＝產出）

$AS=AD$（總供給＝總需求）

(二)貨幣市場

$M^D=L_1(y)+L_2(i)$（實質貨幣需求＝交易、預防動機的貨幣需求＋投機性的貨幣需求）

$M^S=\dfrac{M^o}{P}$（實質貨幣供給＝名目貨幣供給量／物價水準）

$M^D=M^S$（實質貨幣需求＝實質貨幣供給）

(三)勞動市場

$N^D=N^D\left(\dfrac{W}{P}\right)$（勞動需求量是實質工資的函數）

$N^S=N^S\left(\dfrac{W}{P^e}\right)$（勞動供給量是實質工資的函數）

$N^S=N^D$（勞動供給＝勞動需求）

(四)生產函數

$y=F(N,\overline{K})$（產出是就業量和資本的函數）

(五)假設條件

$P^e=\rho(P), \rho'=\dfrac{\partial P^e}{\partial P}$（預期物價是實際物價的函數）

其中㈠㈡是屬於需求面，可以透過兩者同時達成均衡，而導出總合需求曲線（*AD*）。而㈢㈣㈤是屬於供給面，導出總合供給曲線（*AS*）。*AD* 曲線是負斜率，而 *AS* 曲線因假設條件的不同，而有不同形狀，包括古典的垂直 *AS* 曲線，凱因斯工資僵固的 *AS* 曲線，適應預期的 *AS* 曲線，以下是這三種 *AD*−*AS* 模型的圖形。

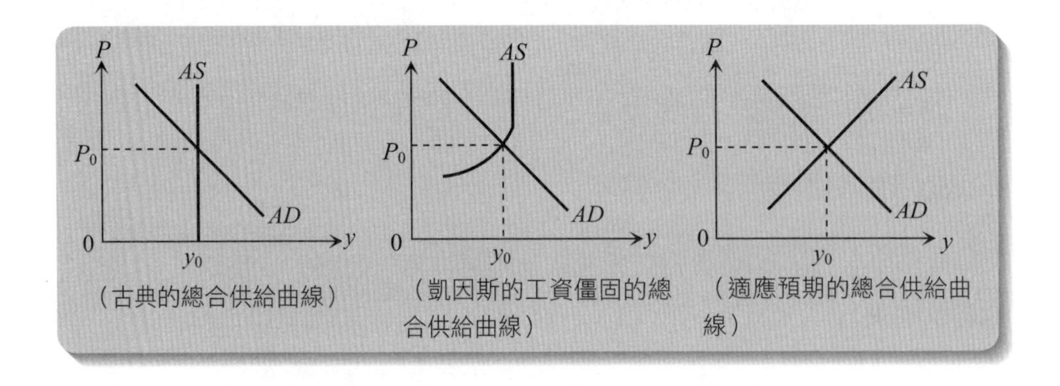

（古典的總合供給曲線）　（凱因斯的工資僵固的總合供給曲線）　（適應預期的總合供給曲線）

二、古典學派的 *AS* 曲線

需求面的變動，對物價（*P*）、所得（*y*）、利率（*i*）、就業量（*N*）等總體變數之影響。

我們首先要決定使用什麼模型來分析上述的總體變數，我們可以透過變數間的關聯性來尋找模型，如上述的分析變數中，物價（*P*）和所得（*y*）有關的模型為 *AD*−*AS* 模型，而利率（*i*）和所得（*y*）有關的模型則為 *IS*−*LM* 模型，至於就業量（*N*）和所得（*y*）有關的就是生產出函數了。因此對於 *P*、*y*、*I*、*N* 四個變數，我們可以畫出三個模型（圖形）來加以探討其關係；注意：橫軸和縱軸變數皆為所得的 45°線模型是輔助圖形，僅是將 *AD*−*AS* 模型的橫軸變數所得，轉換到生產函數的縱軸變數所得。

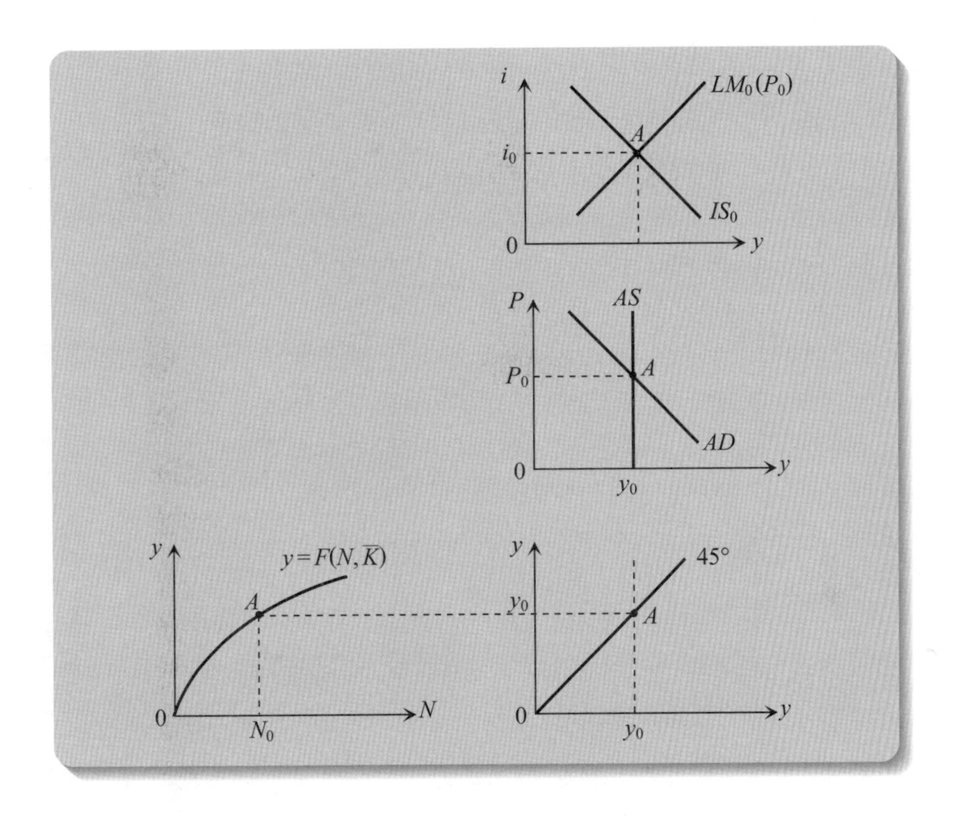

㈠當需求面變動時

例如，來自商品市場的變動來自於自發性投資增加（I_0上升）、自發性政府支出增加（G_0上升）、減少定額稅賦（T_0下降）、自發性消費增加（C_0上升），皆使*IS*曲線向右移，同時*AD*曲線也會以同樣幅度向右移動。

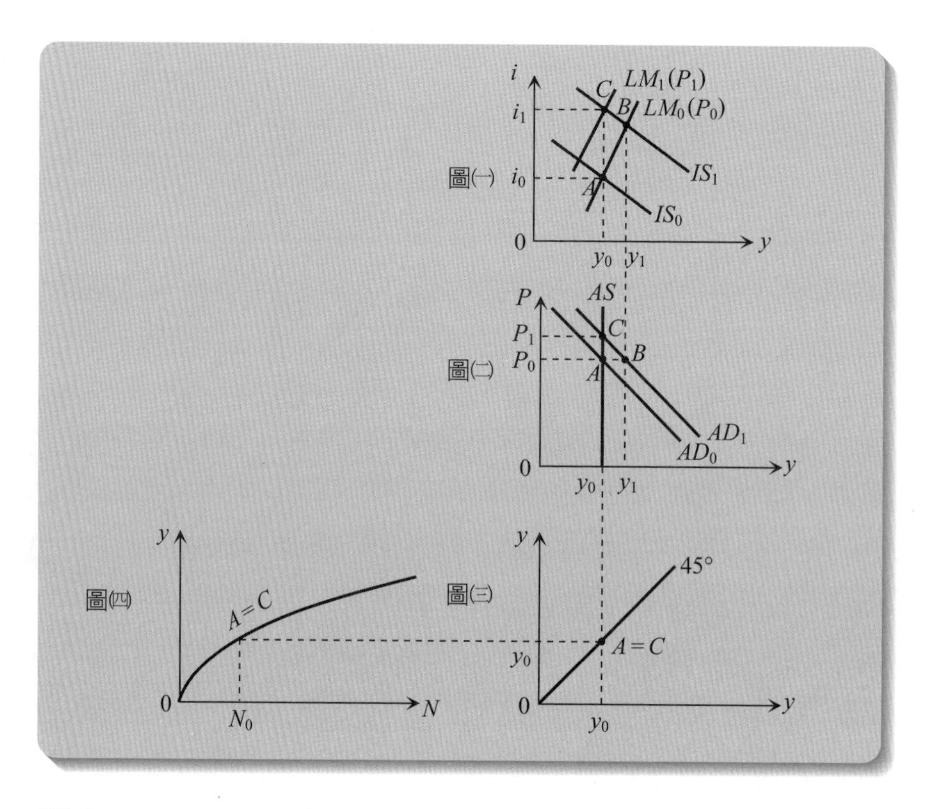

說明：

政府支出增加時，IS_0 向右移動到 IS_1，與 $LM_0(P_0)$ 相交在 B 點上，商品市場和貨幣市場同時達成均衡。所得由 y_0 增加到 y_1（圖(一)）。而總合需求曲線也因 IS 曲線向右移，而由 AD_0 向右移動到 AD_1，在物價水準仍維持在 P_0 情況下，在 AD_1 的總需求為 B，在 AS 的總供給為 A，市場有超額需求 $\overline{AB}$，在價格可以自由調整的假設下，物價水準將沿著 AD_1 往上調整，一直到 C 點，$AS=AD_1$ 為上，達成均衡（圖(二)），因為物價由 P_0 上升到 P_1，使原來圖(一)的貨幣市場實質餘額下降，於是 $LM_0(P_0)$ 向左移到 $LM_1(P_1)$ 與 IS_1 相交在 C 點的位置，商品市場和貨幣市場達成均衡，最後，我們比較圖(一)變動前的均衡點 A，和變動後均衡點 C，利率由 i_0 上升到 i_1，所得仍維持在 y_0 水準圖(二)的變動前均衡點 A 和變動後均衡點 C，物價由 P_0 上升到 P_1，圖(四)的就業量也仍是 N_0。

㈡當需求面變動時

是來自於貨幣市場供給增加（$M_0\uparrow$），將使LM曲線向右移，同時AD曲線也以同樣幅度向右移動。

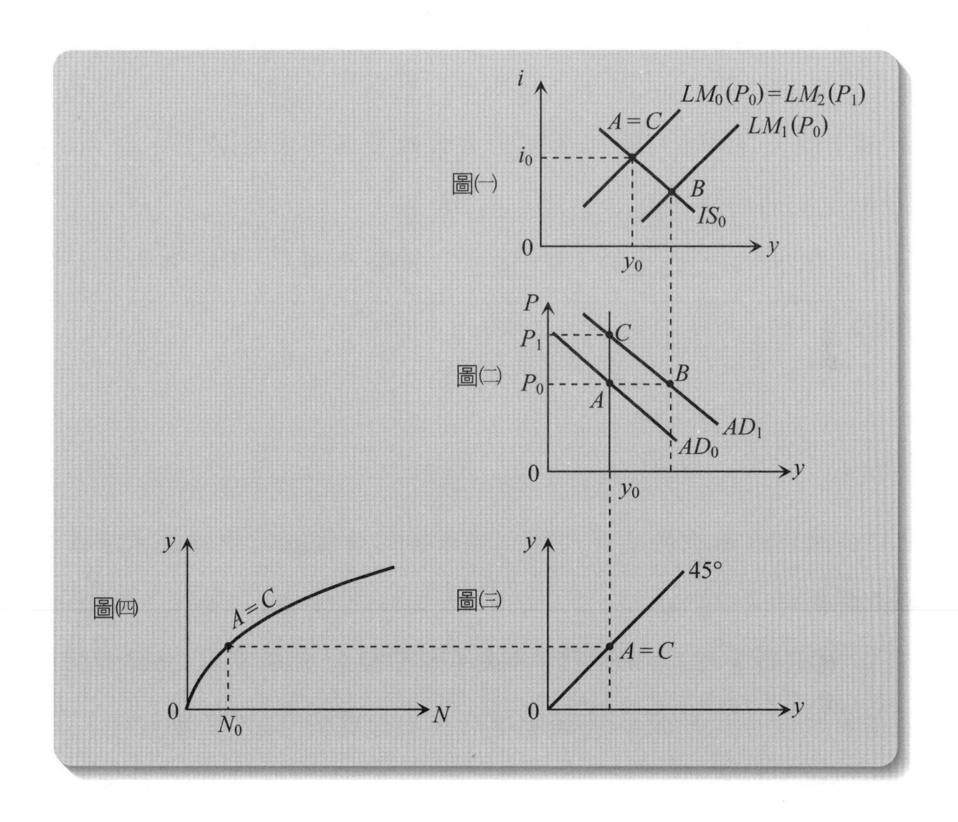

說明：

貨幣供給由M_0增加到M_1，使$LM_0(P_0)$移動到$LM_1(P_1)$均衡點為B點（圖㈠），而圖㈡的總合需求曲線也因AD_0向右移動到AD_1在物價水準P_0的情況下，總需求為B點，總合供給為A點，有超額需求$\overline{AB}$，若物價可以自由調整，物價將由B點往上沿著AD_1上升到C點的P_1，所對應的產出又回到Y_0，由於物價由P_0上升到P_1，也引起圖㈠的實質餘額減少，於是$LM_1(P_0)$向左移回到$LM_2(P_1)$，均衡點C點和原來的均衡A

點重合。最後利率仍維持在 i_o，所得也不變仍是 y_0，物價由 P_0 上升到 P_1，就業量也不變仍是 N_0。

►釋例 1

設總需求線由一般 *IS*−*LM* 模型構成，則總需求 *AD* 線上任一點對應一 *IS*−*LM* 的交點，若現在採取一緊縮的貨幣政策與擴張的財政政策，且 *IS*−*LM* 的新交點的所得與原來相同，則 *AD* 線：

(A)未變　(B)右移　(C)左移　(D)變陡　(E)變平緩　【90 年中山財管】

(A)

►釋例 2

當短期的總供給曲線較陡，而採取擴張性的貨幣政策使得總需求曲線向右移，將使得：

(A)實質 *GDP* 顯著增加，而對物價水準影響較少　(B)實質 *GDP* 和物價水準皆顯著增加　(C)物價水準顯著增加，而對實質 *GDP* 影響較少　(D)對失業的影響是顯著的。　【89 年政大財管】

(C)

供給面的變動，對物價（*P*）、所得（*y*）、利率（*i*）、就業量（*N*）之影響。

來自供給面的變動包括有利因素和不利因素。

㈠有利因素

⑴勞動邊際生產力的提高；⑵生產技術進步；⑶資本增加；⑷工作意願的提高。

其中⑴和⑷使勞動市場的勞動供給增加，而⑵和⑶使生產函數往上移，勞動需求增加。

㈡不利因素

⑴能源價格上升；⑵天災（地震、火災、水災）；⑶戰爭等。

不利因素發生將使生產函數往下移，而勞動需求減少，使得總合供給曲線向左移動。

㈢來自供給面變動的有利因素

例如，技術進步，對於物價（p）、所得（y）、利率（i）、就業量（N）之影響。

技術進步，使得生產函數（圖㈣）往上，勞動市場的勞動需求由N_0^d上升到N_1^d（圖㈤），就產量由N_0增加到N_1，將N_1代入生產函數內得出產量為y_1，而整條AS曲線從AS_0向右移到AS_1，（圖㈡），物價由P_0下降到P_1，物價水準下降使得實質餘額增加，$LM_0(P_0)$向左移到$LM_1(P_1)$（圖㈠），均衡點由A點移到B點，利率由i_0下降到i_1，產出由y_0增加到y_1，物價由P_0下降到P_1，就業量由N_0上升到N_1。

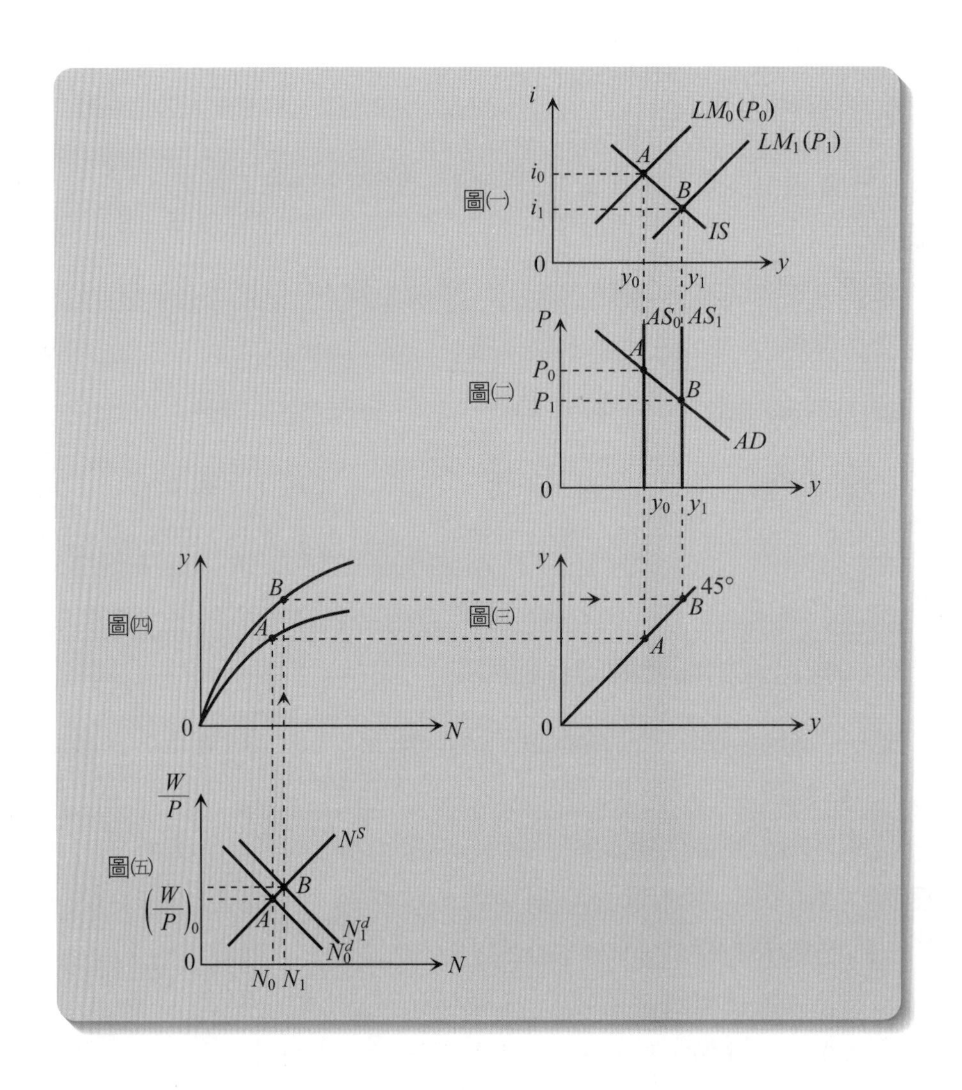

►釋例

既然長期供給曲線是一條垂直於充分就業下的直線，因此技術進步並不會使總供給線移動。【90 年銘傳管科】

(×)

(四)來自供給面變動的不利因素

例如，能源短缺，對物價（P）、所得（y）、利率（i）、就業量（N）之影響：

能源短缺使得生產函數（圖(四)）往下移，勞動市場的勞動需求由N_0^d下降到N_1^d（圖(五)），就業量由N_0下降到N_1，將N_1代入圖(四)的生產函數內，得到產出y_1，將y_1以座標軸轉換（圖(三)），總合供給線由AS_0向左移到AS_1，物價由P_0上升到P_1（圖(二)），物價水準由P_0上升到P_1，實質餘額減少，$LM_0(P_0)$向左移到$LM_1(P_1)$均衡點由A點移動到B點。（圖(一)），最後，利率由i_0上升到i_1，產出由y_0下降到y_1，物價由P_0上升到P_1，就業量由N_0減少到N_1。

►釋例 1

短期總供給線減少將使均衡的物價水準＿＿＿＿＿和均衡的實質 GDP ＿＿＿＿＿。

(A)增加；增加　(B)增加；減少　(C)減少；增加　(D)減少；減少

【89 年政大財管】

(B)

►釋例 2

設一國因資訊科技的運用致力於生產力上升，同時股市漲升致全民財富增加，則有：

(A)物價上漲率提高　(B)經濟成長率提高　(C)物價上漲率下跌　(D)經濟

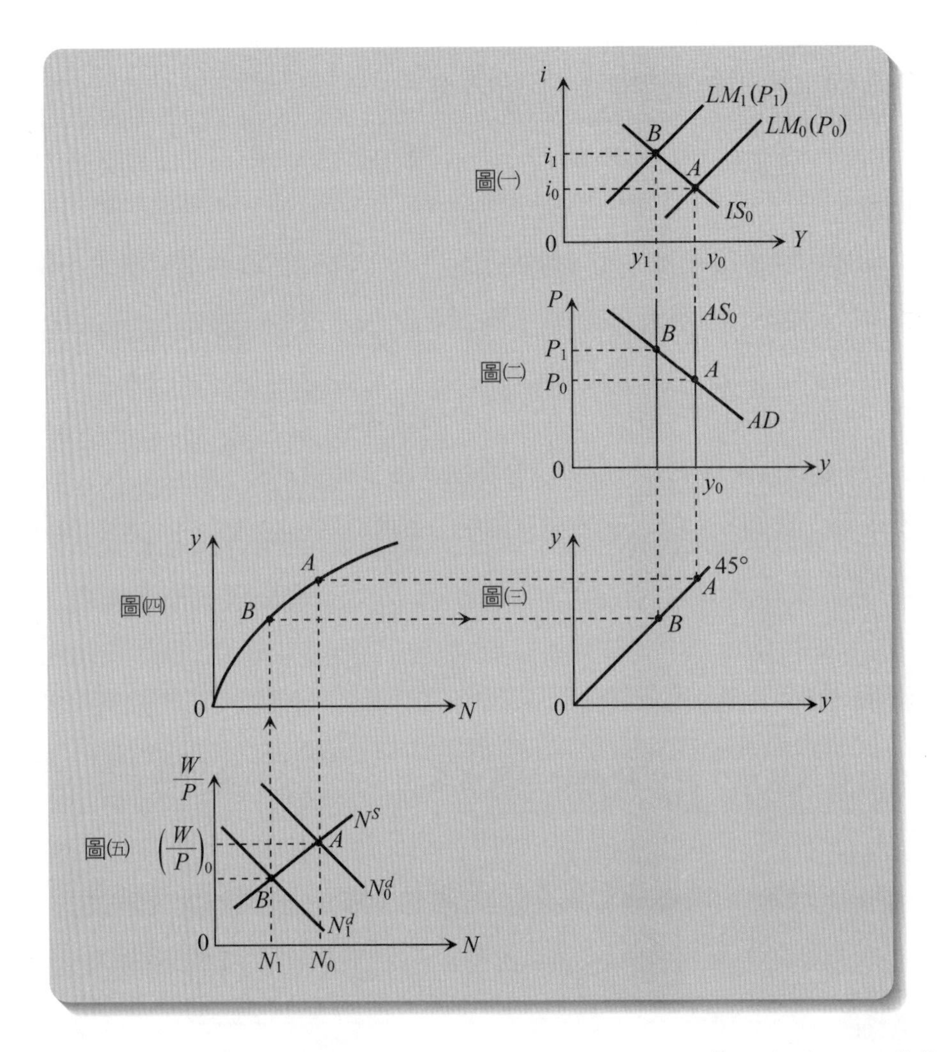

成長率提高及物價上漲率降低。　【89 年中山財管】

(B)

生產力上升使 AS 向右移，全民財富增加使 AD 向右移，則所得會上升，但物價上升，下降或不變皆有可能。

題庫精選

( ) 1. 若總合供給曲線為正斜率，由政府減稅會造成： (A)物價上升，均衡所得上升 (B)物價上升，均衡所得減少 (C)物價下降，均衡所得減少 (D)物價下降，均衡所得增加。 【94 年四等特考】

( ) 2. 下列因素會造成總合供給曲線右移： (A)石油價格上升 (B)政府支出增加 (C)增加貨幣供給 (D)勞動生產力提升。 【93 年普考第二試】

( ) 3. 根據總合供需模型，政府實施擴張性財政政策在長期會造成下列何種影響？ (A)物價上揚 (B)利率走低 (C)產出下降 (D)就業量下降。 【91 年四等特考】

( ) 4. 根據總需求－總供給（AD－AS）模型，若總供給曲線向左移動，則： (A)均衡所得與物價皆上升 (B)均衡所得上升，均衡物價下降 (C)均衡所得減少，均衡物價上升 (D)均衡所得與均衡皆下降。 【92 年普考第二試】

( ) 5. 若總供給曲線為正斜率，則政府支出增加會造成： (A)均衡價格上升，均衡所得上升 (B)均衡價格上升，均衡所得減少 (C)均衡價格下降，均衡所得減少 (D)均衡價格下降，均衡所得增加。 【92 年普考第二試】

( ) 6. 何謂實質餘額效果（Real Balance Effect） (A)物價變化影響實質貨幣供給量，進而影響利率、投資及國民所得 (B)物價下跌直接引導民間消費與出口淨額增加，使得均衡產出增加 (C)物價下跌，家庭保有的資產實際價值上升，增加商品需求，進而增加國民所得

(D)中央銀行增加貨幣供給，使貨幣餘額增加，利率下降，投資與國民所得都增加。【91 年普考第二試】

( ) 7. 根據總合供需模型，通貨膨脹現象的出現，是由於 (A)總合需求減少 (B)總合供給增加 (C)總合需求增加或總合供給減少 (D)總合需求增加與總合供給增加。【92 年四等特考】

( ) 8. 根據凱因斯學派的說法，總合需求線負斜率的原因是因為物價上揚導致： (A)全體民眾的實質所得下降，因此消費需求減少 (B)貨幣市場利率走高，進而壓抑投資需求 (C)國內產品相對價格變化，進而有替代效果出現而壓抑了需求 (D)全民實質財富增加，因此總需求減少。【91 年四等特考】

( ) 9. 其他情況不變下，當本國勞工紛紛出走國外的就業市場時，將導致本國： (A)物價與產出均下降 (B)物價與產出均上升 (C)物價上升、產出下降 (D)物價下降、產出上升。【93 年普考第二試】

( ) 10. 當政府採行擴張性的貨幣政策時，對於總體經濟的影響是什麼？ (A)國民所得及物價會增加，但利率不變 (B)國民所得及物價均會增加，但利率下降 (C)國民所得、物價及利率均會增加，但實質貨幣供給量減少 (D)國民所得、物價、利率及實質貨幣供給量均增加。【92 年四等特考】

( ) 11. 總體經濟的總合需求曲線（aggregate demand curve）和個體經濟學的需求曲線（demand curve）的比較，以下敘述何者正確？ (A)總合需求的斜率可能為正或負，個體需求曲線一定是正斜率 (B)個體需求曲線有替代效果和所得效果，總體需求曲線只有替代效果 (C)個體需求曲線和總體需求曲線都有替代效果、所得效果與實質餘額效果 (D)總合需求曲線和個體需求曲線都是表示價格與需求量之間的負向關係。【91 年普考第二試】

( ) 12. 請根據下述資料，求算均衡利率水準，其值為：①AD 曲線為：$P=3-0.002Y$；其中，P 為物價指數（單位為 100），Y 為國民所得；②

AS 曲線為：$P=0.5+0.003Y$；③IS 曲線為：$i=0.1-0.00004Y$，其中 i 為利率 (A)0.08 (B)0.072 (C)0.07 (D)0.068。

【92 年四等特考】

( ) 13.當總合供給曲線為正斜率時，若政府增加公共支出，對就業與物價將有何影響？ (A)就業增加，物價上漲 (B)就業增加，物價下跌 (C)就業減少，物價上漲 (D)就業減少，物價下跌。

【90 年普考第一試】

( ) 14.總合需求曲線是一條呈現什麼市場均衡的曲線？ (A)商品市場 (B)商品市場與勞動市場 (C)貨幣市場 (D)貨幣市場與商品市場。

【92 年四等特考】

( ) 15.總合需求曲線為一條負斜率的曲線，是因為存在什麼效果？ (A)物價水準上升，導致少消費進口品的效果 (B)物價水準上升，導致少消費本國商品的效果 (C)物價水準上升，導致實質貨幣供給增加的效果 (D)物價水準上升，促使政府支出增加的效果。

【92 年四等特考】

( ) 16.下列何種狀況會造成供給曲線左移？ (A)技術水準上升 (B)生產廠商增加 (C)生產要素價格上升 (D)消費者增加。

【92 年普考第二試】

( ) 17.下列何者會使總合需求線右移？ (A)本國幣升值 (B)國外景氣變好 (C)政府增加稅賦 (D)技術進步。 【94 年普考第二試】

( ) 18.當國際石油價格大幅上升時，將會出現何種變化呢？ (A)物價上升及國民所得下降，但利率不變 (B)物價及國民所得均上升，但利率下降 (C)AS 曲線往左上方移動 (D)AD 曲線往右上方移動。

【92 年四等特考】

( ) 19.短期總合供給曲線左移的原因為何？ (A)技術進步 (B)工資下降 (C)原料價格上升 (D)稅負減輕。 【91 年四等特考】

( ) 20.下列對於影響供給變動方向之敘述，何者有誤？ (A)生產技術上升，會使供給曲線右移 (B)要素價格上升，會使供給曲線左移 (C)預期未來產品價格上升，會使供給曲線右移 (D)產品價格上升，會使供給曲線右移。【90 年高考三級】

( ) 21.下列何者會使「總合供給線」往右移動 (A)政府大量減稅 (B)政府擴大公共建設 (C)政府大量增加貨幣供給 (D)政府擴大職業訓練，使失業減少。【94 年四等特考】

( ) 22.主張過高的政府預算赤字有害經濟的學者認為： (A)赤字造成衰退 (B)赤字造成通貨緊縮 (C)赤字造成利率走低 (D)赤字造成投資量下降。【91 四等特考】

第六章

新興古典與新興凱因斯學派

當景氣衰退時，依凱因斯學派的觀點，政府需透過需求面的擴張政策，來刺激有效需求，到底施行的政策是否有效，凱因斯學派認為這與利率對投資的敏感性或利率對貨幣需求的敏感性有關，貨幣學派與凱因斯學派的爭論是在於施行何種政策有效，貨幣學派認為貨幣政策的效果較財政政策為佳，且貨幣供給量的不穩定是經濟循環的主要原因，而凱因斯學派則認為財政政策在不景氣時，相對比貨幣政策有效，無論是貨幣學派或凱因斯學派對於政策有效性與否，都是繞在需求面上，貨幣學派首度將適應預期的概念引入勞動市場內，但也是對物價這項因素而已，新興古典學派則將理性預期引入總體經濟模型內，所預期的範圍，不僅是物價，甚至是政府的政策，透過民眾對於政府政策是否預期到，來解釋政府政策的有效性。

此外，在 1960 年同一時期的供給面學派，提出的減稅政策，有別於凱因斯學派的減稅，在凱因斯學派主張的減稅是使民眾的可支配所得提高，進一步使消費增加，造成有效需求的增加，而供給面學派的減稅是使儲蓄意願與勞動意願提高，造成總合供給的增加，為何同樣是減稅，卻有不同的結果，這也是本章所要探討的。

第一節　預期的概念

一、適應預期（adaptive expection）

㈠定義

適應預期乃根據過去的預測值以及過去的預測誤差來做預期的方式，在 1960 年代及 1970 年代貨幣學派的學者，以這種方式對物價做預測。

$$ {}_{t}P^{e}_{t+1} = {}_{t-1}P^{e}_{t} + \alpha(P_t - {}_{t-1}P^{e}_{t}), \quad 0 \le \alpha \le 1 $$

式中 α：調整係數

改寫成：

$$ {}_{t}P^{e}_{t+1} = \alpha P_t + (1-\alpha)\,{}_{t-1}P^{e}_{t} $$

表示第 t 期對 $t+1$ 期的物價做預測等於第 t 期的實際物價以及 $t-1$ 期對第 t 期的預期物價。

實證研究時，將預期物價改成已知的歷史物價，如下：

$$ {}_{t}P^{e}_{t+1} = \alpha P_t + \alpha(1-\alpha)P_{t-1} + \alpha(1-\alpha)^2 P_{t-2} + \alpha(1-\alpha)^3 P_{t-3} + \cdots\cdots $$

$\sum\limits_{j=0}^{\infty}\alpha(1-\alpha)^j P_{t-j}$ 表示第 $t+1$ 期對第 t 期的預期是利用過去真正價格的加權平均總和。

(二)缺失

1. 僅以過去的物價資料來執行預測，對於未來可靠的重要資訊並未利用。
2. 產生系統性的誤差。

二、理性預期（rational expectation）

民眾對物價變動的預期與根據經濟理論所得出的結論完全一致，以符號表示，例如，令 ${}_{t-1}P^{e}_{t}$ 表示大眾在 $t-1$ 期期末對 t 期物價的預期，又令 $E_{t-1}P_t$ 表在 $t-1$ 期期末經濟模型告訴你的第 t 期的預期物價水準，當 ${}_{t-1}P^{e}_{t} = E_{t-1}P_t$ 表示民眾對物價預期是理性的。

►釋例

下列何者正確？

(A)在理性預期下，不會有系統性的預測錯誤　(B)減稅會使消費增加　(C)若普遍預期未來貨幣供給增加，將使物價上漲　(D)理性預期假設人們可以正確地預測未來的經濟變數　【91 年輔大金融】

解答

(A)(C)

第二節　新興古典學派（理性預期學派）

一、代表人物

Thomas J. Sargent、Neil Wallace、Robert E. Lucas, Jr。

二、時間

1970 年代中期至 1980 年代早期

三、基本假設

㈠理性預期（rational expectations）

假設人們利用所有可以得到的資訊，包括現在與未來的政策執行預測。

㈡市場結清（market clearing）

假設價格可以自由調整使市場的供給與需求達到均衡。

㈢不完全資訊（imperfect-information）

民眾無法觀察到經濟體系中所有商品與勞務的價格，因此無法知道整體物價水準。

四、預期的總合供給曲線（expectation-augmented aggregate supply curve, EAS）

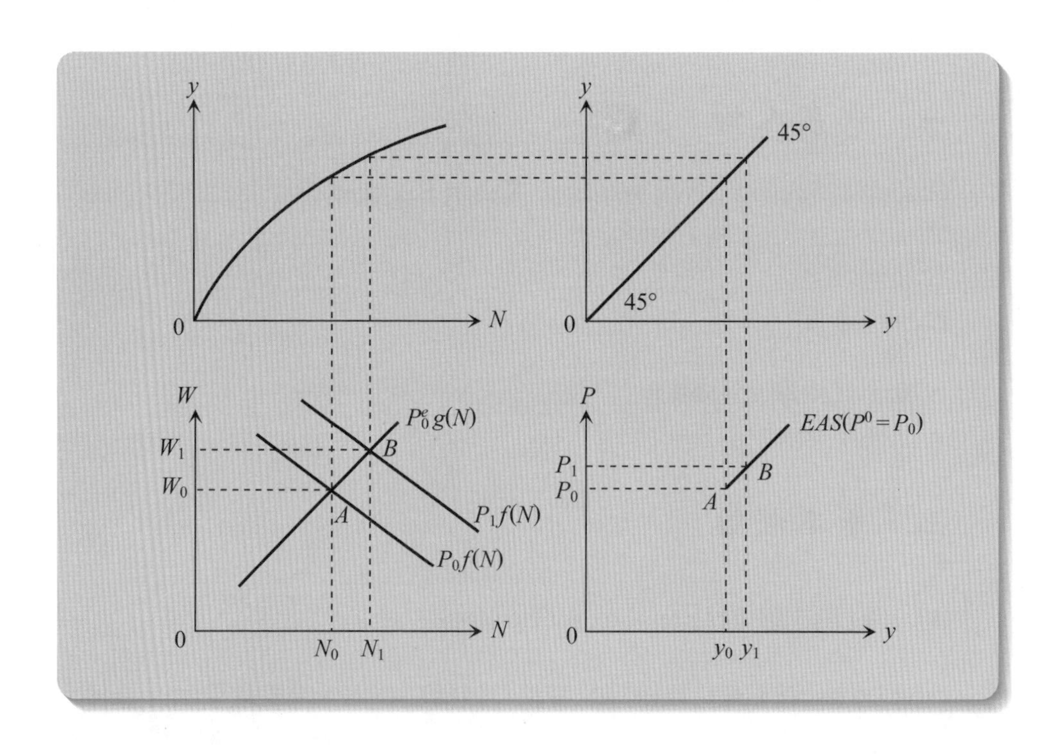

若物價由 P_0 上升到 P_1，民眾未預期到，則勞動的供給曲線仍維持在 $P_0^e g(N)$。勞動市場的均衡點由A移動到B點，總合供給曲線為AB，即EAS曲線為正斜率。

五、資訊完全下的總合供給曲線

若物價由 P_0 上升到 P_1，民眾完全預期到，則勞動的供給曲線由 $P_0^e g(N)$ 往上移動，所對應的就業量為原來的 N_0。勞動市場的均衡點由 A 移動到 C 點，總合供給曲線為 AC，即 LAS 曲線為垂直線。

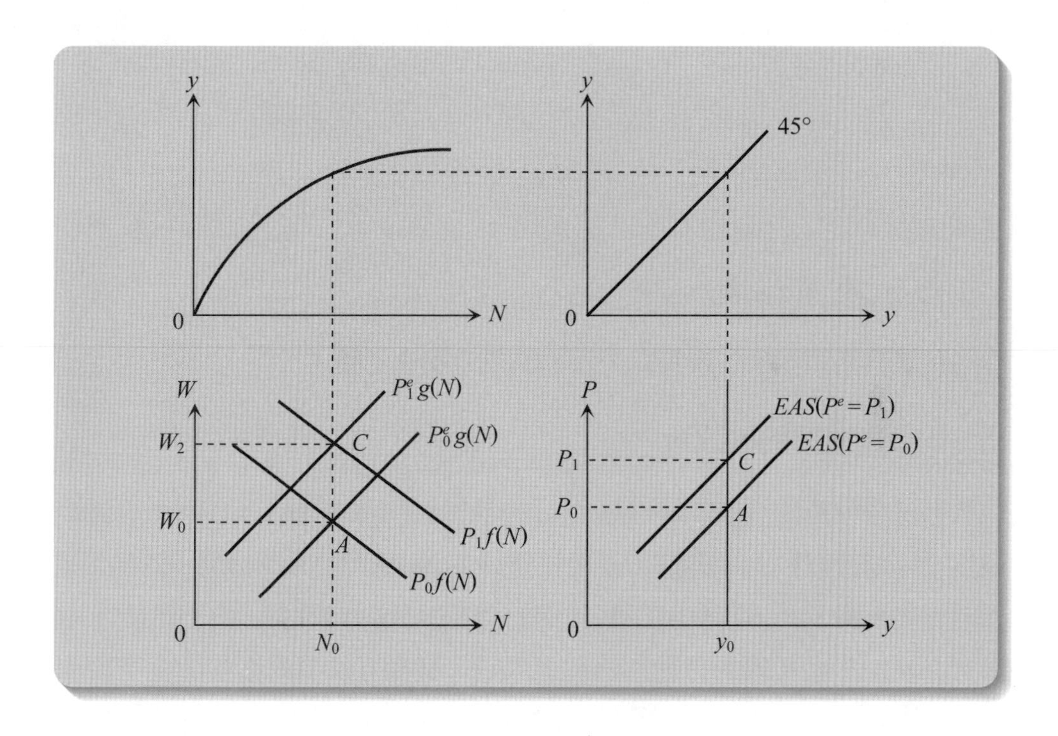

六、盧卡斯供給函數（Lucas supply curve）

Luca，將菲力蒲曲線修改為產出（y）與物價（p）的關係。

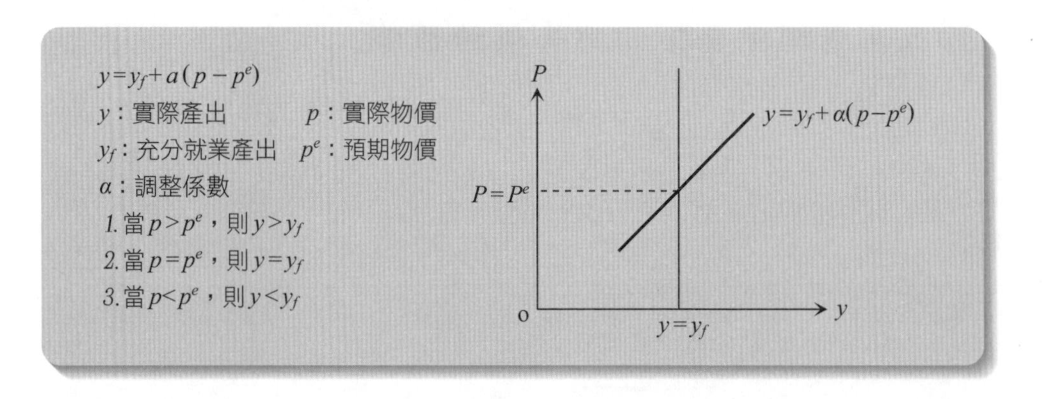

七、政策涵義

可區分為預期到的政策與未預期到的政策來討論：

㈠未預期到的政策

若以貨幣政策為例；$AD^e(M_0)$表示對貨幣政策的預期，AD 表示實際的總需求，當政府把M_0提高至M_1，將使$AD\ (M_0)$增加到$AD\ (M_1)$。若民眾未預期到該政策，則$AD^e(M_0)$仍維持不變，實際價格由$AD(M_1)$與EAS$(p^e=p_0)$決定為p_1。勞動市場的勞動供給者未反應，勞動需求者同價格由p_0下降至p_1，故需求曲線由$P_0g(N)$移動至$p_1g(N)$。而勞動由N_0上升至N_1產出由y_0上升至y_1。

►釋例

假定勞方對物價有理性預期，若央行宣布將增加貨幣供給，且勞工也相信其宣布，事後央行宣言，但勞方以為央行已增加貨幣供給，則會發生：

(A)經濟衰退 (B)物價下跌 (C)利率下跌 (D)實質工資下跌

【90 年中山財管】

(A)

㈡預期到的政策

仍以貨幣政策為例，$AD^e(M_0)$ 表示對貨幣政策的預期，AD 表示實際的總需求，當政策把 M_0 提高到 M_1，將使 $AD(M_0)$ 增加 $AD(M_1)$，若民眾預期到該政策，$AD^e(M_0)$ 移動到 $AD^e(M_1)$ 且 $AD^e(M_1)=AD^e(M_2)$ 實際物價上升至 P_1，勞動市場的勞動供給者與需求者同步反應。結果產出仍維持 y_0，就業量仍維持 N_0，僅造成物價與名目工資同比例變動，而沒有實質的效果。

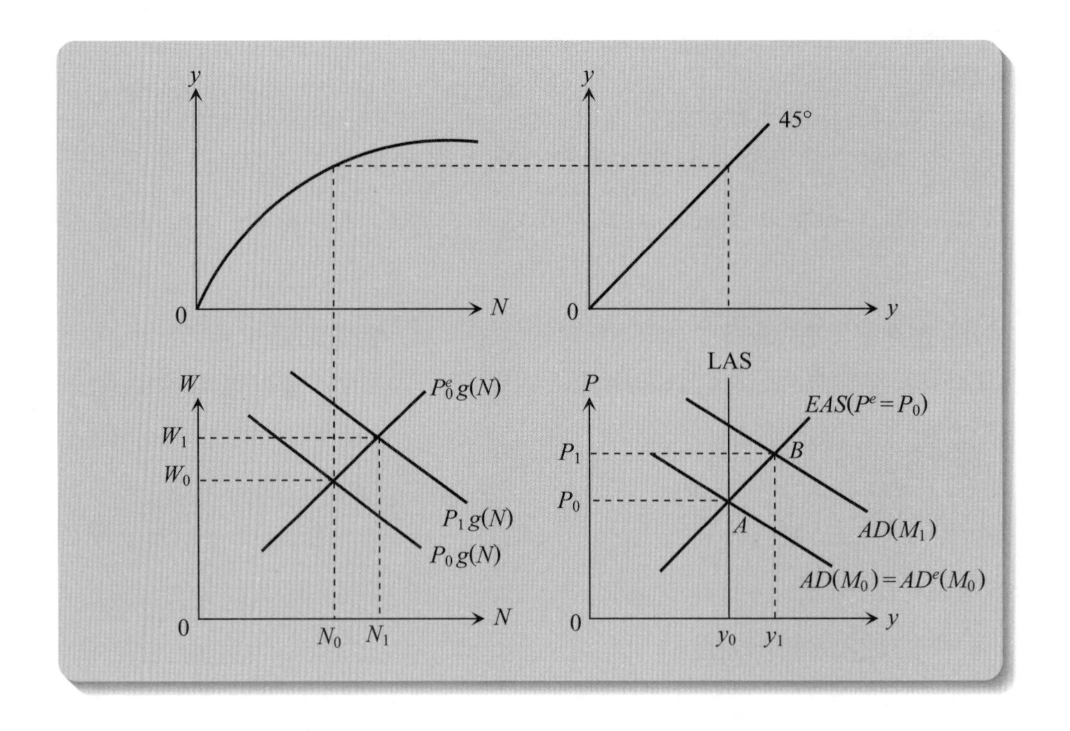

八、政策建議

(一)若預料中的貨幣政策，對實質產出完全沒有影響。

(二)在短期內未預料到的貨幣政策，雖有實質影響，但大眾會將任何市場的變化結果完全歸咎央行的操控，如此會造成資源配置的扭曲，所以，最後還是採「固定貨幣供給增加率法則」較為妥當。

►釋例 1

事先被大眾預期到的緊縮性貨幣政策會使：

(A)所得減少　(B)物價下跌　(C)名目工資減少　(D)實質工資增加　(E)以上皆非　【91 年輔大金融】

(B)(C)

►釋例 2

根據理性預期理論，短期供給曲線是正斜率的原因為：
(A)供給的法則　(B)修正是以過去完整的資訊　(C)修正帶有落差　(D)價格改變未被預期到　(E)價格改變被預期到　【89 年清大科管】

(D)

第二節　新興的凱因斯學派

一、代表人物

Stanley Fisher、Anna Gray、John Taylor。

二、時間

1970～1980 年。

三、基本假設

㈠理性預期（rationail expectations）

假設人們利用所有可以得到的資訊，包括現在與未來的政策執行預測。

㈡工資及一般物價水準乃僵固（rigidity）於某一水準

1. 工資僵固（wage rigidity）的原因

⑴長期契約

⑵隱藏性契約

⑶效率工資（efficiency-wage）：廠商藉維持實質工資高於均衡水準來提高生產力和利潤。

⑷圈內者一圈外者模型（insiders-outsiders model）

已經受僱的勞工，對於工資的談判有影響力，而沒有被僱用的勞工，無法影響工資的談判。

2. 物價僵固的原因

物價受到標準市場之限制；若是調整會產生菜單成本且隨意調整價格將破壞與客戶長期維持的關係，所以物價具僵固性。

四、帶有預期的總供給曲線之導出

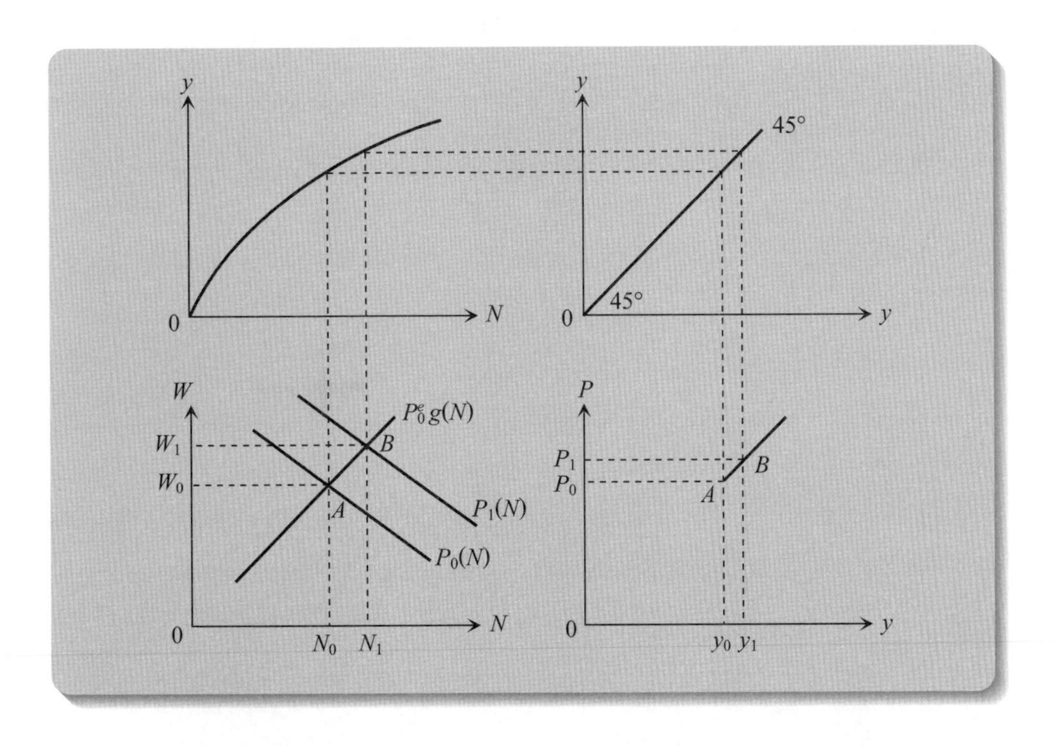

㈠原均衡點為 A 點，所對應的物價與產出分別為P_0與y_0。

㈡若物價由P_0上升到P_1，在勞動市場的勞動需求者，因實質工資$\frac{W_0}{P_0}$下降，將使勞動需求曲線向右移，在名目工資僵固在W_0的情況下，勞動市場的就業量由N_0上升到N_1，而物價P_1所對應的產出為y_1。將變動前的均衡點 A 與變動後之均衡點 B 連接起來，可得到一條正斜率的總供給曲線。

五、政策涵義

新興的凱因斯學派若以長期契約為例，若政策在簽約前宣告或政策在簽約後才宣告來討論。

㈠政策在簽約前宣告：則該政策無效（圖一）。

㈡政策在契約期間宣告，該政策雖於契約期間內被預料，但仍舊有效（圖二）。

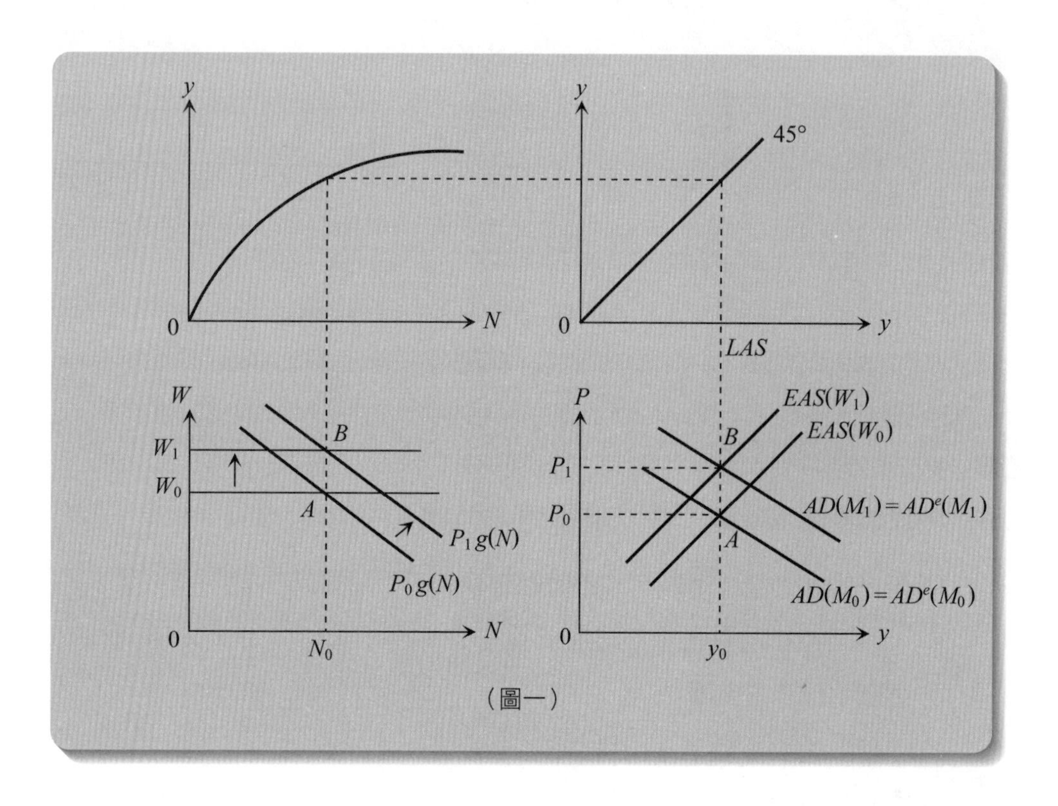

（圖一）

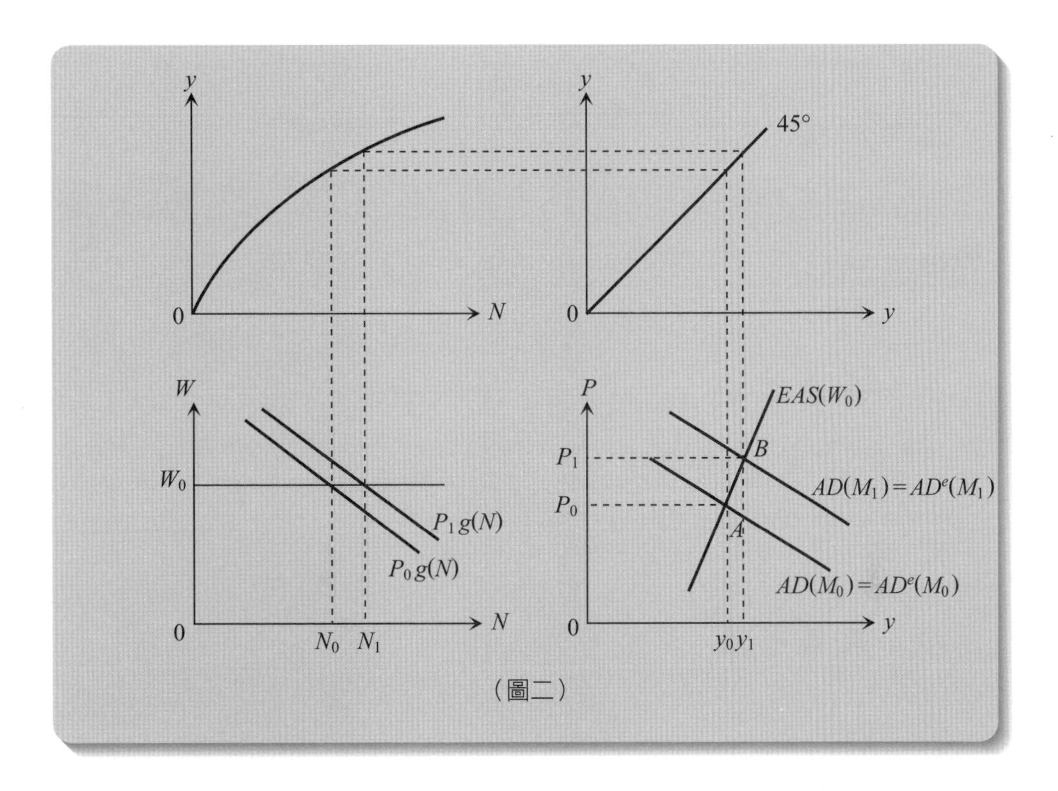

（圖二）

六、政策建議

當政府於長期契約期間中宣告政策，無論民眾對擴張性貨幣政策是預料中或未預料中，均使實質產出增加，所以政府應積極採取各種的財政或貨幣政策，來干預總體經濟環境。

第三節 供給面學派

一、代表人物

A. Laffer、N. Ture、J. Wanisk。

二、時間

1980 年美國總統雷根主政時所採行的經濟政策，故又稱為雷根經濟學（Reaganomics）。

三、基本假設

㈠物價、工資上下伸縮。

㈡勞動市場無貨幣幻覺存在，勞動市場均衡。

四、政策看法

㈠減稅

可由三方面來著手：

1. 對廠商減稅，可以使廠商稅後報酬提高，投資意願增加資本累積增加。
2. 對勞動供給者減稅，可以使稅後工資率提高，勞動者的工作意願提高，勞動的供給增加。
3. 對儲蓄者減稅，可以使稅後的利息收益提高，儲蓄意願增加對資金的供應增加，促進資本累積。

以圖形分析如下；依供給面學派的假設，其總合供給線和古典學派一樣呈一條垂直於所得的直線。當政府減稅，就⑴和⑶皆使資本增加，即 K 增加，而生產函數 $y=F(N,K)$ 整條線上移，如圖；從 $y=F(N,K_0)$ 上升到 $y=F(N,K_1)$，勞動需求增加，從 N_0^d 上升到 N_1^d，使得總合供給曲線從 AS_0 向右移動到 AS_1。勞動量從 N_0 上升到 N_1，物價水準從 P_0 下降到 P_1，產出從 y_0

上升到y_1。

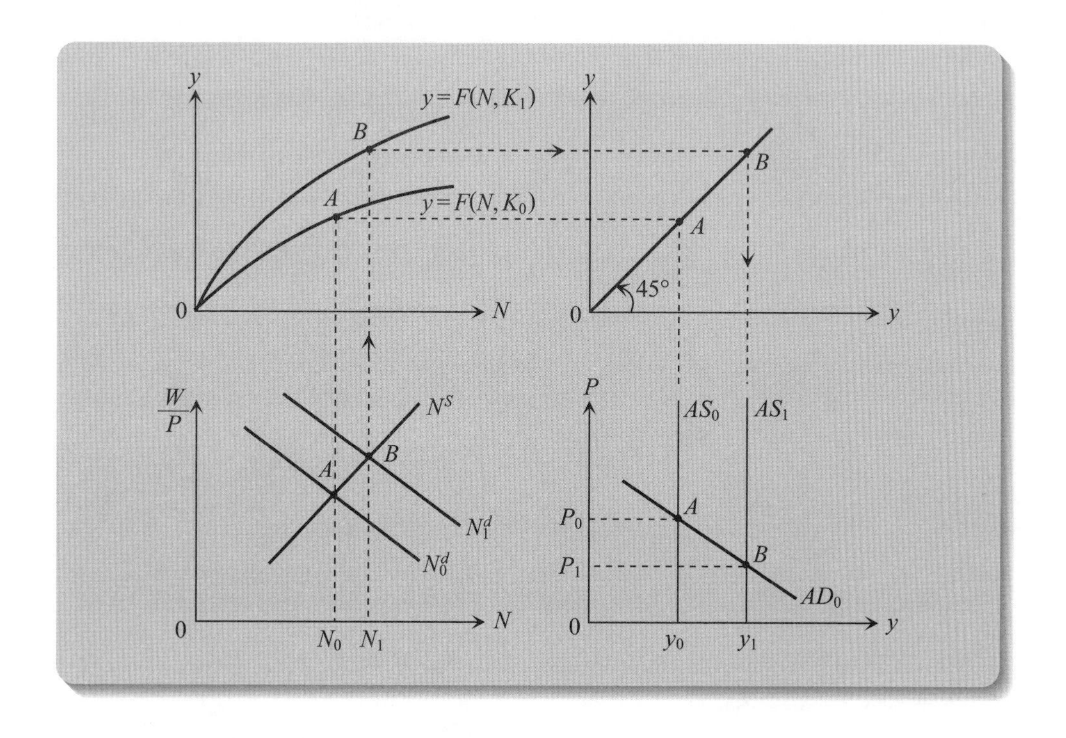

若針對勞動供給者減稅，勞動供給增加將使勞動供給線向右移動，如圖：勞動供給線由$N_0{}^s$向右移到$N_1{}^s$，就業量由N_0上升到N_1，物價由P_0下降到P_1，產出由y_0上升到y_1。

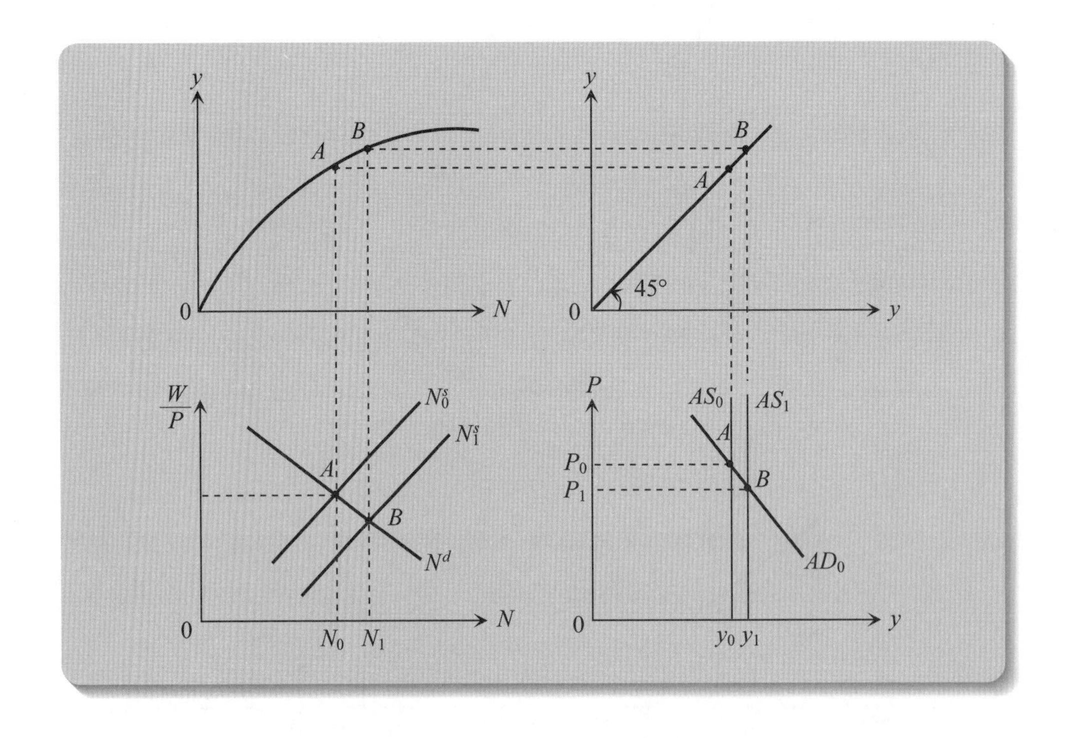

㈡減少政府支出

政府的擴張性政策使得總合需求曲線向右移動，是造成物價由 P_0 上升到 P_1，而產出與就業量皆不受影響，如圖所示。

㈢減少貨幣供給增加率

貨幣供給增加也使總需求曲線向右移，物價同上例增加，對產出不具影響，僅提高通貨膨脹的可能。

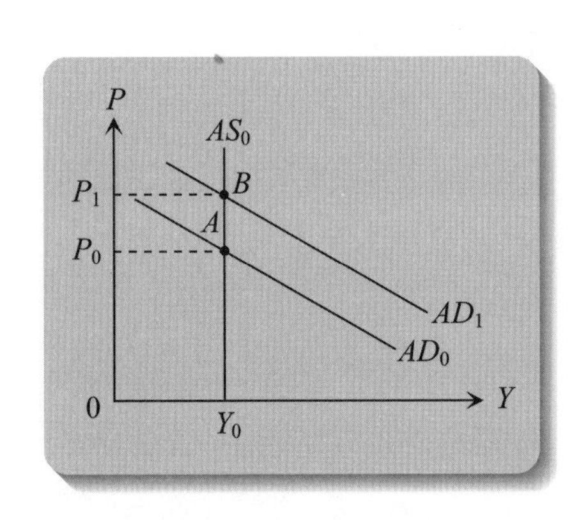

供給面的減稅和凱因斯學派的減稅有何不同；凱因斯學派的減稅是針對消費者減稅，透過減少稅收，使得可支配所得提高，而消費是可支配所得的函數，因此，

消費會增加，再透過乘數效果使得所得增加。過程如下：

$$T\downarrow \rightarrow \uparrow Y_D = Y - T \rightarrow \uparrow C(Y_D) \xrightarrow{\text{乘數效果}} Y\uparrow$$

供給面學派的減稅是針對儲蓄者、投資者、廠商，是以資金的提供者和生產者為主要對象，並非是消費者；減稅時，勞動供給增加，或是生產函數上移，使得勞動需求增加，於是總合供給線向右移，使產出提高。

過程如下：

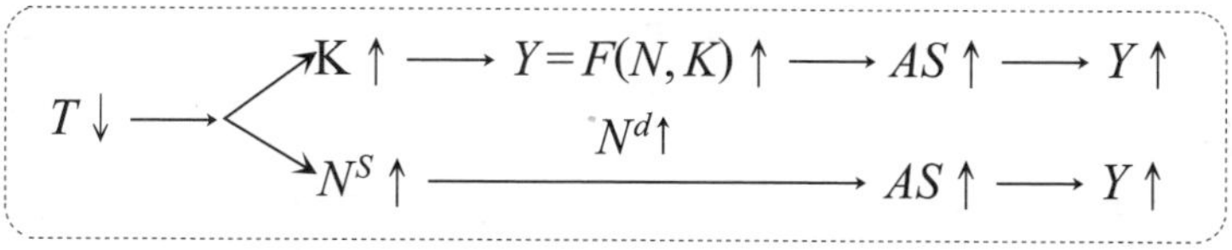

$$T\downarrow \longrightarrow \begin{cases} K\uparrow \longrightarrow Y = F(N, K)\uparrow \longrightarrow AS\uparrow \longrightarrow Y\uparrow \\ N^S\uparrow \xrightarrow{N^d\uparrow} AS\uparrow \longrightarrow Y\uparrow \end{cases}$$

題庫精選

( ) 1. 實質景氣循環理論認為影響經濟波動的根源為： (A)貨幣供給 (B)貨幣需求 (C)技術變動 (D)政府支出。 【94年四等特考】

( ) 2. 供給學派的學者認為，減稅可以： (A)刺激消費與房地產需求 (B)製造乘數效果 (C)促進儲蓄且增加勞工就業意願 (D)增強外銷能力。 【90年普考第一試】

( ) 3. 新興古典學派與古典學派對貨幣中立性的看法，其間的差異何在 (A)前者強調被預期的貨幣政策沒有實質效果，後者立論於物價工資的完全伸縮性 (B)前者強調充分就業水準是常態，後者認為失業是常態 (C)前者強調貨幣工資的僵固性，後者認為物價工資有完全伸縮性 (D)前者認為物價工資有完全伸縮性，後者認為失業是常態。 【94年四等特考】

( ) 4. 某經濟學家認為政府對於景氣調節有關鍵性的作用，您猜想他最可能屬於哪一學派的經濟學家？ (A)古典學派 (B)凱因斯學派 (C)貨幣學派 (D)理性預期學派。 【90年普考第一試】

( ) 5. 依據理性預期學派主張，貨幣供給的規律增加： (A)短期間會使物價下跌，長期間則使物價上升 (B)長期間會使利率下跌，但不會影響投資 (C)短期間會刺激物價，長期間則有助實質成長 (D)不論長短期只會使物價上升，不會有實質效果。

【90年普考第一試】

( ) 6. 下列何因素不利於經濟成長？ (A)消費意願下降 (B)生產技術進步 (C)實質資本增加 (D)人力資本提升。 【94年普考第二試】

(　) 7. 一般說來，主張政府不應採用權衡政策的經濟學家係認為：(A)經濟體調整到長期均衡的速度很慢　(B)經濟體調整到長期均衡的速度很快　(C)政策無法對經濟體產生影響　(D)政府政策無法被預期到。【94 年四等特考】

(　) 8. 根據李嘉圖對等（Ricardo eguivalence）理論，政府減稅對私人消費的影響是：　(A)增加　(B)減少　(C)不變　(D)不確定。【91 年四等特考】

(　) 9. 若政府採行發行公債方式，來籌措其支出增加所需之財源，則會對於總體經濟造成什麼影響呢？　(A)國民所得及利率均會增加，但物價不變　(B)國民所得及物價均會增加，但利率不變　(C)國民所得、物價及利率均會增加，但實質貨幣供給量減少　(D)國民所得、物價、利率及實質貨幣供給量均增加。【92 年四等特考】

(　) 10. 政府融通其支出的方法，並不包括以下哪一種？　(A)依靠稅收的賦稅融通　(B)發行公債的公債融通　(C)向中央銀行舉債的貨幣融通　(D)借用中央銀行外匯存底的外匯融通　【94 年普考第二試】

第七章

物價膨脹與失業

Macroeconomics

物價膨脹和失業是總體經濟要解決的兩大問題，當社會發生物價膨脹或失業率居高不下時，不僅是對經濟體系產生衝擊，甚至影響到社會治安及政治層面。當經濟體系面臨物價膨脹或失業時，財經當局無不苦思對策，審慎因應，深恐一發而不可收拾，但迄今仍沒有一套有效的辦法能夠同時維持充分就業與物價穩定。

本章將首先介紹各種物價膨脹的問題，並討論其對策。接著說明失業的類型以及解決之道。解釋失業率和物價膨脹兩者之菲力浦曲線，因學派觀點的不同，對這兩個變數間的關係也有不同的看法，甚至對政策採行的做法也有很大的差異，這些內容將在本章節予以說明。

第一節　物價膨脹

一、物價膨脹的意義

一般物價水準（general price level）以相當的幅度持續不斷地上漲，這種現象稱為物價膨脹（inflation）

1. 一般物價水準是就相關的商品以加權平均的方式計算其價格，並不是指個別的某一種商品的價格。而較常用的一般性物價指標有：(1)消費者物價指數；(2)躉售物價指數；(3)國民所得平減指數等。
2. 相當的幅度是指漲幅要足夠大，若每期物價均以小幅度上升，則稱為溫和膨脹，是經濟體系可容忍的，但幅度為何並無一定的標準須視不同國家、時期而定。
3. 持續不斷地上漲，是指物價要以相當幅度持續不斷的上升，若某一時點漲幅一次很大但就停止，經過一段期間後，又有一次較大的漲幅，這些都不是物價持續上漲，只能稱為物價上升。

二、影響

物價膨脹可分為完全被預期的物價膨脹（fully anticipated inflation）與不完全被預期的物價膨脹（imperfectly anticipated inflation）兩種，前者是民眾事先完全預期到的，所以，民眾可以事先完全地調整自己的經濟行為，以保護自己的利益。而後者是民眾事先未完全預期到的，所以，民眾無法事先完全地調整其經濟行為；使得某些經濟單位會因此而獲利，另一些經濟單位則會蒙受損失。當然，未完全預期的物價膨脹包括民眾完全沒有預期到的物價膨脹（unanticipated inflation）。茲分別敘述如下；

如果該通貨膨脹在事先完全被正確預料到，且充分地反應調整，例如：預期物價上漲 3%，全國各行業的薪資也全部同幅度調升 3%。那麼商品的標價必須予以更改，包括民生物資的費率，都調整 3%，這種費率標價更新所產生的成本謂之菜單成本（menu cost）。此外，通貨膨脹發生時，人們不願保有太多的貨幣數量，如果支出不變，那麼提款次數就會增加，甚至提款往返所花費的時間、交易費率的支出等，這些成本稱為皮鞋成本（shoe-cost）。而菜單成本或皮鞋成本所指的是通貨膨脹完全被預料且社會體系充分地反應調整，所發生的成本，而這些成本都是微不足道的。第二種是通貨膨脹完全未被預料到對經濟體系的影響。

㈠財富重分配效果

以債權人和債務人與政府與民眾來看財富重分配的發生，就債權人和債務人的關係，當通貨膨脹發生時，市場利率未能將物價上漲的部分加以反應，導致債權人發生購買力損失，而債務人得利的情形。

就政府與民眾的關係，當通貨膨脹發生時，會使名目所得提高，依照累進所得稅制度，將適用較高課稅級距，民眾要繳更多稅給政府，這種因通貨膨脹、民眾反而要繳較多稅給政府、政府的稅收增加稱為通貨膨脹稅（in-

flation tax）。

㈡物價膨脹使得不確定因素增加

物價膨脹使得生產的原料價格波動，也造成產品定價不穩定，企業經營不確定因素提高，這些都會使得生產效率下降，造成總合供給的減少。

㈢本國產品對外國產品的競爭力下降

若本國發生通貨膨脹導致本國產品價格上升，將不利於出口，進而造成總合需求減少。

㈣惡性物價膨脹（hyper inflation）影響金融體系的穩定

當通貨膨脹持續一段期間，因為實際價格的上升，民眾對於下一期的價格預期是看漲的，於是貨幣的流通速度會增加，買方會去搶購商品，賣方則屯積商品，總需求增加，又加上總供給減少，造成下一期的實際物價更加速上升，貨幣如同燙手山芋一般，最後沒有人願意再持有通貨了。

三、起因和對策

㈠需求推動的物價膨脹（demand pull inflation）

1. 起因

政府採赤字預算，透過政府支出，使得總合需求曲線不斷地向右移動。

在管理式浮動匯率制度下，央行為了維持匯率的穩定在外匯市場買入外匯，導致國內市場貨幣供給的增加，造成總合需求曲線不斷向右移動。

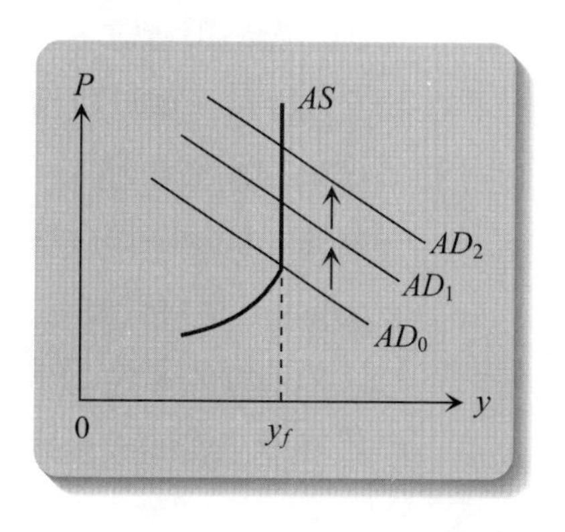

2. 對策

減少政府支出維持預算平衡，使總合需求曲線往左移動。

採浮動匯率制度，央行就不會為了干預匯率，使得貨幣供給變動，造成總合需求的移動。

㈡成本推動的物價膨脹（cost push inflation）

因成本面的提高所導致的物價膨脹，可以區分成工資推動與利潤的推動。

1. 工資推動的物價膨脹（wage push inflation）

⑴起因：工資的推動（wage push）並伴隨著需求的推動。如果工會要求調漲工資，廠商的生產成本提高，使得總合供給曲線由 AS_0 向左移到 AS_1，造成物價由 P_0 上升到 P_1 產出由 y_0 下降到 y_1，政府採擴張性的政策使總合需求增加，使

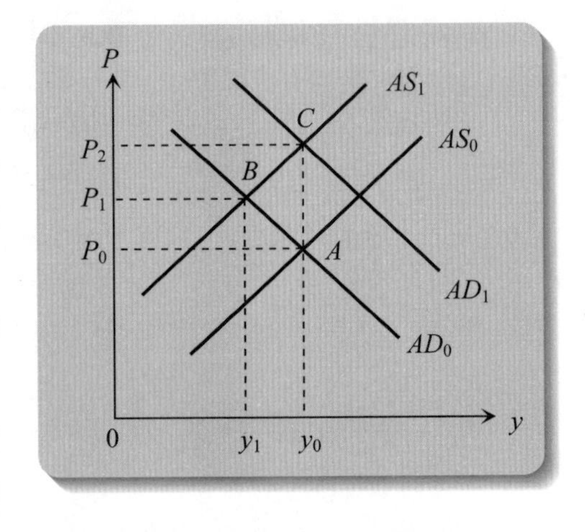

AD_0 向右移到 AD_1，產出回到 y_0 的水準，而物價上升到 P_2，勞動供給者發現實質工資減少，要求調高工資，工資一調高，總合供給又向左移，如此反覆，工資的上漲伴隨政府的擴張政策，產生工資推動的物價膨脹。

⑵對策：採用所得政策（income policy）或稱為標竿政策（guide post policy）直接管制各產業的工資調整百分比並提高生產力。它的做法是這樣的，由 $\widehat{APP_L}=\hat{W}-\hat{P}$，式中 $\widehat{APP_L}$ 表示產業的平均生產力，$\hat{W}$ 表示工資的成長率，$\hat{P}$ 表示通貨膨脹率，如果要將通貨膨脹率控

制等於零，即$\hat{P}=0$，則必須工資的成長率等於產業平均生產力，也就是把工資的成長控制在生產力的成長率。除非，生產力有所提升，否則不調升工資的成長率。

2. 利潤推動的物價膨脹（profits push inflation）

⑴起因：利潤的推動（profits push）並伴隨著需求推動。具有獨占力的廠商調高利潤，利潤也是屬於生產因素，當利潤提高時，廠商生產成本上升，總合供給曲線由AS_0向左移到AS_1，物價由P_0上升到P_1，產出由y_0減少到y_1，政府發現產出減少，採用擴張性的總體政策使總合需求曲線由AD_0向右移到AD_1，使產出回到原來y_0的水準，而物價再由P_1上升到更高的水準P_2。當物價上升，廠商發覺實質利潤下降，決定再調漲利潤，又使總合供給曲線向左移動，如此反覆，利潤的調漲伴隨政府的擴張政策，產生了利潤推動的物價膨脹。

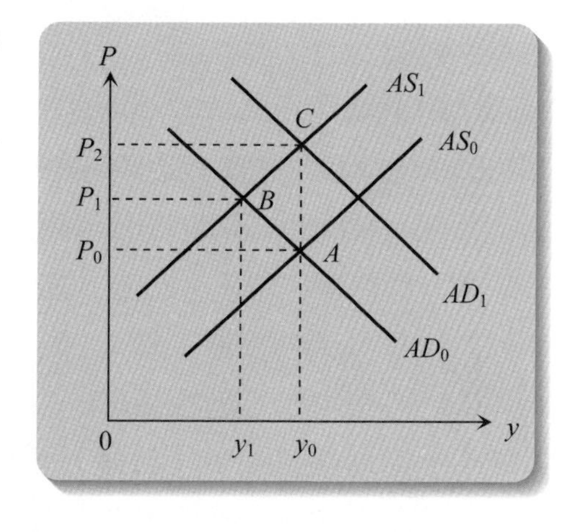

⑵對策：廠商之所以能任意地提高其利潤，表示市場並非是自由競爭的市場，政府應該營造一個自由競爭的環境，使願意加入生產的廠商也能進入該市場，透過競爭以提升產品品質，增進消費者的福利，此外；建立反獨占法，管制獨占行為，例如，設立公平交易委員會，監督是否有聯合壟斷與獨占行為。為了避免刺激物價進一步的上漲，政府也應該配合採緊縮性的政策，使總合需求曲線向左移。

㈢停滯性物價膨脹（stagflation）

1. 意義：

停滯（stage）和膨脹（inflation）同時發生。

2. 起因：

⑴ 1940～1960 年，政府支出增加採赤字預算，並且大幅增加貨幣供給，以上結果均造成 AD 線持續往右移動，物價持續上漲。

⑵ 1970 年的兩次石油危機（oil crisis）造成供給面的衝擊，使得 AS 線持續往左移，而產出減少物價節節上升。

⑶民眾預期物價上漲的心理增加，造成要求調高名目工資，於是工資的成長率上升也造成AS線的左移，導致產出減少，物價上升。

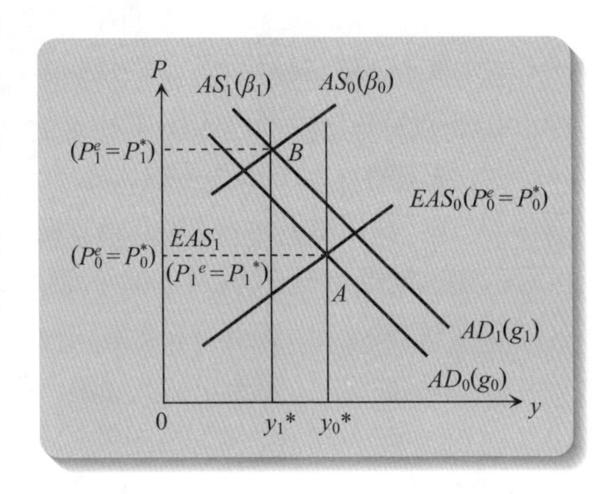

圖形：

以古典模型分析：

說明：

1. 政府採擴張性政策，使得 AD_0 移動到 AD_1。
2. 供給面的衝擊，使得 AS_0 線往左移到 AS_1 線。
3. 民眾預期物價上漲，使得 EAS_0 移動到 EAS_1。

結論：

上述結果造成了物價上漲，P_0^*上升到P_1^*且產出減少，y_0^*下降至y_1^*。

3. **對策：**

⑴適當控制政府支出和貨幣供給，並採用傅利德曼為首的貨幣學派的建議，以「法則替代權衡」（rule rather than discrection）即採取「固定貨幣供給成長率法則」代替權衡性的貨幣政策。

⑵採用供給面經濟學的政策建議：

a.大幅減稅，使總合供給向右。

b.減少政府的人為管制，提高生產效率，使總合供給向右。

c.減少政府支出，避免需求面的推動膨脹。

⑶控制名目工資的成長率與物價的膨脹率，即採「所得政策」避免預期物價上漲。

⑷輸入性通貨膨脹

1. **意義**

輸入性通貨膨脹（imported inflation）係指輸入品價格的上漲導致國內物價上漲的現象。

2. **原因**

⑴國外物價的上漲，使國內物價相對較低，促使對國內物資之需求增加；⑵進口物資之漲價影響國際收支，從而影響貨幣供給額而影響國內物價；⑶國外物價的上漲，會使國內商人提高售價；⑷進口品漲價，會提高國內生活費用導致物價上漲。

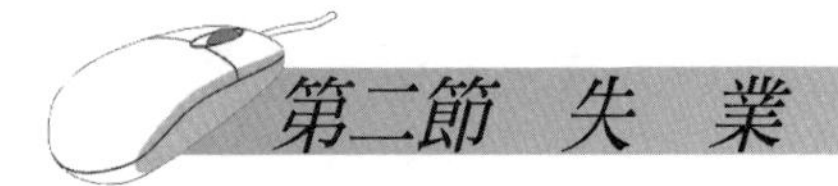

第二節　失　業

一、失業的定義

(一)勞動力（labor force）

有能力參與工作且積極尋找工作的十五歲以上的人口，可區分成就業人口（employment）與失業人口（unemployment）。

(二)失業（unemployment）

有能力參與工作，而目前沒有工作，正積極尋找工作的十五歲以上的人口：

$$就業率=\frac{就業人口}{勞動力}=\frac{就業人口}{（就業人口+失業人口）}$$

$$失業率=\frac{失業人口}{勞動力}=\frac{失業人口}{（就業人口+失業人口）}$$

在勞動市場中，積極尋找工作而仍未能找到適當工作以致不再尋找工作而退出勞動市場的人謂之「沮喪的勞動者」（discouraged worker）；如果將沮喪勞動者計入失業人口中，失業率會提高。

$$勞動參與率=\frac{勞動力}{（勞動力+非勞動力）}$$

勞動參與率會受到勞動力的增減的影響，例如，國防部縮兵役年限，相當於非勞動力的人口，釋放到勞動力，將使勞動參與率上升。反之，沮喪勞動者如果人數上升，勞動力轉到非勞動力，將使勞動參與率下降。

►釋例

設台灣地區適齡工作人口有1,700萬人，其中勞動力有980萬人，請問：

1. 勞動參與率（labor force participation rate）為多少？
2. 目前國內失業人口達50萬人，則台灣地區的失業率有多少？
3. 目前台灣失業率升高是屬於哪一種失業增加所致？【91年銘傳管科】

解答

1. $\frac{980}{1,700} \times 100\% = 57.65\%$
2. $\frac{50}{980} \times 100\% = 5.10\%$
3. 結構性失業與循環性失業。

二、失業的種類

㈠摩擦性失業（frictional unemployment）

勞動者在更換工作時所發生的失業。例如：某甲上星期放棄（quit）他的工作，且下星期將開始找新的工作，這段期間的失業。

㈡結構性失業（structural unemployment）

因結濟結構的轉變，勞動者無法適應所發生的失業。例如，某乙失去他的工作，因為他的工作已被機器所取代了。

㈢循環性失業（cyclical unemployment）

因經濟的循環變動，整個社會的經濟活動產生衰退、蕭條、廠商裁員所造成的失業。例如：某丙被汽車工廠裁員了，因為汽車銷售額下降，歸因於景氣衰退（recession）。

㈣季節性失業（seasonal unemployment）

經濟活動受到季節變換而產生的失業。例如，自從收割完成後，丁就失去在農場的工作了。

三、解決對策

㈠摩擦性失業

是因為尋找工作期間而沒有工作的狀態，所以應增加工作訊息的流通，例如，人力銀行網站之架設、政府的就業輔導、單位的事求人、人求事的資訊揭露。

㈡結構性失業

由於產業結構的轉變，事與人無法配合，可透過第二專長的訓練以及在職訓練，以提升勞動者的移動能力。

㈢循環性失業

經濟不景氣所造成的失業，政府應該採擴張性的總體政策增加有效需求降低失業。

四、充分就業與自然失業率

㈠充分就業（full employment）

當整個社會所有失業人口皆屬於摩擦性失業時，稱該勞動市場乃充分就業。

㈡自然失業率（natural rate of unemployment）

是指無法再以擴張性的總體政策永遠降低的失業率，即經濟社會只有摩擦性與結構性失業存在，並無循環性失業的情況。

由於自然失業包括摩擦性失業的結構性失業，若勞動人口中，婦女與青少年所占的比重增加，由於婦女和青少年因流動性低及資訊較不充足，故勞動人口中婦女與青少年比重較高的情況下，自然失業率較高。

►釋例

下列有關失業的敘述何者正確？

(A)當摩擦性失業、結構性失業等於零，經濟體系處於充分就業的水準 (B)如果經濟社會資訊傳遞愈普及，將會降低結構性失業 (C)如果人口結構中青少年所占的比例上升，會使摩擦性失業的人數增加 (D)循環性失業是因為總需求和總供給變動所引起的 【90年銘傳管科】

（D）

第三節　菲力浦曲線

英國的菲力浦（A. W. Phillips）在 1958 年實證研究發現英國的失業率與工資成長率呈反向關係，1960 年梭羅（Solow）、薩穆爾遜（Samuelson）李必西（Lipsey）等命名為菲力浦曲線。

一、短期以工資成長率表示的菲力浦曲線

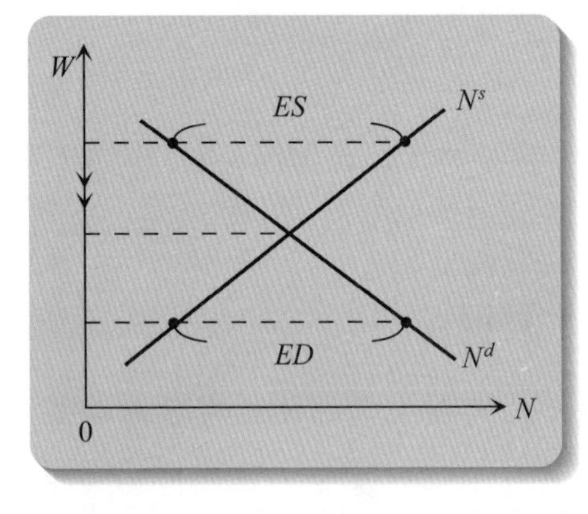

由勞動市場的供需圖形，假設勞動市場的工資（W）可以自動調整：

若勞動市場有超額供給

$ES=N^s-N^d>0$ 則 W 下降（表示成 $\Delta W<0$）

若勞動市場有超額需求

$ED=N^d-N^s>0$（或表示成 $N^s-N^d<0$）則 W 上升（表示 $\Delta W>0$）。

而勞動供給量減勞動需求量 N^s-N^d 是指勞動市場有超額供給，其實就是失業人口，以 U 表示，我們把上述的關係寫成：

$$U>0 \Rightarrow \Delta W<0$$

$$U=0 \Rightarrow \Delta W=0$$

$$U<0 \Rightarrow \Delta W>0$$

如果把 ΔW 改成工資成長率，即 $\frac{\Delta W}{W}$，那麼 U（失業人口）也要改成 u 失業率的形式，因此 $\frac{\Delta W}{W}$ 和 u 皆為百分比的概念，而依據失業人口（U）和工資變動（ΔW）的討論，兩者呈反向關係，所以工資成長率和失業率也

應呈現反向關係；我們可以寫成；$\frac{\Delta W}{W}=\alpha(-u)$，式中$\alpha$為調整係數，$\alpha>0$；$u^*$表示自然失業率，則$\frac{\Delta W}{W}=\alpha(u^*-u)$。以圖形表示，當$u=u^*$時，$\frac{\Delta W}{W}=0$；反之，當$u>u^*$時，$\frac{\Delta W}{W}<0$，否則$u<u^*$時，$\frac{\Delta W}{W}>0$。

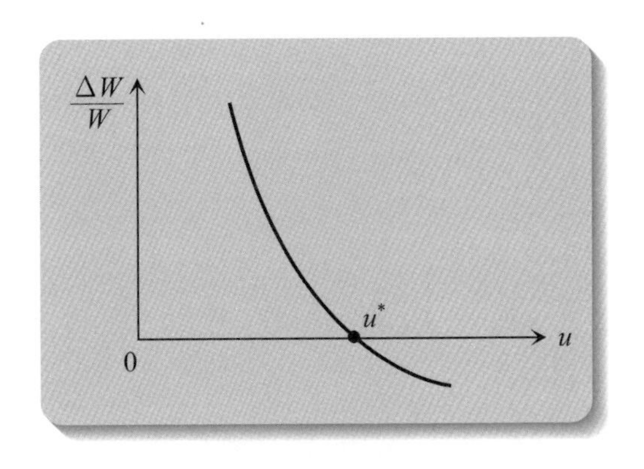

二、短期以通貨膨脹率表示的菲力浦曲線

個別廠商追求利潤最大的要素僱用條件為；

$$\frac{\Delta TR}{\Delta L}=\frac{\Delta TC}{\Delta L}\Rightarrow\frac{\Delta PQ}{\Delta L}=\frac{\Delta WL}{\Delta L}$$

假設勞動市場和產品市場都是完全競爭，則P、W對個別廠商而言皆是價格的接受者，則$P\frac{\Delta Q}{\Delta L}=W\frac{\Delta L}{\Delta L}$，即$P\cdot MP_L=W$，故$MP_L=\frac{W}{P}$。

對$MP_L=\frac{W}{P}$取對數再全微分改成百分比的概念。

得　$\ln MP_L=\ln W-\ln P$，$d\ln MP_L=d\ln W-d\ln P$，

即　$\frac{\Delta MP_L}{MP_L}=\frac{\Delta W}{W}-\frac{\Delta P}{P}$，移項$\frac{\Delta P}{P}=\frac{\Delta W}{W}-\frac{\Delta MP_L}{MP_L}$，現在把原先縱軸變數$\frac{\Delta W}{W}$改成$\frac{\Delta P}{P}$，只要減去

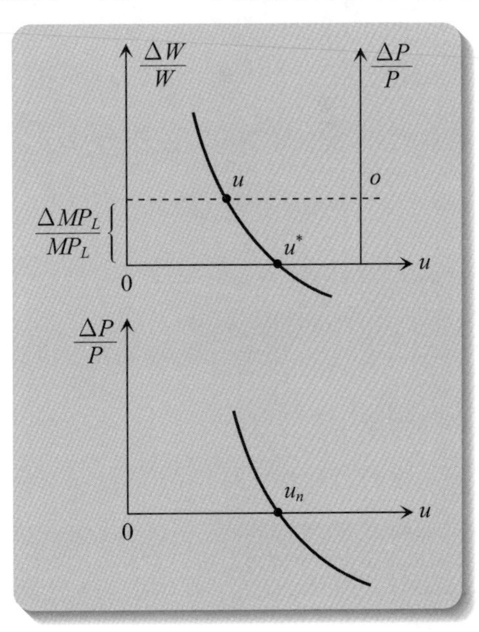

$\frac{\Delta MP_L}{MP_L}$即可，這裡假設$\frac{\Delta MP_L}{MP_L}$為一常數，以圖形表示為；將$\frac{\Delta W}{W}$往上移動$\frac{\Delta MP_L}{MP_L}$單位，即可。

三、短期菲力浦曲線的政策涵義

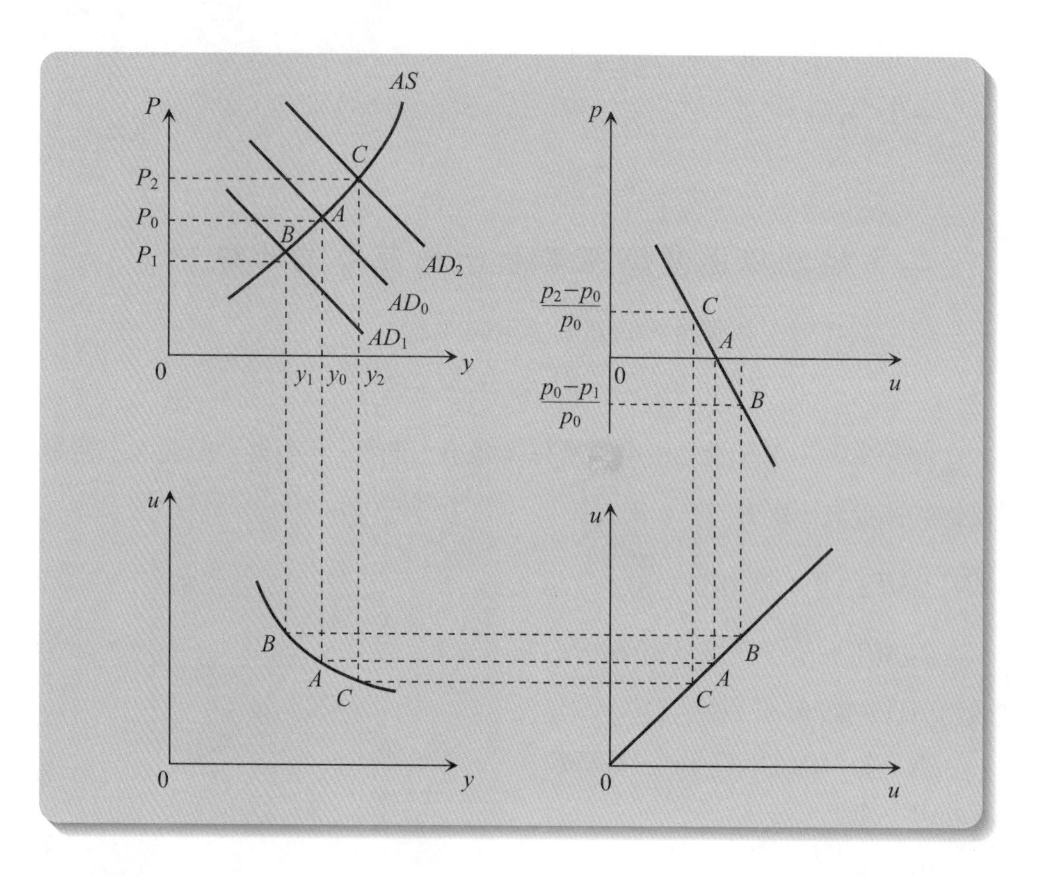

說明：

原均衡點為A點，物價為P_0，產出為y_0，所對應的失業率為u_0，若AD_0向右移增為AD_2，則P_0上升至P_2產生為y_2，失業率由u_0下降為u_2，物價上漲率為$\frac{P_2-P_0}{P_0}$。若AD_0向左移減少為AD_1，則P_0下降至P_1，產出為y_1，失業率由u_0上升到u_1，物價上漲率為$\frac{P_0-P_1}{P_0}$，將C-A-B連接得到一條物價上漲率與失業率呈反向關係的曲線，謂之菲力浦曲線。凱因斯學派認為，只要透過需求面的管理政策，可以增加產出（降低失業率）而以高物價上漲率為代價，或降低物價上漲率而以低的產出（高的失業率）為代價，即菲力浦曲線所反應的是物價上漲率與失業率是替換（trade-off）關係。

四、實際驗證（emerical evidence）

如果傳統的凱因斯學派說法是正確的，則社會應該只有一條菲力浦曲線。但按美國1960～1980年代的資料實際上有好幾條即物價上漲率為菲力浦曲線。（如圖）我們看到的是通貨膨脹很高，但失業並沒有下降。失業率與通貨膨脹的替換關係並不存在。

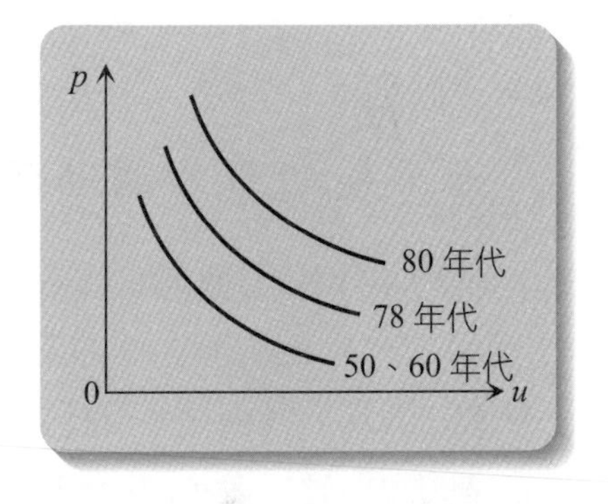

為了解釋菲力浦曲線為何會往上移動，傅利德曼與菲樂（E. Phelps）在勞動市場內針對勞動供給引進了「適應預期」的概念，當人們修正對物價上漲率的預期時，菲力浦曲線將會往上移動。

五、考慮預期因素的菲力浦曲線

對物價上漲率的預期，符號可以寫成$\left(\frac{dp}{p}\right)^e$，如果把預期物價上漲率放入橫軸變數$u$，縱軸變數是$\frac{\Delta p}{p}$內，則$\left(\frac{dp}{p}\right)^e$視為外生變數，當$\left(\frac{dp}{p}\right)^e$變動，整條的菲力浦曲線將會移動，例如，當$\left(\frac{dp}{p}\right)^e=0$，則$\frac{\Delta p}{p}=\frac{dp^e}{p}=0$時，$u=$

u_n；當 $\left(\frac{dp}{p}\right)^e = 2\%$，則 $\frac{\Delta p}{p} = \frac{dp^e}{p} = 2\%$時，$u = u_n$。如右圖形所示。

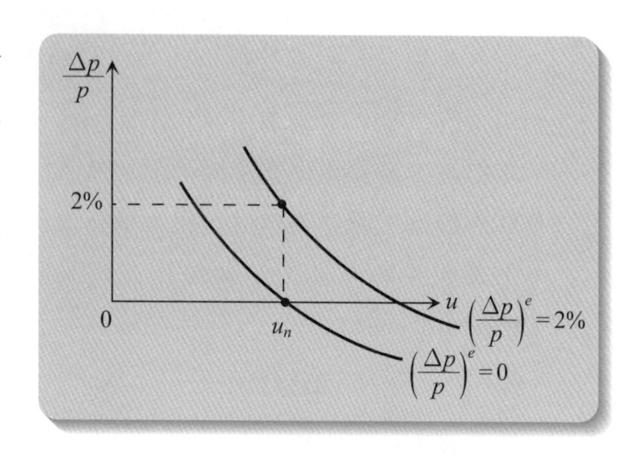

如果將預期物價上漲的因素引入，隨著預期物價上漲的上升，為了維持原來的自然失業率（u_n），則實際的物價上漲率等於預期的物價上漲率。

六、長期菲力浦曲線

在1960年代之前的菲力浦曲線是呈現失業率和物價上漲率呈反向關係。但 1960 年代中期的菲力浦曲線是不斷地往上移動，這種造成菲力浦曲線往上移動的因素，傅利德曼解釋是因為人們對於物價水準產生了預期。在對物價水準的預期發生後，政府採取的擴張性政策，為了降低失業率，必須以提高物價上漲率為代價，在長期，物價上漲率的上升引發人們對物價水準上漲率的預期，最後人們的預期將使擴張性政策失效，而失業率將固定在自然失業率的水準，此為自然失業率假說（natural rate hypothesis）。

以圖形說明長期菲力浦曲線的形成過程；

1. 在 A 點，所對應的失業率為自然失業率 u_n，實際物價上漲率等於預期物價上漲率等於零。$\frac{dp}{p} = \left(\frac{dp}{p}\right)^e = 0$
2. 在 A 點的位置，政府以降低失業率為目標，透過擴張性的總體政策，並以物價上漲率為代價，將失業率由 u_n 下降到 u_1，但實際的物價上漲率由零上升到 2%，均衡點為 B 點。
3. 在 B 點的位置，民眾對原先預期物價水準為零（$\left(\frac{\Delta p}{p}\right)^e = 0$），但實際

物價水準為 $\frac{\Delta p}{p}=2\%$，於是民眾開始調整對物價水準的預期，在調整的過程中，隨著預期物價水準的上升，菲力浦曲線逐漸地往右移動，一直到 C 點的位置，此時，$u=u_n$，而 $\left(\frac{\Delta p}{p}\right)^e=\frac{\Delta p}{p}=2\%$。

4. 在 C 點的位置，政府發現失業率又回到 u_n 的水準，若政府執意要把失業率由 u_n 降到 u_1，再透過擴張性的總體政策，使失業率下降，再以物價上漲率的上升為代價，則失業率由 u_n 下降到 u_1，而物價上漲率由 2%上升到 4%。均衡點由 C 點移到 D 點的位置。
5. 在 D 點的位置，民眾又發現對預期物價水準是 2%，但實際物價上漲率為 4%，於是民眾再度修正他們對物價水準的預期，在調整的過程中，$\left(\frac{dp}{p}\right)^e=2\%$ 的菲力浦曲線持續地往右移動，一直到 $\left(\frac{dp}{p}\right)^e=\frac{dp}{p}=4\%$ 為止，此時，失業率又從 u_1 回到 u_n 的水準。
6. 如果上述的情況一直持續下去，政府為了降低 u_n 到 u_1，採擴張性政策使實際物價上漲率再度上升，民眾又重新修正他們對物價水準的預期，最後會發現是因為政府擴張性政策，引起實際物價水準上升，導致民眾修正他們的預期物價水準，於是帶有預期物價水準的短期菲力浦曲線不斷地往上升，到最後失業率仍維持在自然失業率的水準 $u=u_n$，但實際物價水準上漲率卻持續地攀升。
7. 圖中的 AB、CD、EF，均為不同預期物價水準的短期菲力浦曲線，而 $ACEG$ 則稱為長期菲力浦曲線，它垂直於 $u=u_n$ 的水準。

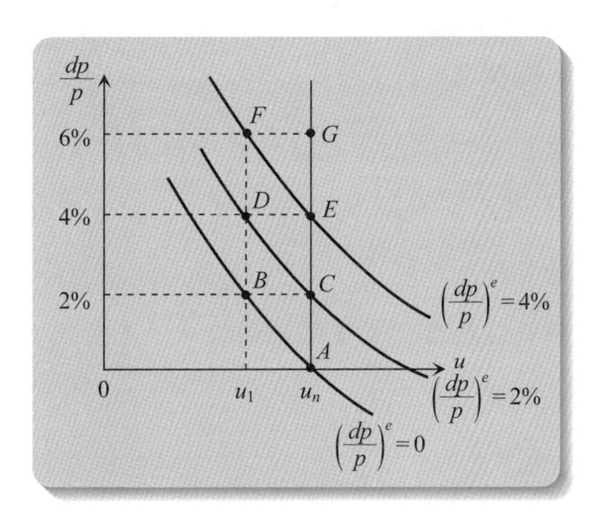

七、長期菲力浦曲線之政策涵義

長期而言，物價的變動若完全被民眾預料到，失業率會固定在自然失業率上，菲力浦曲線為一條垂直線，此即自然失業率假說。如果，長期貨幣供給的增加，完全被民眾預料到，則貨幣供給的增加，只會導致物價的加速上漲，貨幣供給的增加只有在短期有效，在長期只會加速通貨膨脹，即加速通貨膨脹說（the acceleration inflation）。

►釋例 1

依照菲力浦曲線（Phillips curve）的分析，下列何者會使通貨膨脹率上升？

(A)預期通貨膨脹率提高　(B)失業率下降　(C)採取擴張性的財政政策　(D)以上皆正確　【90 年輔大金融】

（D）

►釋例 2

下列有關 Phillips 曲線的敘述何者錯誤？

(A)短期 Phillips 曲線是說明通貨膨脹率與失業率成反比的關係　(B)預期通貨膨脹率提高，會使 Phillips 曲線向外移動　(C)長期 Phillips 曲線是一條垂直於自然失業率的曲線，代表貨幣具有超中立性（superneutrality of money）　【90 年銘傳管科】

（B）

►釋例 3

假設一個經濟社會的菲力浦曲線如下：

$\pi=\pi_{-1}-0.5\ (u-0.06)$

1. 自然失業率為何？
2. 畫出短期和長期之通貨膨脹和失業之關係？
3. 為減少 5%的通貨膨脹，則循環性失業為何？
4. 在不會產生經濟衰退的情況下，是否有可能減低通貨膨脹？

【91 年朝陽財金】

1. $\pi=\pi^e-0.5\ (u-0.06)$，且 $\pi^e=\pi_{-1}$

   故　$u_N=0.06$

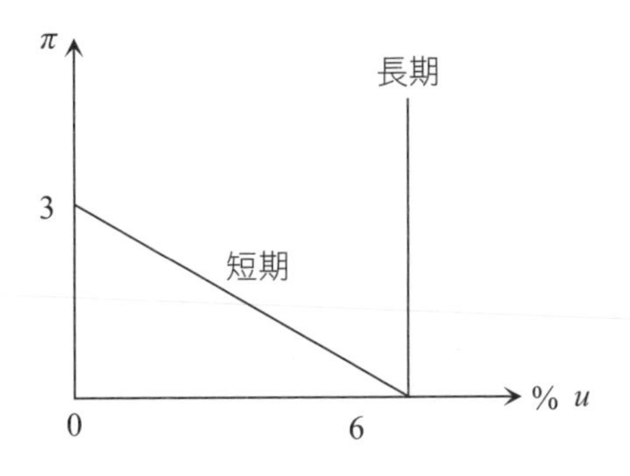

2. (1)短期 Phillips curve　$\pi=\pi^e-0.5\ (u-0.06)$，令 $\pi^e=0$

   則　$\pi=-0.5\ (u-0.06)$

   (2)長期 Phillips curve　$\pi=\pi_{-1}-0.5\ (u-0.06)$　在 $\pi=\pi_{-1}$ 下，$u=0.06$

3. 由短期 Phillips curve 而言：

   $\frac{\Delta\pi}{\Delta u}=-0.5$　即當　$\Delta\pi=-5\%$時，代入得　$\frac{-5\%}{\Delta u}=-0.5$

   即　$\Delta u=10\%$（循環性失業增加 10%）

4. 長期時，Phillips curve 為垂直線時，採緊縮政策可以在不影響失業率的情況下，降低通貨膨脹。

►釋例 4

在高通貨膨脹時期，若政府規定每月薪資水準須與物價變動做同比率調整，以保障勞動者的生活，此時若同時採取緊縮性貨幣政策，則 (A)物價水準不會變動 (B)所得不會改變 (C)物價下跌 (D)所得降低。

【91 年輔大金融】

(B) (C)

題庫精選

一、選擇題

( ) 1. 下列因素中，哪一項會造成需求拉動型通貨膨脹？ (A)政府持續增加課稅 (B)政府支出減少 (C)貨幣供給持續大量增加 (D)本國貨幣持續升值。 【92 年普考第二試】

( ) 2. 下列哪一項不是通貨膨脹的成因？ (A)工資上揚 (B)失業率上升 (C)原料價格上揚 (D)政府部門支出增加。 【94 年普考第二試】

( ) 3. 痛苦指數（misery index）指的是： (A)失業率加台幣貶值率 (B)失業率加就業率 (C)失業率加通貨膨脹率 (D)失業率加犯罪率。 【92 年普考第二試】

( ) 4. 通貨膨脹會產生所得重分配效果，哪些人會得到好處？ (A)固定收入者 (B)債權人 (C)納稅義務人 (D)債務人。 【92 年普考第二試】

( ) 5. 以下關於菲力浦曲線（Phillips curve）的說明，何者錯誤？ (A)長期曲線是垂直的 (B)短期曲線是負斜率的 (C)短期菲力浦曲線是預期利率的函數 (D)是解釋失業率與物價膨脹率之間的關係。 【91 年普考第二試】

( ) 6. 下述有關通貨膨脹的陳述，何者是不正確的？ (A)通貨膨脹是指一般物價水準持續上漲的現象 (B)非預期的通貨膨脹將對債權人有利 (C)非預期的通貨膨脹將不利於資源的有效配置 (D)預期的通貨膨脹也會使社會付出一些代價。 【92 年四等特考】

( ) 7. 已知名目利率為 3%，通貨膨脹率為 8%，則實質利率是多少？

(A)11% (B)－5% (C)5% (D)24%。 【94年普考第二試】

( ) 8.痛苦指數（misery index）指的是： (A)本國貨幣貶值率加通貨膨脹率 (B)股票下跌率加通貨膨脹率 (C)貸款利率加通貨膨脹率 (D)失業率加通貨膨脹率。 【94年四等特考】

( ) 9.如果所得稅率是50%，通貨膨脹率是5%，您借給某位好友1,000元，言明名目利率是8%，則您的稅後實質利息收入是： (A)80元 (B)40元 (C)0元 (D)38元。 【90年普考第一試】

( ) 10.下列何種情況發生會使短期菲力浦曲線向下移動？ (A)預期未來通貨膨脹率下降 (B)政府開辦失業救濟制度 (C)貨幣供給成長率提高 (D)人口成長率上升。 【91年四等特考】

( ) 11.歐康法則（Okun's Law）告訴我們： (A)較大的產出意含較低的利率 (B)較大的產出意含較高通貨膨脹率 (C)較低的最高工資意含較高的失業率 (D)較高產出意含較低失業率。【90年高考三級】

( ) 12.民國30年代末期，台灣地區陷入史無前例的惡性通貨膨脹（Hyper-Inflation），背後最主要的因素為： (A)台灣銀行對民營企業的巨額放款 (B)政府的財政收支發生嚴重的赤字 (C)油價大幅度的上揚 (D)地震與颱風的毀壞。 【93年普考第二試】

( ) 13.當出現何種變化時，菲力浦（Phillips）曲線會往右移動？ (A)自然失業率上升 (B)自然失業率下降 (C)預期通貨膨脹下降 (D)總合需求曲線往左移動。 【92年四等特考】

( ) 14.下述有關菲力浦（Phillips）曲線的陳述，何者是正確的？ (A)該曲線具有正斜率性質 (B)該曲線說明物價水準與失業人數之間的關係 (C)該曲線說明物價上漲率與失業率之間具有正向關係 (D)該曲線呈現物價上漲率與失業率之間具有抵換關係。

【92年四等特考】

( ) 15.通貨膨脹發生之後，導致民眾所想要持有的貨幣數量減少，因而花用在交易上的額外時間或成本，在經濟學上將其稱為： (A)菜單成本（menu cost） (B)皮鞋成本（shoe leather cost） (C)財富重分配成本 (D)所得重分配成本。 【93 年四等特考】

( ) 16.無工作經濟的婦女或年輕人加入勞動力，政府提高對失業救濟金的給付都會導致： (A)短期與長期的菲力浦曲線都往右移 (B)短期的菲力浦曲線往右移，但長期的菲力浦曲線往左移 (C)短期與長期的菲力浦曲線都往左移 (D)短期的菲力浦曲線往左移，但長期的菲力浦曲線往右移。 【94 年四等特考】

( ) 17.已知名目利率為 3%，實質利率為 2%，則該國之通貨膨脹率為：(A)1% (B)1.5% (C)5% (D)6%。 【94 年四等特考】

( ) 18.關於物價膨脹的說明，以下敘述何者正確？ (A)在達到充分就業水準之後，總合需求增加將使物價上升，但產出不變 (B)成本推動（cost push）的物價膨脹，將使物價上漲，產出增加 (C)需求拉動（demand pull）的物價膨脹，將使物價上漲，產出下降 (D)成本推動加上需求拉動兩個因素同時出現時，物價與產出的變動方向都不一定。 【91 年普考第二試】

( ) 19.如果中央銀行擴張性的貨幣政策在民眾的預期中，則如何以菲力浦曲線（Phillips curve）來解釋？ (A)短期菲力浦曲線向右上方移動，失業率不變，物價膨脹率上升 (B)長期菲力浦曲線向右上方移動，失業率增加，物價膨脹率上升 (C)短期菲力浦曲線向左下方移動，失業率不變，物價膨脹率下降 (D)長期菲力浦曲線向左下方移動，失業率減少，物價膨脹率上升。【91 年普考第二試】

( ) 20.物價膨脹可能對個人造成損失，不包含以下哪個項目？ (A)所得重分配 (B)名目所得水準下降 (C)實質賦稅加重 (D)交易成本提高。 【91 年普考第二試】

( ) 21.關於停滯膨脹（stagflation），下列敘述，何者正確？ (A)指的是政府公共投資停滯，但物價卻持續上升 (B)其成因為擴張性貨幣政策 (C)其成因為擴張性財政政策 (D)其成因為供給面衝擊（supply shoch）。【91 年四等特考】

（ ）22.從長期角度來看，影響通貨膨脹最主要的因素是 (A)貨幣供給成長 (B)油價上漲 (C)工資上漲 (D)技術進步。【94 年四等特考】

（ ）23.下列何者會導致短期菲力浦曲線（Phillips curve）的右移 (A)預期通貨膨脹率的調高 (B)無工作經驗的婦女或年輕人退出勞動力 (C)政府減少對失業救濟金的給付 (D)能源價格的大幅下跌。

【94 年四等特考】

（ ）24.下列哪一種原因最可能造成成本推動的物價膨脹？ (A)台汽公司勞資談判結束，勞方獲勝，員工調薪 10% (B)颱風侵襲，新鮮蔬果產量減少 10% (C)中油因國際原油價格提高而調高國內油品價格 10% (D)央行緊縮貨幣，使利率上升至 10%，資金成本上揚。

【90 年普考第一試】

（ ）25.長期菲力浦曲線（Phillips curve）所在的位置是被下列何者所決定？ (A)中央銀行所控制的貨幣數量 (B)自然失業率 (C)通貨膨脹率 (D)中央銀行所控制的利率水準。【94 年普考第二試】

（ ）26.哪一種情形會造成成本推動型通貨膨脹？ (A)政府財政赤字持續惡化 (B)貨幣供給持續大幅度上升 (C)技術大幅度提升 (D)工會組織持續要求調高工資。【92 年普考第二試】

（ ）27.若一國人口結構如下：成年人口 245 萬，失業人口 15 萬，勞動力人口 210 萬，非正在工作人口（not working）50 萬，則下列何者正確？ (A)該國失業率 7.1% (B)該國失業率 23.8% (C)該國勞動參與力 79.6% (D)該國勞動參與力 76.2%。【90 年高考三級】

（ ）28.自然失業率是指： (A)政府採無為態度下的社會失業率 (B)大致上為摩擦性失業率與結構性失業率之和 (C)景氣循環所帶來的失業率 (D)勞動力中未就業亦未積極找尋工作者所占之比率。

【91 年四等特考】

（ ）29.經濟學家常提及的所謂充分就業是指： (A)沒有摩擦性失 (B)失

業率等於零 (C)沒有結構性失業 (D)實際失業率等於自然失業率。 【90 年高考三級】

( ) 30.勞動參與率的定義是： (A)失業人口占勞動力的百分比 (B)就業人口占勞動力的百分比 (C)勞動力占年滿 15 歲以上民間人口的百分比 (D)勞動力占全部的百分比。 【91 年普考第二試】

( ) 31.關於充分就業（full employment）的說明，以下敘述何者正確？ (A)失業率大於零 (B)勞動參與率達到 100% (C)只有非自願性失業（involuntary unemployment）存在 (D)失業率等於零。

【91 年普考第二試】

( ) 32.「結構性失業」（structural unemployment）係指： (A)放棄尋找工作者 (B)只有打零工或兼職工作者 (C)工作轉換之際的暫時性失業者 (D)經濟社會轉型之際工作能力被淘汰而失業者。

【90 年普考第一試】

( ) 33.當一位大學畢業生初次進入社會找工作尚未找到，則統計上他算是： (A)失望勞動者（discouraged worker） (B)失業人口及勞動力的一員 (C)非勞動力 (D)非失業人口。 【90 年普考第一試】

( ) 34.失業救濟金給付的多寡對下列哪種失業會有決定性的影響？ (A)循環性失業 (B)摩擦性失業 (C)結構性失業 (D)季節性失業。

【94 年普考第二試】

( ) 35.在下述有關失業的陳述中，何者是錯誤的？ (A)充分就業之下，還會有摩擦性失業存在 (B)摩擦性失業與結構性失業等二種失業狀態，總稱為自然失業 (C)循環失業與經濟景氣的好壞有關 (D)充分就業是指失業率為零的情況。 【94 年四等特考】

( ) 36.透過更改教學內容以避免學非所用、提供職業訓練來讓失業者學習新的工作技能或平衡區域間的產業發展等方法，都可降低何種失業 (A)摩擦性失業 (B)結構性失業 (C)循環性失業 (D)季節性失業。

【94 年四等特考】

(　) 37.在下述有關失業的陳述中，何者是正確的？　(A)摩擦性失業與結構性失業等二種失業型態，總稱為自然失業　(B)充分就業是指失業率為零的情況　(C)循環性失業與經濟景氣的好壞無關　(D)沒有工作，就表示失業。　【92 年四等特考】

(　) 38.所謂的充分就業是指：　(A)失業率為零　(B)只存在循環性失業　(C)只存在自然失業　(D)失業率低於 10%。　【92 年普考第二試】

(　) 39.下列哪種失業會因為景氣走向衰退而提高？　(A)循環性失業　(B)摩擦性失業　(C)結構性失業　(D)自然失業。【93 年普考第二試】

(　) 40.當失業率呈現急速或大幅度的上升或下跌時，此種現象多為：　(A)摩擦性失業　(B)循環性失業　(C)結構性失業　(D)需求面失業　(E)供給面失業。　【82 年中興企研乙】

(　) 41.大學生畢業後進入就業市場，卻一時找不到工作，此種現象稱為：(A)結構性失業　(B)循環性失業　(C)摩擦性失業　(D)區域性失業。　【82 年中興都設】

(　) 42.造成摩擦性失業（frictional unemployment）的原因為：　(A)勞動力缺乏流動性，工作機會消息不靈通　(B)經濟景氣衰退與蕭條　(C)經濟結構性的轉變　(D)以上皆是　(E)以上皆非。　【82 年成大企研甲】

二、計算題

1. 就業人口 4,000 人，失業人口為 1,000 人，則失業率為 1,000。　【82 年中山企研】

第八章

消費理論

這一章所要介紹的消費函數是以不同的觀點來解釋，短期消費函數是正斜率且帶有截距項而長期消費函數則是過原點的直線。

凱因斯之消費函數（consumption function）又稱為絕對所得假說（absolute income hypothesis），凱因斯認為消費需求是受當期所得（GNP）的影響。

但絕對所得假說卻無法解釋賽門・顧志耐（Simon Kuznets）的實證發現，當期消費函數是過原點直線。生命循環假說（life cycle hypothesis）和恆常所得假說（permanent imcome hypothesis）都假設消費時所考慮的不只是當期所得，而是包括財富或是恆常所得，了解每一個消費假說的經濟涵義，並區別該假說對短期和長期消費函數的解釋方式，是我們學習這一章的要點。

第一節　凱因斯的消費函數

凱因斯依據他的觀察和推論，認為消費有三大特性：

一、依據人類的基本心理法則

當人們的所得增加時，消費也會隨之增加，但所得增加的幅度將大於消費增加幅度。以符號表示成$\Delta Y > \Delta C > 0$，將此式除上ΔY得$\frac{\Delta Y}{\Delta Y} > \frac{\Delta C}{\Delta Y} > 0$，得 $1 > \frac{\Delta C}{\Delta Y} > 0$，把$\frac{\Delta C}{\Delta Y}$定義成邊際消費傾向（marginal propensity to consume）簡寫成 MPC，即 MPC 是介於 0 和 1 之間。

二、消費占所得之比例

稱為平均消費傾向（average propensity to consume）簡寫成 APC，APC 將隨著所得呈反向關係。

三、消費主要是受到當期所得的影響

即 $C=f(Y)$。由這三大特性，可以把凱因斯的消費函數寫成：$C=f(Y)=C_0+bY$，其中 C 是消費，Y 是可支配所得，C_0 為常數，b 是邊際消費傾向。若繪成圖形可以表示如下：

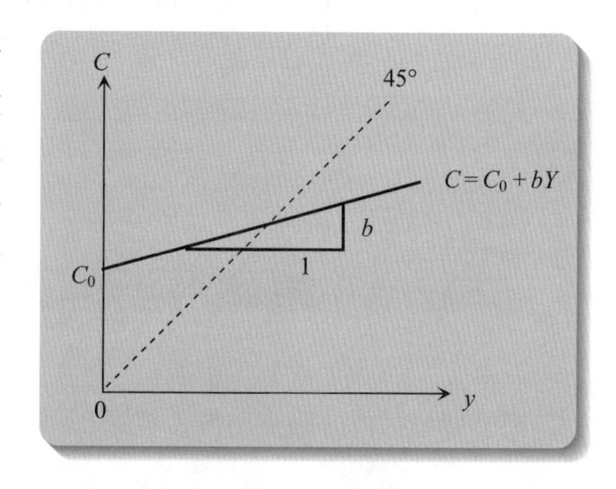

第二節　賽門・顧志耐的實證

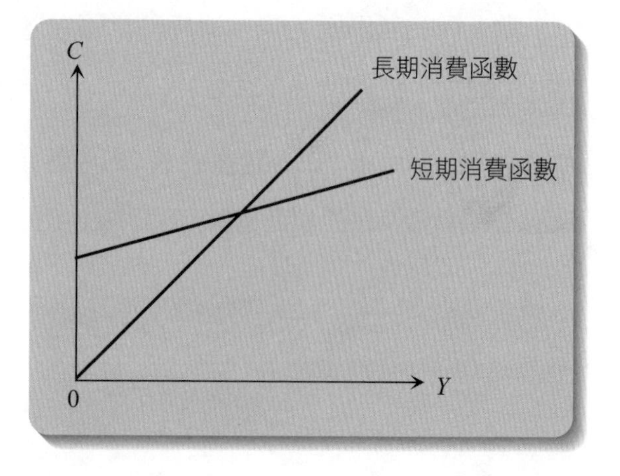

顧志耐針對消費的長期時間序列實證研究發現，消費和所得間是一個固定的比例，即年均消費傾向是一個常數。這個研究顯示消費函數除了像凱因斯消費函數所描述的型態外（我們稱之為短期消費函

數），另一種消費函數型態是過原點的直線（我們稱之為長期消費函數），後續的消費假說皆在解釋為何會形成這兩種型態的消費函數。

►釋例

某學術研討會的議題為消費函數，三位教授使用不同的資料得到的消費（C）與所得（Y）的關係，與45°線一起畫出時，其圖形分別如下：

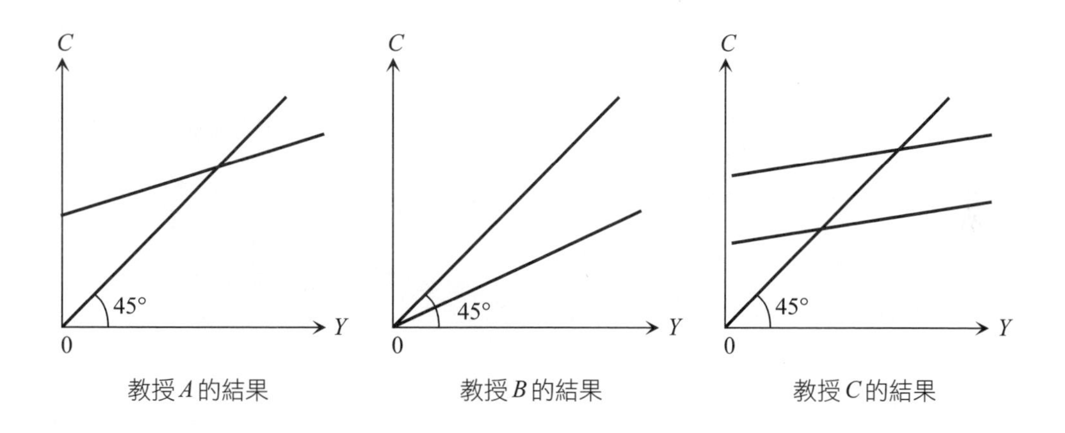

教授A的結果　教授B的結果　教授C的結果

1. 請問消費與所得的可能理論關係為何？
2. 又為何三位教授有此不同的結果？【89年台大財金】

1. 詳課文內容

2. (1)教授A的結果：$C=C_0+bY$

表示教授A是利用短期橫斷面（cross section）資料來進行分析，該消費函數為具有截距項的短期消費函數。

(2)教授B的結果：$C=kY$

表示教授B是利用長期時間數列（time series）資料來進行分析，該消費函數的消費（C）與所得（Y）成一固定比例k為長期消費函數。

(3)教授 C 的結果：$C = C_0 + bY + dt$

表示教授 C 將時間趨勢引入短期消費函數，其中 d 表示單位時間消費增加的幅度，表示隨著時間經過短期消費函數往上移。

第三節　生命循環假說

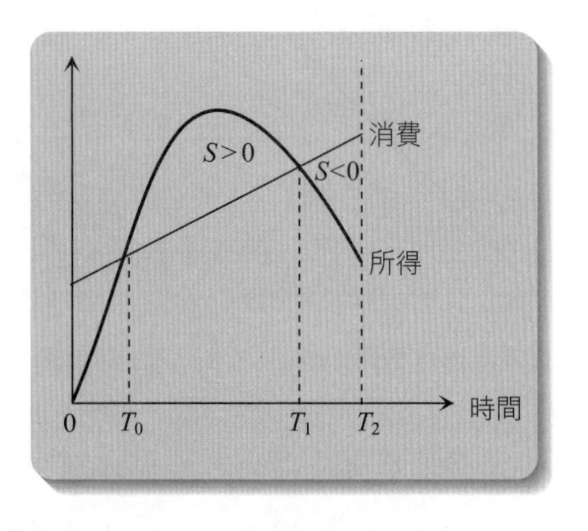

法蘭克・莫帝格里尼（Franco Modigliani）和亞伯特・安藤（Albert Ando）提出消費的生命循環假說（life cycle hypothesis）。他們依據費雪（Fisher）的跨期選擇模型（intertemporal choices model）認為一個人的消費會受到終生所得分配的影響。莫帝格里尼認為消費會隨著時間經過而增加，但所得卻隨著時間經過先遞增，再遞減的情況。例如，幼年時期和老年時期的所得較少，而青壯時期所得較高，為了維持將來的消費水準，人們在青壯時期所得較高時，透過儲蓄的方式，以因應未來所得減少時，須維持的消費水準。例如：0 到 T_0 為幼年期，T_0 到 T_1 為青壯年期，T_1 到 T_2 為老年期，T_0 到 T_1 時期所得大於消費，有正的儲蓄，而 0 到 T_0 與 T_1 到 T_2 時期所得皆小於消費，有負的儲蓄。

對短期和長期消費函數之解釋：

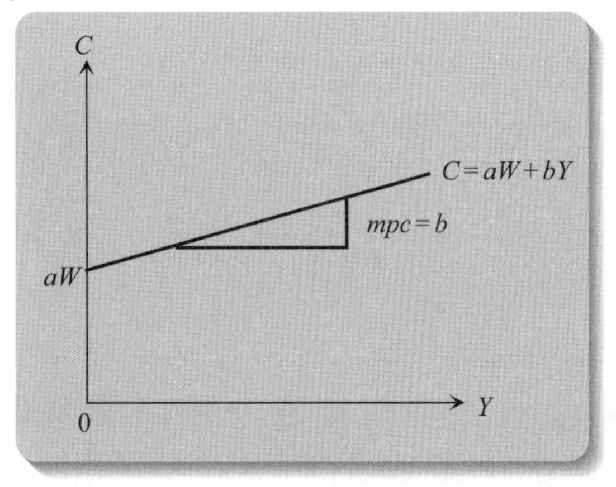

莫帝格里尼認為消費受到所得（Y）和財富（W）之影響，即$C=f(Y,W)$，寫成線性函數為$C=aW+bY$。右圖形裡繪在縱軸是消費（C），橫軸是所得（Y），aW是截距項，而b為邊際消費傾向。解釋了短期消費函數的型態。

將$C=aW+bY$除上Y得$\frac{C}{Y}=\frac{aW}{Y}+b$，即$APC=a\frac{W}{Y}+b$。長期而言，$W$和$Y$皆為隨著時間的經過而成長，假設$\frac{W}{Y}$是一固定比率，如此一來$APC$也是呈一個固定值。也表示消費和所得呈固定值，這也解釋長期消費函數的型態。

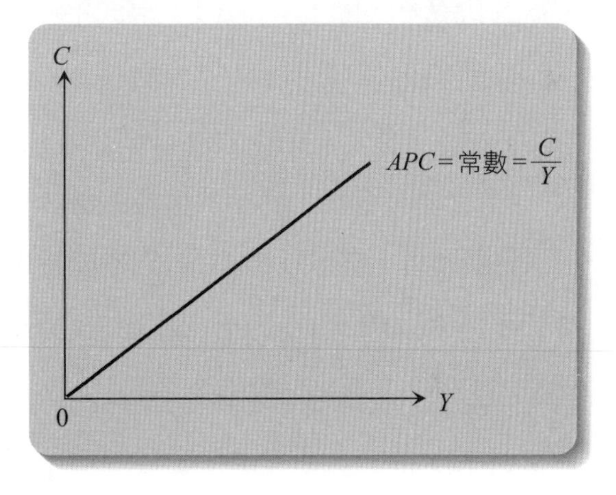

第四節　恆常所得假說

傅利德曼提出消費的恆常所得假說（permanent income hypothesis）。傅利德曼也應用費雪的跨期消費理論，主張消費不只受到當期所得的影響。他認為所得（Y）是由兩個部分組成的，一種為恆常所得（Y^P），另一種是臨時所得（Y^T）。即$Y=Y^P+Y^T$。所謂恆常所得（permanent income）是指人們預期會持續到未來的所得，例如；擁有較高的學歷或專業技術專長的人，可以持續帶給這些人較高的所得。而臨時所得（transitory income）是指所得中，人們預期不會持續的部分，這個部分的所得是隨機發生的，例如，臨時的加班，所增加的所得，或中了彩券所得到的獎金。傅利德曼認為消費是由恆常所得來決定的，即 $C=f(Y^P)$，並假設消費和恆常所得呈比例關係，寫成 $C=kY^P$。至於臨時所得的增加，消費者會把它儲蓄起來；反之，臨時所得的減少，消費者會以貸款方式來支應，透過這種方式來平穩消費。

一、對短期和長期消費函數之解釋

由 $C=kY^P$，除上所得（Y）寫成平均消費傾向的形式 $APC=\frac{C}{Y}=k\frac{Y^P}{Y}$。

短期時，當期所得（Y）的增加大都來自於臨時所得（Y^T），則 $APC=k\frac{Y^P}{Y}$，當 Y 上升時，即 APC 下降。這種平均消費傾向（APC）隨著所得（Y）呈反向變動，乃短期消費函數的特性。

長期而言，當期所得（Y）的增加皆來自恆常所得（Y^P），我們可以認為 $Y=Y^P$，則 $APC=k\frac{Y^P}{Y}=k$。當平均消費傾向是固定常數，表示消費和所得呈固定比例，乃長期消費函數的特性。

二、高所得和低所得的平均消費傾向

如果高所得家庭的消費函數以下列式子表示：$C_H=k_HY_H^P$，$APC_H=\frac{C_H}{Y_H}=\frac{k_HY_H^P}{Y_H}$，所謂的高所得是指實際所得（$Y_H$）較大，如果實際所得的變動是來自於臨時所得的變動（即 Y_H^T），而根據恆常消費的假設，消費不受臨時所得之影響，所以當 Y_H 上升，Y_H^P/Y_H 下降，即 APC_H 下降，表示高所得家庭，平均而言，會有較低的平均消費傾向。同理，低所得家庭的消費函數以下列式子表示：$C_L=k_LY_L^P$，$APC_L=\frac{C_L}{Y_L}=\frac{k_LY_L^P}{Y_L}$，低所得是指實際所得（$Y_L$）較低，如果實際所得的變動是來自於臨時所得的變動（即 Y_L^T），也因為消費不受臨時所得之影響，所以當 Y_L 下降時，Y_L^P/Y_L 上升，即 APC_L 上升，表示低所得家庭，平均而言，會有較高的平均消費傾向。

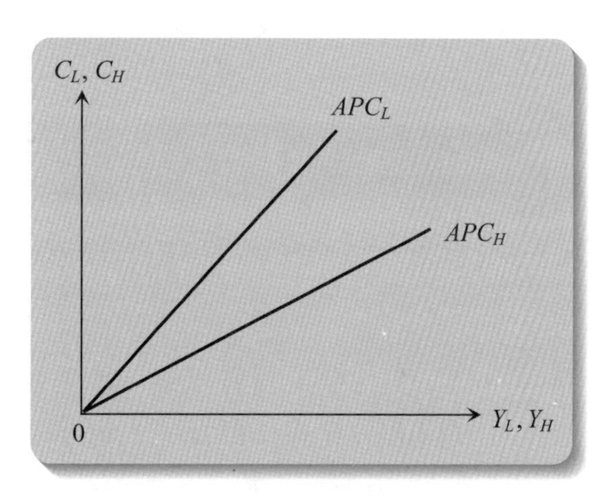

►釋例 1

依據生命週期和恆常所得消費理論，消費是和當期所得與 (A)財富 (B)儲蓄 (C)國民所得 (D)可支配所得 (E)相對所得 有關。

【89 年清大科管】

(A)

►釋例 2

假設你定義恆常所得是你過去五年所得的平均（包括當期）如果你的所得在五年前在 20,000 而每年將增加 1,000 你總是消費你的恆常所得的 90%，而你目前的消費是 216,000。

【89 年銘傳管科】

解答

（×）；$Y_P = \frac{1}{5}(20{,}000 + 21{,}000 + 22{,}000 + 23{,}000 + 24{,}000) = 22{,}000$

$C = 0.9 \times Y_P = 0.9 \times 22{,}000 = 19{,}800$

題庫精選

( ) 1. 某家庭全年的薪資所得為 250 萬元，利息收入為 50 萬元，當年度的消費支出為 200 萬元，另外購買鄉間的一間小木屋 60 萬元，剩餘的 40 萬元存在銀行支票存款戶頭中，請問該家庭當年的儲蓄為多少？ (A)50 萬元 (B)100 萬元 (C)40 萬元 (D)90 萬元。

【90 年普考第一試】

( ) 2. 若消費函數為 $C=2000+0.75Y$，其中 C 為消費，Y 為所得，則當所得為 1,000 時，消費等於： (A)750 (B)1,000 (C)2,000 (D)2,750。 【93 年普考第二試】

( ) 3. 若儲蓄函數為：$S=-200+0.4Y_d$，其中 Y_d 代表可支配所得，則消費函數為： (A)$C=-200+0.6Y_d$ (B)$C=200+0.6Y_d$ (C)$C=-200+0.4Y_d$ (D)$C=200+0.4Y_d$。 【94 年四等特考】

( ) 4. 若消費函數為：$C=500+0.7Y_d$，式中，Y_d 代表可支配所得，則儲蓄函數為： (A)$S=500+0.3Y_d$ (B)$S=-500+0.7Y_d$ (C)$S=-500+0.3Y_d$ (D)$S=500+0.7Y_d$。 【92 年普考第二試】

( ) 5. 當消費函數為 $C=bY$ 時，則： (A)平均消費傾向等於邊際消費傾向 (B)平均消費傾向大於邊際消費傾向 (C)平均消費傾向小於邊際消費傾向 (D)平均消費傾向等於零。 【93 年四等特考】

( ) 6. 在其他狀況固定下，已知當可支配所得為 100 時，儲蓄為 20；當可支配所得為 200 時，儲蓄為 60。請問：邊際消費傾向是多少？ (A)0.4 (B)20 (C)0.6 (D)0.2。 【92 年普考第二試】

( ) 7. 某國之消費函數為 $C=200+0.6Y$，則其「平均消費傾向」（APC）

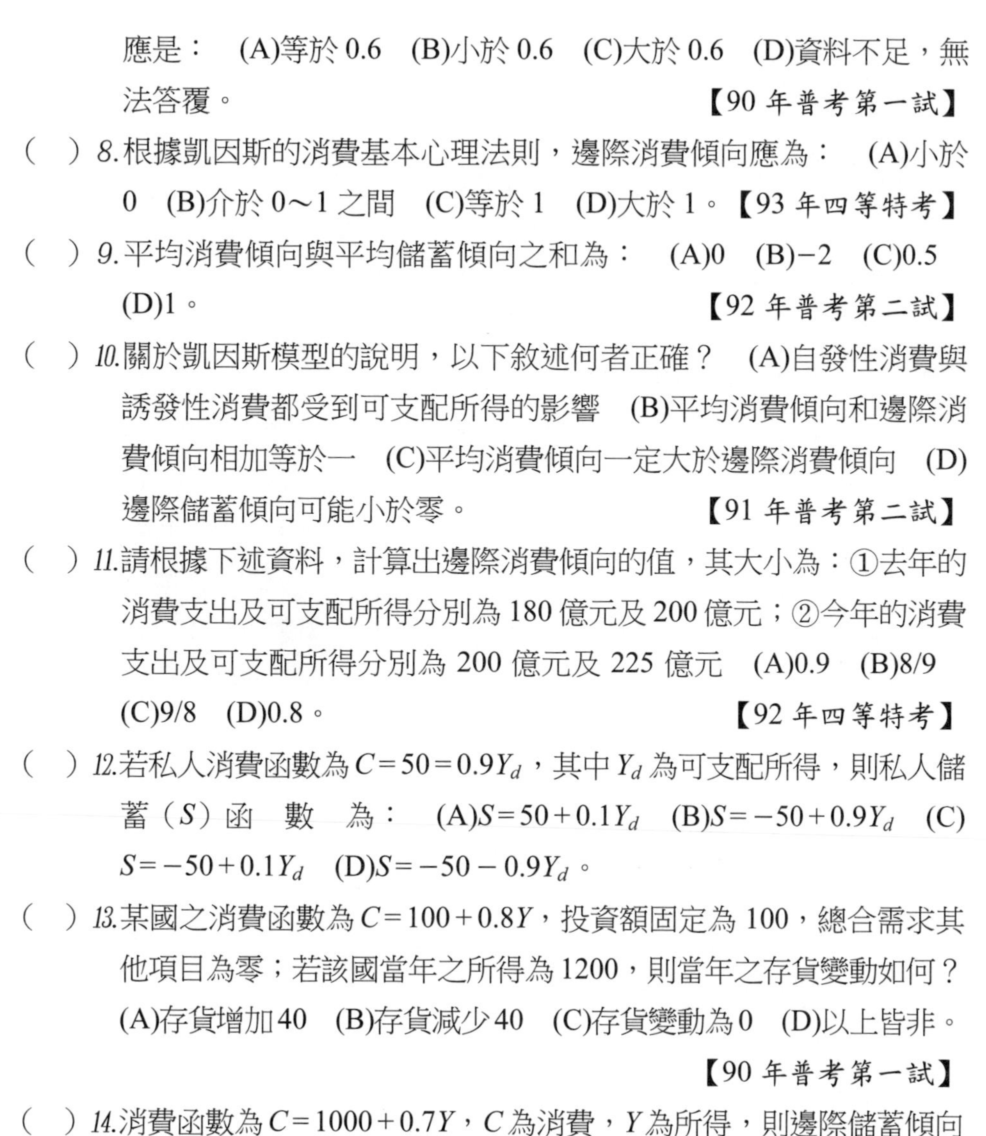

應是：　(A)等於 0.6　(B)小於 0.6　(C)大於 0.6　(D)資料不足，無法答覆。　【90 年普考第一試】

(　) 8. 根據凱因斯的消費基本心理法則，邊際消費傾向應為：　(A)小於 0　(B)介於 0～1 之間　(C)等於 1　(D)大於 1。【93 年四等特考】

(　) 9. 平均消費傾向與平均儲蓄傾向之和為：　(A)0　(B)−2　(C)0.5　(D)1。　【92 年普考第二試】

(　) 10. 關於凱因斯模型的說明，以下敘述何者正確？　(A)自發性消費與誘發性消費都受到可支配所得的影響　(B)平均消費傾向和邊際消費傾向相加等於一　(C)平均消費傾向一定大於邊際消費傾向　(D)邊際儲蓄傾向可能小於零。　【91 年普考第二試】

(　) 11. 請根據下述資料，計算出邊際消費傾向的值，其大小為：①去年的消費支出及可支配所得分別為 180 億元及 200 億元；②今年的消費支出及可支配所得分別為 200 億元及 225 億元　(A)0.9　(B)8/9　(C)9/8　(D)0.8。　【92 年四等特考】

(　) 12. 若私人消費函數為 $C=50=0.9Y_d$，其中 Y_d 為可支配所得，則私人儲蓄（S）函數為：　(A)$S=50+0.1Y_d$　(B)$S=-50+0.9Y_d$　(C)$S=-50+0.1Y_d$　(D)$S=-50-0.9Y_d$。

(　) 13. 某國之消費函數為 $C=100+0.8Y$，投資額固定為 100，總合需求其他項目為零；若該國當年之所得為 1200，則當年之存貨變動如何？(A)存貨增加 40　(B)存貨減少 40　(C)存貨變動為 0　(D)以上皆非。

【90 年普考第一試】

(　) 14. 消費函數為 $C=1000+0.7Y$，C 為消費，Y 為所得，則邊際儲蓄傾向為：　(A)0.3　(B)0.7　(C)1000　(D)$(1000/Y)+0.7$。

【93 年普考第二試】

第九章

資本與投資之關係

國民所得會計帳上所指的投資包括企業固定投資、住宅投資、存貨投資，其中以企業固定投資所占的比例最大，而一般經濟分析所稱的投資，除非另有所指，否則係針對企業的固定投資。

I（毛投資）$-I_n$（淨投資）＝資本折舊（D），或$I_n=I-D$其中投資為一流量變數，資本（K）為一存量變數，其關係為：

$$K_{t+1}-K_t=I_n$$
$$\Delta K=I_n\text{（淨投資）}$$

在經濟學所討論投資只包括能夠使產能（capacity）增加的實物投資（physical investment），而不包括金融（有價證券）投資（financial investment）。金融投資交易只是一種權利憑證的移轉，對於產能並無影響，故不計入國民生產毛額之中。

本章主要是介紹新古典學派的投資理論，凱因斯的投資理論和杜賓的q比率等。其中新古典學派的投資理論是以個體經濟學的觀點探討，當個別廠商追求利潤最大時，所僱用的生產要素量為何，當然這裡我們將探討資本（K）的使用量，但資本和投資又有何關聯呢？資本存量的變動就是淨投資了。凱因斯的投資理論則可作為投資方案選擇的準則，而凱因斯是如何把資本和投資連結呢？本章也將介紹資本邊際效率（MEC）和投資邊際效率（MEI）說明資本存量和投資的關係。而杜賓則以投資證券市場的角度，認為市場價值若大於投資成本，那麼就值得投資；反之，市場價值若小於投資成本，就不值得投資了。

第一節　新古典的投資理論

新古典學派的Hall和Jorgenson（1967）以個別廠商追求利潤極大化的

觀點來探討投資需求之決定。

以下我們先做符號的定義：

C：一單位資本財的使用成本

P_k：一單位資本的價格

i：市場利率（名目利率）

δ：折舊率

MPP_k：資本的邊際產出

廠商使用

一單位資本財的成本（C）包括：

1. 因為購買一單位資本財所放棄的利息收入：

$P_k \cdot i$

2. 購買一單位資本財的價格變動：

ΔP_k，若 $\Delta P_k > 0$ 乃資本利得，可視為成本的減少，即 $-\Delta P_k$。

3. 購買一單位資本財後，每年的折舊；

$\delta \cdot P_k$

故一單位資本財的使用成本（C）為 $P_k \cdot i - \Delta P_k + \delta P_k$

或 $P_k\left(i - \dfrac{\Delta P_k}{P_k} + \delta\right)$

利潤最大時，廠商使用最適資本存量的條件為：

$\dfrac{dTR}{dK} = \dfrac{dTC}{dK}$（每使用一單位資本所得到的總收益＝每使用一單位資本的總成本）。

$$\frac{dTR}{dQ} \cdot \frac{dQ}{dK} = d\frac{(WL + CK)}{dK}$$

$MR \cdot MPP_K = C$，若產品市場為完全競爭市場，則 $MR = P$

$$P \cdot MPP_K = C$$

$$MPP_K = \frac{C}{P}$$

即 $\quad MPP_K = \dfrac{P_K}{P}\left(i - \dfrac{\Delta P_K}{P_K} + \delta\right)$

若　$MPP_K > \frac{P_K}{P}\left(i - \frac{\Delta P_K}{P_K} + \delta\right)$則投資會增加，

若　$MPP_K < \frac{P_K}{P}\left(i - \frac{\Delta P_K}{P_K} + \delta\right)$則投資會減少，

一直到$MPP_K = \frac{P_K}{P}\left(i - \frac{\Delta P_K}{P_K} + \delta\right)$，投資停止，所對應的資本存量為最適資本存量。

►釋例

當預期利潤為17%，在何種情況下廠商投資將可獲利？

(A)名目利率上升到17%　(B)實質利率上升到17%　(C)實質利率低於17%

(D)稅後利潤上升到17%　【89年政大財管】

(C)

第二節　凱因斯的投資理論

一、MEI（marginal efficiency of investment）

投資的邊際效率，簡單地說相當於「投資的預期獲利率」。依凱因斯的觀點，認為MEI是一種現率（discount rate）。

►釋例

某投資計畫成本為C，已知該投資計畫之年限為n期，每年收益為R_1、R_2、R_3，以MEI對未來各期收入之折現值應等於計畫的成本（C）。

解答

即 $\frac{R_1}{(1+MEI)}+\frac{R_2}{(1+MEI)^2}+\frac{R^3}{(1+MEI)^3}+\cdots\cdots+\frac{R_n}{(1+MEI)^n}=C$

投資計畫應進行到 MEI 正好等於 i（市場利率）為止。將不同計畫依 MEI 的大小排列，如圖；當 $i=i_0$ 時，最後一個可行的計畫為 I_0，此即為投資的 MEI 準則。

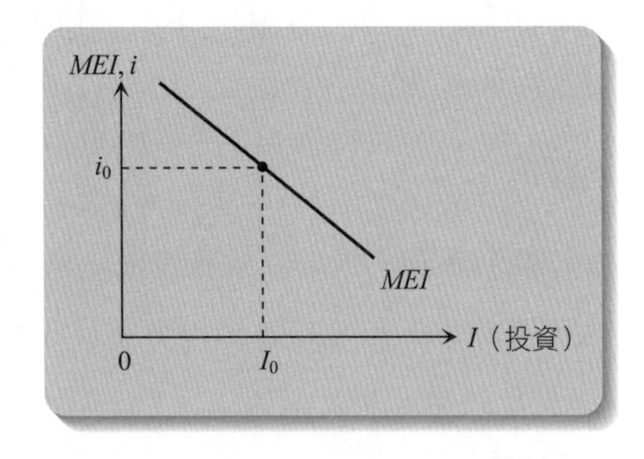

二、投資決策準則之比較

淨現值法（NPV）：將同一投資計畫每年所獲得的報酬換算成現在的價值，然後再扣除投資成本（C），即為該投資計畫的利潤現值）。

$$NPV=\frac{R_1}{(1+i)^1}+\frac{R_2}{(1+i)^2}+\frac{R_3}{(1+i)^3}+\cdots\cdots+\frac{R_n}{(1+i)^n}-C=PV-C$$

若 $NPV\geq 0$（或 $PV-C\geq 0$）則會從事投資。

以 MEI 法和淨現值法作為投資決策是否有何差異？

㈠假定有 A、B 兩計畫，其投資成本相同，以圖形表示兩計畫之間的關係

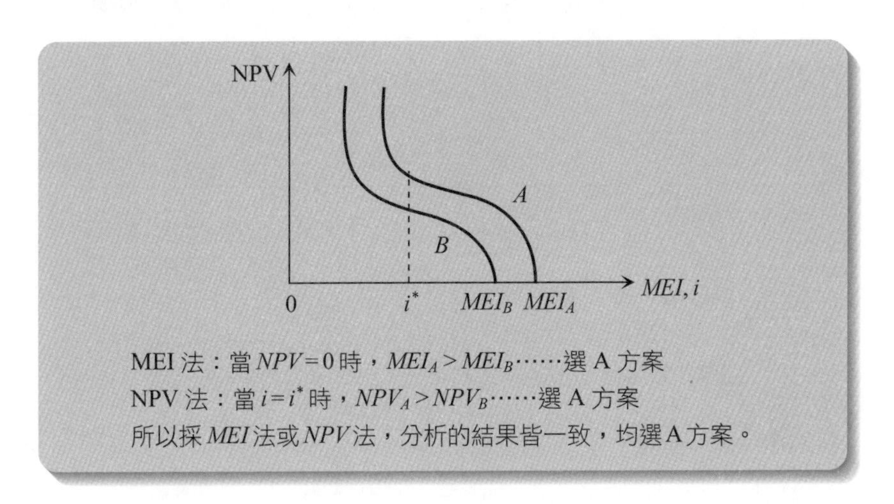

MEI 法：當 $NPV=0$ 時，$MEI_A > MEI_B$……選 A 方案

NPV 法：當 $i=i^*$ 時，$NPV_A > NPV_B$……選 A 方案

所以採 MEI 法或 NPV 法，分析的結果皆一致，均選A方案。

㈡以圖表示 C、D 兩計畫之間的關係

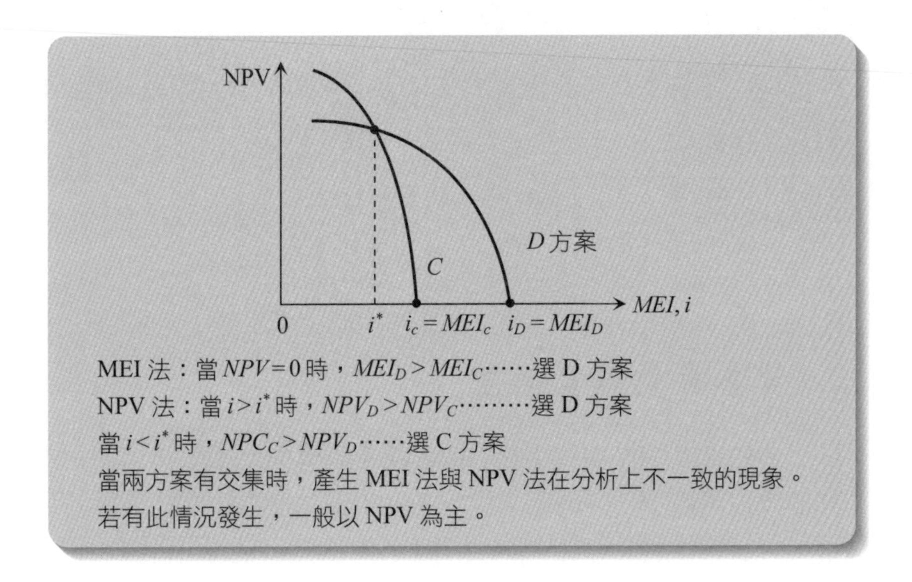

MEI 法：當 $NPV=0$ 時，$MEI_D > MEI_C$……選 D 方案

NPV 法：當 $i>i^*$ 時，$NPV_D > NPV_C$………選 D 方案

當 $i<i^*$ 時，$NPC_C > NPV_D$……選 C 方案

當兩方案有交集時，產生 MEI 法與 NPV 法在分析上不一致的現象。

若有此情況發生，一般以 NPV 為主。

►釋例

有下列兩投資案：A 案，現在投入 10 元，兩年後，收回 100 元。B 案，現在投入 10 元，四年後，收回 200 元，請問你會如何做決策？理由為何？　　　　【90 年政大 EMBA】

(1) MEI 法

$$\frac{100}{(1+MEI_A)^2}=10 \quad 即 \quad MEI_A=2.162$$

$$\frac{200}{(1+MEI_B)^4}=10 \quad 即 \quad MEI_B=1.114$$

因為 $MEI_A > MEI_B$，故 A 案優於 B 案。

(2) NPV 法

$$NPV_A=\frac{100}{(1+i)^2}-10$$

$$NPV_B=\frac{200}{(1+i)^4}-10$$

當 $NPV_A=NPV_B$ 時，$\frac{100}{(1+i)^2}-10=\frac{200}{(1+i)^4}-10$

所以 $i=41.4\%$

故當 $i<41.4\%$ 時，$NPV_A<NPV_B$，故 B 案較佳。

當 $i>41.4\%$ 時，$NPV_A>NPV_B$，故 A 案較佳。

三、資本存量調整模型

MEC（marginal efficiency of capital）資本的邊際效率，將預期未來資本財每一期淨收益，給予一折現率以求出各期現值，使現值的加總等於資本財的重置成本，該折現率為資本的邊際效率。

廠商均衡的資本存量是決定於資本的邊際效率（MEC）等於市場利率

（i），如圖：當$MEC=i_0$時，$K=K_0$，而MEC曲線，表示當$MEC=i$時，使廠商利潤最大所對應的資本存量（K）組合的軌跡。

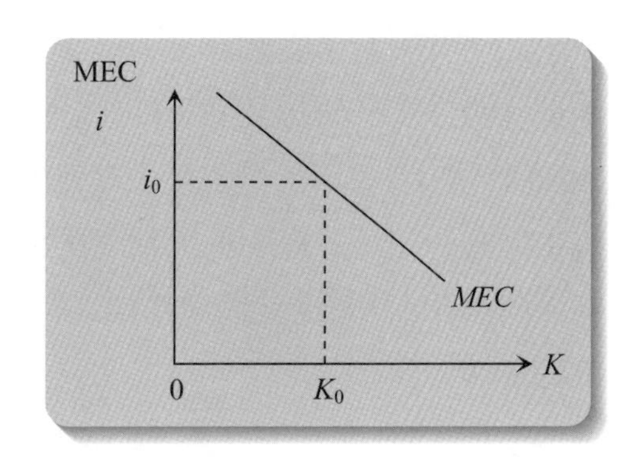

四、資本投資的邊際效率之關聯

MEC（marginal efficiency of capital）與MEI（marginal efficiency of investment）皆為折現率。

前者與資本有關，而後者與投資有關，兩者都受到市場利率影響。底下說明兩者之間關聯性。

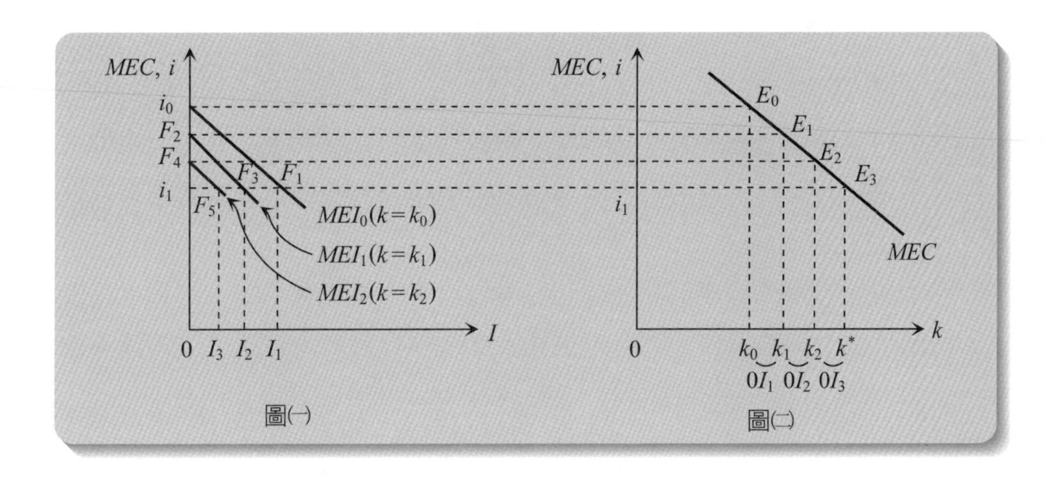

在物價不變的情況下，當$i=i_0$時，$k=k_0$，此時$I=0$，若i_0下降到i_1時，在$k=k_0$水準所對應的$MEC>i_1$，所以廠商將會增加投資。但並非一次達成目標k^*，而是逐期增加投資量。圖㈠在$k=k_0$水準反對應的$MEI_0(k=k_0)$，將慢慢地增加投資量一直到$0I_1$為止，反應在圖㈡的資本存量

將由 k_0 上升到 k_1，即 $k_1 - k_0 = 0I_1$。利率由 i_0 下降到 F_2，但在 $k = k_1$ 水準所對應的 $MEC > i_1$，所以廠商將再增加投資。圖(一)在 $k = k_1$ 水準，所對應的 $MEI(K = K_1)$將再增加投資量一直到 $0I_2$ 為止，對應在圖(二)的資本存量將由 k_1 變動到 k_2，即 $k_2 - k_1 = 0I_2$。利率再由 F_2 下降到 F_4，但在 $k_1 = k_2$ 水準所對應的 $MEC > i_1$，所以廠商將會再增加投資，一直到 $MEC = i_1$，此時的 $I = 0$ 所達成的 $k = k^*$。

第三節　杜賓 q（Tobin's q）

詹姆士・杜賓（James Tobin）主張廠商依據以下的比率來進行投資決策，該比率稱為杜賓 q。

$$q = \frac{\text{購入資本的市場價格（在股票市場的股價）}}{\text{購入資本的重置成本}}$$

若 $q > 1$，即購入資本的市場價格 > 購入資本的重置成本，表示資本市場（即股票市場）看好該公司的未來獲利，則廠商將會增加對該公司的資本投資。

若 $q < 1$，即購入資本的市場價格 < 購入資本的重置成本，表示資本市場（即股票市場）看壞該公司的未來獲利，則廠商將會減少對該公司的資本投資。

題庫精選

( ) *1.* 關於毛投資（gross investment）與淨投資（net investment）的敘述何者正確 (A)毛投資等於淨投資 (B)淨投資的下限是零 (C)毛投資與淨投資的差額是存貨變動 (D)毛投資與淨投資的差額等於 GNP 和 NNP 的差額。 【94 年四等特考】

( ) *2.* 下列關於投資變數之說明，何者為真？ (A)加速原理強調投資增加會造成所得上升 (B)投資與名目利率有反向關係 (C)預期未來景氣復甦將使投資曲線右移 (D)實質利率愈高則實質儲蓄量愈大，故實質投資量也愈多。 【91 年四等特考】

( ) *3.* 在下列因素中，何者會減少投資需求數量？ (A)利率下降了 (B)政府取消賦稅寬減措施 (C)對未來的銷售量看好 (D)資本財的進口關稅降低了。 【92 年四等特考】

( ) *4.* 市場利率上揚將使得廠商投資預期收益的現值： (A)提高 (B)降低 (C)不變 (D)不一定。 【93 年四等特考】

( ) *5.* 國際間資本自由移動，可以： (A)使財富由富有國家移轉到貧窮國家 (B)使一國的儲蓄導向他國投資 (C)防止洗錢 (D)取代國際間勞工的移動。 【90 年普考第一試】

( ) *6.* 下列何者與投資支出成正比 (A)利率 (B)利潤稅率 (C)折舊率 (D)預期所得。 【94 年四等特考】

( ) *7.* 下列何者並非總體經濟學上所說的投資支出？ (A)買股票 (B)買新廠房 (C)買新機器 (D)增加存貨的數量。 【91 年四等特考】

( ) *8.* 下列何種資產的「風險性」較低？ (A)股票 (B)共同基金 (C)期

貨　(D)定期存款。　【93 年普考第二試】

(　) 9.經濟不景氣促使小明決定進修提高專業能力，此種做法屬於何種投資？　(A)實物資本　(B)人力資本　(C)金融資產　(D)消費資本。

【93 年四等特考】

(　) 10.下列關於投資變數之說明，何者為真？　(A)加速原理強調投資增加會造成所得上升　(B)投資與實質利率有反向關係　(C)預期未來景氣復甦將使現在的投資曲線左移　(D)名目利率愈高則儲蓄量愈大，故投資量也愈多。　【94 年四等特考】

(　) 11.年初有 50 台電腦，年中新購 10 台，年底淘汰 3 台，試問毛投資為：　(A)7 台　(B)10 台　(C)13 台　(D)47 台。

【93 年普考第二試】

(　) 12.若政府發行一永不還本債券，並承諾每滿一年即給予 40 元利息，計算在市場利率維持在 5%的假設下，此一債券之合理市場價格是多少？　(A)50 元　(B)100 元　(C)200 元　(D)300 元。

【91 年四等特考】

(　) 13.小英的資產組合中，定期存款占 90%，跟會占 10%，可推論小英屬於以下哪一種類型的人　(A)保守型　(B)風險型　(C)分散風險型　(D)積極成長型。　【94 年四等特考】

(　) 14.「該期存貨的增加」是計入下列哪一支出項的呢　(A)投資毛額　(B)民間消費　(C)政府消費　(D)中間投入成本。【92 年四等特考】

(　) 15.其他條件不變下，廠商在何種情況時較願意從事投資？　(A)未來市場看淡，利率下降　(B)未來市場看好，利率上升　(C)未來市場看淡，利率上升　(D)未來市場看好，利率下降。

【93 年普考第二試】

(　) 16.若市場一年斯的利率為 10%，則明年 110 元的現值（present value）是多少？　(A)100　(B)110　(C)121　(D)97。

【92 年普考第二試】

(　) 17.所謂國內資本形成（gross domestic capital formation）是指：(A)貿易量 (B)消費支出 (C)投資支出 (D)外匯存底。

【93 年普考第二試】

(　) 18.關於資產報酬的敘述，下列何者正確？ (A)風險性高的資產通常報酬率較低 (B)報酬率高的資產通常風險性也高 (C)報酬率的高低即是流動性的高低 (D)報酬率的高低與風險性高低無關。

【94 年四等特考】

(　) 19.廠商對於資本財的需求方面，以下敘述何者正確？ (A)若廠商以自有資金購買資本財，即沒有利息問題 (B)廠商使用資本財的機會成本是資本財的折舊 (C)利率愈高，廠商使用資本財的成本愈高 (D)利率高低與廠商使用資本財的成本無關。

【93 年普考第二試】

第十章

貨幣需求理論

Macroeconomics

何謂貨幣需求？放在身邊的平均貨幣數量稱為貨幣需求量，在某個時間點你打算把多少錢放身邊此乃事前概念。

為何要持有貨幣呢？

凱因斯認為人們之所以願意持有貨幣，是因為貨幣具有最高的流動性，人們之所以願意持有這流動性，就是基於三大動機，分別是交易性、預防性、投機性等。而利率就是你放棄貨幣流動性將錢借給別人所得到的報酬，交易性和預防性的動機所持有的貨幣稱之為第一類的貨幣需求（$L_1(y)$）它是名目所得的正函數，而投機性的動機所持有的貨幣稱之為第二類的貨幣需求（$L_2(i)$）是市場利率的反函數。

本章所介紹的貨幣需求理論主要是以凱因斯的貨幣需求三大動機為出發點，其中凱因斯以累退預期模型來解釋投機性的貨幣需求和利率呈反向關係。而杜賓以資產組合理論來解釋投機性貨幣需求和利率呈反向關係。包莫爾是採存貨理論來解釋交易性的貨幣需求，但也引進利率這項變數，得到的結論是利率和貨幣需求呈反向關係。上述的貨幣需求理論都是在解釋貨幣需求的三大動機，唯有傅利德曼並不認為貨幣需求和三大動機有關，他認為貨幣也是資產的一種，對於貨幣的需求完全和其他資產的相對報酬率有關，得到的結論，也可以解釋貨幣需求和利率呈反向關係。

第一節　投機性貨幣需求的累退預期模型（the regressive expection model of the specaletive motive model）

一、假設

1. 人們扣除交易性與預防性貨幣需求外，所剩下的貨幣所得為 W，若全以貨幣的方式持有則無風險性也無利息收入，若完全以債券的方式持有，則有風險性且有利息收入。

2. 對債券價格的預期是一種累退的即累退預期（expectation of the bonds price is regressive）。所謂累退預期，就是當債券價格高過於你心目中所認為的長期平均正常價格時，你會預期債券價格未來將下跌。而就報酬率的觀點來看，如果市場的債券報酬率小於你心目中的正常報酬率，則你預期債券報酬率未來會上升。

3. 我們分析的債券假設是永久公債，所謂永久公債是只付息不還本且無限期存在，每期利息收入乃固定的。

持有債券的總收益 $\begin{cases} R\text{：債券的利息收入（the interest revenue）} \\ \text{可表示成 } R=P_b i \text{ 或 } P_b=\dfrac{R}{i} \\ G^e\text{：預期的資本利得（the expected capital gain）} \\ \text{可表示成 } G^e=(P_b^e-P_b) \end{cases}$

R_T包括：

若 $G^e>0$，有資本利得

若 $G^e<0$，有資本損失

由上述討論可知：$R_T=R+G^e=P_bi+(P_b^e-P_b)$，此式左右同除 P_b，改成

債券總報酬率 $$e=\frac{R_T}{P_b}=\frac{R+G^e}{P_b}=\frac{P_b\cdot i}{P_b}+\frac{P_b^e-P_b}{P_b}=i+\frac{P_b^e}{P_b}-1$$

$$=i+\frac{\frac{R}{i^e}}{\frac{R}{i}}-1 \quad \text{式中 } P_b=\frac{R}{i}\text{，}P_b^e=\frac{R}{i^e}$$

$$\Rightarrow e=i+\frac{i}{i^e}-1$$

二、個別的貨幣需求

由 $e=i+\frac{i}{i^e}-1$

若 $e>0 \Leftrightarrow W=B$，$M=0$，表示所有財富都買債券不會持有貨幣。

若 $e<0 \Leftrightarrow W=M$，$B=0$，表示所有財富都以貨幣持有不會買債券。

若 $e=0 \Leftrightarrow$ 表示持有債券或貨幣均無差異。

$e=i+\frac{i}{i^e}-1$，則 $\frac{de}{di}=1+\frac{1}{i^e}>1$

當 $e=0$，推導出 $i=\frac{i^e}{1+i^e}$，令 $\frac{i^e}{1+i^e}=i_c$，i_c 稱為臨界利率（則持有債券或貨幣均無差異）。

也表示當債券的總報酬率 $e=0$ 時的利率水準。

若 $i>i_c$，則 $e>0$，會把財富完全以債券方式持有，對貨幣持有量為零。

若 $i<i_c$，則 $e<0$，會把財富完全以貨幣的方式持有，對債券持有量是零。

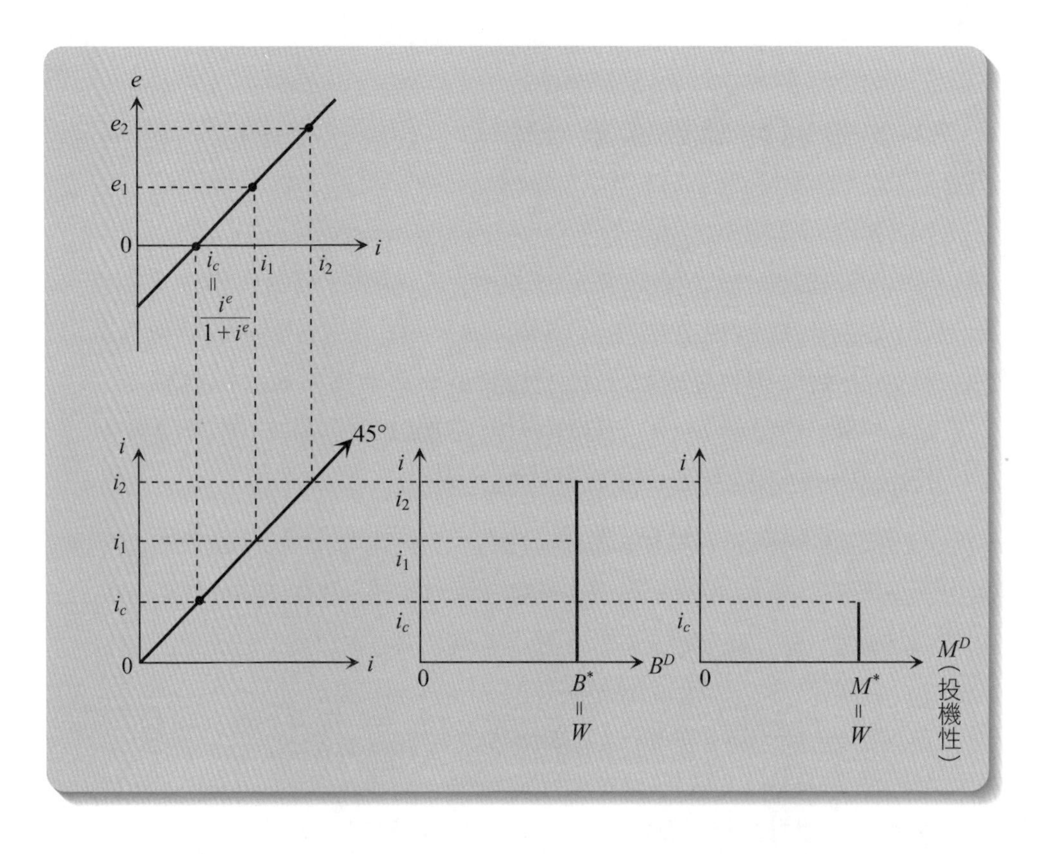

$i_e = \dfrac{i^e}{1+i^e}$，我們必須先算出 i^e 才能找到 i_c 但如何求 i^e 呢？

由 $P_b^e = \dfrac{\overline{R}}{i^e}$，

假設：$i^e = f(i)$預期利率受市場利率的影響，即 i^e 是 i 的函數，

$$0 < f' = \frac{\partial i^e}{\partial i} < 1$$

$f' > 0$，表示：

若是本期的債券市場報酬率 i 上升，則預期下一期的報酬率 i^e 上升。

若是本期的債券市場報酬率 i 下降，則預期下一期的報酬率 i^e 下降。

$f'<1$，表示：

如市場之債券報酬率上升 10%，則預期下一期的債券報酬率也會上升，但是上升的幅度小於 10%，若本期之債券市場報酬率下降 10%，則預期下一期的債券報酬率也會下降，但下跌的幅度少於 10%。

則 $i_c=\dfrac{i^e}{1+i^e}=\dfrac{f(i)}{1+f(i)}=h\,(i)$

$$\frac{\partial i^e}{\partial i}=\frac{f'(i)[1+f(i)]-f(i)f'(i)}{[1+f(i)]^2}=\frac{f(i)}{[1+f(i)]^2}>0 \text{ 且小於 } 1$$

即 $0<\dfrac{\partial i^e}{\partial i}=h'\,(i)<1$

⇨表示此函數在任何利率水準，對 r 微分的切線斜率是小於 1。

畫出 $h\ (i)$ 曲線後，因為其斜率小於 1，所以必會與 45°線相交（下頁圖左上）。

相交的點表示當市場利率是 r_0 時，所解出來的臨界利率即是市場利率，我們就可以用此市場利率來代替臨界利率。

當 $i>i_0$ 則 $W=B^*$，$M=0$，會把財富完全以債券方式持有而不會持有貨幣。

當 $i<i_0$ 則 $W=M^*$，$B=0$，會把財富完全以貨幣方式持有而不會持有債券。

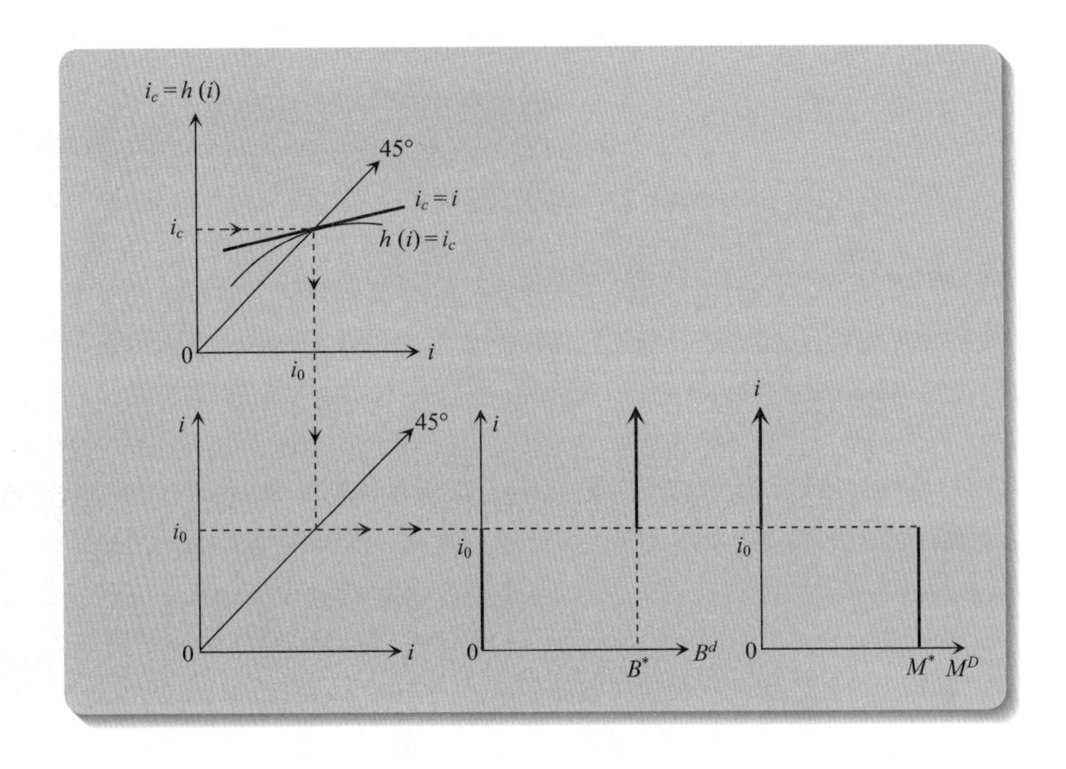

三、具有累退預期的總合貨幣需求（the aggregate demand for money with regressive expectation）

㈠直接利息效果（the direct interest effect）

橫軸表示整個社會的所有個別經濟單位的心目中的臨界利率，而縱軸表示機率分配。

一般人的臨界利率大部分是在整個社會平均值 i_c 的附近，只有比較少的人之臨界利率特別高或特別低，表現在常態分配的兩端。我們將透過這個假設畫出右圖，整個社會的所有個別經濟單位的財富組合。

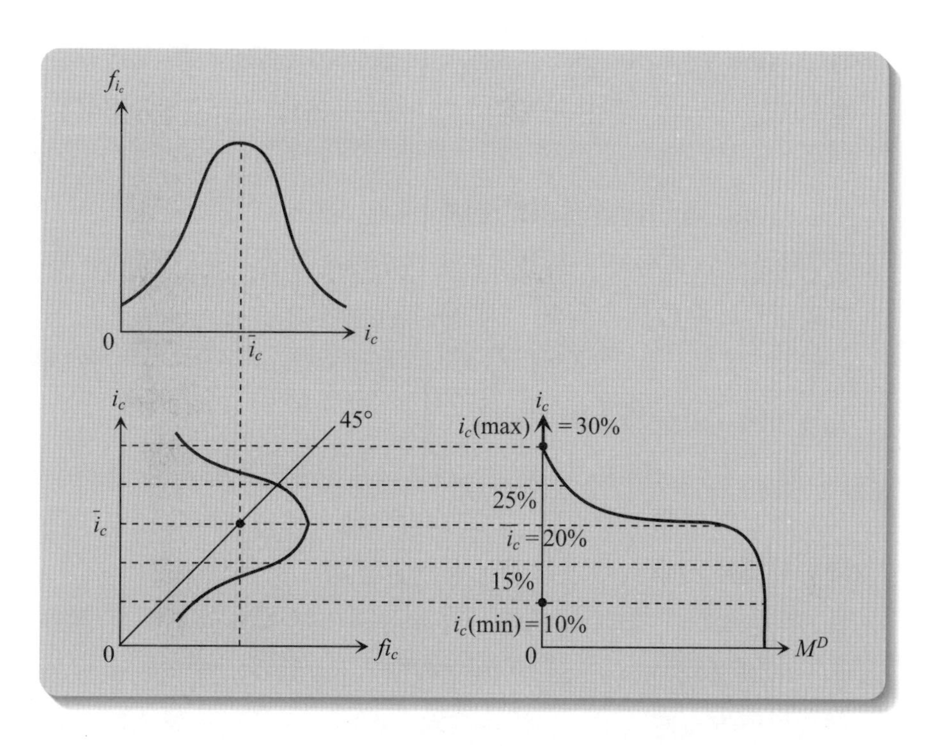

1. 每個經濟單位心目中都有個臨界的利率，我們把所有經濟單位臨界利率最高的找出 i_c(max)，也把臨界利率最低的找出 i_c(min)。

   若 i 高於 i_c(max)，表示市場利率高過於所有經濟單位心目中的臨界利率。則每個經濟單位都會持有債券而不會持有貨幣，此時整個社會的貨幣持有量為 0，得縱軸粗線部分。

   當 i 低於 i_c(min)，表示市場利率小於所有經濟單位心目中的臨界利率，此時每個人都認為持有債券是賠錢的，所以沒有人會持有債券，所有的經濟單位都把財富以貨幣的方式持有，得橫軸粗線部分。

   若 i 在 i_c(max)和 i_c(min)之間移動，則很多人會改變債券和貨幣組合的決策，隨著市場利率的下降原本以債券方式持有的會改變以貨幣方式持有。

2. 假設大部分的經濟單位，他們心目中的臨界利率，都在 $\bar{i}_c$ 減或加上某個標準差，只有少數人分布在分配二邊。

假設 $i_c(\max)=30\%$，若 i 從 30%下降到 25%，原來有些人的 i_c 在 25%至 30%之間，當 i 還在 30%時這些人會持有債券，但是當 i 下降到 25%時他們會改變成持有貨幣，但是預期臨界利率在這個階段的人很少，所以整個社會的貨幣需求只增加一點點。

3. 當 i 再降低到 20%時，有些人的 i_c 在 20%至 25%之間，這時也會，把持有債券轉換成持有貨幣，因為預期臨界利率在此一階段人很多，所以當 i 一下降，馬上就會有很多人把債券轉換成貨幣，所以整個社會的貨幣需求就會馬上增加很多。
4. 當 i 再從 20%下降到 15%時，因為也有很多人的預期臨界利率是在 20%至 15%之間，所以當 i 下降到 15%時。這些人就會把原本持有的債券轉換成貨幣，所以整個社會的貨幣需求也上升很多。
5. 當 i 再從 15%下降到 10%時，因為預期 i_c 在 15%至 10%之間的人不多，所以當 i 從 15%下降到 10%，整個社會的貨幣需求的也不多。此種效果稱為直接結果，直接由市場利率所引發的效果僅靠此種效果仍無法畫出流動性陷阱部分的貨幣需求曲線（即水平階段）。

㈡間接財富效果（the indirect wealth effect）

$W=M^S+P_bB+P_kK$，因 $P_b=\dfrac{R}{i}$，所以可以寫成：

$$W=M^S+\left(\frac{R}{i}\right)B+P_kK$$

式中：W 為名目財富

若 i 下降則 P_b 上升，則 W 增加將使貨幣需求曲線向右移動。

1. 若 i_0 下降至 i_1 則 A 至 B⇨利率直接的轉換效果 B 至 B'⇨利率下降所導致的間接效果。
2. 若 i_1 下降至 i_2 則 B' 至 C⇨利率直接的轉換效果 C 至 C'⇨利率下降所導

致的間接效果。

3. 若利率降到 i_c(min)，則不管政府增加多少貨幣供給，人們完全以貨幣的方式持有，此時貨幣需求曲線為水平階段。

4. 整個社會的貨幣需求曲線為 $A-B'-C'$ 以及水平階段。

5. 此理論的缺點：此理論認為財富不是完全以貨幣方式持有，就是完全以債券方式持有，但實際上人們是部分地持有貨幣和債券。

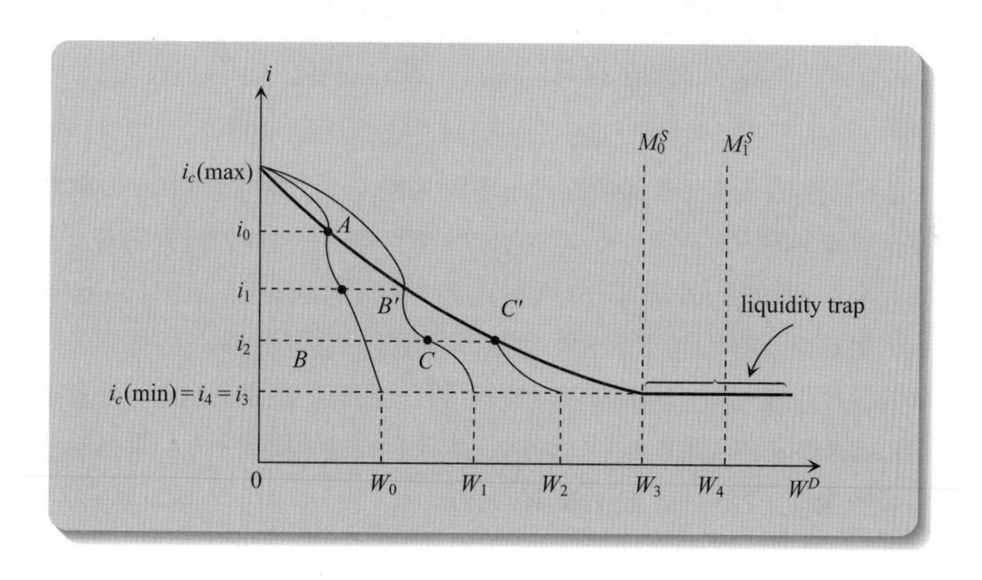

►釋例

1. 下列何者不正確？

(A)物價提高，增加名目貨幣需求 (B)物價上漲率提高，增加實質貨幣需求 (C)名目財富增加，提高名目貨幣需求 (D)資產所得增加，提高實質貨幣需求 (E)名目利率提高，降低實質貨幣需求

【89 年中山財管】

(B)；

若實質貨幣需求維持不變，物價上漲則對名目貨幣需求增加。

物價上漲率提高，將使實質貨幣需求減少。

第二節　杜賓（Tobin）的資產組合理論（portfolio balance approach）

凱因斯的貨幣需求理論認為當市場利率高於心目中的臨界利率，會把財富完全以債券的方式持有；反之，當市場利率低於心目中的臨界利率，會把財富完全以貨幣的方式持有。這種對資產的持有呈現兩極化的情況，杜賓認為人們對於資產持有會同時考慮到報酬率和風險這兩個因素，而每個人對於風險的偏好程度不同，對於資產選擇的持有也應有所差異。因此，杜賓採期望值（expected）與變異數（variance）來分析收益與風險，並引進無異曲線考量風險偏好來探討人們持有貨幣的行為。

一、假設

B：債券數量

i：債券利率

P_b：債券價格

P_b^e：預期債券價格

$e=i+g$：持有一張債券之預期報酬率

$R_T=eB$：持有債券之預期總報酬

$\sigma_T=B\sigma_g$：持有債券之總風險

$W=B+M$：總財富＝債券＋貨幣

$g=\dfrac{P_b^e-P_b}{P_b}$：債券之預期升值率，$g\sim N(\bar{g}, \sigma_g)$

二、債券與貨幣之差異

總財富（W）＝債券（B）＋貨幣（M）

持有債券的預期報酬（expected reverne）為 R_T，

$$R_T = e \cdot B = (i+g) \cdot B$$

表示持有一張債券的預期報酬乘上持有債券之數量
持有債券的總風險（risk）為 σ_T，

$$\sigma_T = \sigma_g \cdot B \text{（註）}$$

表示持有一張債券的風險乘上持有債券之數量。

三、資產組合理論的靜態分析（static analysis）

就該投資者而言，對風險（σ_T）是厭惡的，而對報酬（R_T）是喜歡的，如果我們把風險（σ_T）放橫縱，報酬（R_T）放縱軸，則無異曲線可以表示成下圖；

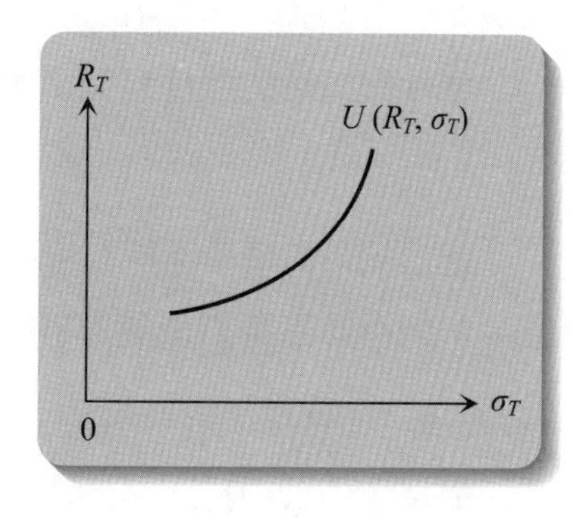

註：$Var(R_T) = Var(e \cdot B) = Var((i+g) \cdot B) = B^2 (Var(i) + Var(g) + 2cov(i, g))$
$= B^2 (Var(i) + Var(g)) = B^2(0 + Var(g)) = B^2\sigma_g^2$
$\sigma_T = \sqrt{Var(R_T)} = \sqrt{B^2\sigma_g^2} = B\sigma_g$

有了投資者的偏好型態後，接著投資者可以選擇資產投資的範圍為何呢？我們要把限制條件寫進來，首先我們假設總財富為 W_0，可以投資債券或持有貨幣即 $W_0=B+M_0$；第二，總報酬（R_T）是包括投資債券與持有貨幣，投資債券的報酬為 $(i+g)\cdot B$，而持有貨幣的報酬為零，故 $R_T=(i+g)\cdot B$；第三，總風險（σ_T）是包括投資債券的風險和持有貨幣的風險，投資債券的風險為 $\sigma_g B$，持有貨幣的風險為零，故 $\sigma_T=\sigma_g B$。

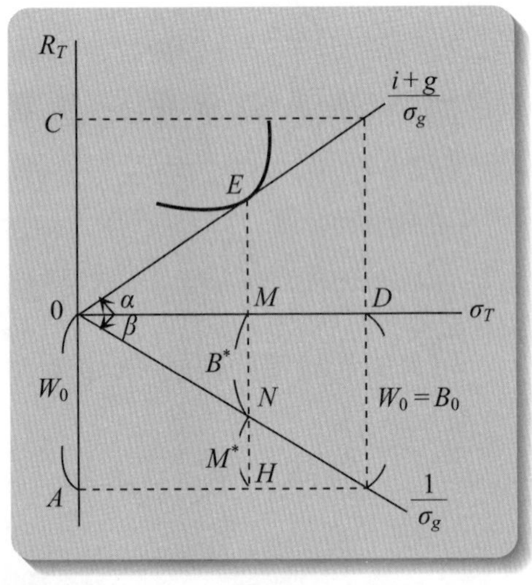

接著我們把三個限制式繪在橫軸是風險（σ_T）縱軸是報酬（R_T）的座標平面上。

圖形的橫軸放總風險 σ_T，縱軸放總收益 R_T，圖形下方放財富（或債券）持有量。

第①個限制式在 A 點位置（財富最多只到 A 點）。

若是所有的財富都以債券方式持有，總風險為 $\sigma_T(\max)=B_0\sigma_g$，即 D 點為第③個限制式，而 $R_T(\max)=B_0(i+g)$ 是 C 點為第②個限制式。

縱軸與橫軸的關係是第②限制式與第③限制式聯立。

$$\frac{②}{③}=\frac{R_T}{\sigma_T}=\frac{i+g}{\sigma_g}=\tan\alpha$$

圖形的下方是債券持有量與風險之間的關係，債券持有量愈多風險也就愈高，所有財富都以債券方式持有，風險就是 $\sigma_T(\max)=B\sigma_g$ 則：

$$B=\left(\frac{1}{\sigma_g}\right)\sigma_T \Rightarrow \frac{B}{\sigma_T}=\frac{1}{\sigma_g}=\tan\beta$$

若要求出效用極大，假設此無異曲線切於 E 點，則表示願意持有 $\overline{MN}$ 量的債券，此時的總風險為 $\sigma_T^*=\sigma_g B^*$ 總收益為 $R_T^*=(i+g)B^*$，所持有的貨幣為 $\overline{NH}$ 量。

給定i、g、σ_g、W等四個外生變數和一個效用函數，就可以解出一個財富擁有者他願意持有多少貨幣和多少債券的組合，如此可以解決累退預期理論的完全持有債券或完全持有貨幣的不合理現象。

四、資產組合的比較靜態分析 (comparative static analysis)

㈠當利率（i）上升時

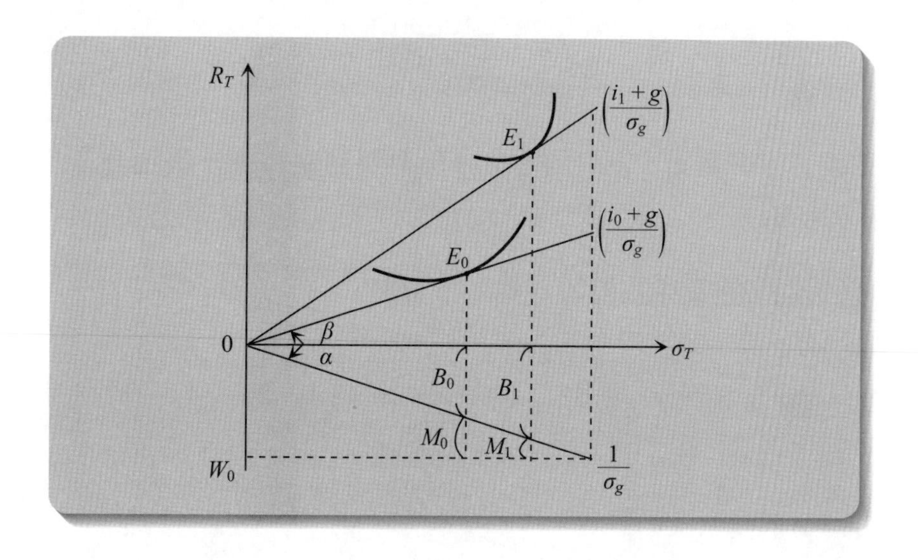

如果i_0上升到i_1，則原均衡點由E_0點移動到E_1點，B_0上升為B_1，而M_0下降至M_1。

㈡當債券的預期升值率（g）上升時

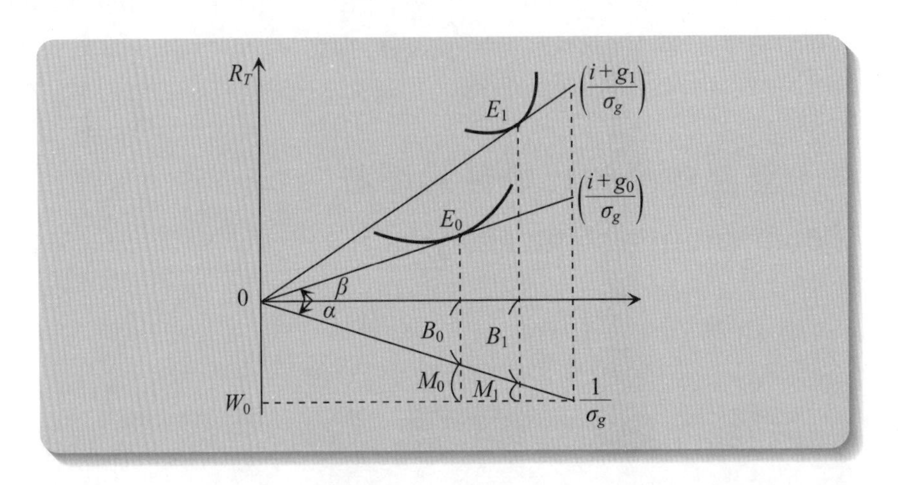

如果 g_0 上升到 g_1，則原均衡點由 E_0 點移動到 E_1 點，B_0 上升為 B_1，而 M_0 下降至 M_1。

㈢當持有債券的風險（σ_g）上升時

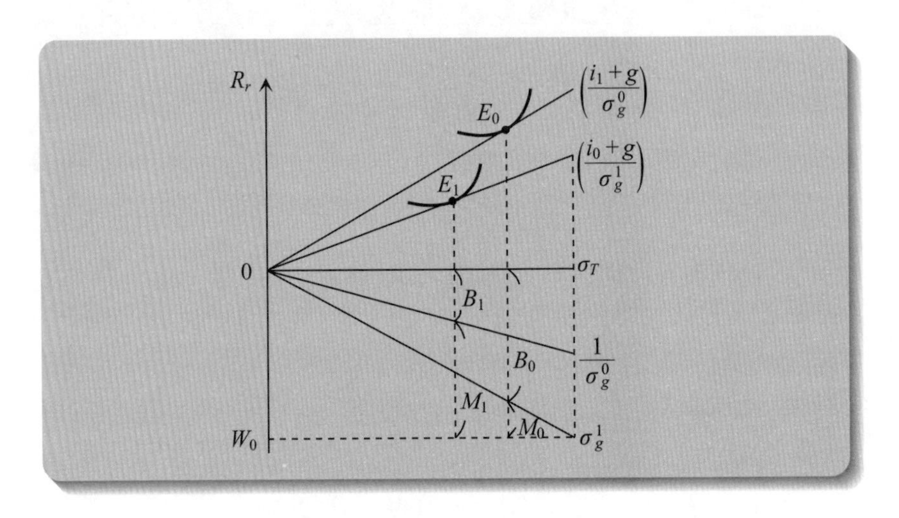

如果 σ_g^0 上升到 σ_g^1，則原均衡點由 E_0 點移動到 E_1 點，B_0 下降為 B_1 而 M_0 上升至 M_1。

㈣當總財富（W）上升時

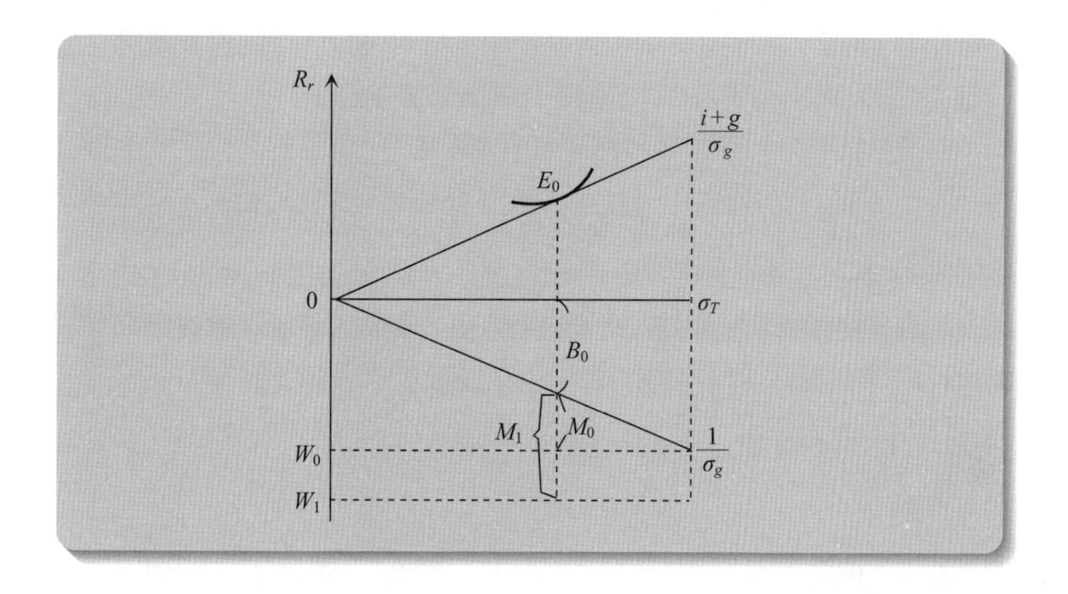

如果 W_0 上升到 W_1，則均衡點仍為 E_0 ，且 B_0 不變，但 M_0 上升至 M_1。

第三節　包莫爾（Baumol）的平方根公式（the square root rule）

凱因斯把人們對貨幣需求分成三項動機，並針對投機性動機以累退預期（regressive expection）來解釋投機性的貨幣需求和利率呈反向關係。而杜賓則是以資產組合（portfolio）來解釋資產的選擇是部分持有，並非全部持有單一資產，得到的結論也是貨幣需求和利率呈反向關係。而包莫爾則是從貨幣交易性的動機出發，所得到的結論是貨幣需求除了受所得的影響外，也和上述兩個理論一樣，貨幣需求和利率也是呈反向關係。

包莫爾（Baumol）是以存貨理論來解釋交易性的貨幣需求，進而得出貨幣需求亦為利率函數的結論。以下是求導過程：

假設某甲計劃在一年中逐漸花掉 30,000 元，那麼某甲在花掉這個金額的過程中，面臨二個問題：第一，某甲要花掉 30,000 元，要提款幾次；第二每次應該持有多少貨幣？即最適平均的貨幣需求是多少？

首先，某甲在年初提領 30,000 元，之後花完，即僅提領一次，年初的貨幣持有數量是 30,000 元，到年底為零，故整年的平均貨幣需求是 $\frac{30,000}{2}=15,000$（元），如下頁圖㈠；

若每年提領二次，那麼 30,000 元分兩次提款，每一次須提領 $\frac{30,000}{2}=15,000$，即年初先領 15,000，在上半年逐漸花掉這 15,000 元，然後再領 15,000 元供下半年花用。而每一次的平均貨幣持有為 $\frac{15,000}{2}=7,500$（元），如下頁圖㈡。

若每年提領三次，30,000 元分三次領，則每一次領 $\frac{30,000}{3}=10,000$，即年初先領 10,000 元，在 1/3（年）前逐漸花掉這 10,000，然後第二次也領 10,000 元。在 1/3 年至 2/3 年間逐漸花掉 10,000，最後第 3 次提領 10,000 元，在 2/3 年至 1 年間逐漸花用 10,000，每一期從提領 10,000 元到花費完畢，平均持有的貨幣為 $\frac{10,000}{2}=5,000$（元），如 260 頁圖㈢。

接著我們將上述的討論予以一般化；今年所得為 Y 元，到銀行提款次數為 N，則每次提領為 $\frac{Y}{N}$（元），每一期的平均貨幣持有為 $\frac{Y}{2N}$（元），如 260 頁圖㈣；要解決第一個問題，到底在一年之中要提領多少次款項，即最適的 N 為何？至於第二個問題，每次應該持有多少，即求出 $\frac{Y}{2N}$，只要找最適的 N^*，代入 $\frac{Y}{2N}$ 即可得到最適的平均貨幣持有了，$\frac{Y}{2N^*}$。

我們就持有貨幣的成本來考慮，持有貨幣就無法將錢放在銀行生息，將損失利息收入，由於平均持有貨幣數量是 $\frac{Y}{2N}$，若利率為 i，則損失的利息

收入為 $\frac{Y}{2N} \cdot i$，此外，要持有貨幣就必須去銀行提款；假設每次的提款成本為 F，若提 N 次則提款成本為 NF。

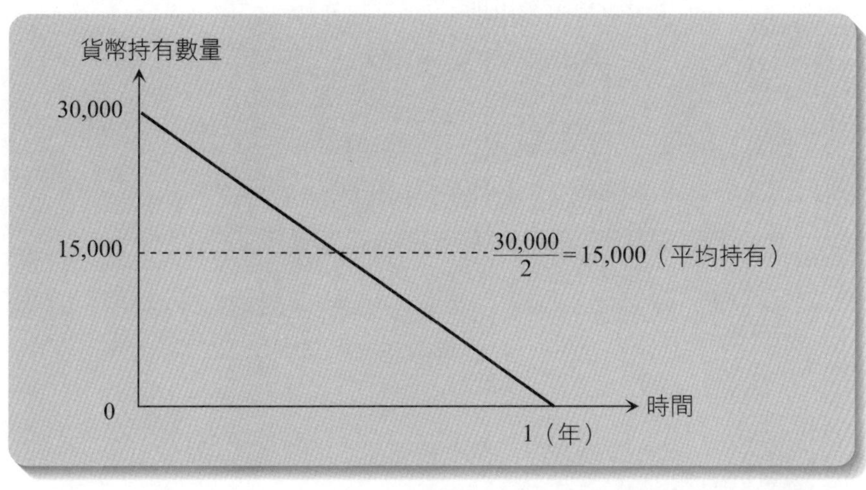

圖(一)

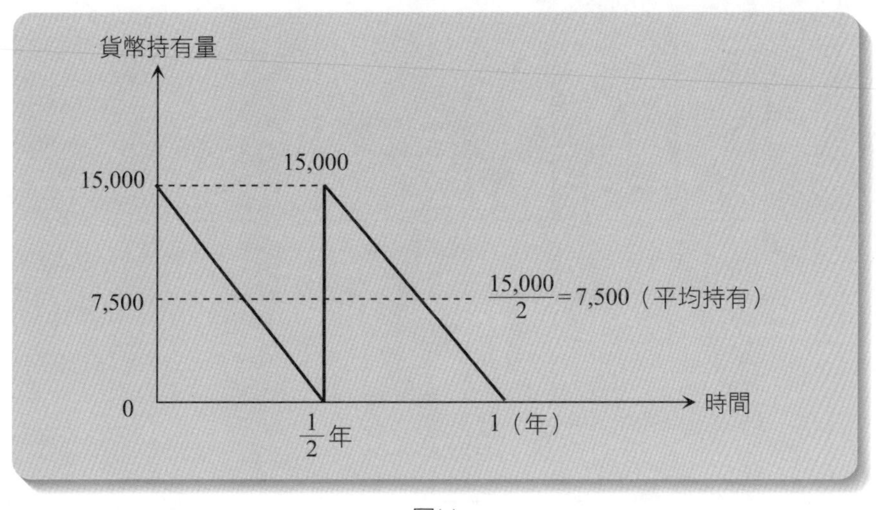

圖(二)

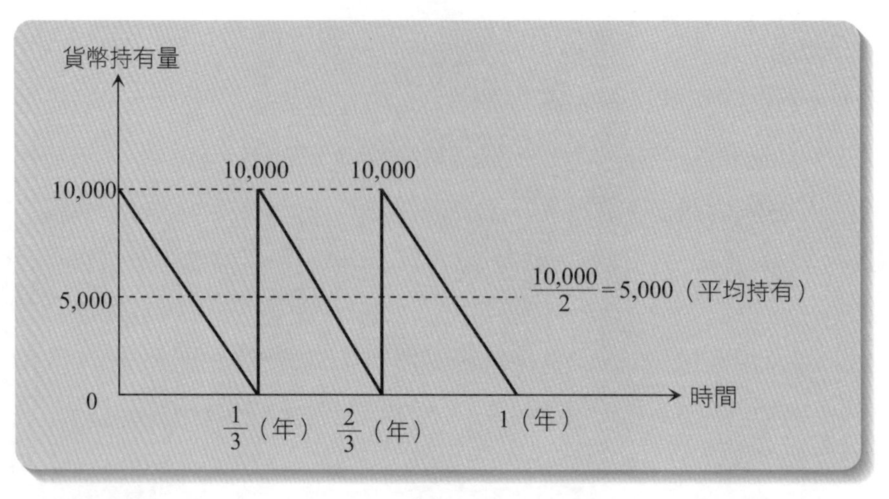

圖(三)

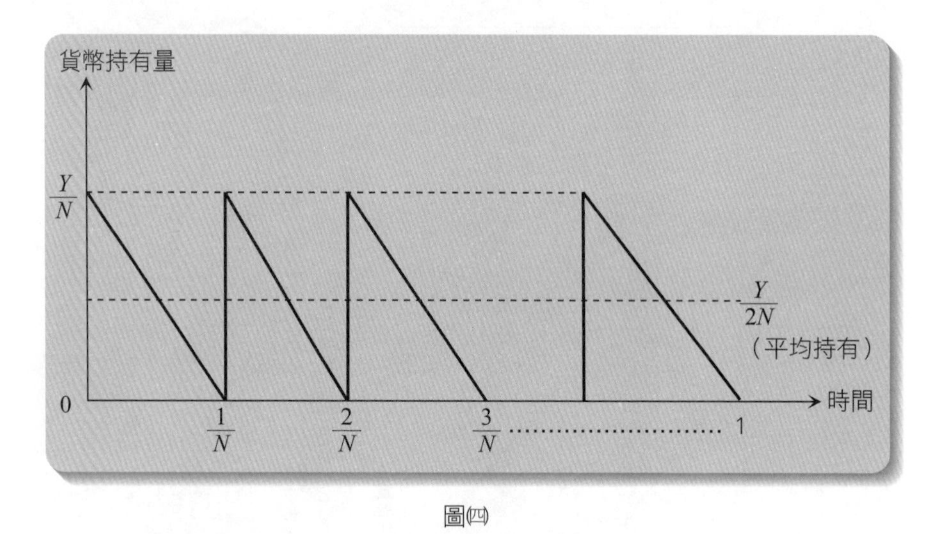

圖(四)

因此，持有貨幣的總成本，我們可以寫成：

$$TC = \text{利息收入的損失} + \text{提款成本}$$
$$= i \cdot \frac{Y}{2N} + NF$$

從總成本（TC）找出最適的提款次數（N^*）使得持有貨幣總成本最小；將總成本 TC 對 N 做微分，可得：

$\frac{dTC}{dN} = -iYN^{-2}/2 + F$，在最適點時：

$\frac{dTC}{dN} = 0$，即 $-iYN^{-2}/2 + F = 0$，故

$N^* = \sqrt{\frac{iY}{2F}}$，而平均貨幣持有 $= \frac{Y}{2N^*}$，將 N^* 代入得 $\sqrt{\frac{YF}{2i}}$

從 $\frac{Y}{2N^*} = \sqrt{\frac{YF}{2i}}$，可以得知，當提款成本（$F$）與所得（$Y$）愈高，或利率（$i$）愈低，則平均貨幣持有愈高；反之，提款成本（$F$）與所得（$Y$）愈低或利率（$i$）愈高，則平均貨幣持有愈低。

►釋例 1

根據Baumol的貨幣需求模型，如果利率上升，則貨幣流通速度（velocity of money）：　(A)不受影響　(B)上升　(C)下降　(D)無法判斷　(E)以上皆非　　【91 年政大科管】

（B）

►釋例 2

貨幣需求：

1. 古典學派貨幣需求為________的函數

2. W. Baumol 的貨幣需求所得彈性為________。

3. J. Tobin 的投機性貨幣需求為________的函數。

4. 台灣過去三十年的貨幣所得流通速度 V，長期呈現________走勢。

5.承上題，這是因為貨幣需求所得彈性________於 1。

【91 年政大財政】

1. kpy　2. $\frac{1}{2}$　3. $M^d=f(r, g, b_g, w)$　4.下降　5.大

►釋例 3

計算持有貨幣的機會成本，當你把錢存在銀行有 6.5%收益，購買證券 9%報酬率和 2%的通貨膨脹　(A)2.5%　(B)3%　(C)7%　(D)2%　(E)5%

【91 年成大財會】

(D)

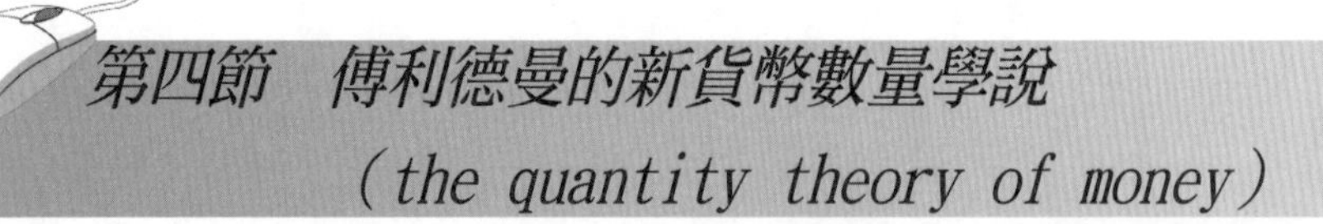

第四節　傅利德曼的新貨幣數量學說（the quantity theory of money）

一、此理論不再將貨幣需求區分為交易性、預防性或投機性

那麼人們為何會願意把貨幣放在身邊？

傅利德曼把貨幣視為資產的一種，可以將貨幣拿來買債券、股票、房地產或者將貨幣直接拿來消費，那麼人們為何持有貨幣呢？

二、假設

1. 貨幣數量學說是一個貨幣需求理論，而不是一個名目所得產出與物價水準的理論。
2. 貨幣只是持有財富的一種方式，貨幣本身是資產的一種，你願意持有多少的貨幣，就跟你持有多少類型資產的相對報酬有關。
3. 總財富＝人文財富＋非人文財富（total wealth = human wealth + nonhuman wealth）而財富乘上利率等於恆常所得，即 $W_i = Y_p$ 或 $W = \frac{Y_p}{i}$

三、四種類型的資產之報酬

㈠貨幣

持有貨幣是因為它有很高的流動性，而物價水準（P）可以反應貨幣的報酬。

㈡債券

持有債券的報酬可包括兩部分：利率和資本增值，即 $i - \frac{di}{i}$。

㈢商品

持有商品，當通貨膨脹時會有利益，故其報酬為物價上漲率 $\frac{dp}{p}$。

㈣股票

持有股票的報酬包括之部分，股利、資本利得、物價上漲率，即 $i_e -$

$\frac{di_e}{i_e}+\frac{dp}{p}$。

以持有貨幣的立場，為何會持有貨幣，假設貨幣和其他資產是具有完全替代關係，持貨幣的多寡除了與總財富（W）、偏好（u）及非人文財富占總財富之比例（ω）有關外，須視持有其他資產與貨幣的相對報酬而定。

所以我們可以把貨幣的需求函數寫成下列形式；$M^D=f$（貨幣報酬、其他資產報酬、總財富、偏好、非人文財富占總財富之比例）。

以符號表示如下：

$$M^D=f(p, i-\frac{di}{i}, i_e+\frac{dp}{p}-\frac{di_e}{i_e}, \frac{dp}{p}, W, u, \omega)$$

令 $\frac{di}{i}=\frac{di_e}{i_e}=0$，

$$M^D=f(p, i, i_e+\frac{dp}{p}, \frac{dp}{p}, W, u, \omega)$$

傅利德曼假設債券和股票間是完全替代的，即持有債券的報酬等於持有股票的報酬時，對該民眾而定，持有債券或股票皆無差異。

$i=i_e+\frac{dp}{p}$，

$$M^D=f(p, i, i, \frac{dp}{p}, W, u, \omega)$$

$$M^D=f(p, i, \frac{dp}{p}, W, u, \omega)$$

令 $W=\frac{Y_p}{i}$

$$M^D=f(p, i, \frac{dp}{p}, \frac{Y_p}{i}, u, \omega)$$

$$M^D=f(p, i, \frac{dp}{p}, Y_p, u, \omega)$$

財富（W）是以貨幣單位表示，所以物價上漲λ倍，財富增加λ倍，永久所得（Y_p）亦增加 λ 倍；對財富擁有者而言，只有實質貨幣餘額才有意義，所以，貨幣需求亦會增加λ倍，即

$$\lambda M^D = f(\lambda p, i, \frac{dp}{p}, \lambda Y_p, u, \omega)$$

令 $\lambda = \frac{1}{Y_p}$，則上式可寫成：

$$\begin{aligned}
\frac{M^D}{Y_p} &= f(\frac{P}{Y_p}, i, \frac{dp}{p}, \frac{Y_p}{Y_p}, u, \omega) \\
&= f(\frac{P}{Y_p}, i, \frac{dp}{p}, 1, u, \omega) \\
&= \frac{1}{v\left(\frac{Y_p}{P}, i\frac{dp}{p}, u, \omega\right)}, f = \frac{1}{v} \\
Y_p &= v\left(\frac{Y_p}{P}, i\frac{dp}{p}, u, \omega\right) M^D
\end{aligned}$$

上式相當於費雪之交易方程式，v是貨幣之所得流通速度。但和古典學派的貨幣數學說不同之處是：

v短期內不再是一個固定常數，但長期而言v趨向於穩定，故可視為固定常數，則結論就回到古典學派的貨幣數量學說了，所以傅利德曼的貨幣需求理論又稱為新貨幣數量學說。

第十一章

貨幣的供給

Macroeconomics

貨幣供給是政府的貨幣政策之工具，依凱因斯學派的觀點，當不景氣時，透過擴張性的貨幣政策，即增加貨幣供給可以使利率下降，而投資需求提高，再經由乘數效果，可以使產出增加。但貨幣供給增加，也會使物價上升。貨幣學派則強烈的反對這種權衡性的貨幣政策。而且認為貨幣供給是造成景氣波動的原因之一。所以探討貨幣供給的衡量以及政府如何使用控制貨幣供給的工具，應該有其實質的意義。

本章先介紹貨幣的功能與衡量，據以了解什麼是貨幣，以及哪些才是貨幣。接著解釋存款貨幣機構的使用創造的過程。同時說明中央銀行有哪些工具可以控制貨幣供給，以實現影響準備貨幣的數量。

第一節　貨幣的功能與數量衡量

一、貨幣的功能

經濟學家認為貨幣（money）應該具有下列的四種功能：

㈠交易媒介（medium of exchange）

貨幣可以用來交換一般的財貨與勞務，而且普遍為大家所接受。

㈡價值標準（a standard of value）

是指貨幣單位為記帳單位（unit of book keeping），所有的商品與勞務之價值都以貨幣單位來表示，例如，麵包一個二十元、牛仔褲一條 1,000 元等。

㈢遞延支付標準（a standard of deferred payments）

所有債務（遞延支付款項）皆以貨幣單位來表示，例如，張三欠李四新台幣 10,000 元，半年後必須償還。

㈣儲藏價值的工具（a menns of the store of value）

大眾的財富可以利用各種方式保有，貨幣是其中一種。以貨幣作為價值儲藏工具之優點在於貨幣具有完全流動性（perfect liquidity）。任何時候它可以立刻被用來交換其他商品，而不會遭受損失。

若具備有這四項功能的物品者，就稱之為貨幣。

二、貨幣數量的衡量

符合四項功能的物品者，稱之為貨幣，但部分學者認為凡流動性（Liquidity）較高之資產，與現金存著高度的替代性，例如，公開上市的股票，隨時可以由市場予以出售變成現金，是否應把這類具有高流動性的資產也列入貨幣呢？由於經濟學者對於貨幣的定義尚有爭議，因此，對於貨幣數量的衡量乃依流動性的高低，分別歸類為狹義的貨幣和廣義的貨幣。

㈠狹義的貨幣數量

包括通貨、支票存款、活期存款等總和，其中支票存款和活期存款又稱為存款貨幣（deposit money）。以符號表示成：

$$M_1 = \text{通貨} + \text{支票存款} + \text{活期存款}$$
$$= \text{通貨} + \text{存款貨幣}$$

1. **通貨（carrency）**

符合貨幣的四大功能，故為貨幣。

2. **支票存款**

開出的支票只要一經提示，即可兌換成通貨。

3. **活期存款**

只要透過簡單的提領手續，即可取得通貨。

由於支票存款和活期存款具有高度的流動性，幾乎和通貨一般，全部歸成同一類的貨幣數量。

(二)廣義的貨幣數量

包括 M_1 、定期存款、儲蓄存款，以符號表示成：

$$
\begin{aligned}
M_2 &= M_1 + \text{定期存款} + \text{儲蓄存款} \\
&= M_1 + \text{準貨幣}。
\end{aligned}
$$

準貨幣（quasi money）或近似貨幣（near money）是指流動性高和貨幣有極高的替代性的資產。定期存款和儲蓄存款都有到期才可提領的限制，若中途解約則將損失部分利息收入，故這些損失的利息收入就是變成現金的成本。我們把這些可轉換成通貨的資產予以擴大，歸類為廣義的貨幣數量。

我們可由一個國家的狹義和廣義的貨幣數量的變化，來了解該經濟體系的商業活動程度。通常一個商業活動較發達的社會，狹義的貨幣占廣義貨幣數量的比例（M_1/M_2）都會有逐年下降的趨勢，而準貨幣占廣義貨幣數量的比例（準貨幣／M_2）都會有往上升的情況，代表該社會對於金融工具的選擇範圍擴大和商業活動的繁榮。

第二節　存款的創造

金融機構（financial institations）是指專門從事資金融通（證券買賣）之機構，而金融機構可以區分成創造存款貨幣（支票存款與活期存款）機構（monetary institutions）和非創造存款貨幣機構，而我們稱創造存款貨幣機構為商業銀行（commercial banks）而非創造的存款貨幣機構則稱其他金融機構。若按照這個定義，商業銀行包括一般銀行、外國銀行在台分行、中小企業銀行與合會儲蓄公司、農會信用部、信用合作社等；其他金融機構則包括郵政儲金匯業局、信託投資公司、人壽保險公司、產物保險公司，與票券金融公司等。

金融性資產之數量與經濟活動之關係密切，其中尤以貨幣與銀行信用對經濟活動之影響最為直接關係最為緊密。而商業銀行是如何執行存款貨幣的創造過程呢？

以下舉一簡單的例子說明存款貨幣的創造過程：

⑴央行向某甲買入外匯，支付等額台幣 1,000 元，該交易使央行的資產增加外匯一筆 1,000 元，同時支付等額台幣 1,000 元給某甲，央行的負債也增加 1,000 元。央行的資產負債表示如下：

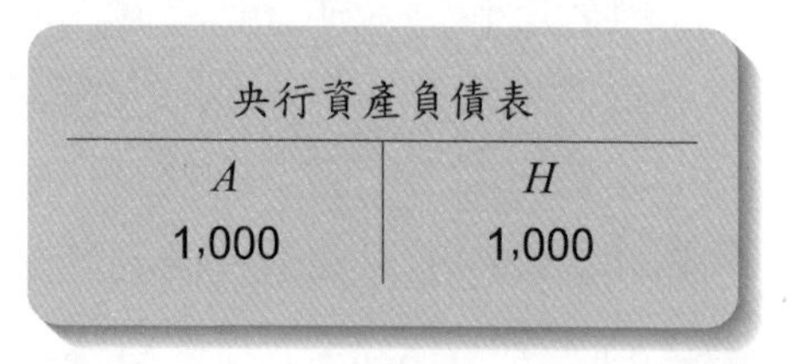

央行資產負債表

A	H
1,000	1,000

⑵某甲將持有的 1,000 元全數存入 A 銀行，A 銀行取得現金 1,000 元資產增加，同時對某甲產生債務，負債增加 1,000 元。假設法定準備率為 0.2，則 A 銀行須提列 200 元（1,000 × 0.2）的法定準備金，剩餘 800 元的資金才可貸放出去。A

A 銀行 B/S

ER 800	D 1,000
LR 200	

銀行的資產負債表如下：

(3) A 銀行又把持有的 800 元全數借給某乙，而某乙再把所借到的 800 元全部存入 B 銀行。B 銀行取得現金 800 元，資產增加，同時對某乙產生債務，負債增加 800元。假設法定準備率為 0.2，則 B 銀行須提列 160 元（800×0.2）的法定準備金，剩餘 640 元的資金才可貸放出去。

B 銀行 B/S	
ER 640 LR 160	D 800

B 銀行的資產負債表如下：

(4) B 銀行又把持有的 640 全數借給某丙，而某丙再把所借到的 640 元全部存入 C 銀行。C 銀行取得現金 640 元，資產增加，同時對某丙產生債務，負債增加 640 元。假設法定準備率為 0.2，則 C 銀行須提列 128 元（640×0.2）的法定準備金，剩餘 512 元的資金才可以再貸放出去。C 銀行的資產負債表如下：

C 銀行 B/S	
ER 512 LR 128	D 640

上述的貸放過程將一直持續到這 1,000 元的準備貨幣完全轉成法定準備金，則整個貸放才會停止。

我們可以將上述放款的過程對於整個社會貨幣供給增加的情形表示如下：

$\Delta M = A$ 銀行吸收的存款 $+$ B 銀行吸收的存款 $+$

C 銀行吸收的存款 $+ \cdots\cdots$。

$= 1000 + 800 + 640 + \cdots\cdots$

$= 1{,}000 \times [1 + 0.8 + (0.8)^2 + \cdots\cdots]$

$= 1{,}000 \times \dfrac{1}{1-0.8} = 1{,}000 \times \dfrac{1}{0.2} = 5{,}000$

$$貨幣供給的變動=\frac{1}{法定準備率}\times 準備貨幣的變動$$

以符號可以表示成$\Delta M=\frac{1}{r}\Delta B$。

式中：$\frac{1}{r}=\frac{1}{法定準備率}$，稱為引申存款乘數

►釋例 1

假定社會上只有一家銀行，在人民不持有貨幣與銀行不保留超額準備的前提下，某人將 5,000 元存入該銀行，又法定存款準備率為 10%，則經濟體系增加多少存款貨幣 (A)50,000 元 (B)5,000 元 (C)500 元 (D) 500,000 元 (E)以上皆非 【91 年政大科管】

(A)

由$\Delta M=\frac{1}{10\%}\cdot 5,000=50,000$（元）

►釋例 2

如果銀行法定存款準備率為20%，今某一銀行增加一筆現金存款100萬，銀行體系最多只能創造 400 萬的信用貨幣。 【90 年銘傳管科】

(○)

►釋例 3

「如果法定準備率是 100%，則貨幣乘數是 1，顯示銀行體系無法創造貨幣」。 【89 年銘傳管科】

(◯)

由 $M_1^S = mH = 1 \cdot H = H$，即強力貨幣（$H$）等於貨幣供給（$M_1^S$）。

第三節　貨幣供給乘數

假定一個簡單的經濟社會，忽略政府部門，整個金融體系是包括商業銀行與中央銀行。因此，這個經濟社會可分成：大眾（包括家庭與企業）、商業銀行與中央銀行三個部門。

㈠大眾之經濟行為

大眾利用現金、商銀發行之存款，安置部分之財富，其行為方程式（behaviral equations）分別如下：

$k = \dfrac{C}{D}$，C：大眾持有之現金；D：大眾持有之活期存款或即大眾持有之現金與活期存款成某一比率。

㈡商銀之經濟行為

為了應付顧客偶發性的大量提款與緊急之借款需求，商銀保有適當數量的超額準備（excess reserve, ER），以及法定準備（legal reserre, LR）。而法定準備和超額準備的總合稱為準備金（R），而準備金以外的資金可用來投資與放款（loans）。

㈢央行之經濟行為

中央銀行發行之通貨稱為強力貨幣（high-powered money, H），或準備貨幣（reserre money），或基礎貨幣（base money）。央行放出的通貨不是落入大眾手中，就是落入商銀手中，因此強力貨幣等於商銀之準備金（R），加上大眾持有之現金（C）。

由狹義貨幣供給（M_1^S）等於大眾持有之現金與活期存款，即 $M_1^S=C+D$。

依照定義，強力貨幣 $H=C+R$。

定義 $m=\dfrac{M_1^S}{H}$

式中 m：貨幣乘數

$$m=\frac{M_1^S}{H}=\frac{C+D}{C+R}=\frac{\frac{C}{D}+\frac{D}{D}}{\frac{C}{D}+\frac{R}{D}}$$

$$=\frac{\frac{C}{D}+\frac{D}{D}}{\frac{C}{D}+\frac{LR+ER}{D}}=\frac{\frac{C}{D}+\frac{D}{D}}{\frac{C}{D}+\frac{LR}{D}+\frac{ER}{D}}=\frac{k+1}{k+r_d+r_e}$$

式中 $\dfrac{C}{D}=k$　大眾持有之現金與活期存款成某一比率 k

$\dfrac{LR}{D}=r_d$　法定存款準備率

$\dfrac{ER}{D}=r_e$　超額存款準備率

即 $M_1^S=mH$，或 $M_1^S=\dfrac{k+1}{k+r_d+r_e}\cdot H$

上式的關係式主要是說明貨幣供給（M_1^S）是由貨幣乘數（m）乘上強力貨幣（H），而將貨幣乘數（m）予以分解，可以看出 k 是由大眾所決定的，r_e 是由商業銀行所決定的，而 r_d 是由中央銀行所決定的，而強力貨幣（H）也是由中央銀行所決定的。因此，中央銀行無法完全控制貨幣供給（M_1^S）。

►釋例 1

設法定準備率 $r_d=0.1$，通貨發行額 $C=6{,}000$ 億，活期存款 $D=10{,}000$

億，超額準備 $ER=100$ 億，請求出基礎貨幣 MB，貨幣乘數 m，貨幣供給 $M1$。【89 年淡江財金】

解答

1. $MB=C+R=6{,}000+0.1\times 10{,}000+100=7{,}100$（億）

2. $M1=C+D=6{,}000+10{,}000=16{,}000$（億）

3. $m=\dfrac{M1}{MB}=\dfrac{16{,}000}{7{,}100}=2.25$

►釋例 2

若我們知道：活期存款淨額＝4,000，通貨發行額＝2,400，商業銀行庫存現金＝120，中央銀行庫存現金＝120，商業銀行在中央銀行的存款總額＝500，試就上述資料求：

1. 貨幣供給（M_1）
2. 準備貨幣
3. 貨幣乘數 【90 年政大科管】

1. 通貨淨額 $=2{,}400-120-120=2{,}160$

   $M_1=2{,}160+4{,}000=6{,}160$

2. 準備貨幣 $=2{,}400-120+500=2{,}780$

3. 貨幣乘數 $=\dfrac{6{,}160}{2{,}780}=2.22$

►釋例 3

假設銀行準備金原為 500，存款準備率為 0.2，銀行已充分創造存款，設目前面臨經濟衰退，央行雖然將存款準備率降為 0.1，銀行卻無新增貸款需求，則目前的貨幣乘數為________。【91 年中山財管】

5

►釋例4

以下何項是有關貨幣供給的正確描述？

(A)貨幣供給是由央行、銀行及公眾所共同決定的 (B)貨幣供給＝貨幣乘數×銀行準備金 (C)公開市場操作可使央行完全掌控貨幣供給 (D)銀行擠兌事件將導致貨幣供給增加 【90年逢甲企研】

(A)

►釋例5

下列何者會使貨幣供給乘數變小？

(A)減少強力貨幣 (B)活期存款的存款準備率下降 (C)社會大眾改變通貨的習慣，降低通貨持有量，而增加支票存款 (D)以上皆正確 (E)以上皆非 【90年輔大金融】

(E)

►釋例6

金融工具創新，如信用卡和自動提款卡的推廣，將會提高貨幣的流通速度。 【90年銘傳管科】

(○)

因為支付工具的普及化將使收支間隔縮小，貨幣的流通速度提高。

第四節　中央銀行控制貨幣的工具

一、數量管制工具（一般管制）

㈠公開市場操作

指中央銀行衡量經濟金融情勢，利用有組織且公開的金融市場，買賣合格票據來影響銀行準備金、準備貨幣及貨幣供給量或者短期利率，據以實現中央銀行的寬鬆或緊縮性貨幣政策。

㈡重貼現率政策

若中央銀行認為目前的景氣過熱，而以提高重貼率來因應，使商銀的借款需求降低導致貨幣供給減少，達到緊縮政策之要求。

若中央銀行認為目前的景氣低迷，而以降低重貼現率來因應，使商銀的借款需求提高導致貨幣供給增加，達到擴張政策之要求。

㈢存款準備率政策

央行根據法令授權，在衡量經濟金融情勢發展的需要後，在法令規定範圍內提高或降低存款法定準備率，以增強或削弱存款貨幣機構，經由放款與投資創造銀行信用的潛在能力，達到控制貨幣供給量或影響市場利率的目標。

二、其他貨幣政策工具

㈠選擇性信用管制

指中央銀行管理特定信用的流向與流量，其工具有：

1. 保證金比例

銀行對於以證券抵押申請貸款者，不能以該證券之當時價格款，而須支付一部分保證金，保證金通常為當時市價之比例，而該比例則由央行決定。

2. 消費者信用比例

央行管制分期付款信用之付款條件措施，或者管制信用卡的預借現金額度。

3. 不動產信用管制

指央行管制不動產的分期貸款付款條件。

㈡直接管制

指中央銀行對銀行信用創造活動加以直接干涉與控制，有下列方式：

⑴直接限制貸款額度。

⑵對於業務不當的銀行採取強制制裁。

⑶對銀行吸收之活期存款，必要時可施以極高之邊際法定準備率。

⑷規定各銀行的放款及投資方針，以確保健全信用的經營原則。

㈢道義說服（moral suasion）

指央行對各銀行表明其立場，希望藉道義的影響及說服的力量，來達成管制各銀行業務的目標。此政策又稱為開口政策（open mouth policy）或稱下巴骨政策（jaw boning）。

題庫精選

( ) 1. 下列何種情形會使得貨幣需求增加？ (A)實質所得水準提高 (B)物價膨脹的預期提高 (C)名目利率水準提高 (D)換取貨幣的交易成本下降。 【91 年普考第二試】

( ) 2. 若自動提款機的普及降低了人們的貨幣需求，則此一變化會造成： (A)LM 曲線右移 (B)LM 曲線左移 (C)IS 曲線右移 (D)IS 曲線左移。 【91 年四等特考】

( ) 3. 其他條件不變，信用卡與簽帳卡的普及，會使得貨幣需求： (A)增加 (B)減少 (C)不變 (D)可能變多或變少，視發卡數量而定。 【91 年普考第二試】

( ) 4. 下列動機中，哪一項不是凱因斯認為的貨幣需求原因？ (A)交易動機 (B)保值動機 (C)預防動機 (D)投資動機。 【92 年普考第二試】

( ) 5. 下列何者導致總合需求的減少 (A)價格上漲 (B)政府支出增加 (C)貨幣供給增加 (D)投資下降。 【94 年四等特考】

( ) 6. 根據凱因斯的流動性偏好理論，下列陳述中，何者是正確的？ (A)人們為了應付突發事件，其所保有的貨幣量，與所得的高低無關 (B)個人或企業為了應付日常生活或正常開支，其所保有的貨幣量，亦與所得無關 (C)當利率低時，基於投機動機所保有的貨幣量較多 (D)當利率低時，基於投機動機所保有的債券較多。 【92 年四等特考】

( ) 7. 物價上升時，我國對名目貨幣需求會： (A)增加 (B)減少 (C)不

變　(D)不一定。【92 年普考第二試】

(　) 8.就流動性偏好理論而言，在其他狀況固定下，貨幣需求增加會造成：　(A)物價上升　(B)所得增加　(C)利率上升　(D)匯率上升。【92 年普考第二試】

(　) 9.下列何者不是凱因斯的貨幣需求動機？　(A)交易動機　(B)價值儲存動機　(C)投機動機　(D)預防性動機。【94 年四等特考】

(　) 10.劍橋學派的貨幣需求方程式為 $Md=KPY$，式中 K 為常數，P 為物價，Y 為實質所得。上述貨幣需求方程式強調的是貨幣所具有的何種功能？　(A)交易介　(B)計價單位　(C)價額儲藏　(D)遞延支付的標準。【91 年四等特考】

(　) 11.在其他條件不變之下，下列何者將會導致利率水準的下降？　(A)銀行減少信用卡與簽帳卡的發行　(B)資產選擇的多樣化程度提高　(C)銀行減少自動提款機的設立　(D)上班族支領薪水的方式普遍由領週薪改為領月薪。【93 年普考第二試】

(　) 12.根據凱因斯之流動性偏好理論，下列哪一項不是他認為民眾會持有貨幣的主要動機？　(A)交易動機　(B)安全動機　(C)預防動機　(D)投機動機。【94 年普考第二試】

(　) 13.下述有關貨幣需求的陳述中，何者是正確的？　(A)預期物價上漲率提高時，會增加貨幣的需求　(B)其他資產的報酬率提高時，會增加貨幣的需求　(C)資產總量增加時，會提高貨幣的需求　(D)物價水準上升時，會減少名目貨幣需求。【92 年四等特考】

(　) 14.持有貨幣的機會成本為　(A)引發物價膨脹　(B)降低銀行的放款能力　(C)促成交易進行　(D)犧牲了銀行存款利息。【94 年四等特考】

(　) 15.下列何者為商業銀行的負債？　(A)活期存款　(B)庫存現金　(C)放款　(D)存放央行準備金。【90 年普考第一試】

(　) 16.當經濟衰退時，中央銀行可以採取哪種措施以刺激經濟活動？　(A)

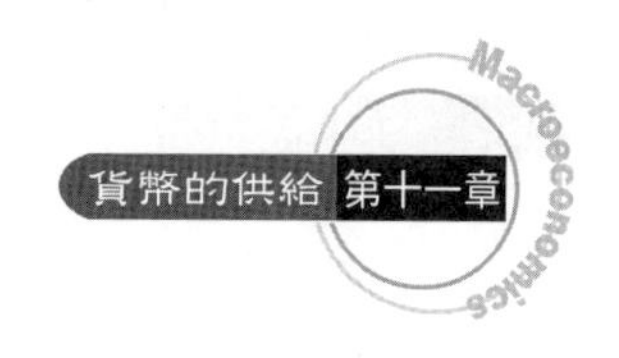

降低外資購買股票金額的上限　(B)提高存款準備率　(C)發行公債　(D)降低重貼現率。【90 年高考三級】

(　) 17.狹義貨幣 $M1$ 不包括　(A)通貨淨額　(B)定期存款　(C)支票存款　(D)活期存款。【94 年四等特考】

(　) 18.老王向銀行貸款 30 萬買新車，此舉使社會當時的貨幣供給額：(A)減少 30 萬　(B)增加 30 萬　(C)增加 30 萬的數倍　(D)不變。【94 年普考第二試】

(　) 19.在以物易物的經濟體系中，交易的達成必須有：　(A)商品貨幣　(B)中介機構　(C)紙幣　(D)互為需求。【94 年四等特考】

(　) 20.請根據下述資料，求出貨幣乘數，其值為：①通貨存款比例 0.25；②法定準備率為 0.15；③超額準備率為 0.1　(A)2.5　(B)4　(C)2　(D)6.7。【92 年四等特考】

(　) 21.下列有關貨幣乘數的描述，何者是正確的？　(A)貨幣乘數的大小，與民眾保有通貨的意願高低無關　(B)貨幣乘數的大小，與中央銀行在公開市場的操作並無直接關聯　(C)貨幣乘數的大小，與各種存款的法定準備率高低無關　(D)貨幣乘數的大小，與商業銀行的放款行為的積極性無關。【92 年四等特考】

(　) 22.公開市場操作有買進動作時，會導致　(A)銀行體系準備金的總量增加　(B)銀行體系準備金的總量減少　(C)不會改變銀行體系準備金的總量　(D)引起貼現率上升。【94 年四等特考】

(　) 23.中央銀行執行下列哪兩種政策，都會造成名目貨幣供給的增加？(A)提高法定存款準備率、提高重貼現率　(B)提高法定存款準備率、降低重貼現率　(C)降低法定存款準備率、提高重貼現率　(D)降低法定存款準備率、降低重貼現率。【93 年四等特考】

(　) 24.下列何者不是中央銀行貨幣政策的工具？　(A)法定準備率調整　(B)貼現率調整　(C)公開市場操作　(D)證券交易稅稅率調整。【90 年高考三級】

( ) 25.老王向銀行貸款200,000元買新車，此舉使社會當時的貨幣供給額：(A)下跌 (B)增加$200,000 (C)增加$200,000 的數倍 (D)不變。

【90 年普考第一試】

( ) 26.以下哪個項目不屬於準貨幣（quasi-money）的項目？ (A)定期儲蓄存款 (B)郵政儲金 (C)外匯存款 (D)活期存款。

【91 年普考第二試】

( ) 27.下列哪一個項目不包含於我國貨幣供給 M1B 的組成中？ (A)通貨淨額 (B)定期存款 (C)活期儲蓄存款 (D)活期存款。

【94 年普考第二試】

( ) 28.下列哪一個項目不是我國貨幣供給 M1B 的組成分子？ (A)支票存款淨額 (B)活期存款 (C)活期儲蓄存款 (D)定期存款。

【92 年普考第二試】

( ) 29.下列哪種政策是屬於選擇性信用管制政策 (A)中央銀行對證券融資與融券比例進行調整 (B)中央銀行在外匯市場買進或賣出外匯 (C)中央銀行增減對政府財政赤字的融通 (D)中央銀行對郵政儲金轉存款轉存比例的調整。 【94 年四等特考】

( ) 30.下列有關貨幣的陳述，何者是正確的？ (A)強制貨幣係指具有無限法償地位的紙幣 (B)強制貨幣仍具有商品貨幣的本質 (C)強制貨幣的發行，可以完全不用考慮其購買力穩定的問題 (D)信用卡方便購物，故也算是一種貨幣。 【92 年四等特考】

( ) 31.依我國的貨幣供給定義，外匯存款被包含在下列哪一種的定義裡？(A)M1A (B)M1B (C)M2 (D)M2B。 【93 年四等特考】

( ) 32.下列何種因素造成本國貨幣供給量增加？ (A)中央銀行在外匯市場賣出美元 (B)中央銀行在債券市場賣出債券 (C)中央銀行降低重貼現率 (D)政府以發行公債方式融通政府支出的增加。

【91 年四等特考】

( ) 33.中央銀行可以採行哪一種方式，以便提高貨幣供給量？ (A)提高

存款的法定準備率 (B)在公開市場購入債券 (C)提高重貼現率 (D)加強選擇性信用管制。 【92 年四等特考】

( ) 34.在一個物物交換的經濟體系中，若有貨幣引進，則下列哪一項貨幣所扮演的功能可以用來解決物物交換經濟體系中，交易的雙方不易成為互為需要（double coincidence of wants）的問題？ (A)交易的媒介 (B)計價的單位 (C)價值的儲存 (D)遞延支付的標準。

【93 年普考第二試】

( ) 35.中央銀行可以直接控制下列何項？ (A)通貨淨額及支票和活期存款 (B)貨幣基數（即強力貨幣或準備貨幣） (C)廣義貨幣供給 (D)通貨淨額。 【90 年普考第一試】

( ) 36.中央銀行要增加貨幣供給，可採用何種方式？ (A)提高重貼現率 (B)提高存款準備率 (C)賣出中央銀行所持有的外匯 (D)買進政府債券。 【92 年普考第二試】

( ) 37.商業銀行具有創造存款貨幣的功能，主要是因為： (A)可以接受存款 (B)可以進行法令範圍內的投資 (C)只須保留存款的某一比例作為準備金，且將多餘現金貸放出去 (D)設有許許多多的分行。

【92 年四等特考】

( ) 38.商業銀行的貨幣創造乘數，等於： (A)超額準備占存款比例的倒數 (B)重貼現率的倒數 (C)存款準備率的倒數 (D)社會大眾持有通貨占存款比例的倒數。 【91 年普考第二試】

( ) 39.一國國際收支赤字將導致一國貨幣供給緊縮，為抵銷此貨幣供給緊縮，則中央銀行可採取下列何種措施？ (A)公開市場買入 (B)提高法定存款準備率 (C)公開市場賣出 (D)提高重貼現率。

【90 年高考三級】

( ) 40.假設銀行體系的超額準備率為 0，社會的現金流失率（Cash Leakage）為 0，應提準備為 20%，若央行公開市場買入$1,000,000 的政府公債，最終可使貨幣供給額最多增加： (A)$200,000 (B)

$5,000,000 (C)$2,000,000 (D)$4,000,000。【90 年普考第一試】

( ) 41. 下列何者會導致貨幣乘數的上升？ (A)各種存款的法定存款準備率之調高 (B)商業銀行所握有的超額準備率之調高 (C)家庭及廠商保有通貨意願的上揚 (D)家庭保有定期儲蓄存款的比例下降。

【93 年普考第二試】

( ) 42. 在下列哪種情況下，貨幣乘數比較大？ (A)當個人持有較少現金 (B)存款的法定準備率提高 (C)商業銀行保有超額準備金增加 (D)央行進行公開市場操作。 【94 年普考第二試】

( ) 43. 資金需求者透過間接金融（indirect finance）與直接金融（direct finance）兩種方法取得資金，其間的差別在於： (A)前者在貨幣市場或資本市場發行票券，後者透過金融機構中介 (B)前者透過金融機構中介，後者在貨幣市場或資本市場發行票券 (C)前者是透過有組織的金融體系取得資金，後者在無組織的金融體系取得資金 (D)前者向中央銀行融資，後者向商業銀行融資。

【91 年普考第二試】

( ) 44. 下列各項貨幣政策工具，何者主要是透過影響貨幣乘數來控制貨幣供給？ (A)公開市場操作政策 (B)法定存款準備率政策 (C)郵政儲金轉存款轉存政策 (D)選擇性信用管制政策。【93 年普第二試】

( ) 45. 下列何者屬於強力貨幣（high-powered money）或準備貨幣（reserve money）的組成分子？ (A)家庭手中所握有的定期儲蓄存款 (B)家庭手中所握有的活期儲蓄存款 (C)廠商手中所握有的支票存款 (D)銀行保險櫃裡的現鈔。 【94 年四等特考】

( ) 46. 中央銀行可以從事貨幣質的控制（qualitative control），以下何者屬於質的控制？ (A)存款準備率高低 (B)公開市場操作高低 (C)股票購買的融資成數高低 (D)重點現率高低。【91 年普考第二試】

( ) 47. 下列哪一種的資金取得方式屬於間接金融（indirect finance）？ (A)向銀行借入房貸 (B)股票上市公司發行特別股 (C)股票上市公

司發行普通股　(D)股票上市公司發行公司債。【93 年四等特考】

(　) 48.外匯存款戶紛紛解約轉成本國活期存款，對各種貨幣總量的立即影響為：　(A)M1B 上升　(B)M1B 不變　(C)M2 上升　(D)M2 下降
【91 年四等特考】

(　) 49.總合貨幣供需平衡式 $MS=P\cdot A\cdot Y/i$，其中 P 是價格水準，A 是固定常數，Y 是實質產出水準，i 是利率，由這個關係可以導出一個大概的關係：　(A)物價膨脹率等於貨幣成長率減去實質國民所得成長率加上名目利率成長率　(B)物價膨脹率等於貨幣成長率加上實質國民所得成長率加上名目利率成長率　(C)物價膨脹率等於貨幣成長率加上實質國民所得成長率減去名目利率成長率　(D)物價膨脹率等於貨幣成長率減去實質國民所得成長率減去名目利率成長率。【91 年普考第二試】

(　) 50.下列何者較可能使貨幣供給額減少？　(A)債券利率上升　(B)應提準備率上升　(C)超額準備率下降　(D)貼現率下跌。
【90 年普考第一試】

(　) 51.若中央銀行提供專款給商業銀行，作為低利房貸之用，此舉將會導致我國的利率水準　(A)下跌，且貨幣供給數量增加　(B)下跌，且貨幣供給數量減少　(C)提高，且貨幣供給數量增加　(D)提高，且貨幣供給數量減少。【94 年四等特考】

(　) 52.下列項目中，哪一項不屬於中央銀行的資產？　(A)央行所持有的外匯　(B)央行貼現給商業銀行的商業本票　(C)央行所發行的通貨　(D)央行所持有的政府債券。【94 年普考第二試】

(　) 53.中央銀行的貨幣政策是變動貨幣供給量，再透過以下哪個變數來影響經濟穩定與繁榮？　(A)價格　(B)利率　(C)失業率　(D)勞動參與率。【91 年普考第二試】

(　) 54.以下關於貨幣的說明，何者正確？　(A)支票存款、通貨及信用卡都有支付功能，都屬於貨幣　(B)貨幣的功能包括價值的儲存與遞

延支付的標準　(C)貨幣的演進是由強制貨幣（fiat money）制度演進到商品貨幣（commodity money）　(D)劣幣驅逐良幣的現象，又稱為銀本位制度。　【91 年普考第二試】

(　)55.若中央銀行在貨幣市場中大量發行乙種國庫券、定期存單與儲蓄券，此舉將會導致我國的利率水準：　(A)下跌，且貨幣供給數量增加　(B)下跌，且貨幣供給數量減少　(C)提高，且貨幣供給數量增加　(D)提高，且貨幣供給數量減少。　【94 年四等特考】

第十二章

景氣循環與經濟成長

隨著時間的經過，所得終將會沿著長期趨勢線往上升，但就每一個期間來看，實際的所得（產出）卻是依著期趨勢線呈現上下波動的情況，到底是什麼原因所造成的呢？我們將在景氣循環這個主題予以討論。另外一個主題也是和時間因素有關的，我們關心一個經濟社會它的所得（產出）是否會增加外，還希望它增加的幅度比以前還多，最好是每年都是持續增加，這種隨著時間的經過實質所得（產出）增加的現象，稱之為經濟成長（economic growth）。

經濟成長是探討經濟體系中實質產出水準的成長率，即$\frac{Y_t - Y_{t-1}}{Y_{t-1}}$，而長期經濟成長是由何種因素所決定，以及充分就業量如何隨著時間之變化。

本章主要介紹兩個成長模型，分別是新古典學派的成長理論（neoclassical growth theory）又稱為梭羅（Solow）模型。我們將探討經濟社會裡穩定狀態（steady state）下的平均每人資本水準是如何決定的。當儲蓄率改變時，如何影響平均每人資本水準以及平均每人產出。此外，使得社會福利最大的平均每人資本又是如何決定的。如果考慮人口成長率對平均每人資本又有何影響。

另一個成長理論稱為內生成長理論有別於梭羅模型成長理論，它認為經濟體系內本身就存有成長的因子，只要這些因子適度地加以激勵與誘發，整個經濟體系也會邁向成長的道路。

第一節　梭羅成長模型（Solow growth model）

一、生產函數

生產函數$Y=F(K,L)$假設設生產函數為固定規模報酬，即$\lambda Y=F(\lambda K,\lambda L)$，表示資本和勞動皆增加$\lambda$倍，產出也會增加$\lambda$倍。令$\lambda=\frac{1}{L}$，則

$\frac{Y}{L}=F\left(\frac{K}{L},\frac{L}{L}\right)$，所 以 $\frac{Y}{L}=F\left(\frac{K}{L},1\right)=F\left(\frac{K}{L}\right)$，若 $\frac{Y}{L}=y$ 表示平均每人的產出，$\frac{K}{L}=k$ 表示平均每人的資本，再把生產函數寫成 $y=f(k)$。

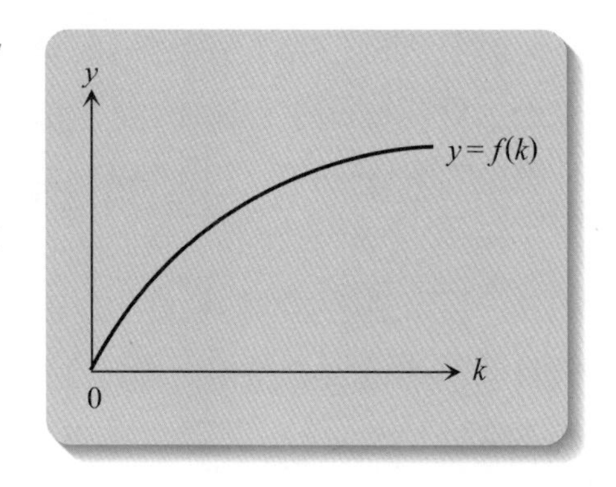

二、總需求

假設總需求僅包括消費與投資，則均衡時總供給等於總需求，總供給以 y 表示，總需求為 $c+i$，均衡時 $y=c+i$。若 S 表示儲蓄金額，$s=\frac{S}{y}$ 表示儲蓄率，則 $c=(1-s)y$，那 $y=c+i=(1-s)y+i$，整理得 $i=sy$。又 $y=f(k)$，所以 $i=sf(k)$。

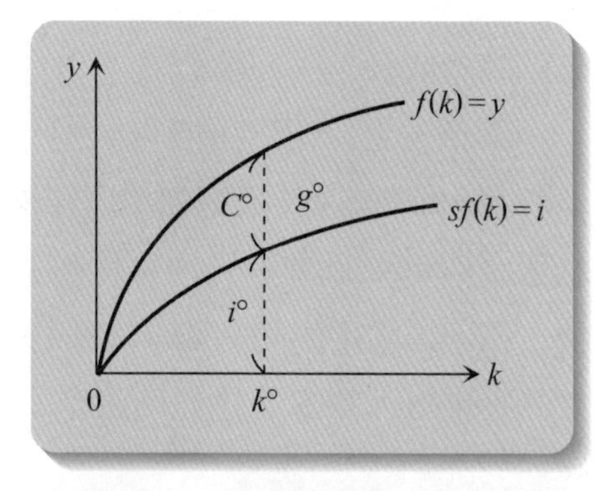

當 $k=k^\circ$ 時，對 應 的 $y=y^\circ$，而 $i^\circ=sy^\circ$，$c^\circ=y^\circ-i^\circ$。

由毛投資＝淨投資＋替換投資，或淨投資＝毛投資－替換投資

$\Delta k=y-\delta k$，式中 δ 表示折舊率。

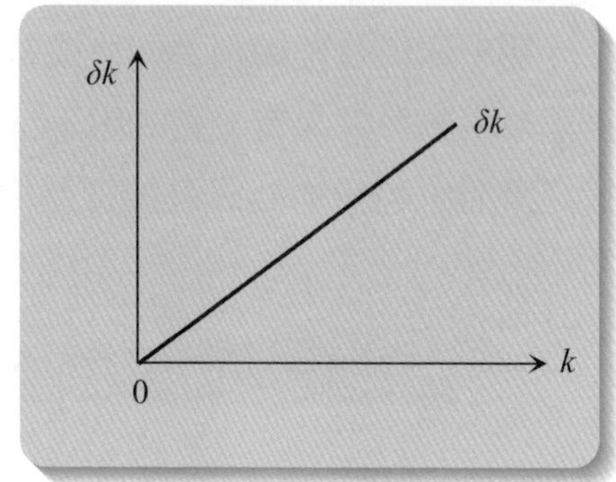

將 $i=sf(k)$ 代入 $\Delta k=i-\delta k$ 得 $\Delta k=sf(k)-\delta k$，當 $k=k_1$ 時，$i<\delta k$，則 k 會增加；反之，當 $k=k_2$ 時，$i>\delta k$，則 k 會減少。一直到 $k=k^*$，$i=\delta k$，即 $sf(k)=\delta k$，此時 $\Delta k=0$。若 k 之不再調整，則 k^* 為穩定狀態（steady state）下的資本水準。

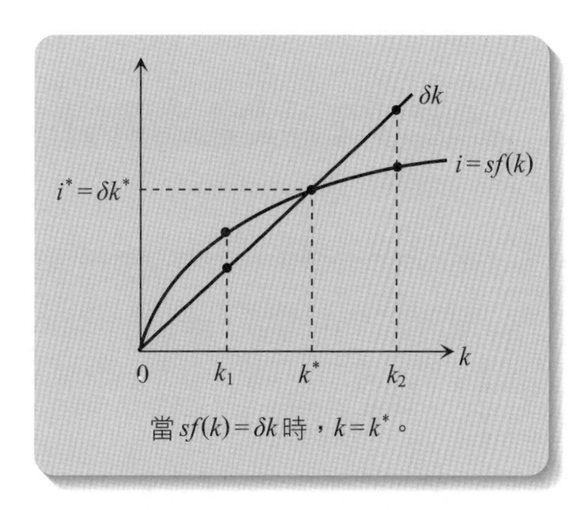

當 $sf(k)=\delta k$ 時，$k=k^*$。

例：生產函數為 $Y=K^{\frac{1}{2}}L^{\frac{1}{2}}$，折舊率（$\delta$）為 0.2，儲蓄率（$s$）為 0.4，求穩定狀態下的資本存量。

說明：

由生產函數 $Y=K^{\frac{1}{2}}L^{\frac{1}{2}}$，各除 L 得，

$\frac{Y}{L}=\frac{K^{\frac{1}{2}}L^{\frac{1}{2}}}{L}=\left(\frac{K}{L}\right)^{\frac{1}{2}}$，令 $\frac{Y}{L}=y,\ \frac{Y}{L}=k$，故可寫成 $y=k^{\frac{1}{2}}$，穩定狀態下的資本存量的條件為 $sf(k)=\delta k$，已知 $y=k^{\frac{1}{2}},\ \delta=0.2,\ s=0.4$ 代入得 $0.4\,k^{\frac{1}{2}}=0.2\times k$，即 $k=4$

三、儲蓄率的改變

當儲蓄率為 s_0 時，所對應的均衡 $k=k_o^*$，如果儲蓄率由 s_0 提高到 s_1 時，所對應均衡 $k=k^*$。顯示梭羅模型可以透過儲蓄率的提高，使得平均每人資本上升。以及平均每人產出增加。

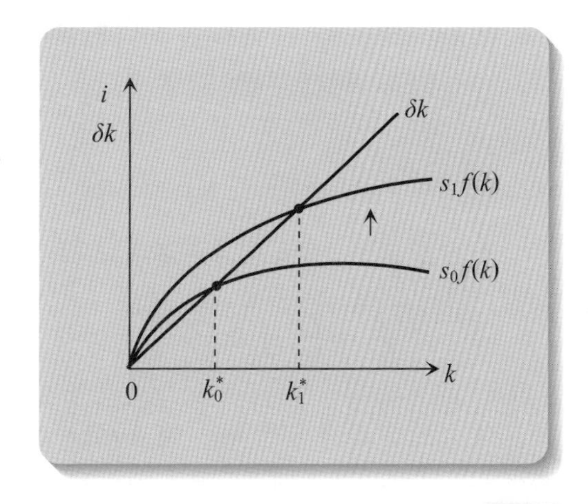

第二節　黃金法則的資本水準

使得平均每消費（c）最大時，所對應的平均每位勞工資本。該 k 值謂之黃金法則的資本水準（golden rule level of capital）。

假設為二部門，總供給等於總需求，而總需求只有民間和企業部門。

由 $y=c+i$ 整理成 $c=y-i$。

在穩定狀態下，當 $k=k^*$ 時，$y=f(k^*)$, $i=\delta k^*$，代入 $c=y-i$，得到 $c^*=f(k^*)-\delta k^*$，我們的目的是希望找出使得 c^* 最大的情況下的 k 為何？

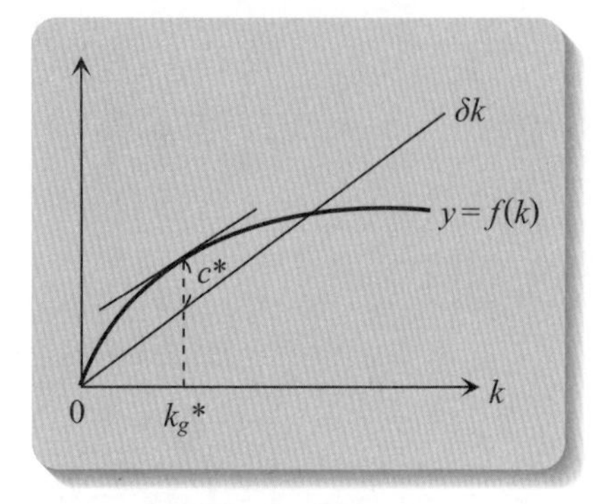

繪成圖形如下：c 就是 $f(k)$ 和 δk 的距離。

由幾何的觀點，如何使 c 最大，即 $f(k)$ 和 δk 的距離最大，對 $y=f(k)$ 做切線，其斜率和 δk 的斜率相等時，可以使 c 最大。如圖所示：即 $\frac{dy}{dk}=\frac{df(k)}{dk}=MPK$，和 $\frac{d\delta k}{dk}=\delta$，得 $MPK=\delta$。當 $MPK=\delta$ 時，可以找到使消費（c）最大的資本存量（k_g^*）。

例：生產函數 $Y=K^{\frac{1}{2}}L^{\frac{1}{2}}$，折舊率（$\delta$）為 0.2，求黃金法則的資本存量以及所對應的儲蓄率（s）。

說明：

由生產函數 $Y=K^{\frac{1}{2}}L^{\frac{1}{2}}$，各除 L 得

$\frac{Y}{L}=\frac{K^{\frac{1}{2}}L^{\frac{1}{2}}}{L}=\left(\frac{K}{L}\right)^{\frac{1}{2}}$，令 $\frac{Y}{L}=y, \frac{Y}{L}=k$，故可寫成 $y=k^{\frac{1}{2}}$，為求得使消費最大的資本存量，條件為 $MPK=\delta$，而 $MPK=\frac{\partial y}{\partial k}=\frac{\partial k^{\frac{1}{2}}}{\partial k}=\frac{1}{2\sqrt{k}}$，

已知 $\delta=0.2$，故 $\frac{1}{2\sqrt{k}}=0.2$ 得 $\sqrt{k}=\frac{5}{2}$，即 $k=\frac{25}{4}$，

已知 $k=\frac{25}{4}$，$\delta=0.2$，求所對應的儲蓄率（s）可由 $sf(k)=\delta k$，即

$$s\times\left(\frac{25}{4}\right)^{\frac{1}{2}}=0.2\times\frac{25}{4},$$

得 $s=0.5$

‧考慮人口成長

若我們考慮人口會隨時間經過而成長，令人口成長率 $n=\frac{dL}{dt}\cdot\frac{1}{L}$，由 $k=\frac{K}{L}$，對時間（t）微分得

$$\begin{aligned}
\frac{dk}{dt}&=\frac{d\left(\frac{K}{L}\right)}{dt}=\frac{1}{L}\cdot\frac{dk}{dt}-\frac{K}{L^2}\cdot\frac{dL}{dt}\\
&=\frac{1}{L}\cdot\frac{dk}{dt}-\frac{1}{L}\cdot\frac{K}{L}\cdot\frac{dL}{dt}\\
&=\frac{1}{L}(I-\delta k)-\frac{K}{L}\cdot n\\
&=\frac{I}{L}-\delta\frac{K}{L}-\frac{K}{L}\cdot n\\
&=i-\delta k-kn\\
&=i-(\delta+n)k\\
&=sf(k)-(\delta+n)k
\end{aligned}$$

當 $\frac{dk}{dt}=0$ 表示隨著時間的經過，資本存量不再變動，就達成均衡了，即 $sf(k)-(\delta+n)k=0$，或 $sf(k)=(\delta+n)k$

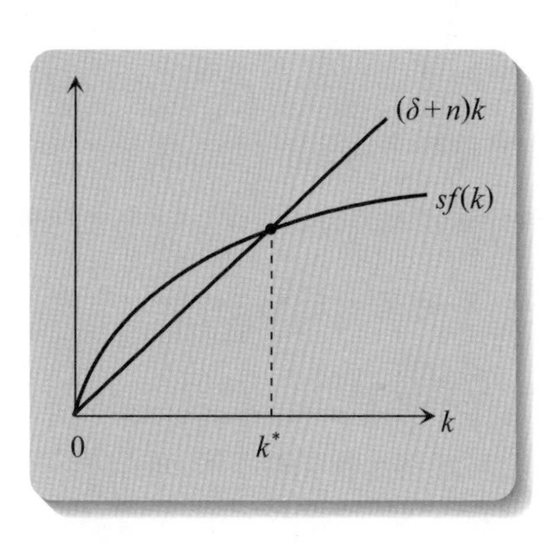

人口成長率提高對資本存量與產出有何影響呢？當人口成長率由 n_0 上升到 n_1 時，資本存量由 k_0 減少到 k_1，相對所對應的產出也會減少。

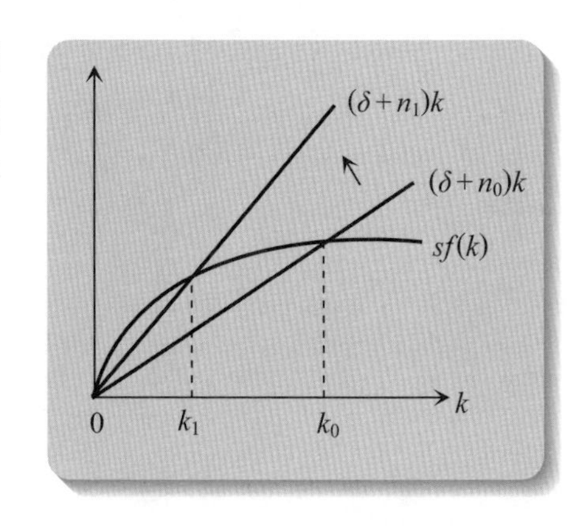

►釋例 1

新古典成長理論中，如果儲蓄率為 0.2，折舊率等於 0.05，平均每人產出的生產函數為 $f(k)=\sqrt{k}$，且人口成長率等於 0.05，則長期均衡（steady state）的平均每人產出為多少？

(A)1　(B)2　(C)4　(D)9　(E)25　【90 年輔大金融】

(B)

►釋例 2

若經濟體系的生產函數為：

$Y=10K^{0.5}L^{0.5}$

已知資本折舊率為 10%，人口無成長，儲蓄率為 20%

(1)請計算 steady state 下每人所得和資本

(2)請計算 golden rule 下之儲蓄率與每人消費量，故表示該經濟體系儲蓄率過高或過低？　【90 年元智企管】

(1)由生產函數 $Y=10K^{\frac{1}{2}}L^{\frac{1}{2}}$，各除 L 得

$\frac{Y}{L}=\frac{10K^{\frac{1}{2}}L^{\frac{1}{2}}}{L}=10\left(\frac{K}{L}\right)^{\frac{1}{2}}$，令 $\frac{Y}{L}=y,\ \frac{K}{L}=k$，故可寫成 $y=10k^{\frac{1}{2}}$，在穩定狀態下的資本存量條件為

$sf(k)=\delta k$，已知 $y=10k^{\frac{1}{2}}, \delta=0.1, s=0.2$ 代入

得 $0.2\times10\sqrt{k}=0.1k$，即 $k=400$（每人資本）

將 $k=400$ 代入 $y=10k^{\frac{1}{2}}$ 得 $y=10\times\sqrt{400}=10\times20=20$（每人所得）

(2) $MPK=\frac{\partial y}{\partial k}=\frac{\partial 10\cdot k^{\frac{1}{2}}}{\partial k}=10\times\frac{1}{2\sqrt{k}}=\frac{5}{\sqrt{k}}$

已知 $\delta=0.1$ 由 $MPK=8$，即 $\frac{5}{\sqrt{k}}=\frac{0.1}{1}$

$k=2{,}500$

已知 $k=2{,}500$，$\delta=0.1$ 求所對應的儲蓄率（s）

可由 $sf(k)=\delta k$　即 $s\times10\sqrt{2{,}500}=0.1\times2{,}500$

$s=0.5$

而目前儲蓄率為 20%，故儲蓄率過低。

►釋例 3

假設某國家的生產函數爲 $Y=K^{0.5}L^{0.5}$，其中 Y 爲產出水準，K 爲資本投入量，L 爲勞動投入量，儲蓄率爲 0.2，資本折舊率爲 0.1，則在穩定狀態（steady-state）之下每人產出（$y=Y/L$）爲多少？

(A)1　(B)2　(C)3　(D)4　(E)以上皆非　【91 年政大科管】

(B)；$k=4,\ y=2$。

第三節　內生成長理論（endogenous growth model）

一、資本邊際報酬固定

羅瑪（Romer, 1986）和盧卡斯（Lucas, 1988）等學者，對於先前梭羅的資本邊際報酬遞減的假設有不同的看法，他們認為資本（K）並非僅局限於資本設備，知識也是資本的一種，尤其知識是經濟體系在生產產品和勞務或新知識的生產的一項重要投入，而知識的特性相較於其他的資本設備，並不具邊際報酬遞減。經濟的成長，可以透過經濟體系內本身知識的創造，使得生產函數往上提升，進而促使資本存量和產出的增加。

二、對研究與發展的決策

廠商對於研究發展的投入多寡之決策，主要是基於該研究發展之外溢效果，若個別廠商研究發展，亦有利於其他廠商，表示該研發具有正向的外部性；反之，個別廠商的研究發展，可能對其他廠商有害，表示研發具有負的外部性，而正向的外部性其社會報酬比資本報酬都來得大，所以基於此觀點，政府透過補貼來鼓勵廠商的研究發展的是合理的。

第四節　景氣循環

一、定　義

景氣循環又稱為經濟循環，或稱商業循環（business cycle），指社會經濟發展過程中，非定期，但卻重複出現之所得波動的現象。

二、景氣循環週期

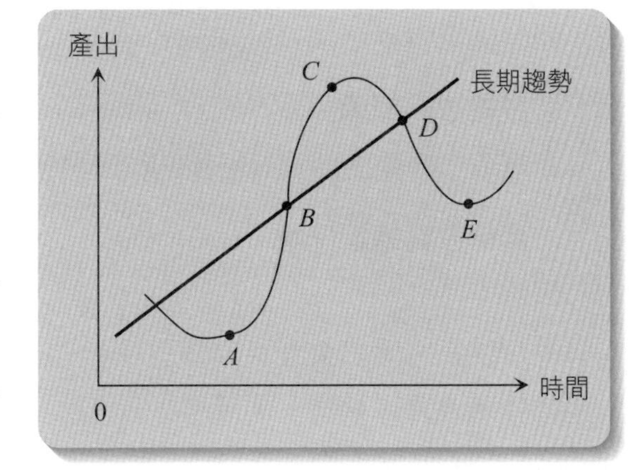

是指每一循環週期而言，都將經歷四個階級，分別為：

1. 擴張：生產活動由 A 到 B 為復甦階段，B 到 C 為繁榮階段。
2. 頂峰：生產活動最高點，如 C 點。
3. 緊縮：生產活動由 C 到 D 為變遷階級，D 到 E 為蕭條階段。
4. 谷底：生產活動的最低點，如 E 點。

三、景氣循環理論

(一)乘數與加速原理

薩穆森（Paul A. Samuelson）利用乘數效果與加速原理的交互作用，來解釋景氣循環的現象。

總需求增加（減少）$\xrightarrow{\text{乘數效果}}$所得增加（減少）$\xrightarrow{\text{加速原理}}$投資增加（減少）$\xrightarrow{\text{乘數效果}}$所得再增加（減少）$\xrightarrow{\text{加速原理}}$投資再增加（減少）……。

(二)政治景氣循環（political business cycle, PBC）

在經濟決策的決定過程中，執政的政治領袖參與實際決策的形成，這種因政治決策的影響，所造成的景氣循環的原因，謂之「政治景氣循環」。

主要論點：

1.公共選擇理論

在選舉前執政者採擴張性的經濟政策，而選舉後又採取緊縮性的經濟政策，如此反覆變動造成景氣波動的現象。

2.政黨政治理論

政黨政治的輪流執政，所採的經濟政策也不同，造成景氣循環的現象。

3.實質景氣循環理論（real business cycle, RBC）

假設：

1.物價和工資完全可以上下伸縮。

2.符合古典二分法，貨幣中立性成立。

主張：

1.勞動市場的跨期替代（intertemporal substitution of labor）造成就業量（N）和產出（y）的波動。

2.技術的衝擊（shock）使得產出產生了波動。

政策主張：

1.反對政府對經濟體系採取穩定性措施。

2.景氣循環波動是經濟體系面對技術變動可能的自然且有效率之反應。

►釋例 1

在實質景氣循環理論主張以技術政策之變動解釋景氣波動，故在景氣差時主張以財政政策刺激景氣。【90 年元智財金】

解答

（×）

►釋例 2

在實質景氣循環（real business cycle）理論中：

(A)生產面的技術變動是影響景氣的關鍵變數　(B)財政政策無法影響產出　(C)名目變數仍可能影響實質面的變數　(D)以上皆正確　(E)以上皆非　【90 年輔大金融】

(A)

四、景氣對策信號

目前我國最常用來衡量經濟景氣的工具，是由行政院經建會每個月所編製的「景氣對策信號」；主要是提供給政府決策部門及企業界，作為施政及營運的參考。

經建會所公布的信號是綜合國內經濟的幾項指標來判斷，景氣信號是以燈號顯示景氣程度，燈號的種類及所代表的定義如下：

1. 紅燈：表示景氣過熱，財金當局應採取緊縮措施。
2. 黃紅燈：表示景氣尚穩，短期內有轉熱或趨熱之可能。
3. 綠燈：景氣穩定。
4. 黃藍燈：景氣短期內有轉穩定或趨向衰退之可能，財金當局可能採取擴張措施。
5. 藍燈：景氣已進入衰退，財金當局應採取刺激經濟復甦之政策。

景氣循環的對策：可分成內部穩定機能（或稱為自動穩定機能）和政府的擴張與緊縮政策兩種對策。

㈠景氣自動調整因素

有累進的所得稅制和失業救濟金制度。

1. 當景氣繁榮時，所得提高，則民眾將落入較高的課稅級距內，稅額提高，則可支配所得下降，使得消費減少，降低景氣過熱；反之，當景氣衰退時，所得減少，則民眾將落入較低的課稅級距內，稅額減少，則可支配所得上升，使得消費增加，可緩和景氣惡化。
2. 當景氣繁榮時，所得增加，可以領救濟金的金額減少，可支配所得下降。使得消費減少，以降低景氣過熱；反之，當景氣衰退時，所得減少，可以領救濟金的金額增加，則可支配所得上升，使得消費增加，可緩和景氣惡化。

   但內部穩定機能只是減少其幅度，如果為了進一步縮小景氣變動幅度，還是需要政府的積極性的政策作為。

㈡政府的擴張與緊縮政策

當景氣繁榮時，政府可透過緊縮的財政政策。例如，增稅或減少政府支出；或採用緊縮的貨幣政策，例如，減少貨幣供給，來減少產出。反之，當景氣衰退時，政府可以採用擴張性的財政政策，例如，減稅或提高政府支出，或採用擴張性的貨幣政策，例如，增加貨幣供給來提高產出。

題庫精選

(　) 1. 景氣循環的順序為：　(A)擴張、頂峰、衰退、谷底　(B)頂峰、擴張、衰退、谷底　(C)擴張、頂峰、谷底、衰退　(D)頂峰、擴張、谷底、衰退。　【94年普考第二試】

(　) 2. 與景氣循環呈反向變動的指標為：　(A)物價　(B)所得　(C)失業率　(D)銷售量。　【93年四等特考】

第十三章

國際金融理論

國際金融理論（international monetary of financial theory）；探討有關國際經濟之貨幣面，如國際收支失衡及調整、外匯市場、匯率之升值、貶值及目前國際貨幣制度等問題。

本章首先介紹國際收支平衡表的意義與內容，說明外匯、外匯市場、外匯的價格（匯率）及影響外匯價格波動的因素，和匯率制度的意義與運作方式。最後的重點介紹凱因斯的小型開放經濟體系的模型，探討在釘住匯率制度與純粹浮動匯率制度下，不同的資本移動程度時，實施財政政策或貨幣政策之有效性。

第一節　國際收支平衡表

一、意義

在一段期間（通常是一年）內，一個國家對外國支付與從外國收入的金額及其發生的原因可以記載在一張表上，這張表稱之為國際收支平衡表（balance of payments statement）。

二、內容

國際收支平衡表可分成三個重要帳；經常帳（current account）、資本帳（capital account），官方準備交易帳（official reserve transaction Account）。

㈠經常帳：包括商品進出口、勞務收支淨額、無償性移轉收支淨額。其中以商品進出口所占的比重最大、又稱為貿易帳（trade account）。

㈡資本帳：包括直接投資與其他長期資本流入淨額、短期資本流入淨額。

㈢官方準備交易帳：包括存款貨幣機構和中央銀行所持有的國外資產淨額。

經常帳餘額＋資本帳餘額＝官方準備交易帳餘額

若官方準備交易帳大於零，稱為國際收支（balance of payment）盈餘。

若官方準備交易帳小於零，稱為國際收支赤字。

若官方準備交易帳等於零，稱為國際收支平衡。

在實務上衡量國際收支時，因為經常帳和資本帳有些數字需要透過估計才可得知，所以由官方準備交易帳等手段為實際。但基於會計借貸平衡的概念，國際收支平衡表必達成平衡，即經常帳餘額加資本帳餘額一定要等於官方準備交易帳餘額，若經常帳餘額加資本帳餘額不等於官方準備交易帳餘額，可以在等式的左邊加上誤差與遺漏淨額便等於成立，即國際收支平衡表與三個帳戶間的關係可以表示為：

經常帳餘額＋資本帳餘額＋誤差與遺漏淨額＝官方準備交易帳餘額

第二節　外匯市場

一、外匯（foreign exchange）的意義

為了應付國際支付而準備之外國通貨，例如，美元、英鎊、馬克等外國通貨。

外匯市場（foreign exchange market）：係指外匯的供給與需求而言。而一般所謂的外匯市場，即狹義的外匯市場，則指對外國即期性金融請求權——外國貨幣（外幣）的供給與需求而言。

二、外匯的供給與需求

㈠外匯的供給

1. 對外貿易，包括商品、勞務的輸出。
2. 外國人到本國來旅行、留學等。
3. 本國人在外國投資的收入。
4. 外國政府派駐本國人員的開支。
5. 本國僑民匯款回國。
6. 外國的贈與或援助。

㈡外匯的需求

1. 對外貿易的輸入。
2. 本國人到外國旅行、留學。
3. 外國人在本國投資的收入。
4. 本國派駐國外人員的開支。
5. 外國僑民匯款回國。
6. 對於外國的贈與援助。

㈢外匯匯率（rate of exchange）的意義

係指本國貨幣與外國貨幣價值的兌換比率，亦即本國貨幣在國外市場之購買力。

例如：1 美元可以兌換台幣 30 元，則匯率為 $\frac{30}{1}=30$。

㈣均衡匯率之決定

外匯的需求曲線是一條負斜率的曲線，表示外匯需求量與匯率之間呈反向的變動關係，如圖中的D線；外匯的供給曲線是一條正斜率的曲線，表示外匯供給量與匯率之間呈正向的變動關係，如圖中的S線。外匯市場達成均衡時，外匯需求等於外匯供給，即D線和S線相交之處，此時均衡匯率為e^*。

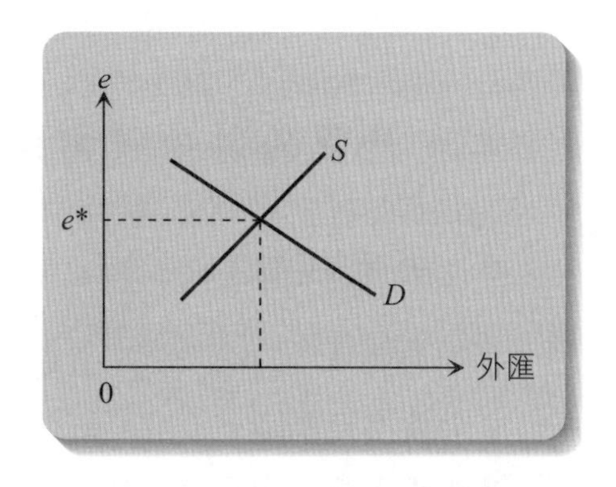

三、均衡匯率的變動

若外匯的供給曲線或需求曲線移動將使均衡匯率產生變動。

㈠影響外匯需求曲線向右移的因素有

⑴進口量增加；⑵資金流出；⑶中央銀行買入外匯。

1.進口量增加

是進口商需要外匯以進口國外商品，對外匯需求增加。

2.資金流出

本國資金要到外國投資或投機，須先轉換成外匯，故對外匯需求增加。

3.中央銀行買入外匯

央行基於穩定金融從外匯市場買入外匯，所以對外匯的需求增加。

上述因素皆會使外匯需求曲線向右移動，使均衡匯率上升，如右圖。

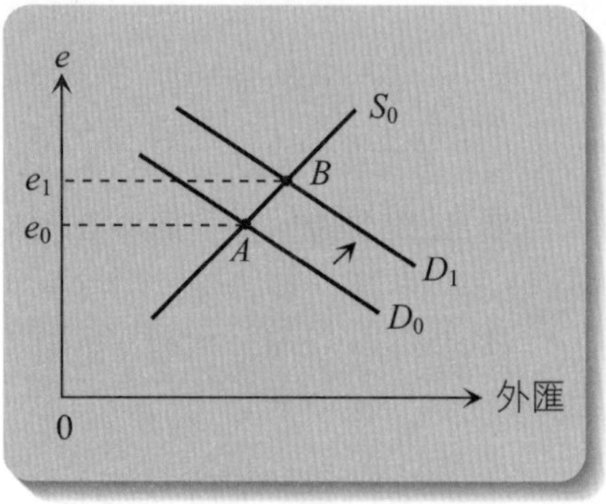

㈡影響外匯供給向右移的因素

因素有：⑴出口量增加；⑵資金流入；⑶中央銀行拋售外匯。

1. **出口量增加**

本國的出口商將商品出售到國外，取得外匯，使得外匯供給增加。

2. **資金流入**

外國的資金為投資或投機目的而大舉匯入，造成外匯供給的增加。

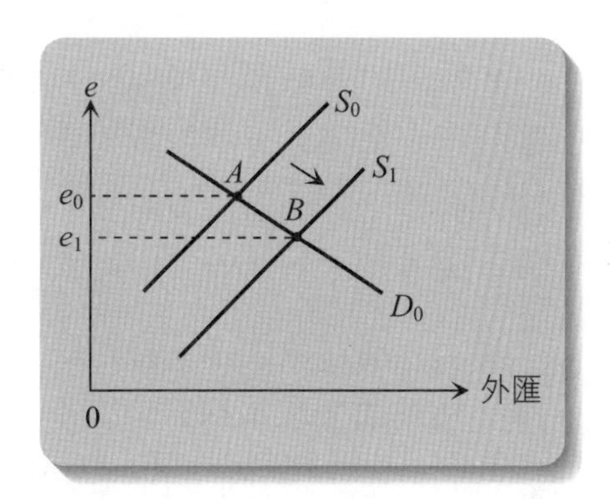

3. **中央銀行拋售外匯**

央行為了穩定金融從外匯市場出售外匯，使外匯供給增加。

上述因素皆會使外匯供給曲線向右移動，使均衡匯率下降，如圖：

㈢影響外匯需求曲線向左移的因素

進口量減少。當進口量減少，對於外匯的需求亦減少，造成外匯需求曲線向左移，使得均衡匯率下降。

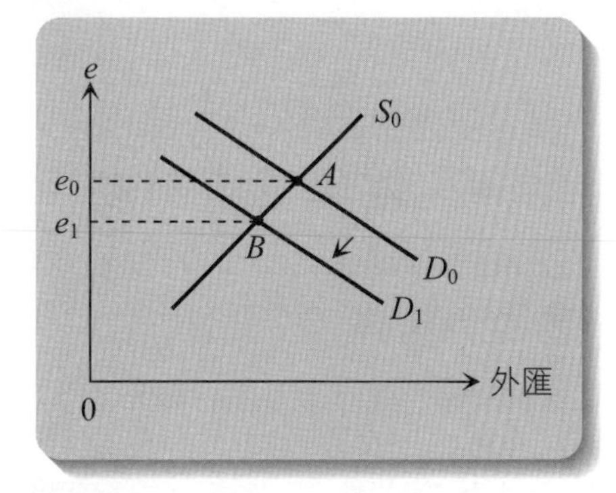

㈣影響外匯供給曲線向左移的因素

出品量減少。

當出品量減少，對於外匯的供給減少，使得外匯供給曲線向左移，導致均衡匯率上升。

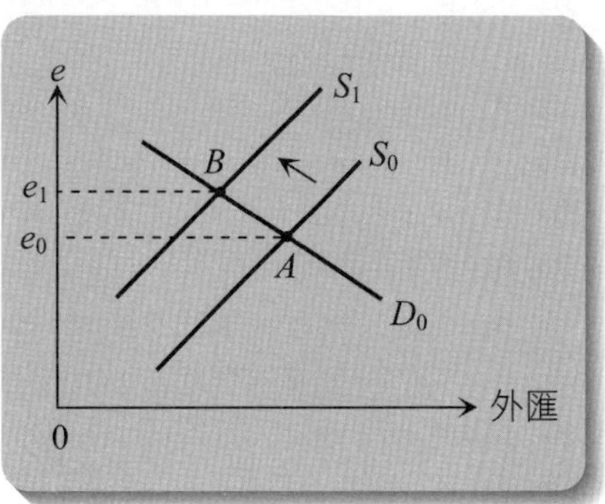

第三節　匯率制度

一國之外匯政策（foreign rate policys）係指該國對於國際貨幣（或其他外國貨幣）之價格，持有及交易方式所採取的態度。對於外匯價格之政策稱為匯率政策（exchange rate policys）。

一國之匯率政策有兩個極端情形，其一是中央銀行把匯率釘住在某一固定水準上，除非情況已變化到非常嚴重地步，否則不輕易變動被釘住的匯率水準，這種匯率政策稱釘住匯率制度（pegged exchange rate system）。另一種極端的政策是讓外匯的供給與需求自由決定外匯的價格，中央銀行不做任何的干預，這種匯率政策稱純粹浮動匯率制度（pure floating exchange rate system）。

一、釘住匯率制度

㈠意義

在釘住匯率制度下，中央銀行在某一固定價格（被認為是長期均衡價格）下或在此固定價格上下狹窄範圍（通常是上下 1%）內，無限地買進或賣出外匯，即把外匯釘住在這個固定的水準上或釘住在此固定價格上下的狹窄範圍內；中央銀行釘住價格的對象通常是國際貨幣，例如，釘住美元匯率等。

㈡方式

中央銀行如何釘住匯率可利用圖形予以說明。圖中，假定中央銀行設定的長期均衡匯率是 e_c，中央銀行希望把匯率穩定在 e_c 上下 1%的範圍內，如

果原來的短期外匯需求線是D_0，外匯供給線是S_0，則市場決定的匯率高於中央銀行希望釘住範圍的上限（$1.01e_c$），所以，中央銀行在外匯市場上拋售外匯，即增加外匯的供給，使匯率下降至（$0.99e_c$～$1.01e_c$）之範圍內。即外匯供給線由S_0向右移動到S_1。

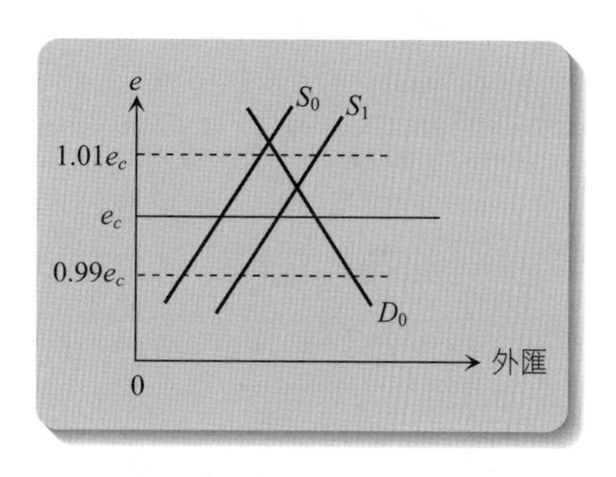

如果短期的外匯供給線S_0和外匯需求線D_0，所決定的市場匯率低於中央銀行希望釘住範圍的下限（$0.99e_c$），所以，中央銀行在外匯市場上買入外匯，即增加外匯的需求，使匯率上升至（$0.99e_c$～$1.01e_c$）之範圍內。即外匯需求線由D_0向右移到D_1。如圖所示；

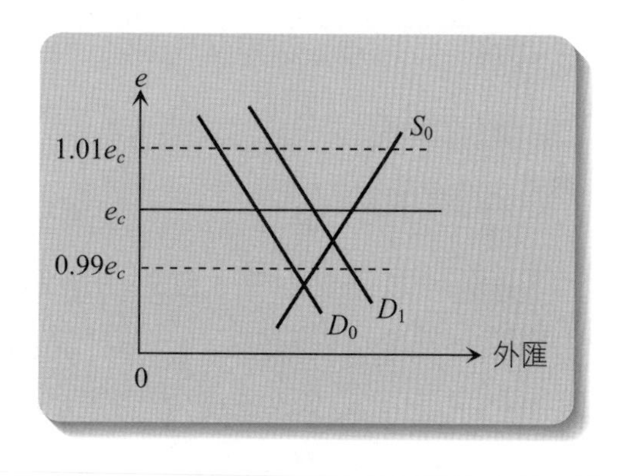

㈢影響

當中央銀行在外匯市場出售外匯時，同時將收回同等額的新台幣，即國內的貨幣供給減少，將造成利率上升，物價水準下降。而中央銀行在外匯市場買入外匯時，同時將釋放出同等額的新台幣，即國內的貨幣供給增加，將使利率下降，物價水準上升。因此，在釘住匯率制度下，央行在外匯市場從事外匯的買賣以干預匯率，將影響國內貨幣供給量的變動，造成國內經濟受到波動而不穩定。

二、浮動匯率制度

㈠定義

浮動匯率制度的基本精神是讓外匯的供給與需求決定外匯價格，若外匯市場的供給與需求是唯一決定匯率的因素；政府完全不干預外匯市場，則該匯率制度稱為純粹浮動匯率制度（pure floating exchange rate system）或乾淨的浮動匯率制度（clean floating exchange rate system）。

㈡方式

當目前的匯率（e_o）高於市場均衡匯率（e^*），則外匯市場有超額供給，即國際收支有盈餘，匯率將透過市場機能由 e_o 逐漸下降，下降的過程中國際收支盈餘逐漸縮小，一直到均衡匯率 e^* 為止，國際收支達成平衡。

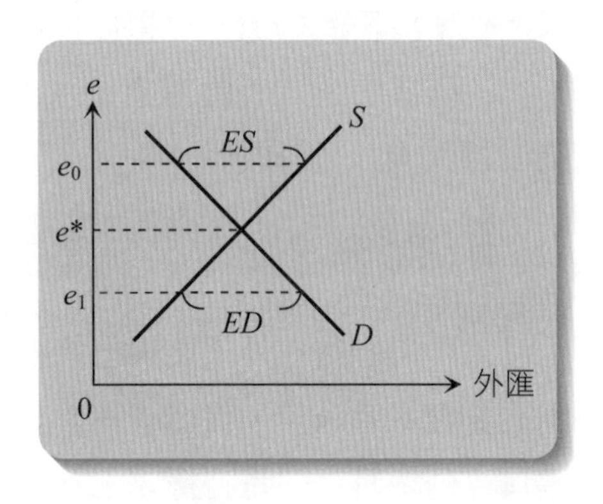

當目前的匯率（e_1）低於均衡匯率（e^*）則外匯市場有超額需求，即國際收支有赤字，匯率也透過市場機能由 e_1 逐漸上升，上升的過程中國際收支赤字也逐漸縮小，一直到均衡匯率 e^* 為止，國際收支達成均衡。

㈢影響

浮動匯率制度下，匯率完全由外匯供給與需求來決定，國際收支永遠維持均衡，央行亦不需為了維持匯率的穩定而到外匯市場買賣外匯，本國的貨幣供給因而維持在較穩定的水準。來自國際收支的變動，不會對本國的經濟體系產生衝擊。

㈣升值（appreciation）與貶值（devaluation）

1. 本國通貨之對外價值提高，亦即貶低本國之對外匯率，例如，原來 1 美元可兌換 32 台幣，現在是 1 美元可兌換 30 台幣。
2. 貶低本國通貨的對外價值，亦即提高本國之對外匯率，例如，原來 1 美元可兌換 32 台幣，現在是 1 美元可兌換 34 台幣。

由上述的討論可知匯率的變動和本國貨幣的幣值是反向關係，即匯率上升，本國貨幣貶值；而匯率下降，本國貨幣升值。

㈤匯率變動與貿易餘額

當匯率上升，本國商品價格相對高於外國商品的價格，則本國的消費者會減少本國商品的購買，而增加對進口商品的購買，而本國的商品因較外國商品貴，導致對外幣的競爭力下降，於是出口商品減少，於是貿易餘額（$X-M$）下降；反之，當匯率下降，本國商品價格相對低於外國商品的價格，則本國的消費者會增加本國商品的購買，進而減少對進口商品的購買，而本國的商品較外國商品便宜，導致對外貿的競爭力上升，於是出口商品增加，貿易餘額（$X-M$）上升。

►釋例 1

開放經濟中的總合需求如何受到物價上升影響？下列何者是錯誤？

(A)實質餘額效果使消費支出減少。

(B)物價上升導致本國貨幣貶值，出口增加。

(C)物價上升使本國貨幣餘額減少。

(D)物價上升使實質貨幣供給減少，利率上升。 【91 年中山財管】

(B)

國內物價上升，將使本國商品價格高於國外商品價格，本國出口到國外的商品不具競爭優勢，於是出口減少。

►釋例 2

當台幣貶值：

(A)台灣可以向外國買更多商品

(B)進口和出口都會增加

(C)進口和出口都會減少

(D)進口減少且出口增加

(E)進口增加且出口減少　　　　【89 年清大科管】

(D)

台幣貶值則本國商品價格相對低於國外商品價格，則本國出口到國外的商品較有競爭力，所以出口增加，而從外國進口到國內銷售的商品因成本較高，不具有競爭優勢，將使進口數量減少。

三、管理浮動匯率制度（managed floating exchange rate system）

在浮動匯率實施的過程中，允許政府干預外匯市場，以平滑匯率的變動，避免因短期性的因素或投機性的外匯買賣而使匯率做過度的波動，因而危害到正常的經濟活動。

如果一個國家干預外匯市場而故意使匯率維持在長期均衡水準之下，以提高出口競爭力，這種制度稱為骯髒的浮動匯率制度（dirty floating exchange rate system）。

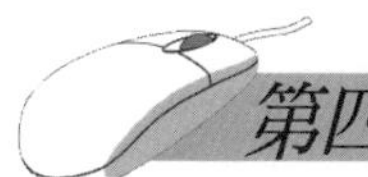

第四節　開放經濟體系的商品市場與貨幣市場

一、考慮國外部門的 IS 曲線

IS 曲線的導出，由投資儲蓄法，總需求$=C+I+G+X-M$

總供給$=C+S+T$，均衡時總供給=總需求，即

$C+S+T=C+I+G+X-M$，即$I+G+X=S+T+M$

出口（X）為匯率的函數，即$X=X(e)$，進口（M）是國內所得（y）與匯率（e）的函數，寫成 $M=M(e,y)$，故上式可以寫成$I(i)+G_0+X(e)=S(y)+T(y)+M(e,y)$，運用第四章的方法，可以導出開放體系下的 IS 曲線，如圖；

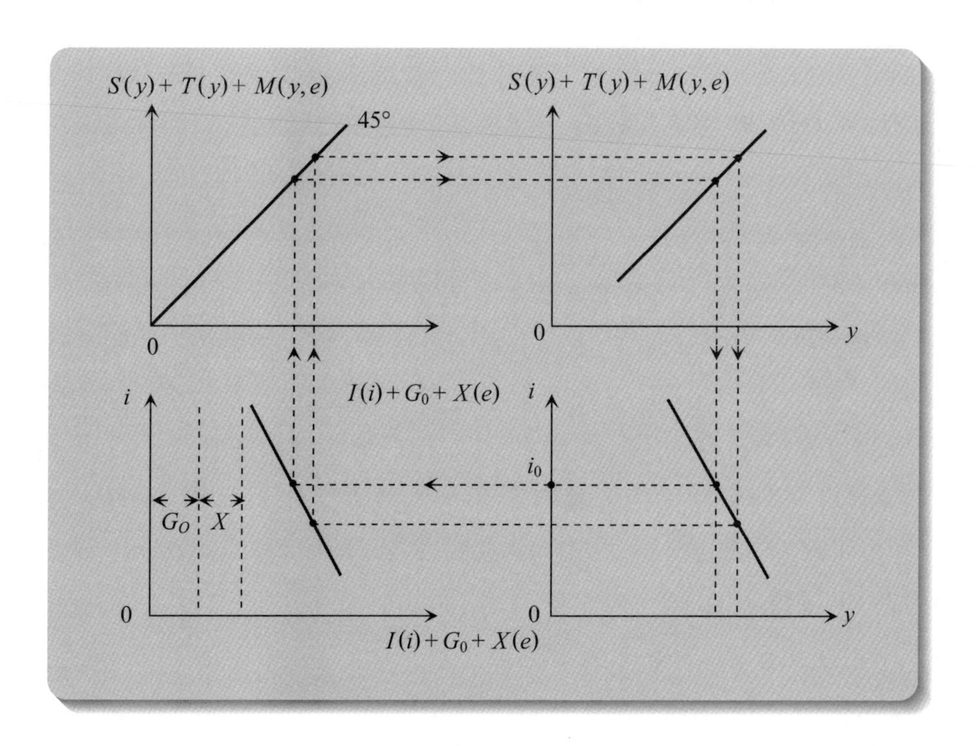

二、考慮國外部門的 LM 曲線

假設本國國民並不持有外匯，而貨幣供給除了一部分為本國的貨幣供給外（M），包括外匯存底以本國貨幣衡量的部分（R），所以貨幣供給寫成 $M+R$，考慮國外部門的貨幣市場之方程式可以寫成

$$\frac{M}{p}+\frac{R}{p}=L(y,r)$$

導出過程同前；

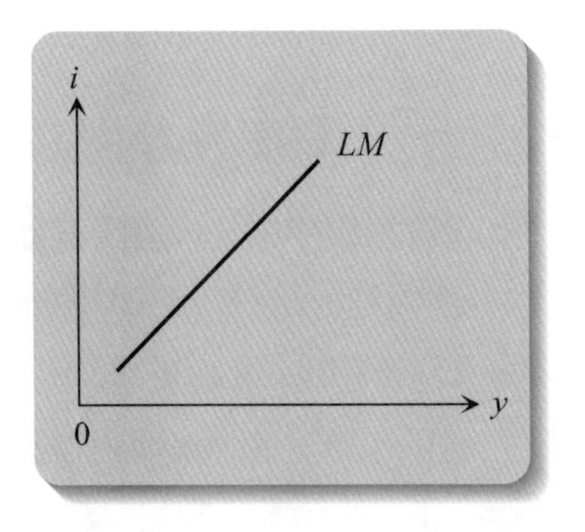

第五節　國際收支均衡曲線

一、BP 曲線的定義

國際收支是由經常帳和資本帳所組成的，其中經常帳裡的貿易帳占了經常占的絕大部分，而移轉支付的部分很少，所以直接以貿易帳來表示經常帳的部分，即國際收支＝經常帳＋資本帳或國際收支＝貿易帳＋資本帳。

貿易帳是指出口減進口，即 $X(e)-M(y,e)$，資本帳是國內利率（i）的增函數，即 $F=F(i)$，若以 B 代表國際收支，則國際收支可以方程式表示，即 $B=X(e)-M(y,e)+F(i)$，如果把該方程式繪在橫軸是所得（y），縱軸是利率（i）的座標平面上，且令 $B=0$，則我們稱外匯市場均衡時，所得（y）和利率（i）組合的方程式，為國際收支（balance of payment）曲線，簡稱為 BP 曲線。

二、BP 曲線導出

$B = X(e) - M(y,e) + F(i)$　當$B=0$時，$X(e) - M(y,e) + F(i) = 0$

即$X(e) + F(i) = M(y,e)$

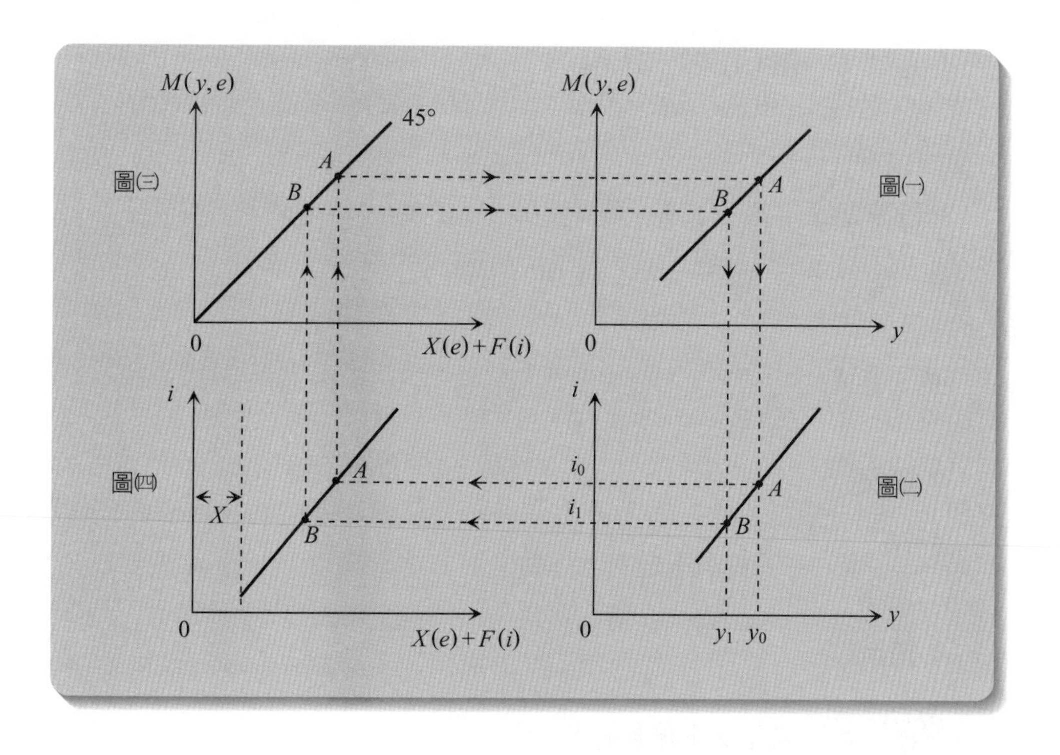

假設任一利率水準為i_0，對應到圖㈣，找出$X(e)+F(i_0)$，再經由圖㈢的$M(y,e) = X(e) + F(i)$得出$M(y,e)$，並由圖㈠找出所對應的y。最後，得到圖㈡A點的座標（i_0, y_0），再設定另一利率水準i_1，依相同的步驟，對應到圖㈣，所對應的為$X(e)+F(i_1)$，再對應到圖㈢的$M(y,e) = X(e)+F(i)$，得出$M(y,e)$，並由圖㈠找出所對應的y，最後得到圖㈡B點的座標（i_1, y_1）。將A點和B點連線，可得到一條正斜率的 BP 曲線。

三、資本移動

BP 曲線的方程式表示成：$X(e)+F(i) = M(y,e)$

針對 BP 曲線，全微分得　$dX(e)+dF(i)=dM(y,e)$

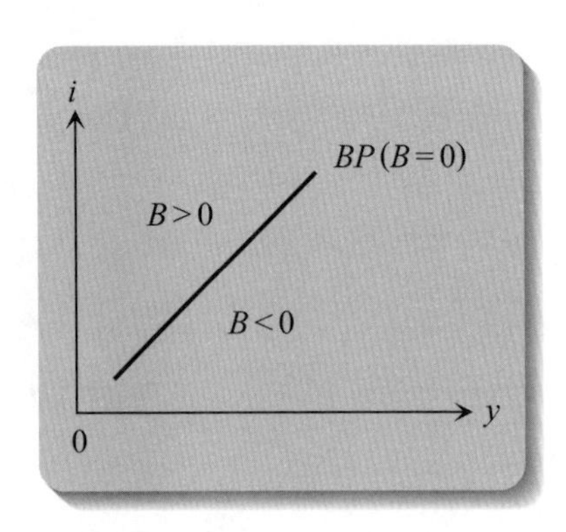

$$\frac{\partial x(e)}{\partial e}\cdot de+\frac{\partial F(i)}{\partial i}\cdot di=\frac{\partial M(y,e)}{\partial y}\cdot dy+\frac{\partial M(y,e)}{\partial e}\cdot de$$

令匯率是固定某一水準，則 $de=0$

即 $\frac{\partial F(i)}{\partial i}di=\frac{\partial M(y,e)}{\partial y}\cdot dy$，則 BP 曲線的斜率為

$$\frac{di}{dy}=\frac{\partial M(y,e)/\partial y}{\partial F(i)\,\partial i}$$

情況㈠

$\frac{\partial F(i)}{\partial i}>0$，表示資本不是完全移動。

情況㈡

$\frac{\partial F(i)}{\partial i}=\infty$　表示資本移動完全自由。

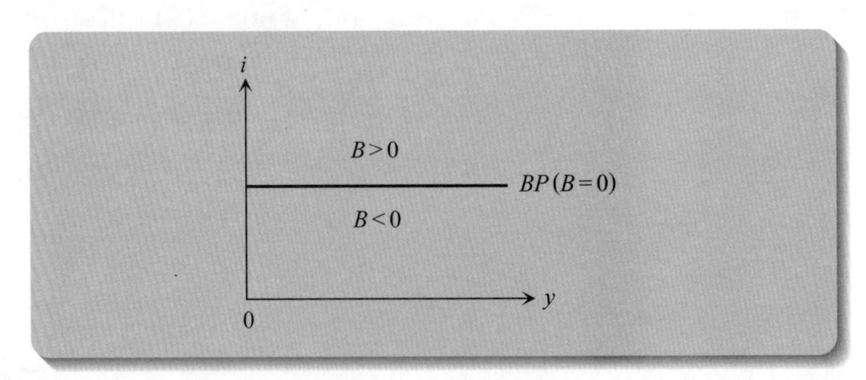

情況㈢

$\dfrac{\partial F(i)}{\partial i}=0$　表示資本移動完全不自由。

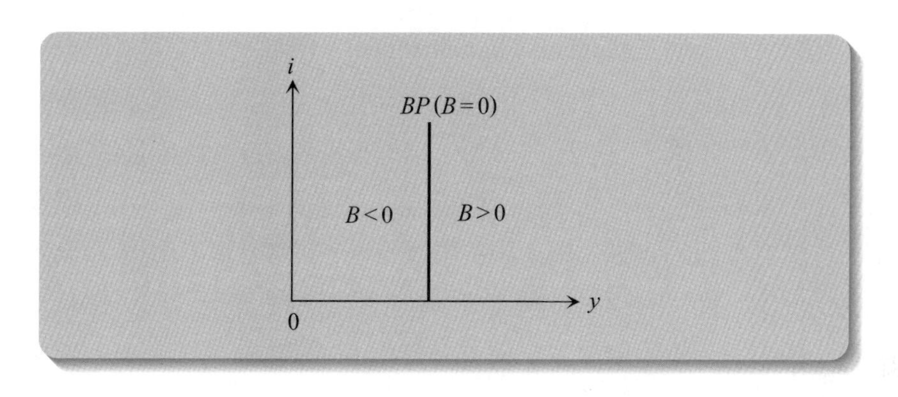

四、三個市場同時達成均衡

貨幣市場、商品市場同時達成均衡，我們稱為內部均衡；而外部均衡是指外匯市場達成均衡。如果要使三個市場同時達成均衡，在橫軸為所得（y），縱軸為利率（i）的座標平面所表示的是 LM 曲線（代表貨幣市場均衡），IS 曲線（代表商品市場均衡），BP 曲線（代表外匯市場均衡）三條線相交於一點上，如圖的 E 點。

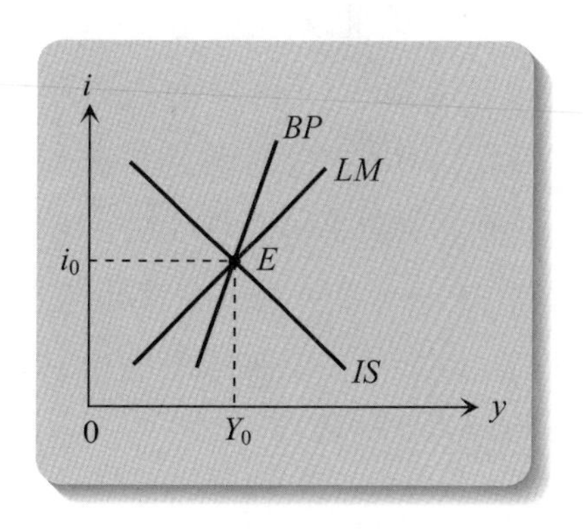

第六節　孟代爾—佛萊明模型

孟代爾－佛萊明（Mundell-Fleming model）模型乃開放經濟體系下的凱因斯模型，在此模型下，考慮不同的匯率制度下（浮動匯率或固定匯率），財政政策及貨幣政策，對產出的影響。這個模型有別於前述的簡單凱因斯模型與修正的凱因斯模型，簡單凱因斯模型是在物價水準、利率水準固定的情況下，探討需求面的變動，對產出的影響。修正的凱因斯模型是在物價水準固定的情況下，探討財政或貨幣政策對產出的影響。而孟代爾－佛萊明模型則是在物價水準固定的情況下，也可考慮在不同匯率制度下，對財政或貨幣政策之有效性。

在前述開放體系的 IS 曲線仍是負斜率，而 LM 曲線則是正斜率，但外匯市場均衡的 BP 曲線，則視資本移動的情況分成三種情況，BP 曲線是正斜率，BP 曲線是垂直線，BP 曲線是水平線等三種。其中 BP 曲線在資本移動不完全時，和LM曲線皆為正斜率，所以必須再進一步區分成LM曲線斜率大於 BP 曲線斜率，與當 LM 曲線小於 BP 曲線斜率來討論。所以就固定匯率必須區分成：(1) LM 的斜率＞BP 的斜率；(2) LM 的斜率＜BP 的斜率；(3) BP 是水平；(4) BP 是垂直來討論財政或貨幣政策的有效性。如下頁圖所示；同理；浮動匯率制度也必須區分成上述的四種情況，來討論財政或貨幣政策的有效性。

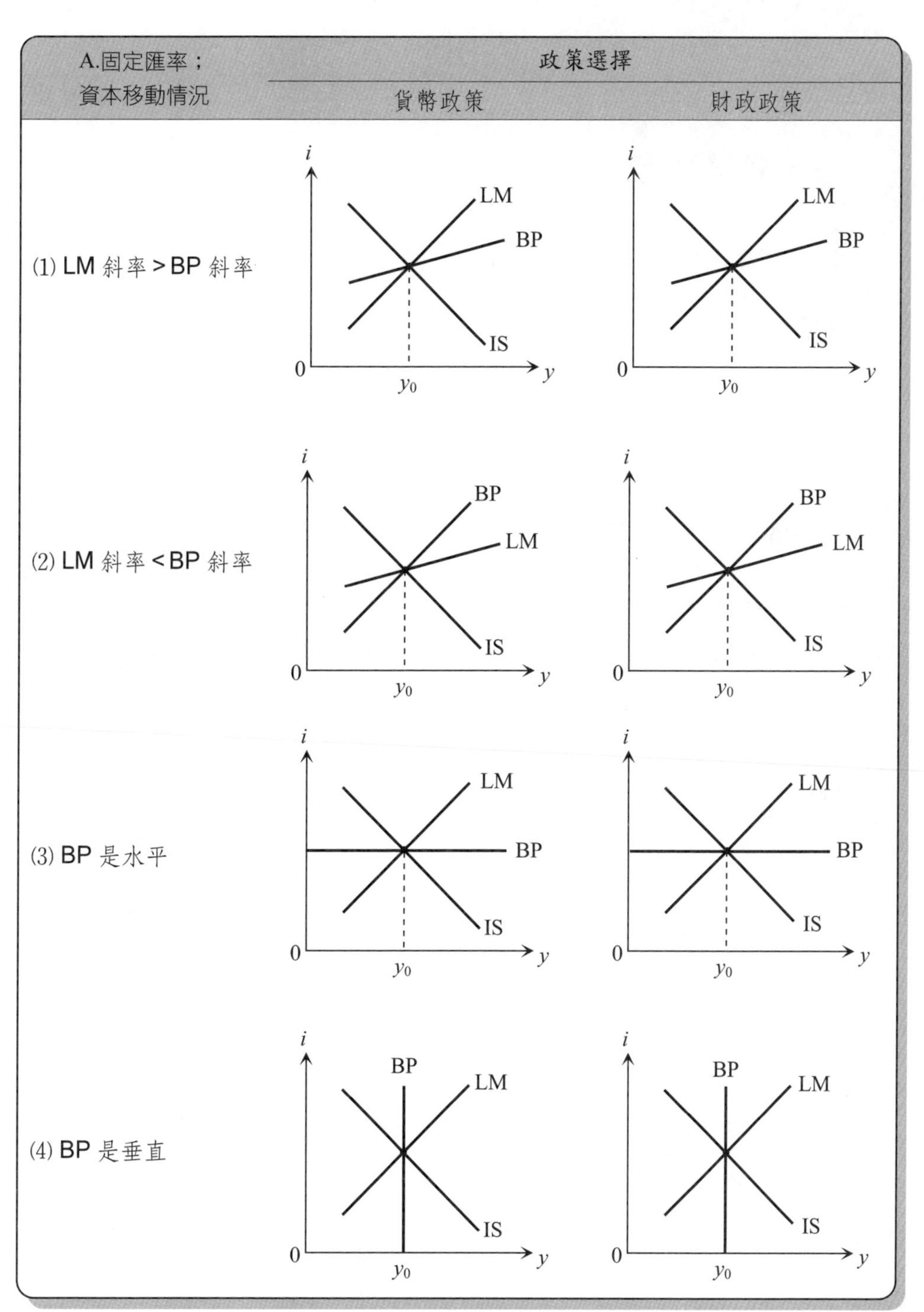
A.固定匯率；
資本移動情況
政策選擇
貨幣政策
財政政策
(1) LM 斜率 > BP 斜率
(2) LM 斜率 < BP 斜率
(3) BP 是水平
(4) BP 是垂直
i
LM
BP
IS
0
y
y_0

我們先就固定匯率制度下，探討貨幣政策之有效性。

一、貨幣政策

㈠ LM 之斜率＞BP 之斜率

說明：

1. 原均衡點 A 點。
2. 當貨幣供給量上升時，LM 移到 LM'對內均衡點為 B。
3. 當對內均衡點為 B 時，國際收支赤字，央行賣出外匯，收回貨幣，將導致貨幣供給量下降，使 LM 左移，直到均衡點恢復為 A 點為止。

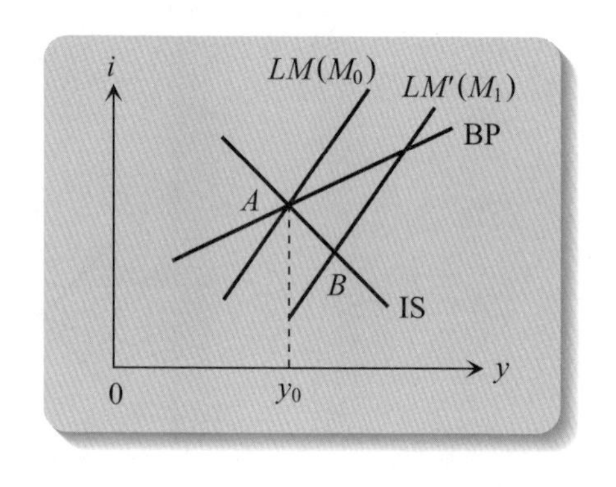

結論：

貨幣政策無效。

㈡ LM 的斜率＜BP 的斜率

說明：

1. 原均衡點 A 點。
2. 當貨幣供給量上升時，LM 移到 LM'對內均衡點為 B。
3. 當對內均衡點為 B 時，國際收支赤字，央行賣出外匯，收回貨

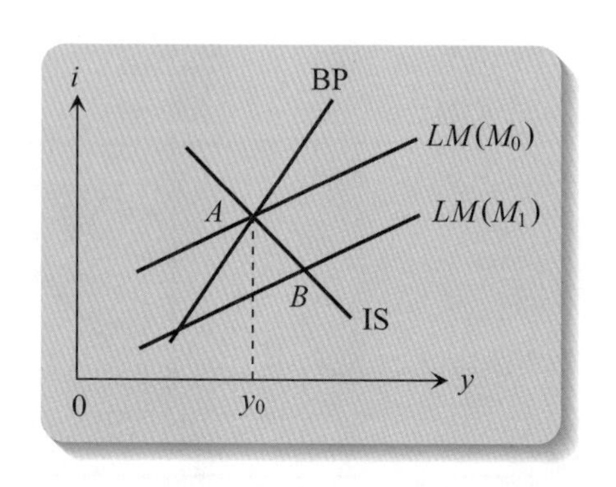

幣，將導致貨幣供給量下降，使LM左移，直到均衡點恢復為A點為止。

結論：

貨幣政策無效。

㈢ BP 水平

說明：

1. 原均衡點A點。
2. 當貨幣供給量上升時，LM 移到LM'對內均衡點為B。
3. 當對內均衡點為B時，國際收支赤字，央行賣出外匯，將導致貨幣供給量下降，使 LM'左移，直到均衡點由B移回A點為止。

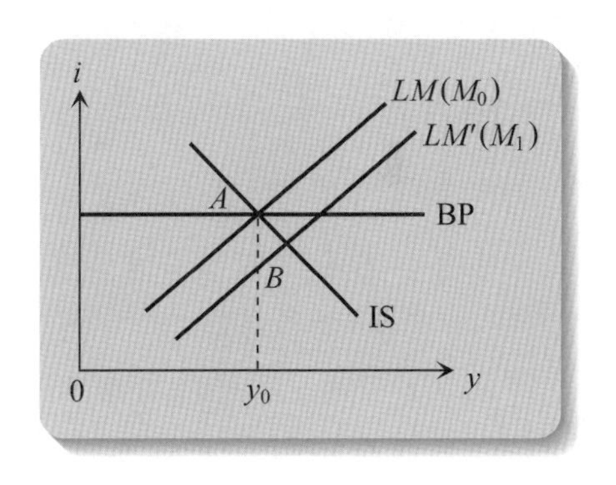

結論：

貨幣政策無效。

㈣ BP 垂直

說明：

1. 原均衡點A點。
2. 當貨幣供給量上升時，LM 右移到 LM'，均衡點為B。
3. 當對內均衡點為B時，國際收支赤字，央行賣出外匯，將導致貨

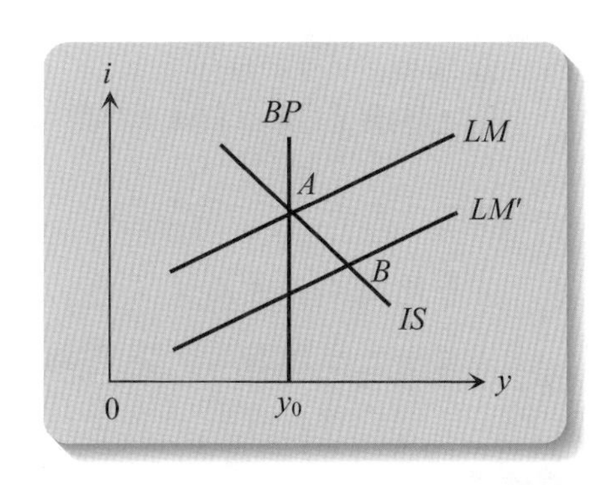

幣供給量下降，使LM'左移，直到均衡點由*B*移回*A*點為止，所得不變。

結論：

貨幣政策無效。

二、財政政策

㈠ BP斜率<LM斜率

說明：

1. 原均衡點為*A*點。
2. 政府支出增加時，IS移到IS'，國內均衡點移到*B*點。
3. 在*B*點時，國際收支盈餘，央行買進外匯放出貨幣，將導致貨幣供給量上升LM右移，移到*C*點為止。
4. 此時所得由y_0移到y_1。

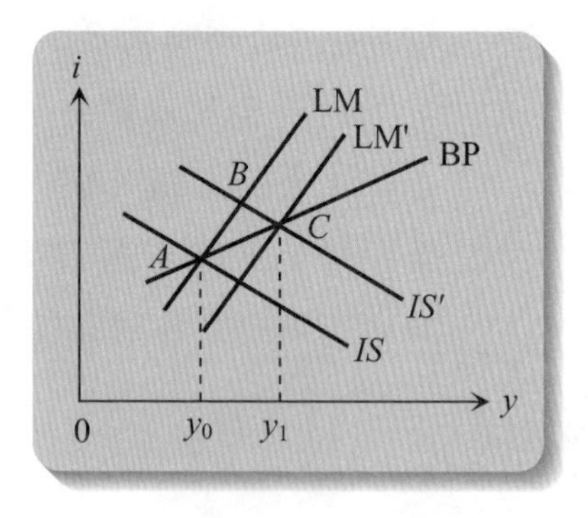

結論：

財政政策有效。

㈡ BP斜率>LM斜率

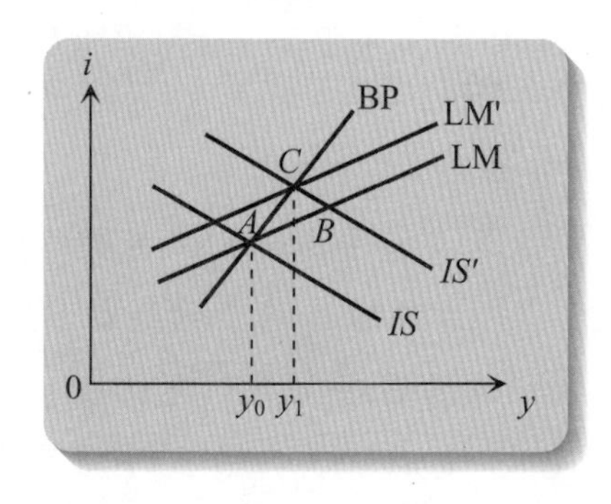

說明：

1. 原均衡點為*A*點。
2. 政府支出增加時，IS移到IS'，國內均衡點移到*B*點。

3. 在 B 點時，國際收支赤字，央行賣出外匯收回貨幣，將導致貨幣供給量減少 LM 左移，移到 C 點為止。
4. 此時所得由 y_0 移到 y_1。

結論：

財政政策有效。

㈢ BP 水平

說明：

1. 原均衡點 A 點。
2. 當政府支出增加時，IS 右移到 IS'，國內均衡點移到 B 點。
3. 在 B 點時，國際收支盈餘，央行買進外匯，將導致貨幣供給量上升 LM 右移，移到 C 點為止。
4. 此時所得由 y_0 移到 y_1。

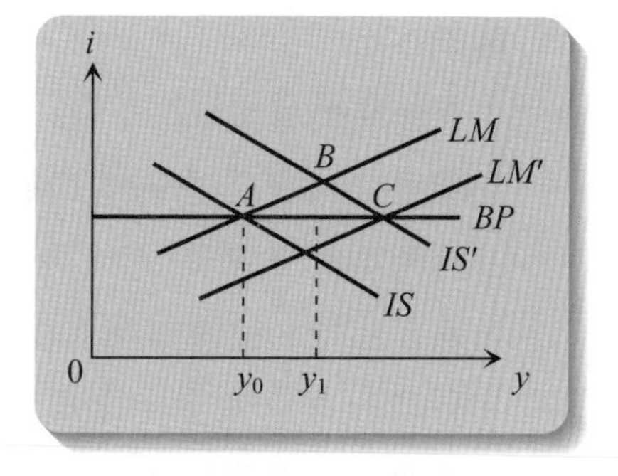

結論：

財政政策有效。

㈣ BP 垂直

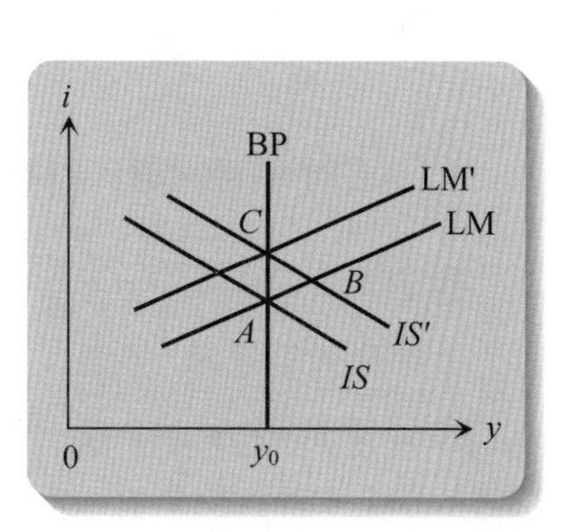

說明：

1. 原均衡點 A 點。
2. 當政府支出增加時，IS 右移到 IS'，國內均衡點為 B。
3. 當對內均衡點為 B 時，國際收支赤字，央行賣出外匯，將導致貨幣供給量下降使LM左移，直到均衡點由 B 移到 C 點為止，所得不變。

結論：

財政政策無效。

三、貨幣政策

(一) LM斜率＞BP斜率

說明：

1. 原均衡點 A 點。
2. 貨幣供給量上升使得LM移到LM'，得均衡點 B 點。
3. 在 B 點時，因國際收支發生赤字，出口增加進口減少。導致IS右移，BP右移，最後得到均衡點 C。
4. 所得由 y_0 移到 y_1。

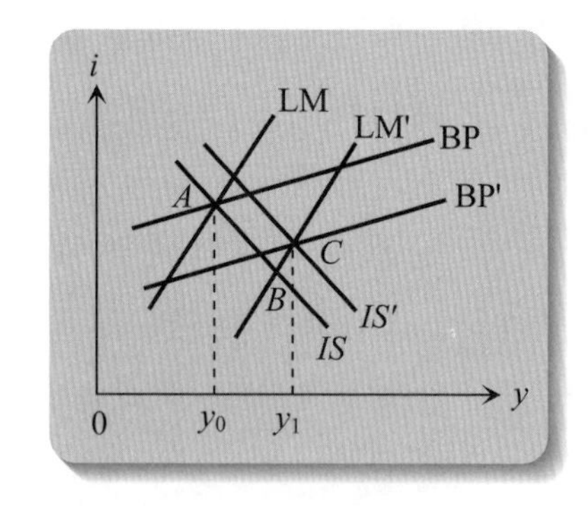

結論：

貨幣政策有效。

(二) LM斜率＜BP斜率

說明：

1. 原均衡點 A 點。
2. 貨幣供給量上升使得 LM 右移到LM'，國內均衡點移到 B 點。

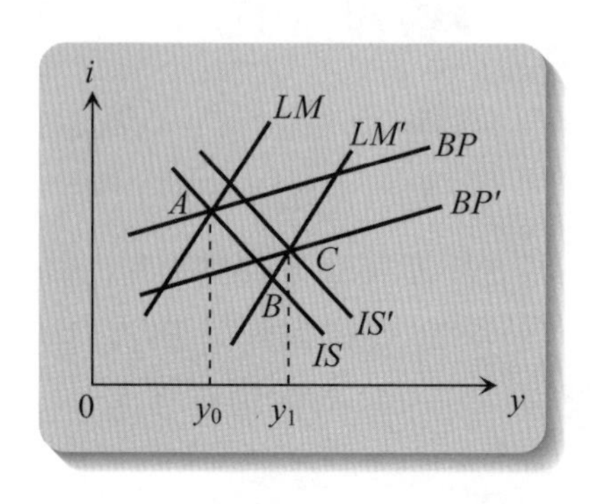

3. 在 B 點時，因國際收支發生赤字，出口增加進口減少，導致 IS 右移 BP 右移，最後得到均衡點 C。
4. 所得由 y_0 移到 y_1。

結論：

貨幣政策有效。

㈢ BP 水平

說明：

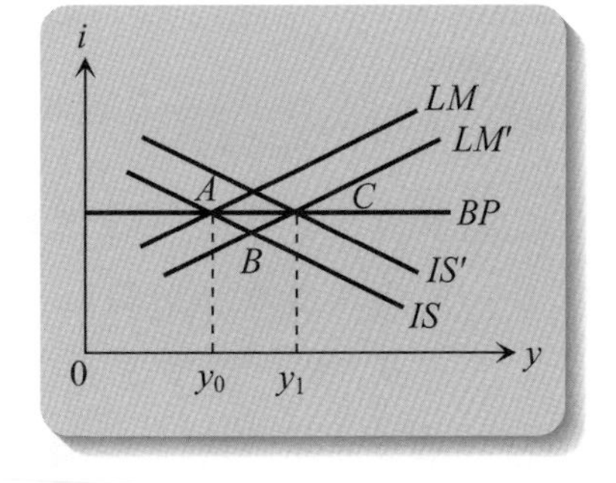

1. 原均衡點 A 點。
2. 貨幣供給量增加時，LM 右移到 LM'，國內均衡點移到 B 點。
3. 在 B 點時，因國際收支發生赤字，出口增加進口減少，導致 IS 右移 BP 右移，最後得到均衡點 C。
4. 所得由 y_0 移到 y_1。

結論：

貨幣政策有效。

㈣ BP 垂直

說明：

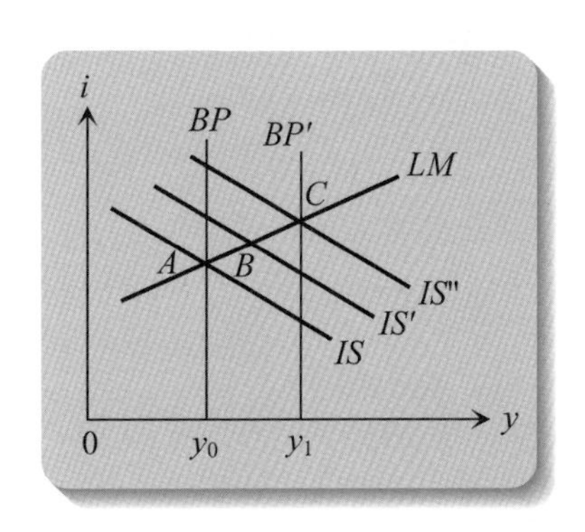

1. 原均衡點 A 點。
2. 當貨幣供給量上升時，IS 右移到 IS'，國內均衡點為 B。
3. 當對內均衡點為 B 時，國際收支赤字，出口增加進口減少，IS 右移小於

BP 右移的幅度，均衡點移到 C 點。

4. 所得由 y_0 移到 y_1。

結論：

貨幣政策有效。

四、財政政策

(一) LM 斜率＞BP 斜率

說明：

1. 原均衡點 A 點。
2. 政府支出增加，IS 右移到 IS'，使得對內均衡點移到 B 點。
3. 在 B 點時，國際收支盈餘，出口減少進口增加。IS'左移 BP 左移，均衡點為 C 點。
4. 所得由 y_0 移到 y_1。

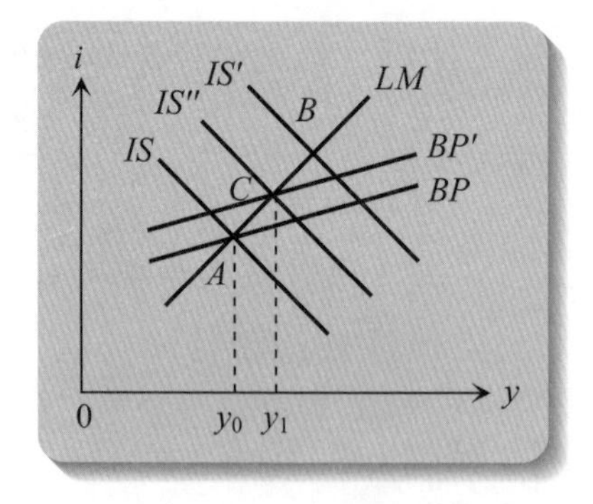

結論：

財政政策有效。

㈡ LM 斜率<BP 斜率

說明：

1. 原均衡點 A 點。
2. 政府支出增加，IS 右移到 IS'，使得對內均衡點移到 B 點。
3. 當對內均衡點為 B 時，國際收支赤字，出口增加，進口減少，IS'右移小於 BP 右移的幅度，均衡點移到 C 點。
4. 所得由 y_0 移到 y_1。

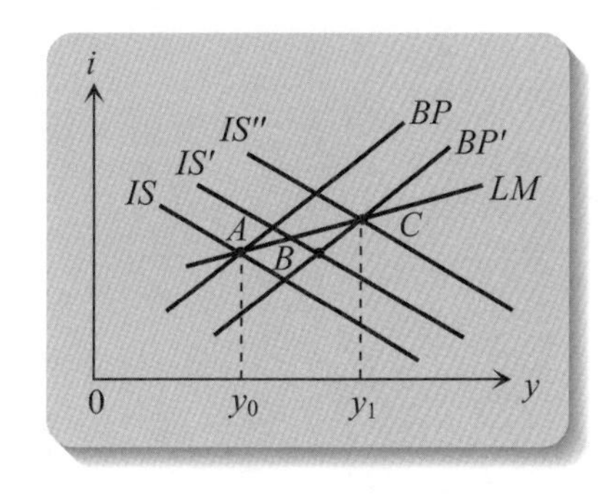

結論：

財政政策有效。

㈢ BP 水平

說明：

1. 原均衡點 A 點。
2. 政府支出增加時，IS 右移到 IS'，國內均衡點移到 B 點。
3. 在 B 點時，國際收支盈餘，出口減少進口增加，IS'左移 BP 左移，所得不變。

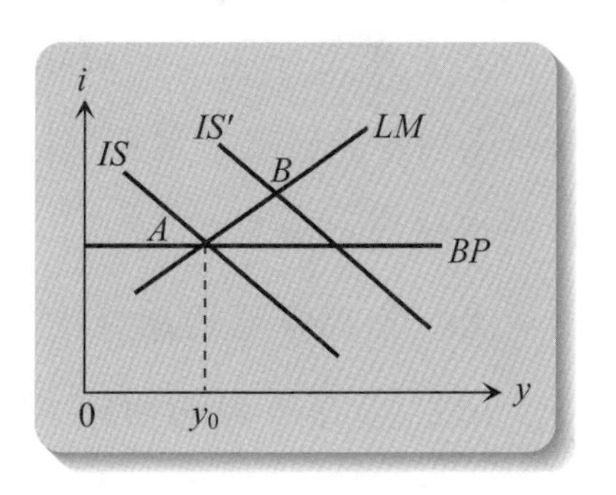

結論：

財政政策無效。

(四) BP 垂直

說明：

1. 原均衡點 A 點。
2. 當政府支出增加時，IS 右移到 IS'，國內均衡點為 B。
3. 當對內均衡點為 B 時，國際收支赤字，出口增加，進口減少，IS'右移小於 BP 右移幅度，均衡點移到 C 點。
4. 所得由 y_0 移到 y_1。

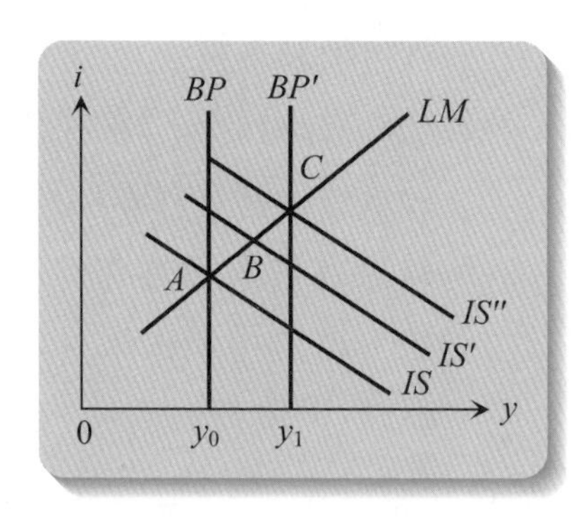

結論：

財政政策有效。

►釋例

夢幻島是南太平洋第一個物資豐富的島國，島國中的經濟學家嘗試把夢幻島國的經濟環境圖列如下：

其中 IS：商品市場均衡線

　　LM：貨幣市場均衡線

　　BP：外匯市場均衡線

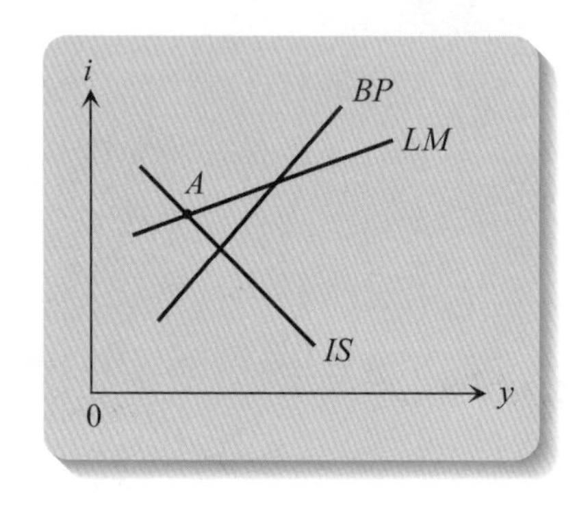

根據上圖，請回答下列之問題：

1. 該國之國際收支狀況如何？
2. 該國的資本管制是否嚴格？

3. 政府如何透過財政政策，使國際收支達平衡？且此時匯率會貶值還是升值？為什麼？【89 年輔大財金】

解答

1. 國內均衡點為 A，而 A 點在 BP 線的上方，表示國際收支有盈餘。
2. BP 相對 LM 陡，表示該國是資本管制的。
3. (1)固定匯率制度下：央行為了維持固定匯率，在外匯市場買入外匯，同時釋放台幣，使LM曲線向右移，再透過擴張性的財政政策，使對內和對外達成均衡。

㈤浮動匯率制度下

國際收支有盈餘，匯率會下降（台幣升值）使 BP 向左移。

►釋例 1

假定台灣採浮動匯率，央行會干預外匯市場降低匯率波動的幅度，且資本移動自由。若兩岸關係不睦，導致資金撤離台灣，則以 IS-LM-BP 模型分析下列何者不會發生？

(A)台灣利率上升 (B)台幣貶值 (C)台灣經濟成長率降低 (D)台灣貨幣供給成長率降低 (E)台灣經常帳餘額減少。【89 年中山財管】

(E)

►釋例 2

設因美國經濟成長導致台灣出口增加，假定台灣資本移動自由，物價受匯率影響，則依據 IS-LM-BP 模型：

(A)國際收支平衡線下移及台幣貶值 (B)利率下跌及台幣貶值 (C)台幣升值及貿易餘額減少 (D)台幣升值及貿易餘額增加 (E)所得上升及貿易餘額減少。 【91 年中山財管】

(C)

►釋例 3

下列何者正確？

(A)當日元存款利率低於美元存款利率時，應選擇美元存款。

(B)在固定匯率時期，政府應以貨幣政策為主要的政策工具。

(C)在固定匯率制度下，若資金限制不能自由進出國內時，增加公共支出可以提高本國所得。

(D)以上皆非。 【91 年輔大金融】

(D)

第七節 達成對內、對外均衡的目標

若政府的目標是對內達成充分就業的產出（$y=y_f$），對外達成國際收支平衡。而目前的狀況則是國內產出未達充分就業產出（$y<y_f$），國際收支有赤字，即對內與對外皆失衡的情況，政府要採行何種財金政策同時達成對內與對外均衡呢？

經濟學者 Tinbergen 認為要達成 *N* 個政策目標，至少要有 *N* 個獨立的政

策工具相互搭配。也就是說要達成對內、對外均衡這兩個目標，至少要有兩個獨立政策工具相互搭配。

至於政策工具方面，財政政策和貨幣政策是屬於對內政策工具，而匯率政策則是屬於對外政策工具。這裡我們要討論的情況是當一個小型開放經濟體系的國家，面臨著對內失衡和對外失衡時，如何透過上述的政策達成目標，此外，Tinbergen 的政策搭配原則是否成立？兩個目標是否一定要兩個獨立政策工具，而採行何種政策工具呢？

一、假設

一個資本移動完全不自由，即BP線是垂直線，而國內的產出小於充分就業產出，且國際收支有赤字的情況，如圖形的A點，現在政府要達成對內、對外均衡，即產出等於充分就業產出且國際收支等於零，則需如何操作？

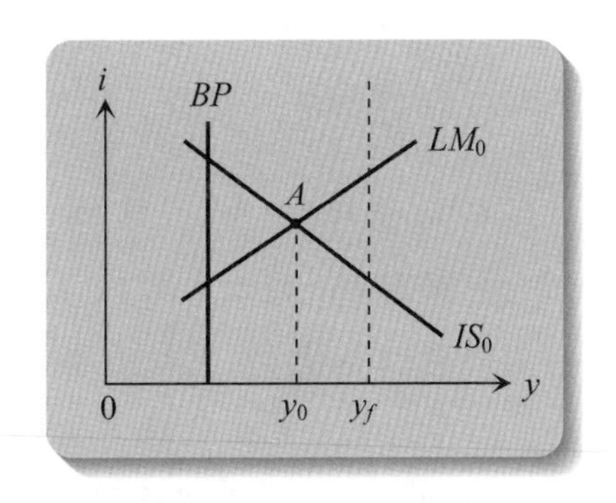

㈠僅採財政政策

說明：

採擴張性的財政政策使IS_0向右移動到IS_1，與LM_0交於均衡點B，所對應的產出為Y_f，達成對內均衡，但對外仍是失衡，且情況比原來在均衡點A還要嚴重。

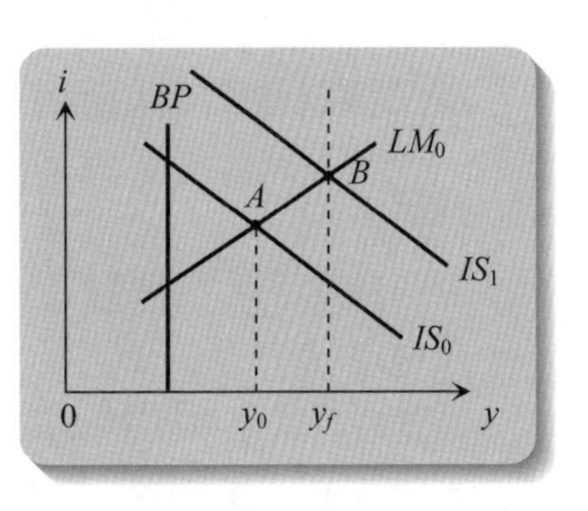

㈡僅採貨幣政策

說明：

擴擴張性的貨幣政策使 LM_0 向右移動到 LM_1，與 IS_0 相交於 B 點，所對應的產出為 Y_f，達成對內均衡，但對外仍是失衡狀態。

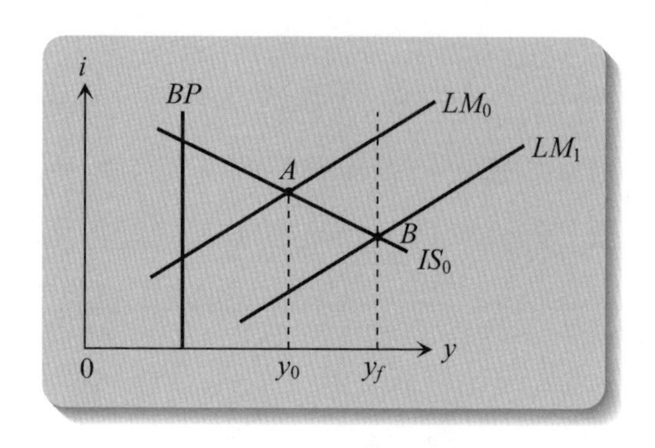

㈢採財政和貨幣政策

說明：

若先採行擴張性的貨幣政策使 LM_0 移動到 LM_1，與 IS_0 交於均衡點 B，隨著再將擴張性的財政政策使 IS_1 與 LM_1 相交於均衡點 C，產出已達 Y_f 對內達成均衡，但 C 點仍是國際收支有赤字，對外仍是失衡。

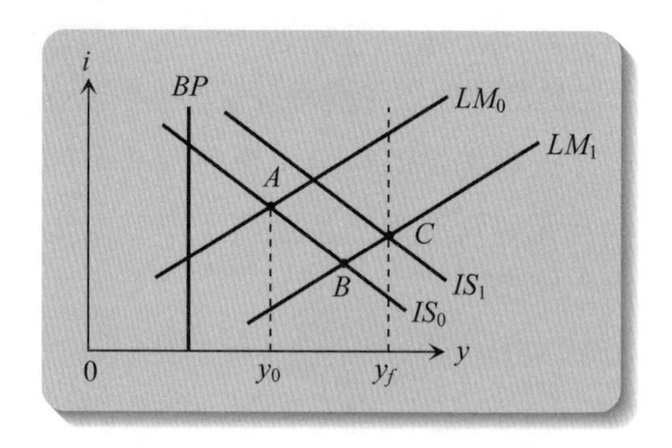

㈣採財政政策和匯率政策搭配

說明：

首先採用擴張性的財政政策，使 IS_0 移動到 IS_1，與 LM_0 相交於 B 點，隨即採匯率政策，使匯率上升，於是 IS_1 再移動到 IS_2，而 BP 曲線由 BP_0 向右移動到 BP_1，與 IS_2 和 LM_0 相交

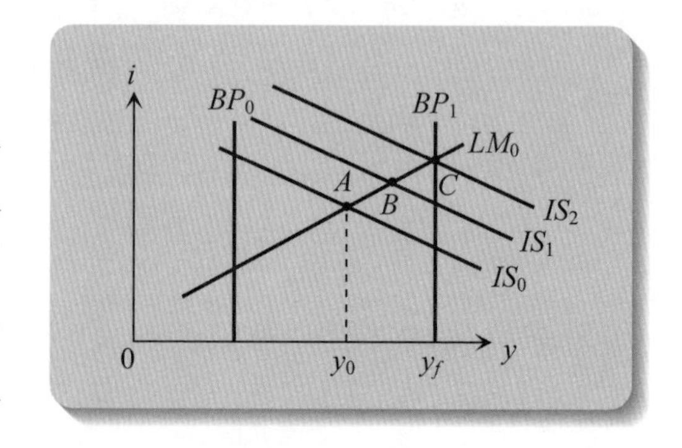

於C點，達成對內和對外均衡。

⑸採貨幣政策和匯率政策搭配

說明：

首先採擴張性的貨幣政策，使LM_0向右移動到LM_1，與IS_0相交於B點，接著將匯率政策，使匯率上升，IS_0移動到IS_1，而BP_0移動到BP_1，最後BP_1、LM_1和IS_1相交於C點上，達成對內和對外均衡。

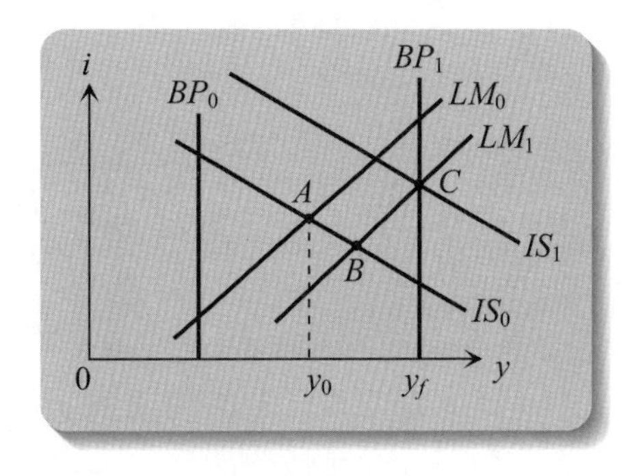

題庫精選

(　) 1. 一國貨幣升值　(A)有利出口，不利進口　(B)有利進口，不利出口　(C)進出口都有利　(D)進出口都不利。　【94年四等特考】

(　) 2. 下列哪一個項目不屬於國際收支平衡表之經常帳的項目？　(A)商品出口　(B)本國國民出國觀光支出　(C)外國資金來台灣購買股票　(D)商品進口。　【92年普考第二試】

(　) 3. 何種狀況會造成外匯供給增加？　(A)本國增加進口商品　(B)出國旅遊人數增加　(C)本國出口增加　(D)本國到國外投資。

【92年普考第二試】

(　) 4. 在固定匯率制度下，若外匯供給大於外匯需求，會造成：　(A)本國貨幣供給增加　(B)本國貨幣升值　(C)本國貨幣貶值　(D)本國出口減少。　【92年普考第二試】

(　) 5. 在下列因素中，何者會增加本國的出口量？　(A)國外的物價上升了　(B)本國的物價上升了　(C)本國貨幣升值了　(D)出口獎勵措施取消了。　【92年四等特考】

(　) 6. 下列因素何者會造成本國淨出口增加？　(A)外國物價下降　(B)本國貨幣升值　(C)外國所得增加　(D)本國所得增加。

【92年普考第二試】

(　) 7. 當美元相對於新台幣升值時：　(A)台灣的自行車在美國變得便宜　(B)美國的小麥在台灣變得便宜　(C)台灣的自行車在美國變得更貴　(D)德國的Mercedes-Benz車在美國變得便宜。【90年普考第一試】

(　) 8. 貨幣的購買力（purchasing power），將受到哪些因素的影響？

(A)隨著物價之上升而提高　(B)隨著物價之上升而降低　(C)隨著黃金價格之上升而提高　(D)隨著進口品價格之上升提高。

【92 年四等特考】

(　) 9.所謂的馬歇爾－勒納條件（Marshall-Lerner condition）是指：
(A)外國對本國出口品與本國對外國出口品的需求彈性之和大於 1
(B)保護貿易理論之幼稚工業論　(C)比較利益理論成立的重要論述
(D)本國到國外投資的重要指標。【92 年普考第二試】

(　) 10.二次世界大戰之後美國以「馬歇爾計畫」（Marshall plan）經濟援助西歐各國，使西歐各國經濟得以迅速重建及復興，這對美國本身有什麼經濟上的好處？　(A)沒有任何好處（幫忙人家不應講回報！）　(B)促使美國物價下跌，有助美國對西歐各國之出口增加　(C)促使美元對西歐各國貨幣貶值，有助美國對西歐各國之出口增加　(D)促使西歐各國所得上升，有助美國對西歐各國之出口增加。

【90 年普考第一試】

(　) 11.本國若採取寬鬆的貨幣政策使利率下跌，本國貨幣將會有：　(A)升值壓力　(B)貶值壓力　(C)先貶值後升值的壓力　(D)規定的匯率。【90 年普考第一試】

(　) 12.本國中央銀行在外匯市場買進美元，會造成：　(A)本國貨幣供給減少　(B)本國出口量減少　(C)本國貨幣貶值　(D)本國關稅提高。

【92 年普考第二試】

(　) 13.國際收支長期順差，外匯存底大量累積，對國內經濟的影響是：
(A)資金不足，股市大跌　(B)物價上漲　(C)房地產不受影響
(D)貨幣供給不變。【90 年，k-3】

(　) 14.在浮動匯率制度下，若外匯供給大於外匯需求時，會造成：
(A)本國貨幣供給增加　(B)本國貨幣供給減少　(C)本國貨幣升值
(D)本國貨幣貶值。【92 年普考第二試】

(　) 15.若任何一筆國際交易的記載，都未產生遺漏與誤差，則所謂的國際

收支餘額應等於該國中央銀行所保有的外匯準備資產之變動量；此一變動量可以下列位在國際收支平衡表中的哪個項目來加以列示？(A)經常帳 (B)資本帳 (C)金融帳 (D)準備帳。

【94 年四等特考】

( ) 16.關於購買力平價（purchasing power parity）說，以下敘述何者正確？ (A)對於貿易財（tradable goods）與非貿易財（non-tradable goods）都適用 (B)建立在無運輸成本與貿易障礙的前提假設 (C)如果有套利行為（arbitrage），購買力平價說就不成立 (D)在均衡時，兩國匯率等於 1。 【91 年普考第二試】

( ) 17.如果購買力平價說（purchasing power parity）成立，且已知台灣的物價上升率為 3%，美國的物價上升率為 5%，則： (A)台幣會升值 (B)美元會升值 (C)匯率固定不變 (D)無法判斷匯率的變動方向。 【92 年普考第二試】

( ) 18.在其他條件不變之下，若本國實施固定匯率制度，且所釘住的匯率水準比均衡匯率水準為高，則會導致： (A)本國幣值有高估現象 (B)本國有貿易逆差 (C)國內物價下跌 (D)本國的貿易條件惡化。

【93 年普考第二試】

( ) 19.浮動匯率制度之下，國際收支平衡係： (A)不可能 (B)由外匯市場自動調節達成 (C)當政府沒有預算赤字時，才可以達成 (D)需要央行在外匯市場進行外匯買賣。 【90 年普考第一試】

( ) 20.如果美元兌換新台幣匯率為 32，美元兌換新加坡幣為 1.6，則 1 元台幣可兌換多少新加坡幣？ (A)20 (B)33.6 (C)0.05 (D)30.4。

【90 年高考三級】

( ) 21.我國中央銀行如果進入外匯市場拋售美元，結果是： (A)美元會升值 (B)台幣會貶值 (C)台幣會升值 (D)匯率不變。

【90 年高考三級】

( ) 22.浮動匯率制度下，當一個國家以降低關稅及提高進口限額來增加進

口時，其貨幣會： (A)貶值，並促使出口增加 (B)貶值，並促使出口減少 (C)升值，並促使出口增加 (D)升值，並促使出口減少。 【90 年普考第一試】

( ) 23.根據購買力平價理論，若本國發生嚴重通貨膨脹，則本國幣值會如何變化？ (A)升值 (B)貶值 (C)先貶後升 (D)不一定。

【91 年四等特考】

( ) 24.中央銀行利用反方向的公開市場操作以抵消其干預外匯市場所帶來的貨幣量變化被稱作： (A)匯率政策 (B)干預政策 (C)沖銷政策 (D)資本管制政策。 【91 年四等特考】

( ) 25.在其他條件不變下，若本國實施浮動匯率制度，則下列何者會導致國幣的升值？ (A)本國的通貨膨脹率大於外國的通貨膨脹率 (B)本國的通貨膨脹率小於外國的通貨膨脹率 (C)本國的利率下跌 (D)外國的利率上升。 【93 年普考第二試】

( ) 26.當新台幣有升值的傾向時，當導致我國的中央銀行在外匯市場買進美元，促使我國的外匯存底節節升高，此舉將會導致我國的利率水準： (A)下跌，且貨幣供給數量增加 (B)下跌，且貨幣供給數量減少 (C)提高，且貨幣供給數量增加 (D)提高，且貨幣供給數量減少。 【93 年四等特考】

( ) 27.其他情況不變，當出口值增加時，對新台幣匯率會有什麼影響？ (A)升值 (B)貶值 (C)不變 (D)不一定。 【94 年四等特考】

( ) 28.遠期外匯交易是： (A)此地簽約，到另外一個地方買賣 (B)簽約與實際交割同時進行 (C)買賣外匯以契約簽訂日為準 (D)先行簽訂契約，實際交割以到期日為準。 【90 年高考三級】

( ) 29.對於開放經濟而言： (A)貿易赤字總是好的現象 (B)貿易赤字一定是不好的現象 (C)貿易赤字可能好，可能不好 (D)淨國外投資（net foreign investment）為正總是好的現象。

【94 年普考第二試】

( ) 30.何種因素會造成本國淨出口增加？ (A)本國的所得增加 (B)本國的物價水準上升 (C)本國貨幣貶值 (D)外國的所得減少。

【94 年普考第二試】

( ) 31.在固定匯率制度下，若在台外資大量撤出會造成何種影響？
(A)新台幣大量貶值 (B)中央銀行會在外匯市場大量買入美元
(C)本國金融市場利率將走低 (D)中央銀行必須採行寬鬆貨幣政策方可維持國內利率不致走高。 【91 年四等特考】

( ) 32.以下何者對本國貨幣有貶值壓力？ (A)本國景氣轉好，對進口之需求增加 (B)外國降低進口關稅，本國出口增加 (C)本國利率上升，國外資金流入 (D)外國政府增加貨幣供給量。

【94 年普考第二試】

( ) 33.下列有關浮動匯率制度（flexible exchange rate system）的敘述，何者正確 (A)浮動匯率制度同時有外匯價格與外匯存底數量的調整
(B)浮動匯率制度只有外匯價格，而未有外匯存底數量的調整
(C)浮動匯率制度都未有外匯價格與外匯存底數量的調整 (D)浮動匯率制度未有外匯價格，而只有外匯存底數量的調整。

【94 年四等特考】

( ) 34.以下何種情況，會使本國外匯市場的均衡匯率下跌？ (A)本國利率相對外國利率上升 (B)本國進口需求增加 (C)市場普遍預期本國通貨將貶值 (D)中央銀行干預外匯市場，在外匯市場上購買外匯。 【91 年普考第二試】

( ) 35.在浮動匯率的狀況下，若外資增加對台灣股票市場的投資而大量將資金匯入台灣，則： (A)新台幣會升值 (B)新台幣會貶值 (C)外匯市場的成交量會減少 (D)對股市有影響，對外匯市場沒有影響。

【92 年普考第二試】

第十四章

國際貿易理論

國際貿易理論（international trade theory）；可以細分成純粹貿易理論（pure theory of trade）主要是探討貿易為何會發生、貿易型態如何決定、自由貿易對國內經濟之影響與貿易政策理論（theory of trade policy）；探討貿易政策之種類及其對國內價格交易條件、經濟福利的影響。

本章就純粹貿易理論的部分介紹古典學派的貿易理論與現代的貿易理論。而貿易政策方面，則以貿易障礙為主軸討論關稅和補貼政策之經濟效果。並說明保護貿易的理論依據和保護貿易的做法，最後是介紹國際間的獨占組織，卡特爾（Cartel）如何運作，該組織的經濟效果以及組織是否能長久的維持下去等。

第一節　古典學派之貿易理論

亞當斯密（Adam Smith）認為國際貿易之所以發生，在於各國對一種或多種以上產品的生產具有絕對利益（absolute advantage）。

大衛・李嘉圖（David Ricardo）認為即使兩國間的任何一國對於各種產品的生產均不具絕對利益時，依然存在國際貿易的可能。李嘉圖於是提出了比較利益（comparative advamtage）的貿易理論。

一、絕對利益法則

意義：

以等量的生產要素為投入，一國若能比他國生產出較多的某一物品來，即稱該國對這種物品之生產具有絕對利益或絕對優勢。

（表格內數字表示1單位要素（L）所能生產之產量）

美國：1L＝5 米＝10 成衣

我國：1L＝4 米＝16 成衣

同樣 1L 投入美國可生產 5 米，而我國可生產 4 米，所以美國將生產及出口米。同樣 1L 投入美國可生產 10 成衣，而我國可生產 16 成衣，所以我國將生產及出口成衣。

產品＼國別	美國	我國
米	5	4
成衣	10	16

二、比較利益法則

意義：

選擇利益相對較高或劣勢相對較小之產品來生產及出口的原則。

例：

（表格內數字表示 1 單位要素（L）所能生產之產量）

產品＼國別	美國	我國
米	5	2
成衣	10	8

美國：1L＝5 米＝10 成衣，

即 5 米＝10 成衣

1 米＝$\frac{10}{5}$成衣（生產 1 單位米之機會成本）

或 1 成衣＝$\frac{5}{10}$米（生產 1 單位成衣之機會成本）

我國：1L＝2 米＝8 成衣，即 2 米＝8 成衣

1 米＝$\frac{8}{2}$成衣（生產 1 單位米之機會成本）

或 1 成衣＝$\frac{2}{8}$米（生產 1 單位成衣之機會成本）

由上述討論可知：

美國生產 1 單位米的機會成本（$\frac{10}{5}$成衣）低於我國生產 1 單位米之機會成本（$\frac{8}{2}$成衣）；故美國將生產及出口米。我國生產 1 單位成衣的機會成本（$\frac{5}{10}$米）低於美國生產一單位成衣之機會成本（$\frac{2}{8}$米），故

我國將生產及出口成衣。

►釋例 1

越南技術水準較差，不論生產什麼產品，成本都比台灣高。請問兩國間還需要國際貿易嗎？

生產成本（人工小時）	越南	台灣
布	10	5
米	20	15

【89 年政大科管】

需要。依比較利益的觀點，越南對米的生產具有比較利益，台灣對布的生產具有比較利益。透過專業分工與貿易，兩國仍將互蒙其利。

►釋例 2

假定美國和日本的工人，在一年之中每人能生產 4 輛汽車，一個美國工人一年能生產 10 噸的穀物，而日本工人一年能生產 5 噸的穀物。假定兩國都有 100 萬的勞工。請問：

1. 美國國內生產一輛汽車的機會成本？
2. 汽車和穀物的生產哪一個國家有比較利益？
3. 如果美國與日本進行交易，美國出口哪一項物品？進口哪一項物品？
4. 如果美國和日本進行交易，請問貿易後一輛汽車的國際價格會介於哪個之間？

解答

1. 2.5（穀物）。

2. 日本對汽車生產具有比較利益。

美國對穀物生產具有比較利益。

3. 美國會出口穀物且進口汽車。

4. 汽車的國際價格將介於：1.25 < T. O. T < 2.5 區間

第二節　貿易條件

一、貿易條件（terms of trade）的定義

指一單位的出口品在國際市場上所能換得的進口品之數量或出口品國際價格與進口品國際價格之比值。

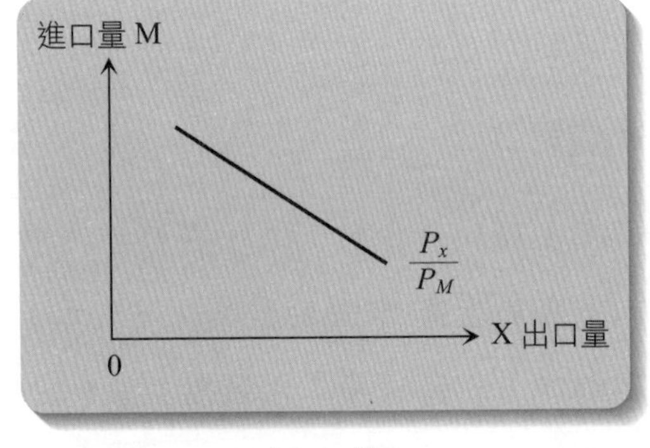

假設：出口品數量 × 出口品國際價格 = 進口品數量 × 進口品國際價格

$$\frac{\text{進口品數量}}{\text{出口品數量}}=\frac{\text{出口品國際價格}}{\text{進口品國際價格}}$$，以符號表示為 $\frac{M}{X}=\frac{P_x}{P_M}$

即：貿易條件 $=\frac{\text{出口品國際價格}}{\text{進口品國際價格}}=\frac{\text{進口品數量}}{\text{出口品數量}}$

二、貿易條件改善
(the terms of trade is improved)

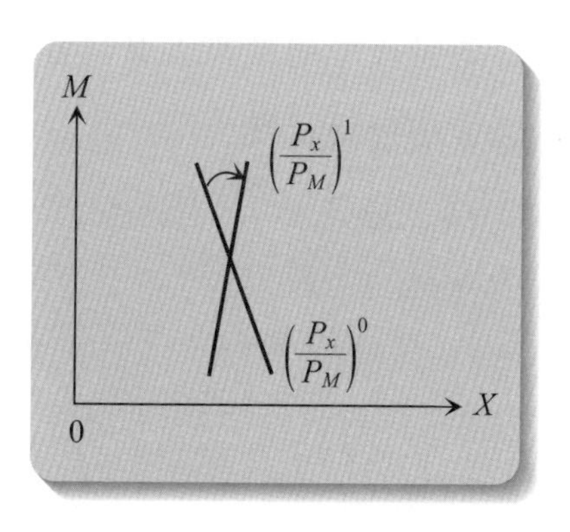

指出口品價格相對於進口品價格提高，將使其斜率變大，圖形變陡。即$\left(\frac{P_x}{P_M}\right)^0 \uparrow \rightarrow \left(\frac{P_x}{P_M}\right)^1$。

三、貿易條件惡化

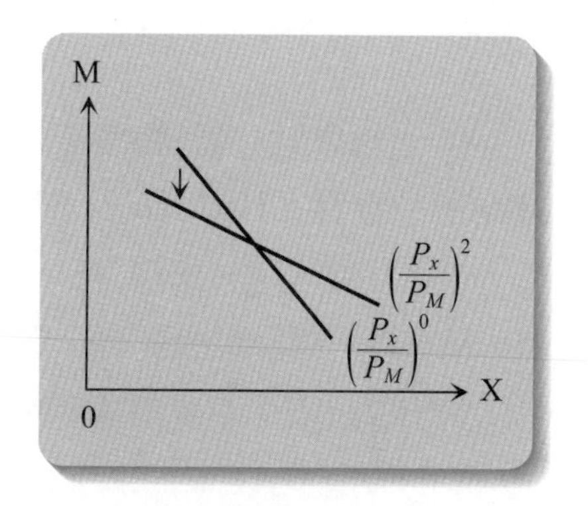

指進口品價格相對於出口品價格提高，將使其斜率變小，圖形變平坦。即$\left(\frac{P_x}{P_M}\right)^0 \uparrow \rightarrow \left(\frac{P_x}{P_M}\right)^2$

四、貿易條件與福利

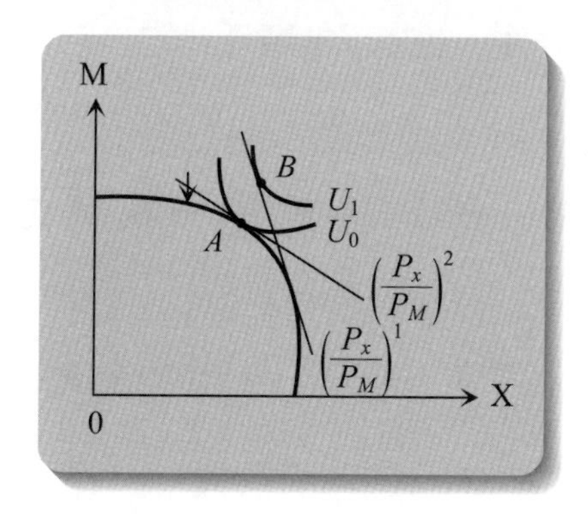

貿易條件由$\left(\frac{P_x}{P_M}\right)^0$提高到$\left(\frac{P_x}{P_M}\right)^1$，福利將由$U_0$提高至$U_1$。反之，貿易條件下降，將導致福利下降。

►**釋例**

下列哪一個因素會使台灣的貿易條件惡化？

(A)新台幣兌美元的匯率提高

(B)晶圓代工的價格上升

(C)石油價格提高

(D)以上皆是。【90 年銘傳管科】

（C）

第三節　現代貿易的四大定理

在現代國際貿易理論裡有重要的四個定理，簡稱四大定理，分別是：(1)赫克夏—歐林（Heckscher-Ohlin）理論；(2)雷因斯基（T. Rybczynski）定理；(3)司徒坡－薩穆爾遜（Stolper-Samuelson）定理；(4)要素價格均等化定理。赫克夏－歐林理論認為，當各國的生產要素比例不同時，將造成各國會生產並出口該國生產要素豐富的產品。該理論為現代國際貿易理論最重要且最基本的模型，其餘的三大定理，完全是建構在赫克夏－歐林理論下的假設條件，並加以推廣延伸的。

一、赫克夏—歐林定理（簡稱 H-O 定理）

赫克夏和歐林認為國際貿易的發生在於各國的要素稟賦不同所致，所以他們建立的模型又稱作要素稟賦理論（factor endowment theory）。

㈠定理的假設

1. A、B 兩國：A 國：勞動豐富國生產勞動密集財 X 財貨。

B 國：勞動豐富國生產資本密集財 Y 財貨。

只使用勞動 L 與資本 K 兩種生產要素。

2. 要素及產品市場為完全競爭型態。

3. 社會已達充分就業。

$K_x+K_y=K$，$L_x+L_y=L$

4. 沒有要素密集度逆轉現象。

5. 同種類財貨之生產函數在兩國皆相同，但不同種類財貨之生產函數則不相同。

6. 生產函數為規模報酬固定。

7. 無任何天然或人為貿易障礙（如：關稅、運輸成本、配額）。

8. 要素在國內可以自由移動，但在國際間則無法任意移動。

9. 兩國在生產上，沒有完全專業化的現象。

10. 假設兩國人民對財貨的需求型態相同。

㈡結論

勞動量較豐富的國家，該國對勞動密集財的生產成本較低，則生產且出口勞動密集財；資本量較豐富的國家，則生產且出口資本密集財。

二、雷因斯基定理（Rybczynski theory）

使用資本生產要素增加，而勞動生產要素不變，則會使資本密集財的產量增加，而勞動密集財的產量將減少。

三、薩穆爾遜定理（Samuelson theory）

商品的相對價格提高，也會使該生產要素的工資提高。

四、要素價格均等化定理

貿易後，勞動相對豐富的國家因出口勞動密集財會引起勞動使用價格上漲，資本相對豐富國家的資本使用價格則會相對上升。生產要素的邊際生產力由資本與勞動比決定，當兩國的生產要素邊際生產力相等，而兩國商品的價格相等，最後生產要素的價格也相等。

第四節　其他國際貿易理論

一、產品週期理論（product cycle theory）

以技術擴散說明一國家在某一物品之生產上何以由盛轉衰　或由出口國（進口國）轉變為進口國（出口國）之理論。

新產品問世後可分為三個階段：

1.第一階段：產品與技術仍屬新穎的階段。

2.第二階段：發展成熟階段。
將會自行生產替代來自發明國之進口謂之進口替代。

3.第三階段：生產技術已為世界各國家所知曉，生產過程已趨於標準化、產品規格化。將造成原為出口國後由相對充裕的國家來接替生產謂之出口替代。

二、大規模生產之經濟

由於大量生產可以產生大規模經濟，因此，各國專業生產某產品後再進行交易，可以降低生產之成本。

第五節　貿易障礙

一、出口補貼

本國為國際價格接受者。

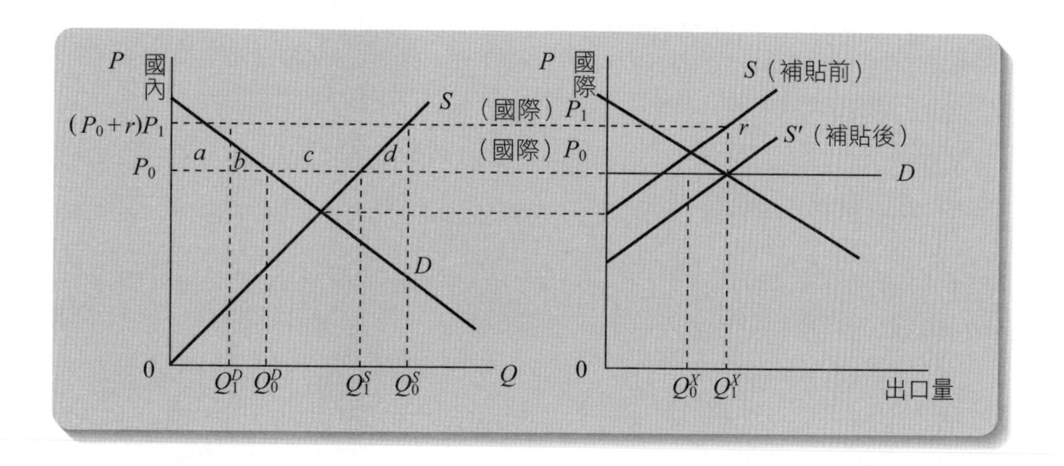

㈠補貼前

1. 原出口量 $Q_0^DQ_0^S=Q_0^X$
2. 國內價格 P_0＝國際價格 P_0

㈡補貼後

1. 出口量增加 $Q_1^DQ_1^S=Q_1^X$
2. 國內價格 P_0 上升到 P_1，國際價格 P_0 不變
3. 消費者剩餘減少 $(a+b)$
   生產者剩餘增加 $(a+b+c)$
   政府補貼減少 $(b+c+d)$

社會福利減少$(b+d)$

二、進口關稅

㈠關稅前

1. 進口量 $= Q_0^D Q_0^S = Q_0^m$
2. 國內價格 P_0 = 國際價格 P_0

㈡關稅後

1. 進口量減少 $Q_1^D Q_1^S = Q_1^m$

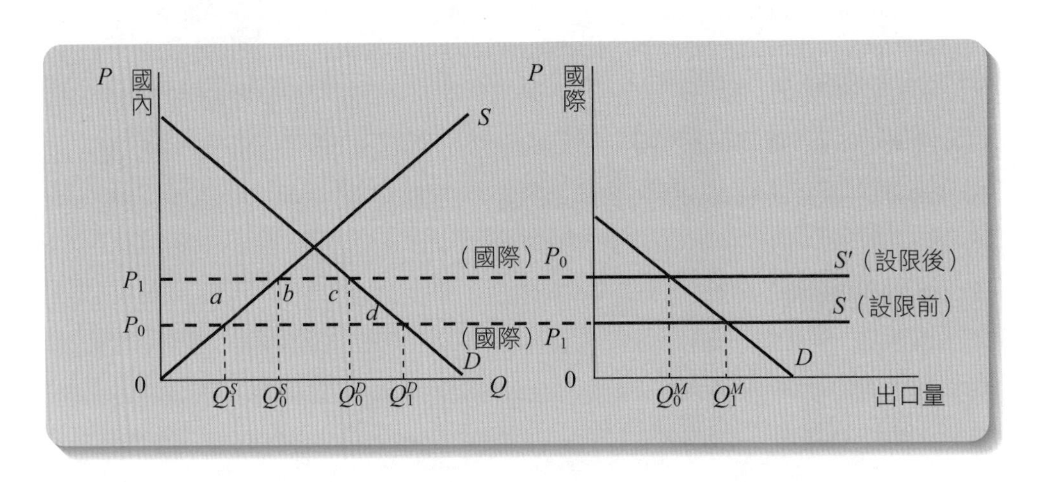

2. 國內價格 P_0 上升到 P_1，國際價格 P_0 不變
3. 消費者剩餘減少$(a+b+c+d)$
   生產者剩餘增加 a
   政府稅收增加 c
   社會福利減少$(b+d)$

第六節　保護貿易

一、保護貿易的定義

一國政府採行一種或多種特殊方式，尤其是採用進口關稅，以管制出口貿易，其目的在於鼓勵或支持受外國競爭而處於不利地位的國內幼稚工業。

二、保護貿易的理論

㈠保護幼稚工業論

1. 意義

德國歷史學派經濟學者李斯特（F. List）於 1841 年出版之《政治經濟學的國民體系》提出保護幼稚工業論，重要的內容有：經濟發展階段說、國民性、生產力理論。

⑴經濟發展階段說：為保育本國工業之發展，須採保護貿易政策。俟進入農工商階段，因有從事國際競爭以刺激商業發展之必要，故應再行採取自由貿易政策。

⑵國民性：當國家為了促進工業化，應採行保護政策，使國家獲得更大利益，而國民應該忍受短期的犧牲損失一部分的經濟利益。

⑶生產力理論：就全體國民而言，財富的根源即創造財富的「生產力」，所以生產力比財富本身更重要。

2. 原則

⑴所扶持者必須是真正具有發展潛力的產業。

⑵保護該產業僅能做短期保護，不做長期的支持。

(3)該產業給整個社會的好處，必須足以彌補消費者在保護貿易期間內所做的犧牲，則該保護措施才是值得的。

(二)國家安全與經濟穩定論

有學者認為某些產業對於國家的安全是非常重要的，所以對於這些與國家安全有重要關係的產業，必須加以保護。

(三)經濟利益重分配理論

進口限制措施就有利於國內工資率的提高。由於工會勢力龐大，選票眾多，主政者為了達到爭取選票的目的，有時乃屈服於工會的壓力，而對進口予以限制。

(四)經濟多樣化理論

高度專業化的經濟，其產品的出口與價格容易遭受國際市場波動之影響，對本國所得與就業的穩定有相當不利的影響。因此，經濟多樣化論者主張，藉保護關稅來推動本國生產活動多樣化，將有助於國內經濟的穩定。

(五)保護就業理論

該理論認為，透過保護關稅或配額的實施，可以使進口減少，產生貿易順差，增加本國有效需求，刺激出口，使產業擴張，而使本國就業與生產提高。

(六)技術傳播理論

該理論先進工業國家的產品具有比較利益乃是技術領先的結果。但在技術知識的傳播迅速的現代，除非不斷地技術創新　否則就無法保持出口競爭的優勢。

第七節　貿易障礙的種類

一、關稅

關稅簡單的定義就是一種由政府加諸於進入其國界貨物的稅負。關稅可被用來作為產生收入的稅負，或是阻礙貨物的進口，或兩者皆有。

二、非關稅障礙

三、配額（quotas）

配額是運用在某類特殊物品上的特定單位或金錢限制。配額係對可進口的某一特定的項目，在數量上給予某種絕對限制。就如同關稅一樣，配額會提高價格。

四、自願出口設限（voluntary export restraints）

自願出口設限類似於配額，它是進口國與出口國間對於出口數量加以限制的協定，通常出現在紡織品、成衣、鋼鐵、農產品以及汽車產品上。日本輸往美國的汽車就有自願性出口設限，亦即日本同意每年輸往美國的汽車保持在一固定數量上。如果不想成立自願性出口設限，則進口國通常會威脅將給予更嚴厲的配額與關稅。

五、抵制（boycott）

一個政府的抵制是對其他國家之購買與進口某些產品，給予絕對的限制。公開的抵制可能是正式的或非正式的，也可能是政府或業者所提議。一個人民很可能因為其政府或人民團體的呼籲而抵制其他國家的物品。

六、貨幣障礙（monetary barrier）

一個政府可藉著各種不同的交換管制限制，有效地對國際貿易地位加以規範。一個政府可能制定上述的限制來維持其國際收支的地位，或是特別為保存某特定產業的優勢而制定。

七、標準

此部分的非關稅障礙包括保護健康、安全以及產品品質的標準。標準有時候以一種不當且嚴厲或歧視性的方式來使用，以至於對於貿易有所限制，但是標準方面的法規多如牛毛才是問題所在。

第八節　國際卡特爾

一、意義

國際間相同產品的生產者公開勾結，彼此協議，減少產量，提高價格以增進全體共同利潤。

二、運作方式

㈠限制價格

根據國際市場的供給與需求，訂定一個統一價格，由各會員國共同遵守。

㈡限制產量

限制各會員國最高產量水準，以防止生產過剩。

㈢瓜分市場

把市場加以分割，而彼此之間不做競爭。

三、圖形分析

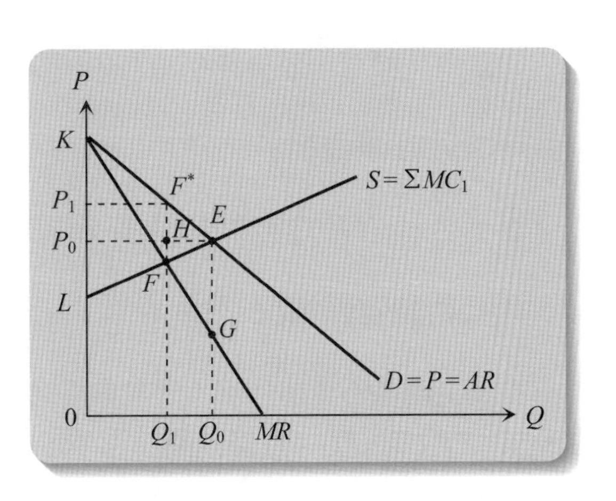

假設國際市場在組成卡特爾前是完全競爭，此時價格水準為$0P_0$產量為$0Q_0$。消費者剩餘KP_0E，而生產者剩餘為LP_0E，社會淨福利為KLE $(=KP_0E+LP_0E)$。當形成卡特爾時，各會員國為求利潤最大，國際卡特爾必先依獨占利潤最大的定價法則，即$MR=MC$法則，決定最適的產量為Q_1，均衡價格OP_1。而ΣMC為卡特爾的邊際成本曲線，乃由各會員國之MC曲線水平加總而成。D為市場的需要曲線，MR 為邊際收入曲線，依利潤最大法則，MR 與 MC 交點 H，決定最適產量 $0Q_1$ 與均衡價格 $0P_1$。而組成卡特爾的經濟效果為何呢？分析如下：

㈠保護效果

產量由原來的 $0Q_0$ 減少為 $0Q_1$ ，即減少了 Q_0Q_1 的數量。

㈡價格效果

價格水準由原來的 $0P_0$ 上升為 $0P_1$ 價格增加了 P_0P_1。

㈢消費者剩餘

由原來的 KP_0E^* 減少為 KP_1F^*，消費者剩餘減少 $P_0P_1F^*E$。

㈣生產者剩餘

由完全競爭時的 LP_0E 變動至 LFF^*P_1。

㈤所得重分配效果

消費者剩餘有一部分減少為 $P_0P_1HF^*$，此部分轉移至生產者剩餘上。

㈥社會淨福利

產生之 ΔF^*EF 的無謂損失乃資源配置效率的損失。

㈦利潤變動情況

在完全競爭下無超利潤，形成卡特爾後，總成本減少了 Q_0Q_1FE 而總收入也減少了 Q_0Q_1FG，就淨利潤而言，卻增加了 ΔEFG 的利潤。

四、卡特爾組織的維持

即使卡特爾組織形成了，但它又會面臨著是否會長久穩定地維持下去的難題。如下圖所示，在完全競爭市場上，市場的總產量為 $0Q_0$，個別廠商所分配到的產量為 $0q_0$，且僅有正常利潤。所對應的價格水準為 $0P_0$。當形成卡特爾組織以後，市場總產量減少為 $0Q_1$，市場價格由 $0P_0$上升到 $0P_1$，個別廠商分配到的生產配額為 $0q$，較完全競爭市場時的產量為少，但卻有超額利潤 P_1CBD。在卡特爾組織的配額下，雖可達到整體的利益最大，但對個別廠商而言，卻不是利潤最大，當個別廠商發現，只要在價格水準 $0P_1$的情況下，偷偷地增產，就可使超額利潤擴大，一直增產到 $0q_1$，此時個別廠商的利潤達到最大，$0P_1=\text{LMC}$。假設有相當多的個別廠商為了自己的利潤而皆增加其產量，並且該產量都超過卡特爾組織所分配的產量，將使協商的價格 $0P_1$，因而下跌，使卡特爾組織失去原先利潤最大的目標而瓦解。

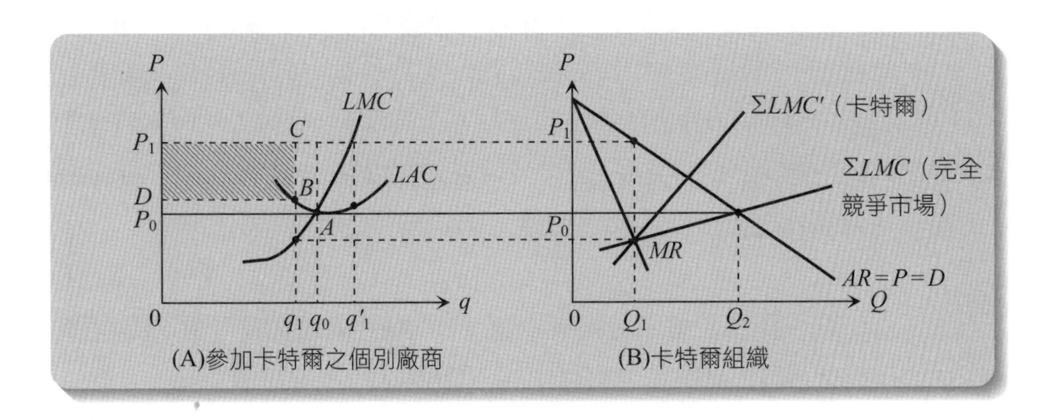

(A)參加卡特爾之個別廠商 (B)卡特爾組織

題庫精選

(　)1. 在兩國模型中，甲國在生產汽車與紅酒上有絕對利益（absolute advantage），乙國則在生產汽車有比較利益（comparative advantage），表示：(A)甲國應該同時生產紅酒與汽車 (B)乙國不應該和甲國貿易 (C)甲國應該生產紅酒，乙國應該生產汽車 (D)乙國應該生產紅酒，甲國應該生產汽車。【91年普考第二試】

(　)2. 兩國的貿易條件（terms of trade）取決於貿易雙方：(A)生產規模的大小 (B)生產的機會成本 (C)勞動密集與資本密集的比例 (D)貿易順差與逆差的比例。【91年普考第二試】

(　)3. 當生產技術出現突破性的進步時，將導致何種變化呢？(A)IS 曲線往左下方移動 (B)LM 曲線往左上方移動 (C)總合供給曲線往右下方移動 (D)總合需求曲線往右上方移動。【92年四等特考】

(　)4. 傾銷是指：(A)將產品銷售到國外去 (B)將產品銷毀 (C)產品銷售到國外之價格低於國內價格 (D)傾全力銷售到國外市場。【90年 k-3】

(　)5. 進口關稅提高，會產生何種影響？(A)生產者剩餘減少 (B)消費者剩餘減少 (C)進口數量增加 (D)進口品國內售價下降。【92年普考第二試】

(　)6. 一般而言，在其他條件不變之下，國際貿易將會引起：(A)進口國的消費者剩餘與生產者剩餘都減少 (B)進口國的消費者剩餘減少，出口國的生產者剩餘增加 (C)進口國的消費者剩餘與生產者剩餘都增加 (D)進口國的消費者剩餘增加，出口國的生產者剩餘

增加。【93 年四等特考】

( ) 7. 在一個小型開放經濟社會，本國政府對本國出口品進行從量型的出口補貼，則在其他條件不變之下，將會導致 (A)國內出口財的生產量增加 (B)本國對出口財的出口數量減少 (C)以本國產品單位來表示的本國貿易餘額（balance of trade）惡化 (D)本國對本國出口財的需求量增加。【94 年四等特考】

( ) 8. 如果A國規定任何產品的進口，都要繳交該產品價格的固定百分比給政府，這利措施稱之為： (A)配額 (B)非關稅障礙 (C)出口自動限制 (D)關稅。【90 年高考三級】

( ) 9.「比較利益法則」隱含： (A)最無效率的國家無法出口獲利 (B)每一個國家皆可從進出口中獲利 (C)最無效率的國家無法進口獲利 (D)每一個國家皆有絕對利益。【90 年普考第一試】

( ) 10. 比較利益法則（the lan of comparative advantage）是由誰提出來的？ (A)亞當斯密（A. Smith） (B)李嘉圖（D. Ricardo） (C)馬歇爾（A. Marshall） (D)馬爾薩斯（T. Malthus）。【91 年四等特考】

( ) 11. 甲乙兩人各懂得如何生產水果與蔬菜，在兩人生產的過程中，以下敘述何者正確？ (A)具有比較利益的一方是生產的機會成本較高的一方 (B)兩人一定各有生產的絕對利益，但是不一定有比較利益 (C)其中一人可能同時有兩種生產絕對利益，但是一定只有一種比較利益 (D)如果某一人有生產蔬菜的絕對利益，也就同時有生產水果的比較利益。【91 年普考第二試】

( ) 12. 假定甲國可以 1 單位的勞動與生產 10 單位的布或 10 單位的米，而乙國能以 1 單位的勞動量生產 5 單位的布或 8 單位的米。下列敘述，何者為真？ (A)若兩國進口貿易，則甲國應出口布較符合比較利益 (B)若兩國進口貿易，則乙國應出口布較符合比較利益 (C)甲國生產布的機會成本較高 (D)乙國生產布的機會成本較低。

【91 年四等特考】

(　) 13.某一國家的全年汽車需求量是 20 萬輛，該國的國產車產能是 10 萬輛，其他的依賴進口。如果現在該國設定數量管制，限定外國製造汽車的進口配額為 5 萬輛，這樣一來，國內的車價會有何變化？ (A)進口車和國產車都跌價 (B)進口車和國產車都漲價 (C)進口車漲價，國產車跌價 (D)進口車跌價，國產車漲價。

【91 年普考第二試】

(　) 14.下列哪種區域經濟合作組織（regional economic corporation organization）型態，除了對區域內的會員國會採取自由貿易，對區域外的非會員國採取一致的共同關稅之外，另允許區域內的生產要素也可自由移動？ (A)自由貿易區（free trade area） (B)貿易同盟（trade union） (C)共同市場（common market） (D)關稅同盟（customs union）。 【94 年普考第二試】

(　) 15.假設美國人一天可生產 12 單位的小麥，或 4 單位的掃把，中國人一天可生產 2 單位的小麥或 2 單位的掃把，當美國人與中國人進行貿易時： (A)美國人會進口小麥，而中國人進口掃把 (B)美國人會出口小麥，而中國人出口掃把 (C)美國人會出口掃把，而中國人出口小麥 (D)中國人進口小麥和掃把。 【90 年普考第一試】

(　) 16.若一國同時有進口與出口同樣一種產品的貿易現象，可稱該國有何者現象？ (A)產業內貿易（intra-industy） (B)產業間貿易（inter-industry） (C)產品生命週期（product life cycle） (D)管制貿易（managed trade）。 【93 年普考第二試】

(　) 17.下列有關絕對利益法則與比較利益法則的敘述，何者正確？ (A)一國在某種產品的生產上具有絕對利益時，則該國在該種產品的生產上一定具有比較利益 (B)一國在某種產品的生產上具有比較利益時，則該國在該種產品的生產上一定具有絕對利益 (C)一國在某種產品的生產上具有比較利益時，則該國在該種產品的生產上未必具有絕對利益 (D)一國在某種產品的生產上不具有比較利益時，則該國在該種產品的生產上一定具有絕對利益。

【93年普考第二試】

( ) 18.下列關於國際貿易的敘述，何者正確 (A)比較利益理論是指甲國生產 A 項產品的成本低於其他所有國家 (B)比較利益理論是指甲國生產 A 項產品的成本低於部分國家 (C)因為美國生產所有產品的成本都高於中國大陸，因此美國商品無法輸出至中國大陸 (D)比較利益理論是指甲國可以生產機會成本比較低的產品。

【94年四等特考】

( ) 19.一國以一單位的出口品在國際市場上所能換得的進口品的數量，稱之為： (A)匯率 (B)關稅 (C)進口配額 (D)貿易條件。

【92年普考第二試】

( ) 20.國際貿易的好處為： (A)一國得以消費在其生產可能線外的產品組合 (B)各國生產成本持續下跌 (C)世界各國可以有一致的生活水準 (D)貿易條件為正。 【90年普考第一試】

( ) 21.如果在國際貿易上實施配額的限制，相對於自由貿易，將會有以下何種情形？ (A)國內生產者將以較低的價格出售更多的數量 (B)國內生產者將以較低的價格出售更少的數量 (C)國內生產者將以較高的價格出售更多的數量 (D)國內生產者將以較高的價格出售更少的數量。 【91年普考第二試】

( ) 22.下列哪種區域經濟合作組織（regional economic corporation organization）型態，除了對區域內的會員國會採取自由貿易，對區域外的非會員國採取獨立不同的關稅？ (A)自由貿易區（free trade area） (B)貿易同盟（trade union） (C)共同市場（common market） (D)關稅同盟（customs union）。 【93年普考第二試】

( ) 23.所謂貿易順差是指： (A)出口減進口大於零 (B)出口減進口小於零 (C)出口加進口大於零 (D)出口加進口小於零。

【93年四等特考】

(　) 24.本國政府對本國出口品進行從量出口補貼，將會導致：　(A)本國的消費者剩餘增加　(B)本國的生產者剩餘增加　(C)本國整個社會的淨福利增加　(D)以外幣表示的本國出口財價格下降。

【94 年四等特考】

(　) 25.某國的紡織品是完全競爭市場，如果該國對進口紡織品課徵關稅，以下敘述何者正確？　(A)國內紡織品價格下降　(B)國產紡織品的產量下降　(C)進口量與消費量都會減少　(D)生產者剩餘減少，消費者剩餘增加。　【91 年普考第二試】

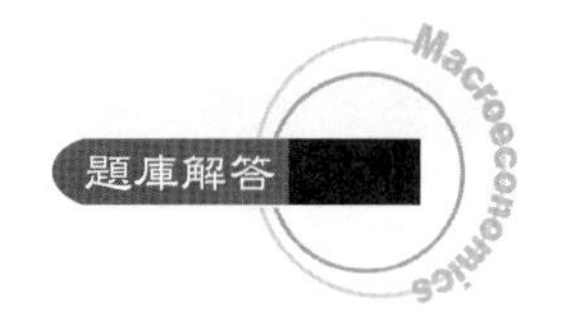

題庫解答

第一章

一、選擇題

1. (A)
2. (B)
3. (D)

解析：部分商品或勞務是屬於中間投入，全部計算會導致重複計算。

4. (B)
5. (A)

解析：GDP = GNP − 要素在國外所得淨額

即 GNP − GDP = 要素在國外所得淨額。

6. (A)
7. (D)
8. (A)

解析：令 $gnp = \frac{GNP}{N}$（實質每人 GNP），先取自然對數 $\ell ngnp = \ell nGNP - \ell nN$，再全微分，

$d\ell ngnp = d\ell nGNP - d\ell nN$ 即 $\widehat{gnp} = \widehat{GNP} - \widehat{N}$，

甲國 $\widehat{gnp} = 12\% - 4\% = 8\%$

乙國 $\widehat{gnp} = 8\% - 2\% = 6\%$

所以甲國之 $\widehat{gnp}$（實質每人 GNP 成長率）大於乙國之 $\widehat{gnp}$。

9. (D)

解析：附加價值＝銷售－原料成本支出＝ 50 − 15 = 35（萬）

10. (D)

11. (C)

解析：2002 年實質 GNP $=100\times30+250\times2=3{,}500$

2002 年名目 GNP $=200\times30+500\times2=7{,}000$

2002 年物價指數 $=\dfrac{7{,}000}{3{,}500}=200\%$

12. (B)

解析：由 $Y=C+I+G+X-M$，式中 $C=80$，

$I=70$，$G=40$，$X-M=20$，代入得 $Y=210$，

即 GNP $=210$，

NNP = GNP − 折舊 = GNP − （毛投資 − 淨投資）

$=210-(70-60)=200$，NI = NNP − 間接稅淨額

$=200-8=192$（億元）

13. (B)

14. (D)

15. (A)

16. (B)

解析：吉尼數介於零和 1 之間，若愈小則表示所得分配愈平均。

17. (B)

解析：(C)國民所得毛額包括政府部門；(D)兩者計算的結果相同。

18. (B)

解析：(A)(C)(D)皆無明確的市場價格，故無法計入國民所得內。

19. (C)

解析：由 GNP 平減指數＝名目 GNP ／實質 GNP，

即 200%＝名目 GNP/1,000，故名目 GNP＝2,000

20. (A)

解析：GNP －折舊＝ NNP（國民生產淨額）

21. (A)

解析：(A)兩條羅倫茲曲線相交，則兩者的吉尼係數一定相等。

22.（A）

23.（B）

24.（D）

25.（D）

解析：GDP＝GNP＋國內要素所得－國民要素所得

　　　＝50,000＋41,200－41,100＝50,100

26.（D）

27.（B）

解析：應是非洲該國的 GDP，但為本國的 GNP。

28.（C）

29.（D）

解析：(A)(B)(C)皆未計入 GNP 內。

30.（C）

解析：忽略負面因素的影響，將會高估經濟福利。

31.（D）

解析：恩格爾曲線乃表示所得和需求量之關係。

32.（B）

33.（C）

解析：1985 年之 CPI 為 103，1990 年之 CPI 為 125，則計算 CPI 的基期年應該是 1985 年之前。

34.（A）

35.（C）

解析：(C)勞動人口是存量（stock）的概念。

36.（B）

37.（C）

解析：麵包成品之收入－麵粉的成本＝工廠每年生產之附加價值，即 40－10＝30

38.（D）

39.（B）

40.（D）

解析：菲力浦曲線是用來表示物價上漲率和失業率之間的關聯性。

41.（B）

42.（C）

解析：吉尼係數$=\frac{\triangle}{\triangle}=1$

43.（A）

解析：國民生產毛額（GNP）－國民生產淨額（NNP）＝折舊。

44.（C）

45.（A）

解析：若所得分配完全平均的國家，其羅倫茲曲線乃正好是對角線，吉尼係數為零。

吉尼係數$=\frac{0}{\triangle}=0$

46.（C）

47.（A）

解析：以國民所得為指標無法反映所得分配情況，可由羅倫茲曲線或吉尼係數來加以衡量。

48.（C）

49.（C）

二、計算題

1. (1)列入台灣 GDP，列入 USA 之 GNP。

(2)列入台灣之 GNP 與 GDP。

(3)列入台灣 GDP、菲國之 GNP。

(4)列入台灣 GDP、USA 之 GNP。

(5)均是 USA 之 GNP 與 GDP。

2. NI＝PI＋（社會保險＋公司所得稅＋未分配公司利潤）－移轉性支付

$= 120 + (10 + 30 + 20) - 8 = 172$

NNP＝NI＋一般間接稅$= 172 + 12 = 184$

GNP＝NNP＋折舊$= 184 + 20 = 204$

3.(一) $GNP = C + I^g + G + (X - M)$

$= 325 + 70 + 150 + (125 - 50) = 620$

(二) NNP＝GNP－折舊$= 620 - 25 = 595$

(三) NI＝NNP－企業間接稅$= 595 - 20 = 575$

(四)個人所得＝NI－（未分配利潤＋社會安全捐）＋政府移轉支付

$= 575 - (45 + 30) + 60 = 560$

(五)可支配所得＝個人所得－直接稅$= 560 - 110 = 450$

4.(1) $\frac{7,813}{100} \times 100 = 7,813$

(2) $\frac{7,813,000 \text{ (million)}}{250 \text{ (million)}} = 31.252$

(3) $\frac{P_{97} - P_{96}}{P_{96}} = 1.7\%$，$P_{97} = (1 + 0.017) \times 100 = 101.7$

(4) $8,165 \times 101.7\% = 8,303.81$

(5) $\frac{8,165,000 \text{ (million)}}{252 \text{ (million)}} = 32,400.79$

(6) $\frac{102.86 - 101.7}{101.7} \times 100 = 1.14\%$

(7) $33,344 \times 255\text{(million)} = 8,502.72\text{(million)}$

(8) $8,502.72 \times 1.0286 = 8,745.89$

第二章

1.（D）

解析：古典模型的勞動邊際生產力增加，將使勞動市場的勞動需求線向右移，導致實質工資率上升，也會使得總供給曲線向右移，而造成產出的增加。

2.（C）

解析：由 $\hat{M}+\hat{v}=\hat{p}+\hat{y}$，式中 $v=$ 常數，$y=y_f$，所以 $\hat{v}=0$，$\hat{y}=0$，當 $\hat{M}=10\%$，由上述公式得 $\hat{p}=10\%$

3. (A)

解析：在名目工資和物價可以完全上下伸縮的假設下。

4. (C)

解析：由投資與儲蓄或可貸資金供給與需求來決定實質利率。

5. (A)

解析：由費雪公式，名目利率＝實質利率＋物價上漲率

若名目利率＝7%，物價上漲率爲－2%，則由上述公式得實質利率＝9%

6. (D)

解析：由貨幣數量學說，$\hat{M}+\hat{v}=\hat{p}+\hat{y}$，若 v 不變，即 $\hat{v}=0$，當 $\hat{y}=10\%$，$\hat{M}=10\%$，則 $10\%=\hat{p}+10\%$，故 $\hat{p}=0$，表示物價（p）固定

7. (B)

解析：最低工資率所設定的工資高於均衡工資率時，勞動供給大於勞動需求，將會產生失業。

8. (A)

解析：由 $\hat{M}+\hat{v}=\hat{p}+\hat{y}$，若 $\hat{y}=0$，$\hat{v}=0$，當 $\hat{M}=10\%$，則由上述公式，$\hat{P}=10\%$。

9. (D)

解析：由 $MV=Py$，式中 $y=1{,}000$，$M=500$，$P=2$ 代入得 $500V=2\times1{,}000$，即 $V=4$

10. (B)

11. (C)

解析：(A)(C)為凱因斯學派的主流，(B)(D)為古典學派的主張。

12. (A)

解析：由 $\hat{M}+\hat{v}=\hat{p}+\hat{y}$

當 $\hat{V}=\hat{y}=0$ 時　$\hat{M}=10\%$，則 $\hat{P}=10\%$

13. (B)

解析：由 $MV=py$ 當 $V=\overline{V}$，$y=y_f$ 時

M 增加僅造成 p 同比例增加，此情況謂之貨幣中立性。

14. (C)

解析：

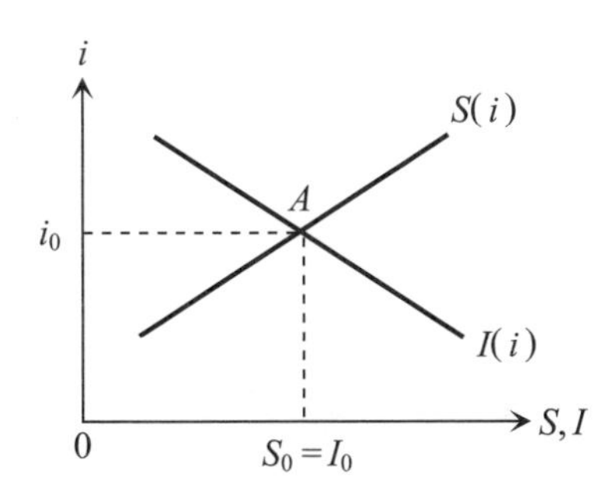

15. (B)

16. (A)

解析：古典學派的供給曲線是垂直線，若總合需求曲線是負斜率，除非供給曲線向右移，產出才會增加。

17. (C)

解析：古典學派的需求面是由貨幣數量學說來決定的。

18. (B)

解析：由費雪公式：名目利率＝實質利率＋物價上漲率

若物價上漲率增加 2%，且實質利率不變下，則名目利率亦將增加 2%。

19. (B)

解析：由 $MV=py$，當 $V=\overline{V}$，$y=y_f$ 時，M 變動僅影響 P 的變動。

20. (A)

21. (D)

解析：貨幣學派和理性預期學派都認為權衡性的經濟政策長期而言僅造成物

價水準上升，實質產出不受影響。

22.（C）

解析：古典學派認為貨幣工資是上下伸縮的，凱因斯學派認為貨幣工資是僵固的。

23.（D）

24.（B）

解析：由$M\overline{V}=Py_f$取自然對數　得$\ell nM+ln\overline{V}=\ell np+\ell ny_f$再全微分得$d\ell nM+dln\overline{V}=d\ell np+d\ell ny_f$　即$\hat{M}=\hat{p}$。表示長期而言$V=\overline{V}$，$y=y_f$，貨幣供給成長率等於物價膨脹率。

25.（D）

解析：由$\omega=\dfrac{W}{P}$，式中ω為實質工資，W為名目工資，P為一般物價水準，將$\omega=\dfrac{W}{P}$取自然對數再全微分得$\hat{\omega}=\hat{W}-\hat{P}$，如果$\hat{W}<\hat{P}$，即$\hat{W}-\hat{P}<0$或$\hat{\omega}<0$，表示實質工資下降。

第三章

一、選擇題

1.（C）

解析：假設$C=C_0+bY_D$，$I=I_0$，$G=G_0$，$Y_D=Y-T$，$T=T_0$

故$\dfrac{dY}{dG_0}=\dfrac{1}{1-b}$，若$b$邊際消費傾向愈大則$\dfrac{dY}{dG_0}$愈大。

2.（C）

解析：(A)(B)為凱因斯學派的論點，(D)為貨幣學派的論點。

3.（A）

解析：在物價和名目工資僵固的情況下，失業率大於自然失業率，即失業乃是常態。

4.（C）

解析：鼓勵出口可以使IS（或AD）曲線向右移，擴大內需可以增加消費（C），投資（I），政府支出（G），讓IS（或AD）曲線向右移。

5.（C）

解析：自發性支出乘數為$\frac{1}{1-mpc}=\frac{1}{1-0.6}=\frac{1}{0.4}=2.5$

6.（B）

解析：平衡預算是政府支出和稅收同等額變動，若要消除緊縮缺口，則必須同等額增加政府支出和稅收。

即　$\Delta G_0=\Delta T_0=\Delta B$，則$\frac{\Delta Y}{\Delta B}=1$。

7.（D）

解析：(A)(B)將使均衡所得減少，(C)自發性儲蓄增加即自發性消費減少，將使均衡所得減少。

8.（D）

解析：由$AS=C+S$，$AD=C+I$，均衡時$AS=AD$，即$C+S=C+I$，故$S=I$。

9.（B）

10.（A）

解析：簡單凱因斯模型，僅以所得為變動之變數，其餘經濟變數皆為外生變數，故謂之簡單模型（即簡化之意）。

11.（B）

解析：由$AS=Y$，$AS=AE$，故$Y=100+0.8Y$，$(1-0.8)Y=100$，$Y=\frac{100}{0.2}=\frac{1,000}{2}$
$=500$

12.（B）

解析：由$Y=C+I+G$，

將$C=60+0.8Y$，$I=10+0.1Y$，$G=50$代入得$Y=60+0.8Y+10+0.1Y$
$+50$，即$Y=1,200$

13.（A）

解析：自發性支出乘數$=\frac{\text{均衡所得變動}}{\text{自發性支出變動}}$

14.（A）

解析：由$Y=C+I+G$，$Y=100+0.75(Y_d)+150+250$

且$Y_d=(I-t)Y$，$t=0.2$代入上式

得$Y=100+0.75(1-0.2)Y+150+250$，

解 $Y=1,250$。

15. (A)

解析：由 $AE=C+I+G$

$$\begin{aligned}&=100+0.8(Y_d)+200+300\\&=100+0.8(Y-T)+200+300\\&=100+0.8(Y-300)+200+300\\&=100+0.8Y-240+200+300\\&=100-240+200+300+0.8Y\\&=360+0.8Y\\&=a+bY\end{aligned}$$

故 $a=360$，$b=0.8$

16. (A)

解析：(B)簡單凱因斯模型在物價僵固的情況下，僅考慮所得的變動。

(C)所得增加，失業率將下降。

17. (C)

18. (D)

解析：商品需求(AD)=商品供給(AS)。

19. (D)

解析：$\Delta T=\Delta G_0=\Delta B$，平衡預算乘數為 $\frac{\Delta Y}{\Delta B}$ 表示稅收和政府支出等額增加相對於所得的變動。

20. (B)

解析：當 $T=T_0$，平衡預算為 $G_0=T_0$，故平衡預算乘數為 $\frac{\Delta Y}{\Delta B}=1$，式中 $\Delta B=\Delta G_0=\Delta T_0$。

21. (C)

解析：由 $C=C_0+bY_D$，

$Y_D=Y-T$

$T=T_0$

$I=I_0$

$G=G_0$

則 $Y=C+I+G$，即 $Y=C_0+b(Y-T_0)+I_0+G_0$

展開 $Y=C_0+bY-bT_0+I_0+G_0$ 全微分，

$\Delta Y=\Delta C_0+b\Delta Y-b\Delta T_0+\Delta I_0+\Delta G_0$，整理之

$(1-b)\Delta Y=\Delta C_0-b\Delta T_0+\Delta I_0+\Delta G_0$，則 $\frac{\Delta Y}{\Delta T_0}=\frac{-6}{1-b}$。

22.（A）

解析：投資加消費等於總需求，或儲蓄加消費等於總所得。

23.（B）

解析：$AE=C+I+G=400+0.8Y_d+100+300$

$=400+0.8(Y-T)+100+300$

$=400+0.8(Y-200)+100+300$

$=640+0.8Y$

若 $AE=a+bY$，則 $a=640$，$b=0.8$

24.（D）

25.（D）

26.（A）

解析：$mps=1-mpc$，$mpc=\frac{C_1-C_0}{y_1-y_0}=\frac{140-60}{200-100}=\frac{80}{100}=0.8$

故 $mps=1-0.8=0.2$

27.（A）

28.（C）

解析：當產能有閒置時，依凱因斯的觀點，應鼓勵消費，透過乘數效果，使得所得提高。

29.（B）

解析：甲國的 $mpc=0.8$，則 $\frac{\Delta Y}{\Delta G}=\frac{1}{1-0.8}=5$

乙國的 $mpc=0.5$，則 $\frac{\Delta Y}{\Delta G}=\frac{1}{1-0.5}=2$

30. (C)

解析：由 $\frac{\Delta Y}{\Delta G}=\frac{1}{1-mpc}=\frac{1}{1-0.75}=4$

31. (A)

解析：在充分就業時，不會產生節儉矛盾現象。

32. (C)

解析：(A)(B)(D)將使均衡所得減少，失業率提高。

33. (A)

解析：開放體系的政府支出乘數大於封閉體系的政府支出乘數。

34. (B)

解析：若 $\Delta G_0=\Delta T_0=\Delta B$，則 $\frac{\Delta Y}{\Delta B}=1$。

35. (B)

36. (D)

解析：個人可支配所得 $=C+S$。

37. (D)

38. (E)

二、計算題

1. $Y=C+I+G+X-M$

   $Y=1{,}200+0.75(Y-400)+800+0.15Y+600+600-(200+0.1Y)$

   $Y^*=13{,}500$

2. $x-m=0 \Rightarrow x=m$

   (一) $15+0.1y=40 \Rightarrow y=250$

   (二) $y=c+i+g+x-m \Rightarrow y=35+0.8(1-t)y+30+15+40-(15+0.1y)$ 把 $y=250$ 代入，得 $t=0.15$

   (三) $g=15$

   T 稅收 $=ty=0.15\times 250=37.5$

   $g>T$ 爲赤字 $\Rightarrow g-T>0$

   $g<T$ 爲盈餘 $\Rightarrow g-T<0$

$\Rightarrow 37.5-15=22.5$ 爲盈餘

㈣$y=35+0.18(1-t)y+30+15+40-(15+0.1y)$

代 $t=0.2$（因 $0.15+0.05=0.2$）

$y^*=228.3$

㈤$ty=228.3\times 0.2=45.7$

$g=15$

$g-ty=45.7-15=30.7$（盈餘）

㈥$m=15+0.1y=15+0.1\times 228.3=37.8$

又 $x=40$

$x-m=40-37.8=2.2$（順差）

3.(A)$Y=900$

$T=tY=0.25\times 900=225$

$G-T=240-225=15$（赤字）

(B)$缺口=\dfrac{\Delta Y}{自變性支出乘數}=\dfrac{1{,}000-90}{\dfrac{1}{0.4}}=40$

$\dfrac{\Delta Y}{\Delta G}=乘數\Rightarrow\dfrac{1{,}000-900}{\Delta G}=\dfrac{1}{0.4}==\Rightarrow\Delta G=40$

(C)$1000=20+0.8(1{,}000-1{,}000t)+100+240$

(D)由 $Y=C_0+b(Y-tY)+I_0+G_0$

$Y=C_0+by-btY+I_0+G_0$

$Y(1-b+bt)=C_0+I_0+G_0$

$d(1-b+bt)=dC_0+dI_0+dG_0$

$\dfrac{dY}{dI_0}=\dfrac{dY}{dG_0}=\dfrac{dY}{dC_0}=\dfrac{1}{1-b+bt}=\dfrac{1}{1-0.8+0.8\times 0.25}=\dfrac{1}{0.4}$

(B)同理

$\dfrac{dY}{dI_0}=\dfrac{dY}{dG_0}=\dfrac{dY}{dG_0}=\dfrac{1}{1-b+bt}=\dfrac{1}{1-0.8+0.8\times 0.20}=\dfrac{1}{1-0.64}$

(E)即 $T=G\Rightarrow tY=G$（預算平衡）

$1{,}000=20+0.8(1-G)+100+G$

$G=400$………………政府購買

$t \times 1{,}000 = 400 \Rightarrow t = 0.4$……稅率

4.(一)$Y = C + I + G = 60 + 0.8(Y - 40) + 100 + 40$

$0.2Y = 168 \Rightarrow Y = 840$

$Y - T = 840 - 40 = 800$

(二)$Y = C + I + G$

$Y = C_0 + b(Y - T_0) + I_0 + G_0$

$Y = C_0 + bY - bT_0 + I_0 + G_0$

$Y(1 - b) = C_0 - bT_0 + I_0 + G_0$

$dY(1 - b) = dC_0 - bdT_0 + dI_0 + dG_0$

$$\frac{dY}{dI_0} = \frac{1}{1-b} = \frac{1}{1-0.8} = 5$$

(三)(1)$Y_f = 960$

$Y_f = 960 > Y^* = 840$，有緊縮缺口

$$\text{缺口} = \frac{\Delta Y}{\text{自發性乘數}} = \frac{960 - 840}{5} = 24$$

(2)$Y_f = 900$

$Y_f = 900 > Y^* = 840$，有緊縮缺口，

$$\text{缺口} = \frac{\Delta Y}{\text{自發性乘數}} = \frac{900 - 840}{5} = 12$$

5.(一)$Y = 40 + 0.75(Y - 0.2) + 40 - 200 \times 5\% + 100 + 250 - 10.1Y \Rightarrow Y^* = 840$

(二)出口：$X = 250$

進口：$0.1Y = 0.1 \times 840 = 84$

$X - M = 250 - 84 = 166$（順差）

(三)$Y_f = 1{,}000 > Y^* = 840$（緊縮）

$$\text{缺口} = \frac{\Delta Y}{\text{自發性乘數}} = \frac{1{,}000 - 840}{2} = 80$$

自發性乘數 $Y = C_0 + b(Y - tY) + I_0 - ri + G_0 + X_0 - mY$

$Y(1 - b + bt + m) = C_0 + I_0 - ri + G_0 + X_0$

全微分：$(1 - b + bt + m)dY = dC_0 + dI_0 - rdi + dG_0 + dX_0$

$$\frac{dY}{dX_0} = \frac{dY}{dG_0} = \frac{dY}{dI_0} = \frac{dY}{dC_0} = \frac{1}{1-b+bt+m}$$

$$= \frac{1}{1 - 0.75 + 0.75 \times 0.2 + 0.1} = \frac{1}{0.5} = 2$$

㈣$X=250-100=150$ 代入㈠

$Y^*=640$（減少 200）

出口－進口 $=150-0.1\times 640=86$（減少 80）

㈤$r=5\%\Rightarrow 10\%$ 代入㈠

$Y^*=820$

出口－進口 $=250-0.1\times 820=168$（順差擴大）

因爲 $r\uparrow\rightarrow i\downarrow\rightarrow Y\downarrow\Rightarrow$ 進口 $\downarrow$

6.㈠$Y=100+0.8Y-(50+0.25Y)+500+800\Rightarrow Y^*=3{,}400$

㈡$Y_f=3{,}000<Y^*=3{,}400$，膨脹

$$缺口=\frac{\Delta Y}{自發性乘數}=\frac{3{,}400-3{,}000}{\frac{1}{0.4}}=150$$

$$\frac{\Delta Y}{\Delta G}=2.5（乘數）$$

(A)$\frac{-400}{\Delta G}=2.5$，$\Delta G=-160$（減少 G 支出）

(B)$\frac{\Delta Y}{\Delta T_0}=\frac{-0.8}{0.4}=-2$，$\Delta Y=400$

$\therefore \Delta T_0=200$（增加定額稅）

$$Y=C_0+b(Y-Y_0-tY)+I_0+G_0=C_0+bY-bT_0-btY+I_0+C_0$$

$$Y(1-b+tb)=C_0-bT_0+I_0+G_0$$

$$dY(1-b+bt)=dC_0-bdT_0+dI_0+dG_0$$

$$\frac{dY}{dI_0}=\frac{dY}{dC_0}=\frac{dY}{dG_0}=\frac{1}{1-b+bt}=\frac{1}{1-0.8+0.8\times 0.25}（自發性支出乘數）$$

$$=\frac{1}{0.4}$$

$$\frac{dY}{dT_0}=\frac{-b}{1-b+bt}=\frac{-0.8}{0.4}=-2$$

令 $\Delta G=\Delta T_0=M$

$$dY(1-b+bt)=dC_0-bdM+dI_0+dM$$

$$\frac{dY}{dM}=\frac{1-b}{1-b+bt}=\frac{1-0.8}{1-0.8+0.8\times 0.25}=0.5$$

(C)$\frac{dY}{dM}=0.5\Rightarrow\frac{400}{dM}=0.5$，$dM=800$（平衡預算減少 800）

㈢$Y_f=4{,}000>y^*=3{,}400$ 緊縮

缺口 $=\dfrac{4000-3400}{2.5}=240$

(A)$\Delta G=\dfrac{600}{2.5}=240$…………政府支出增加 240

(B)$\Delta T_0=\dfrac{600}{-2}=-300$…………減少定額稅 300

(C)$\Delta G=\Delta T_0=\Delta M$…………同時增加政府支出與定額

$\Delta M=\dfrac{600}{0.5}=1200$…………稅 1200（平衡預算增加）

7. 是。

令 $T=tY$（租稅是誘發，表示當 $Y\uparrow$，則 $T\uparrow$）

已知：

二部門	三部門	四部門
$Y=C+I$	$Y=C+I+G$	$Y=C+I+G+X-M$
$C=C_0+bY$	$C=C_0+bY_d$	$C=C_0+bY_d$
$I=I_0$	$Y_d=Y-T$	$Y_d=Y-T$
	$I=I_0$	$I=I_0$
	$G=G_0$	$G=G_0$
		$X=X_0$
		$M=M_0+mY$

二部門	三部門	四部門
$Y=C_0+bY+I_0$	$Y=C_0+b(Y-tY)+I_0+G_0$	$\dfrac{dY}{dC_0}=\dfrac{dY}{dI_0}=\dfrac{dY}{dG_0}=\dfrac{dY}{dX_0}$
$Y(1-b)=C_0+I_0$	$Y(1-b+bt)=C_0+I_0+G_0$	$=\dfrac{1}{1-b+bt+m}$
$\dfrac{dY}{dI_0}=\dfrac{dY}{dC_0}=\dfrac{1}{1-b}$	$\dfrac{dY}{dC_0}=\dfrac{dY}{dI_0}=\dfrac{dY}{dG_0}=\dfrac{1}{1-b+bt}$	

故二部門乘數＞三部門乘數＞四部門乘數（當租稅是誘發時）

8. 選(E)。

9. 非，若模型設爲 $Y=C+I+G$

$$C=C_0+bY_D$$

$$I=I_0$$

$$G=G_0$$

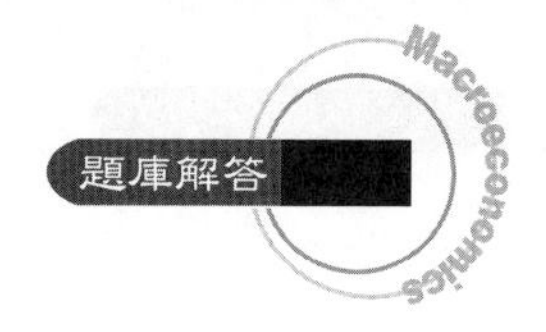

$$T = T_0 + tY$$

令 $\Delta G = \Delta T = \Delta M$，

則 $Y = C_0 + b(Y - T) + I_0 + G_0$

$Y = C_0 + b(Y - T_0 - tY) + I_0 + G_0$

全微分 $(1 - b + bt)dY = dC_0 - bdT_0 + dI_0 + dG_0$

$(1 - b + bt)dY = dC_0 - bdM + dI_0 + dM$

$$\frac{dY}{dB} = \frac{1 - b}{1 - b + bt} \neq 1$$

10.(一)(1) $Y = 1{,}350$

(2) $G - T = 30$（預算赤字）

(3) $X - M = 100 - 20 - 0.1(1{,}350 - 50) = -50$（貿易逆差）

(二)(1)當 $G = 90$ 時，

$Y = 50 + 90(Y - 50) + 100 + 90 + 80 + 100 - 20 - 0.1(Y - 50)$

得 $Y = 1400$

(2) $X - M = 100 - 20 - 0.1(1400 - 50) = -55$（貿易逆差）

(三)把 $X = 80$ 且 $M = 70 + 0.1(Y - T)$ 代入

$Y = 50 + 0.9(Y - 50) + 100 + 80 + 80 + 70 - 0.1(Y - 50)$

得 $Y = 1{,}000$

$X - M = 100 - 20 - 0.1(1{,}000 - 50) = -85$（貿易逆差）

即 $X - M = -50$，增加爲 $X - M = -85$。

第四章

1.（D）

解析：(A)(B)(C)皆會使均衡所得增加，(D)會使均衡所得減少。

2.（C）

解析：IS-LM模型中假設物價僵固不變的情況下，分析所得和利率的變動。

3.（D）

解析：在IS-LM模型中，若自發性投資增加則所得增加利率上升，當所得增加，將使消費量增加。

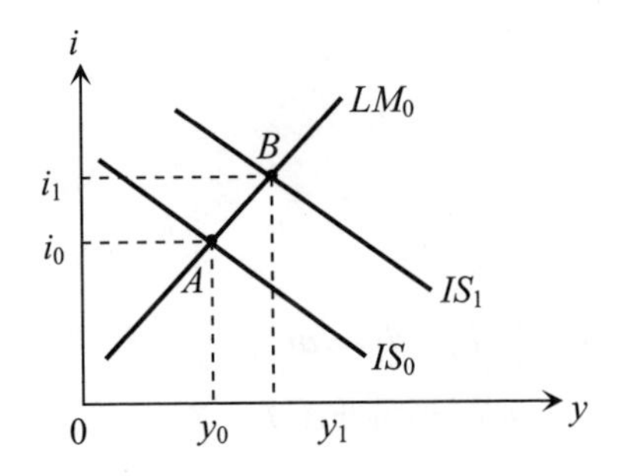

4.（D）

解析：凱因斯認為不景氣時，$\varepsilon_{ir}=0$（投資對利率無彈性）

或 $\varepsilon_{m_t^d}=-\infty$（貨幣需求對利率完全彈性）

當 $\varepsilon_{m_t^d}=-\infty$時，貨幣需求曲線（$\frac{M^d}{P}$）為水平線，

此時貨幣供給增加，利率卻無法下降。如圖：貨幣供給由 M_0。增加到 M_1，利率仍維持在 r_0。

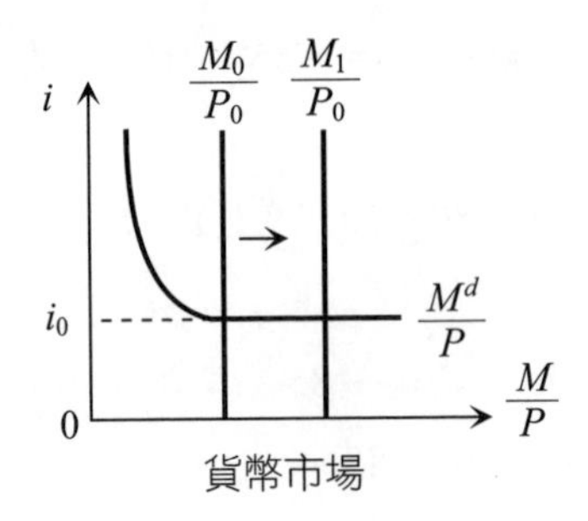

5.（D）

解析：當 $\varepsilon_{ir}=-\infty$，則IS曲線為水平線，此時擴張性的貨幣政策，將完全有效。如圖：當貨幣供給增加，LM_0 右移到 LM_1，產出由 y_0 增加到 y_1。

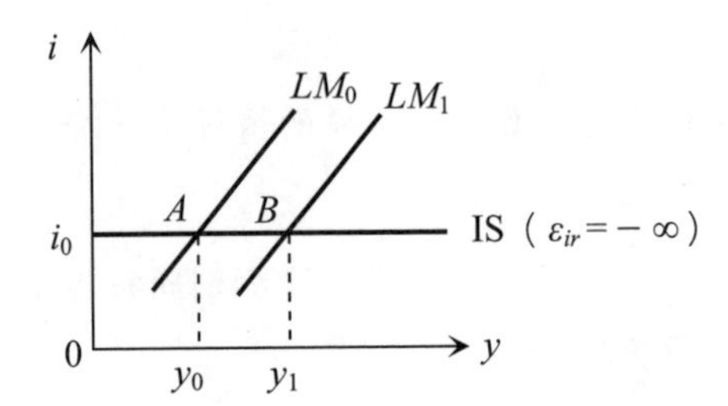

6.（A）

解析：央行拋售公債，同時將收回貨幣，即貨幣供給量減少，將造成LM線向左移。

7.（D）

解析：假設投資對利率的彈性等於零時，IS 曲線呈垂直線。

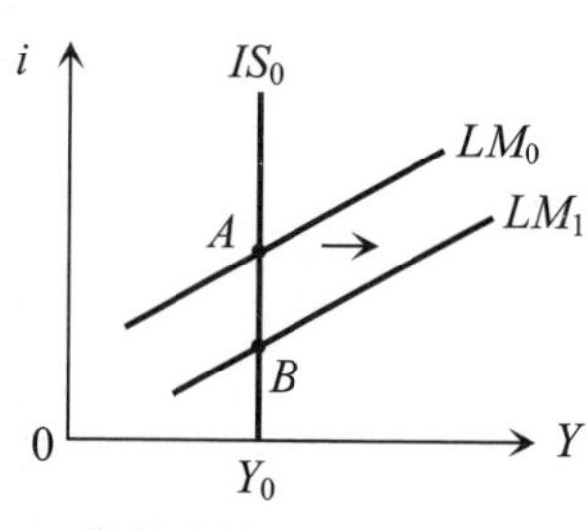

貨幣政策的效果等於零

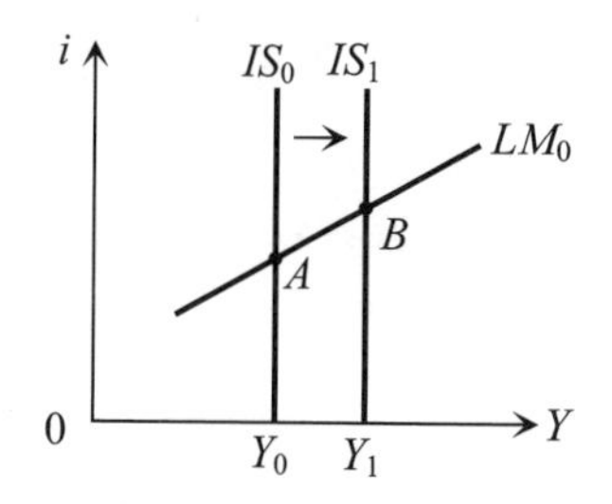

財政政策的效果最大

8.（B）

解析：在 IS-LM 模型，若貨幣供給量下降，則 LM 左移，將使所得由 y_0 減少到 y_1，利率由 i_0 上升到 i_1。

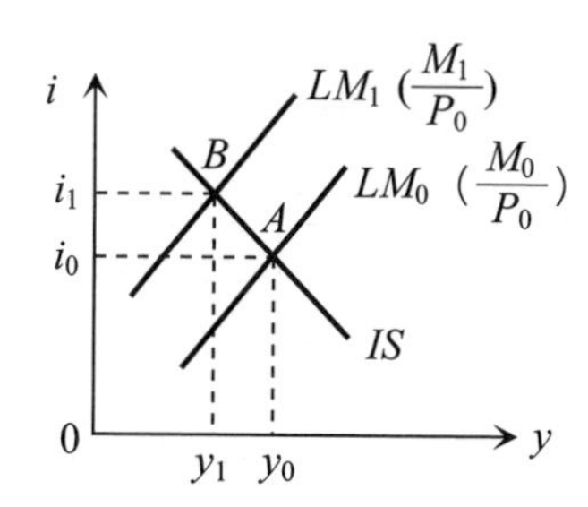

9. (B)

解析:

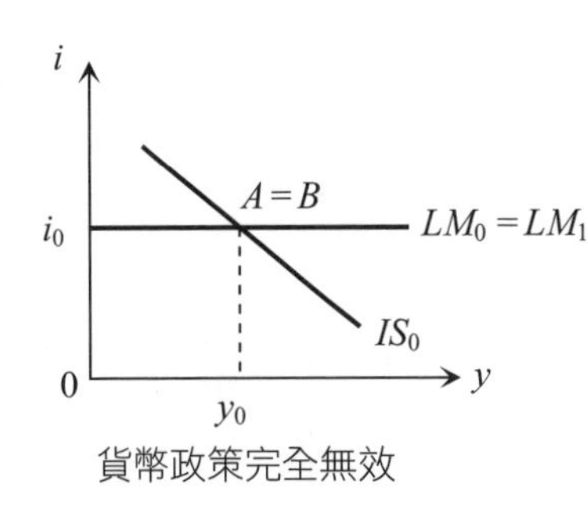

貨幣政策完全無效

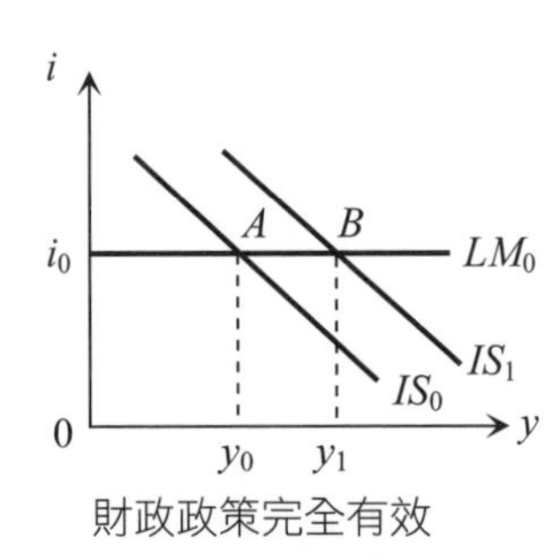

財政政策完全有效

10. (B)

解析:物價水準提高,實質餘額減少(實質貨幣供給減少),將使LM曲線向左移,均衡利率下降。

11. (B)

12. (D)

13. (C)

解析:平衡預算為 $\Delta G_0=\Delta T_0=\Delta B$

即:$\dfrac{\Delta Y}{\Delta B}=1$,即政府同時增加相同稅收和政府支出,將使所得等額增加。

14. (C)

解析:能源價格上升,導致AS向左移,由 AS_0 移動到 AS_1,則 y_0 減少到 y_1,物價由 P_0 上升到 P_1,利率由 i_0 上升到 i_1,由於產出減少將使消費減少。而利率上升將使投資減少。

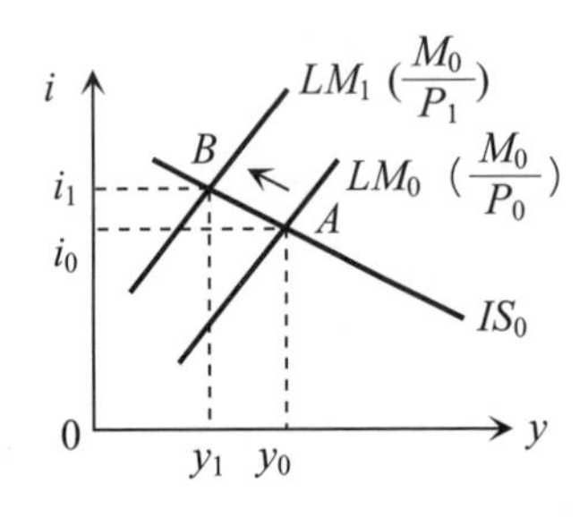

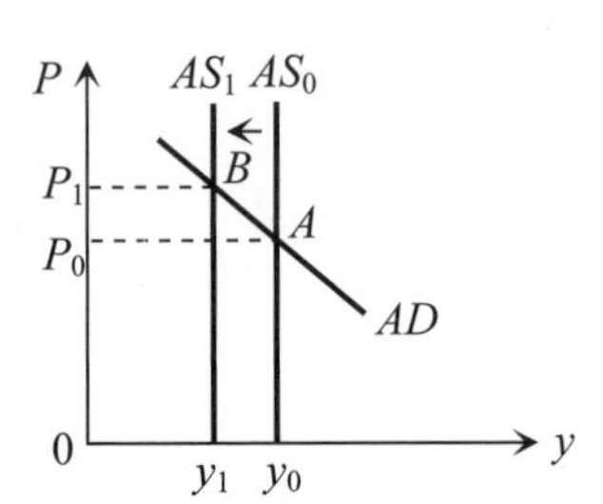

15. (A)

解析：增加政府預算赤字，將使 IS 曲線向右移，導致利率向上移動，民間投資減少。

16. (D)

17. (D)

18. (D)

解析：(A)IS 曲線向左移；(B)LM 曲線向右移；(C)LM 曲線向左移。

19. (D)

解析：政府支出增加，將使 IS 曲線向右移，使得所得增加，進而使消費量增加。

20. (C)

解析：(A)可以決定均衡國民所得與利率水準。
(B)商品市場和貨幣市場同時達成均衡。
(D)將使 LM 曲線向左移。

21. (A)

解析：物價水準上升時，實質貨幣供給減少，LM 曲線向左移，總合需求曲線也會同方向、同幅度向左移。

22. (D)

解析：名目貨幣供給量增加時，LM 曲線向右移，總合需求曲線也會同方向、同幅度向右移。

23. (D)

解析：

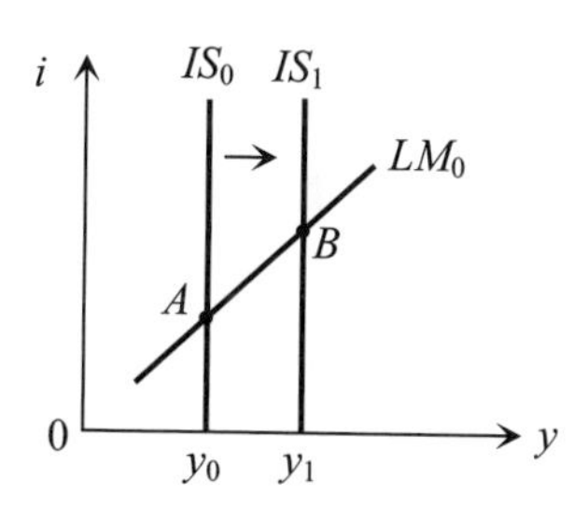

24. (C)

25. (D)

解析：由 $\dfrac{\Delta L}{\Delta i}=-400$，若 $\Delta L=6{,}000-4{,}000=2{,}000$ 時，$\Delta i=-5\%$，即利率（i）下降 5%。

26. (B)

解析：排擠效果是指政府支出增加，造成利率上升，導致民間的投資減少。

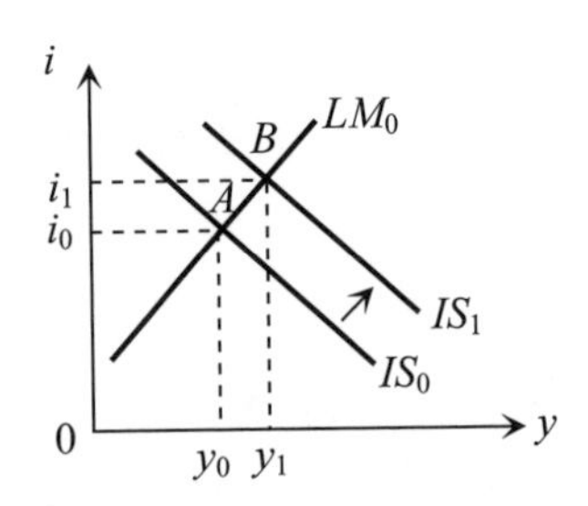

27. (B)

解析：(A)增稅將增加緊縮性缺口；(C)應採擴張性財政政策；(D)均衡所得小於充分就業所得。

28. (D)

29. (D)

解析：由 $\dfrac{dY}{dG_0}=\dfrac{1}{1-mpc}$，若 $mpc=0.9$，$dG_0=-100$，則 $dY=-1{,}000$

30. (D)

解析：排擠效果：是指 $G\uparrow \rightarrow i\uparrow \rightarrow I(i)\downarrow \rightarrow y\downarrow \rightarrow C(y)\downarrow$。

31. (A)

32. (D)

解析：(A)LM 曲線向左移，將使均衡所得下降，均衡利率上升。

(B)IS 曲線向右移，將使均衡所得上升，均衡利率上升。

(C)IS 曲線向右移，將使均衡所得上升，均衡利率上升。

(D)LM 曲線向右移，將使均衡所得上升，均衡利率下降。

33. (A)

34. (D)

35. (B)

第五章

1. (A)

解析：政府減稅，將使總合需求曲線向右移，導致物價上升，均衡所得上升。

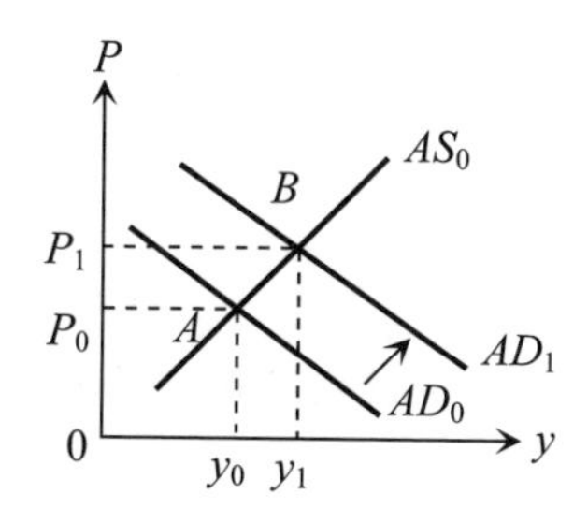

2. (D)

解析：(A)石油價格上升，將使總合供給線往左移。
(B)政府支出增加，將使總合需求線往右移。
(C)增加貨幣供給，將使總合需求線往右移。

3. (A)

解析：擴張性財政政策，將使總合需求曲線向右移動，導致物價上揚，產生增加，就業量上升，利率上升。

4. (C)

解析：若總供給曲線為正斜率，當總供給曲線往左則均衡所得下降而物價水準上升。

5. (A)

解析：擴張性財政政策，將使總合需求曲線向右移，導致均衡價格上升，均衡所得上升。

6. (A)

解析：

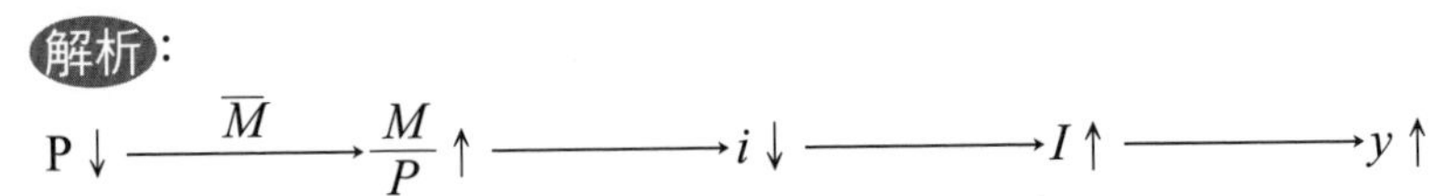

7. (C)

解析：因總和需求向右移所造成的通貨膨脹乃需求推動的通貨膨脹。

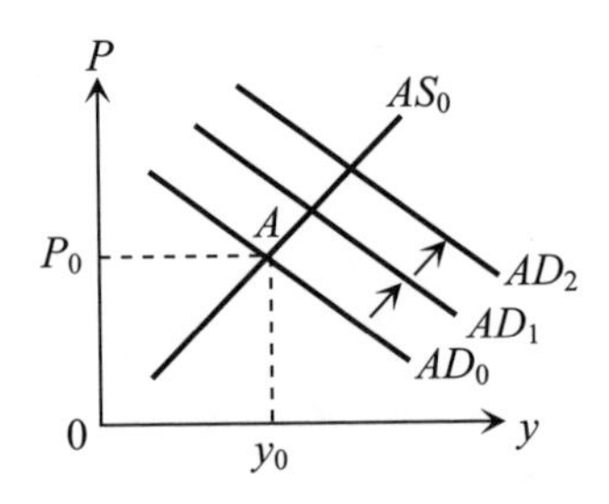

因總和供給向左移所造成的通貨膨脹乃成本推動的通貨膨脹。

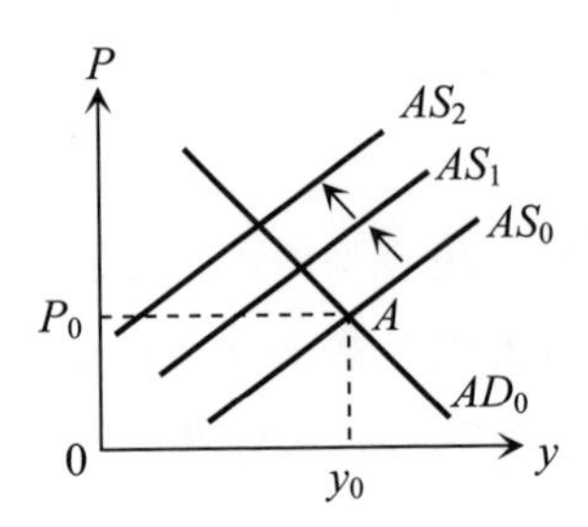

8. (B)

解析：凱因斯學派解釋總合需求曲線呈負斜率的原因之一：若物價上升，在固定的貨幣給量下，實質餘額會下降，導致利率上升，造成投資減少，透過乘數效果，使得所得減少。

9. (C)

解析：總供給曲線往左移，將使物價上漲，產出減少。

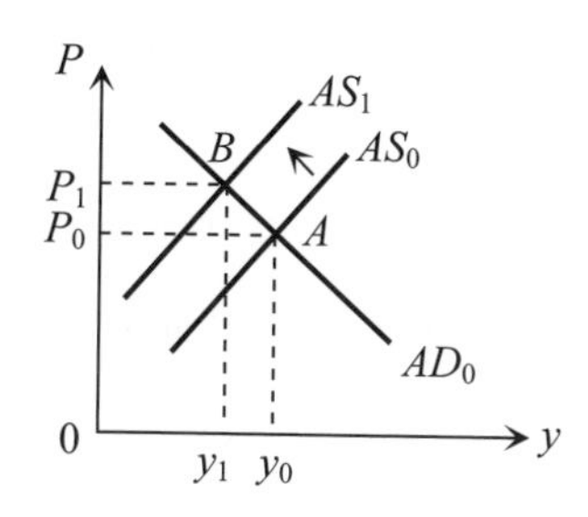

10. (B)

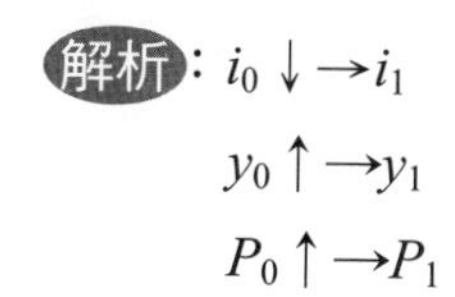

解析：$i_0 \downarrow \rightarrow i_1$

$y_0 \uparrow \rightarrow y_1$

$P_0 \uparrow \rightarrow P_1$

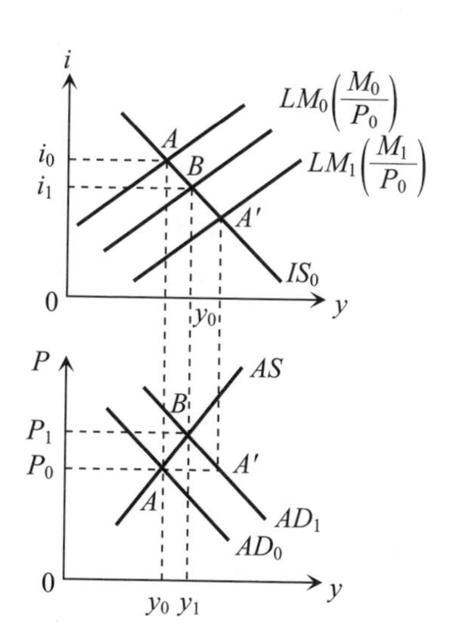

11. (D)

12. (A)

解析：由 $AD=AS$　即　$3-0.02Y=0.5+0.003Y$

得 $Y=500$ 代入　$i=0.1-0.00004Y$

得 $i=0.08$

13. (A)

解析：政府增加公共支出，將使總需求曲線向右移，產出增加，就業量增加，而物價水準上升。

14.（D）

解析：總合需求曲線表示商品市場和貨幣市場同時均衡時，物價和所得組合的軌跡。

15.（B）

16.（C）

解析：生產要素價格上升，將使廠商的生產成本提高，總合供給曲線向左移。

17.（B）

解析：(A)本國幣升值，將使出口減少，進口增加，導致總需求曲線向左移。
(C)政府增加稅賦，將使總需求曲線向左移。
(D)技術進步，將使總供給曲線向右移。

18.（C）

解析：國際石油價格上升，將使總合供給曲線向左移，導致物價上升，國民所得下降，利率上升（利率上升是因為物價上升，使得LM向左移）。

19.（C）

解析：(A)(B)將使總合供給曲線向右移，(D)將使總需求曲線向右移。

20.（D）

解析：(D)產品價格上升，總需求曲線往左移。

21.（D）

解析：(A)總需求曲線往右移。
(B)總需求曲線往右移。
(D)總需求曲線往右移。

22.（D）

第六章

1. (C)

解析：實質景氣循環理論認為，實質產出之變動完全來自於供給面之衝擊。而技術變動乃屬於供給面之變動。

2. (C)

解析：供給面學派認為透過減稅，可以使勞工提高工作意願，並使儲蓄者提高儲蓄，皆使得總合供給曲線向右移。

3. (A)

解析：新興古典學派又稱為理性預期學派，主張被預期到的貨幣政策僅造成物價上漲，而實質產出不變。

4. (B)
5. (D)

解析：理性預期學派主張，若政策完全被預料到，僅造成物價水準上升，實質產出不受影響。

6. (A)

解析：消費意願下降，將使總合需求減少，總合需求曲線向左移，導致產出減少。

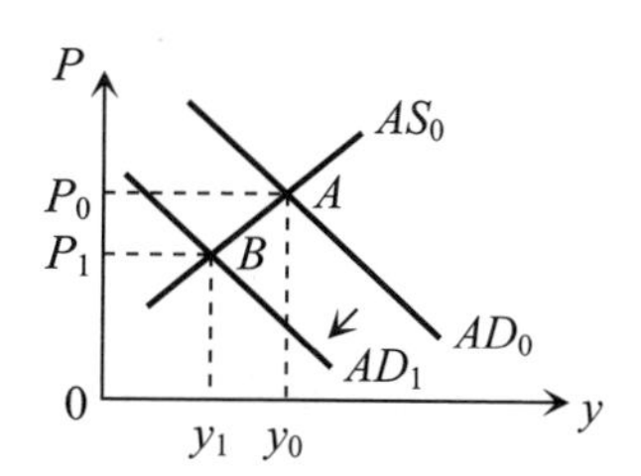

7. (A)

解析：貨幣學派是主張採取法則政策，反對採取任何的權衡政策。

8. (C)
9. (C)

解析：即債券融通政府支出，稱為純粹的財政政策，當政府支出增加時，IS曲線和AD曲線皆同幅度向右移動，導致利率上升，物價上升，國民所得也增加。

10. (D)

解析：三種融通方式分別為課稅、公債、貨幣融通。

第七章

一、選擇題

1. (C)

解析：(A)(B)(D)皆會使總合需求曲線往左移，不會造成需求推動的通貨膨脹。

2. (B)

解析：(A)成本推動的通貨膨脹。

(C)成本推動的通貨膨脹。

(D)需求推動的通貨膨脹。

3. (C)

4. (D)

5. (C)

解析：短期菲力浦曲線是預期物價上漲率的函數。

6. (B)

7. (B)

解析：由名目利率＝實質利率＋通貨膨脹率得 $3\% = x + 8\%$　即 $x = -5\%$

8. (D)

9. (D)

10. (A)

11. (D)

解析：Okun's Law 乃說明失業率和產出呈反向關係。

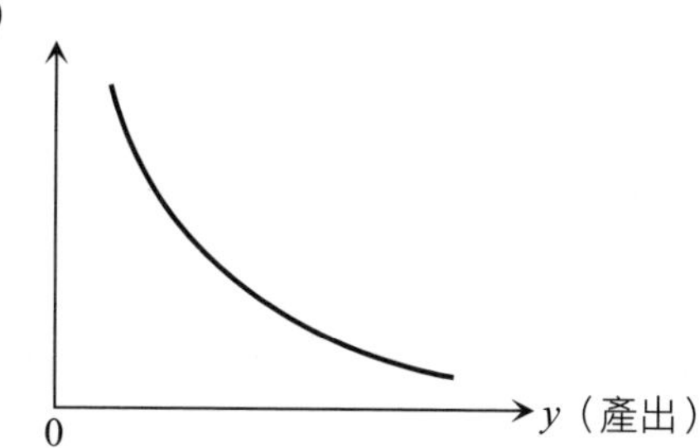

12.（B）

13.（A）

14.（D）

解析：菲力浦曲線表示物價上漲率和失業率呈反向關係或稱替換（trade off）關係。

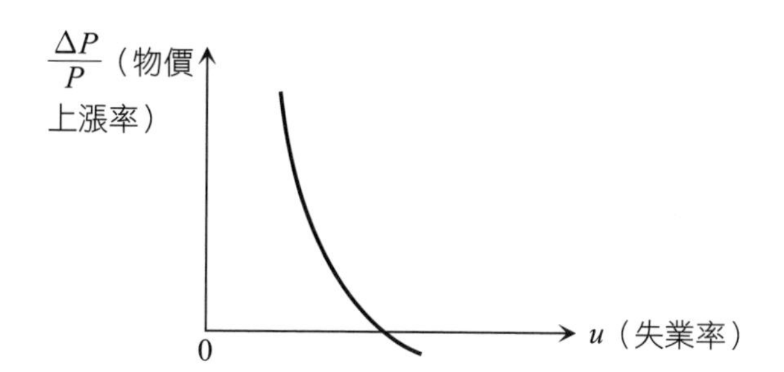

15.（B）

16.（A）

17.（A）

解析：由 $R=i+\frac{\Delta P}{P}$，當 $R=3\%$，$i=2\%$，則 $\frac{\Delta P}{P}=1\%$

18.（A）

解析：(B)物價上漲，產出減少。

(C)物價上漲，產出不變。

(D)物價上漲，產出減少。

19. (A)

20. (B)

解析：物價膨脹將使名目所得增加。

21. (D)

解析：停滯膨脹是指物價上漲，產出減少同時發生的現象。其產生供給面衝擊將使總合供給曲線往左移，導致物價上漲，產出減少。

22. (A)

解析：貨幣學派認為貨幣供給成長率等於物價膨脹率。

23. (A)

24. (C)

25. (B)

解析：長期菲力浦曲線所對應的失業率為自然失業率。

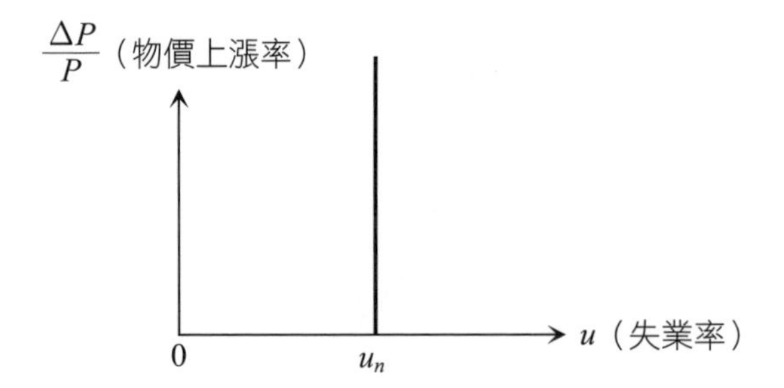

26. (D)

解析：(A)總合需求推動的通貨膨脹。
(B)總合需求推動的通貨膨脹。
(C)總合供給曲線將往右移。

27. (A)

解析：$失業率=\frac{失業人口}{失業人口+就業人口}$
$=\frac{失業人口}{勞動人口}=\frac{15}{210}=7.1\%$

$勞動參與率=\frac{勞動人口}{每滿15歲以上的人口（勞動人口+非勞動人口）}$

$$=\frac{210}{245}=85.71\%$$

28.（B）

解析：自然失業率＝摩擦性失業率＋結構性失業率。

29.（D）

解析：實際失業率是有摩擦性和結構性失業或只有自然失業。

30.（C）

解析：勞動參與率＝勞動力／總人口中年滿 15 歲以上者。

31.（A）

32.（D）

33.（B）

34.（B）

解析：失業救濟金給付影響摩擦性失業的情況較嚴重。

35.（D）

解析：充分就業是指當失業率等於自然失業率時。

36.（B）

37.（A）

38.（C）

解析：失業率＝自然失業率。

39.（A）

40.（B）

41.（C）

42.（A）

二、計算題

1. $\frac{1,000}{4,000+1,000}=20\%$

第八章

1. (B)

解析：總所得＝薪資＋利息收入＝250＋50＝300

儲蓄＝總所得－消費支出＝300－200＝100

2. (D)

解析：$C=2{,}000+0.75Y$　當 $Y=1{,}000$ 代入得

$C=2{,}000+0.75\times 1{,}000=2{,}750$

3. (B)

解析：由 $Y_d=C+S$，故 $C=Y_d-S$，當 $S=-200+0.4Y_d$，則 $C=Y_d-S=Y_d-(-200+0.4Y_d)=200+0.6Y_d$

4. (C)

解析：由 $S=Y_d-C$　因 $C=500+0.7Y_d$ 代入

得 $S=Y_d-(500+0.7Y_d)=-500+0.3Y_d$

5. (A)

解析：當 $C=bY$ 時，$APC=\frac{C}{Y}=\frac{bY}{Y}=b$，

$mpc=\frac{\Delta C}{\Delta Y}=\frac{\Delta bY}{\Delta Y}=\frac{b\Delta Y}{\Delta Y}=b$，故 $APC=mpc$。

6. (C)

解析：邊際儲蓄傾向$=\frac{\Delta S}{\Delta Y}=\frac{60-20}{200-100}=\frac{40}{100}=0.4$

邊際消費傾向＝1－邊際儲蓄傾向

＝1－0.4＝0.6

7. (C)

解析：$C=200+0.6Y$，則 $APC=\frac{C}{Y}=\frac{200}{Y}+0.6$，因 $\frac{200}{Y}>0$，所以 $APC>0.6$

8. (B)

解析：凱因斯的消費基本心理法則為，$0<C<Y_D$，或 $0<\Delta C<\Delta Y_D$ 同除 ΔY_D

得 $0<\frac{\Delta C}{\Delta Y_D}<\frac{\Delta Y_D}{\Delta Y_D}$，即 $0<mpc<1$。

9. (D)

解析：由 $Y=C+S$，同除 Y 得 $\frac{Y}{Y}=\frac{C}{Y}+\frac{S}{Y}$，即 $1=APC+APS$。

10. (C)

解析：令消費函數為 $C=C_0+bY_d$，$APC=\frac{C}{Y_d}=\frac{C_0}{Y_d}+b$，$mpc=\frac{dC}{dY_d}=b$，所以 $APC=\frac{C_0}{Y_d}+mpc$，即 $APC>mpc$。

11. (D)

解析：$C_0=180$，$Y_d^0=200$

$C_1=200$，$Y_d^1=225$

邊際消費傾向 $=\frac{\Delta C}{\Delta Y_d}=\frac{C_1-C_0}{Y_d^1-Y_d^0}=\frac{200-180}{225-200}=0.8$

12. (C)

解析：由 $Y_d=C+S$，若 $C=50+0.9Y_d$，則 $S=Y_d-C$ 即 $S=Y_d-(50+0.9Y_d)$ $=-50+0.1Y_d$

13. (A)

解析：把 $Y=1{,}200$ 代入 $C=100+0.8Y$，得 $C=100+0.8(1{,}200)=1{,}060$

$C+I=1{,}060+100=1{,}160$

存貨變動 $=1{,}200-1{,}160=40$（增加）

14. (A)

解析：$MPC=\frac{\Delta C}{\Delta Y}=0.7$，

而 $MPS=1-MPC=1-0.7=0.3$

第九章

1. (D)

解析：毛投資－淨投資＝折舊，

GNP － NNP ＝折舊。

2. (C)

解析：(A)是指投資加速增加，並非一次增加。

(D)實質利率愈高則實質投資減少。

3.（B）

解析：(A)利率下降，投資需求量增加。

(C)對未來的銷售量看好，投資需求量增加。

(D)資本的使用成本降低，投資需求量增加。

4.（B）

5.（B）

6.（D）

解析：投資支出和利率，利潤稅率，折舊呈反比。

7.（A）

解析：買股票是金融交易只是一種權利憑證的移轉，並非經濟學所說的投資支出。

8.（D）

9.（B）

10.（B）

11.（B）

解析：毛投資＝淨投資＋替換投資＝ 10+0=10（台）

12.（C）

解析：由 $P_B=\frac{R}{i}$，$P_B=\frac{10}{5\%}=200$（元）

13.（A）

14.（A）

解析：國民所得會計帳上所指的投資包括企業固定投資、住宅投資、存貨投資。若存貨投資增加，是計入投資毛額內。

15.（D）

16.（A）

解析：$\frac{110}{(1+10\%)}=100$

17.（C）

18.（B）

解析：資產報酬率和風險呈正向關係。

流動性和資產報酬率呈反向關係。

19. (C)

第十一章

1. (A)

解析：由 $\frac{M^d}{P}=L(i,y)$，若 y 上升則 $\frac{M^d}{P}$ 上升，而 i 上升則 $\frac{M^d}{P}$ 下降。

2. (A)

解析：貨幣需求減少，在實質貨幣供給不變的情況下，LM 曲線向右移。

3. (B)

解析：信用卡與簽帳卡使用愈普及，則對貨幣的需求愈減少。

4. (B)

5. (D)

解析：(A)價格上漲，產出將減少。

(B)政府支出增加，總合需求增加。

(C)貨幣供給增加，總合需求增加。

6. (C)

解析：(A)預防性的貨幣需求與所得成正向關係。

(B)交易性的貨幣需求與所得成正向關係。

(D)利率低時，會持有貨幣，不持有債券。

7. (A)

解析：在名目貨幣供給不變的情況下，物價上升時，名目貨幣需求會增加。

8. (C)

解析：對貨幣需求增加，將使貨幣需求曲線向右移，導致利率上升。

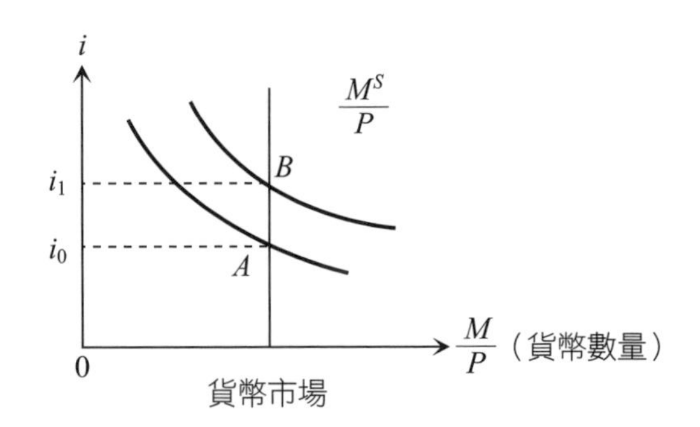

9.（B）

10.（A）

11.（B）

解析：資產選擇多樣化對貨幣需求愈少，則利率水準下降。

12.（B）

13.（C）

解析：(A)預期物價上漲率提高時，會減少對貨幣的需求。

(B)其他資產的報酬率提高時，會減少對貨幣的需求。

(D)物價水準上升時，會增加對貨幣的需求。

14.（D）

解析：依據包莫爾的存貨模型，持有貨幣的成本包括提款成本和利息損失。

15.（A）

解析：活期存款是負債，而庫存現金放款，存放央行準備金則是資產。

16.（D）

解析：降低重貼現率，則商業銀行向央行借錢的資金成本就下降；商業銀行信用擴張的能力提高，則市場上貨幣供給量就會提高；利率下降，將使投資增加，透過乘數效果，使得所得增加。

17.（B）

18.（B）

19.（D）

20. (A)

解析：由 $m=\frac{1+k}{k+r_d+r_e}=\frac{1+0.25}{0.25+0.15+0.1}=\frac{1.25}{0.5}=2.5$

式中 $k=0.25$

$r_d=0.15$

$r_e=0.1$

21. (B)

解析：中央銀行在公開市場操作影響商業銀行準備金，準備貨幣進而影響貨幣供給量與貨幣乘數的組成無關。

22. (A)

解析：公開市場操作有買進動作時，因買入有價證券，而釋放台幣，會導致銀行體系準備金的總量增加。

23. (D)

解析：(1)降低法定存款準備率，將使商銀的貸放能力提高，存款創造增加。
(2)降低重貼現率，將使商銀向央銀借款成本下降，商銀的貸放能力提高，存款創造增加。

24. (D)

解析：(D)乃財政部的權限。

25. (B)

26. (D)

27. (B)

28. (D)

29. (A)

30. (A)

解析：(D)信用卡僅有遞延支付的功能，並不是貨幣。

31. (C)

解析：外匯存款是準貨幣，包括在 M2 內。

32. (C)

解析：(A)中央銀行在外匯市場出售美元，而收回台幣，將使貨幣供給量減少。

(B)中央銀行在債券市場賣出債券，而收回台幣，將使貨幣供給量減少。

33. (B)

解析：(B)在公開市場買入債券，因而收回台幣，將使貨幣供給量減少。

34. (A)

35. (B)

36. (D)

解析：(A)(B)(C)都將減少貨幣供給量。

37. (C)

38. (C)

39. (A)

解析：中央銀行在公開市場買入有價證券，因而支付台幣，將使貨幣供給量增加。

40. (B)

解析：由 $\frac{\Delta M}{\Delta B}=\frac{1}{r}$，當 $\Delta B=1{,}000{,}000$，$r=20\%$

則 $\Delta M=1{,}000{,}000\times\frac{1}{20\%}=5{,}000{,}000$

41. (D)

解析：定期儲蓄存款比例下降，貨幣供給乘數上升。

42. (A)

解析：當個人持有較少現金，則流通於私人部門的通貨淨額占存款貨幣之比率下降，將使貨幣乘數提高。

43. (B)

44. (B)

解析：法定存款準備率的調整將影響貨幣乘數的貨幣基底不變的情況下，影響貨幣供給量和變動。

45.（D）

解析：強力貨幣（或稱準備貨幣）=流通於私人部門之通貨+商業銀行體系之總準備金=流通於私人部門之通貨+法定存款準備金+超額準備金。

46.（C）

解析：(A)(B)(D)乃央行的一般管制或稱為量的管制。

47.（A）

48.（A）

解析：外匯存款戶解約，轉入本國活期存款，將使 M_{1B}上升，而 M_2減少。

49.（A）

解析：由 $M^S=P \cdot A \cdot Y/i$ 取自然對數，得

$\ell nM^S=\ell nP+\ell nA+\ell nY-\ell ni$。再全微分，得 $d\ell nM^S=d\ell nP+d\ell nA+d\ell nY-d\ell ni$ 即 $\hat{M}^S=\hat{P}+\hat{Y}-\hat{i}$。移項 $\hat{P}=\hat{M}^S-\hat{Y}+\hat{i}$，表示物價膨脹率等於貨幣供給成長率減去實質國民所得成長率加上名目利率成長率。

50.（B）

解析：(A)(C)(D)皆會使得貨幣供給額增加。

51.（A）

解析：中央銀行提供專款給商業銀行，作為低利房貸之用，商業銀行貸放出去，將使貨幣供給量增加，導致市場利率下降。

52.（C）

解析：央行所發行的通貨是央行的負債。

53.（B）

解析：央行操作貨幣供給量以影響利率，透過利率影響投資，再由投資影響所得。

54.（B）

解析：(A)信用卡非貨幣。

(C)先定商品貨幣再演進成強制貨幣。

(D)金銀本位制度。

55. (D)

解析：央行在公開市場發行乙種國庫券、定期存單、儲蓄券，將由市場收回台幣，導致貨幣供給減少，利率因而上升。

第十二章

1. (A)
2. (C)

解析：(1)景氣好轉（Y上升）透過奧肯法則失業率下降。

(2)景氣變壞（Y下降）。

由(1)(2)得知景氣（Y）和失業率呈反向關係。

第十三章

1. (B)

解析：一國貨幣升值，出口成本上升將不利出口，而進口成本下降，有利進口。

2. (C)

解析：(C)資本帳。

3. (C)

解析：(A)對外匯需求增加，將使外匯需求線向右移。

(B)對外匯需求增加，將使外匯需求線向右移。

(D)對外匯需求增加，將使外匯需求線向右移。

4. (A)

解析：外匯供給大於外匯需求，將使國際收支有盈餘，則本國的貨幣供給增加。

5. (A)

解析：國外的物價相對本國物價上漲，使本國出口成本下降，將增加本國的出口量。

6. (C)

7. (A)

解析：美元相對新台幣升值，表示新台幣相對美元貶值，則有利台灣的出口，不利美國的出口。

8. (B)

9. (A)

解析：要達成匯率的變動和淨出口（X-M）成反向關係，須滿足 Marshall-Lerner 條件。

10. (D)

11. (B)

解析：本國利率下跌，將使資金外流，外匯需求曲線向左移，導致匯率上升，即台幣貶值。如圖：

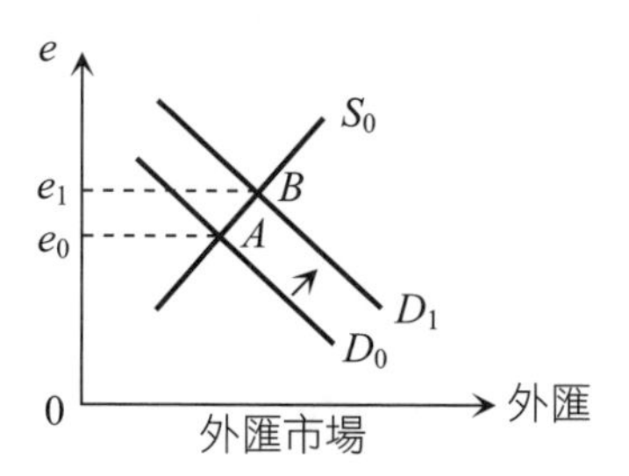

12. (C)

解析：中央銀行在外匯市場買進美元，將對外匯的需求增加，使得外匯需求線向右移，導致匯率上升，即本國貨幣貶值，有利我國出口量的增加。

13. (B)

解析：外匯存底大量累積，將使國內貨幣供給增加，導致國內物價上升。

14. (C)

解析：浮動匯率下，若外匯供給大於需求，外匯市場會自動調整，將使匯率下降，則本國貨幣相對升值。

15. (D)

16. (B)

17. (A)

解析：由相對 PPP：$\hat{e}=\hat{p}-\hat{p}_f$，若 $\hat{p}=3\%$，$\hat{p}_f=5\%$，則 $\hat{e}=3\%-5\%=-2\%$，即匯率下降 2%，表示台幣升值 2%，美元貶值 2%。

18. (D)

19. (B)

解析：浮動匯率制度下透過外匯市場的自動調整，國際收支永遠平衡。

20. (C)

解析：1 美元＝32 台幣，1 美元＝1.6 新加坡幣，則 32 台幣＝1.6 新加坡幣，即 1（台幣）$=\frac{1.6}{3.2}=0.05$（新加坡幣）

21. (C)

解析：央行拋售美元，將造成外匯供給線向右移，由 S_0 移到 S_1，均衡匯率由 e_0 下降到 e_1，表示台幣升值。

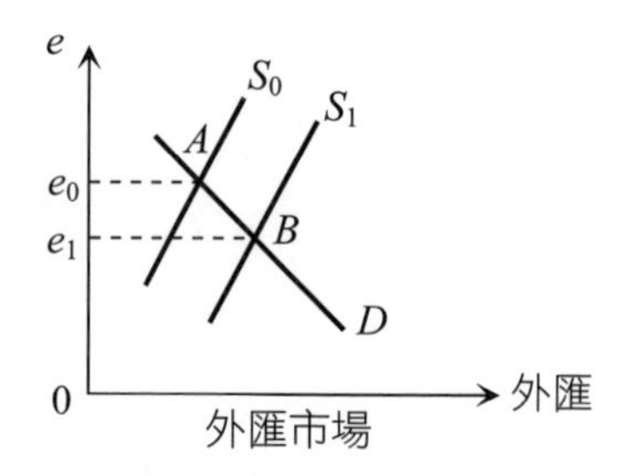

22. (A)

解析：進口增加，造成外匯需求曲線向右移，導致匯率上升，即台幣貶值，同時貶值有利於出口，如圖：

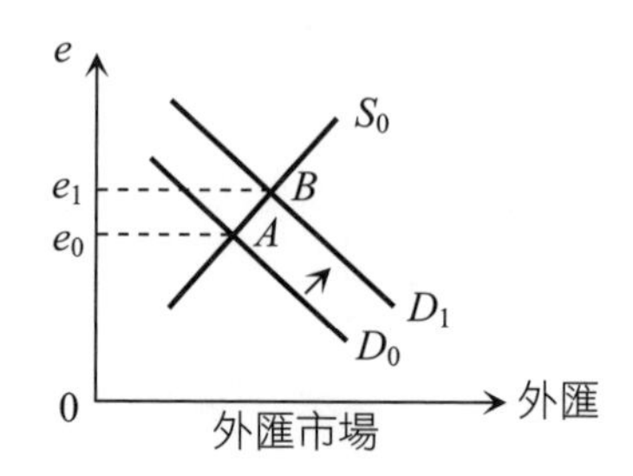

23.（B）

解析：由相對購買力平價說，$\hat{e}=\hat{p}-\hat{p}_f$，若本國發生嚴重的通貨膨脹，表示$\hat{P}$相對$\hat{p}_f$上升，則$\hat{e}$本國貨幣貶值。

24.（C）

25.（B）

解析：由相對購買力平價說

$$\frac{\Delta e}{e}=\frac{\Delta P}{P}-\frac{\Delta P_f}{P_f} \quad \text{若} \frac{\Delta P}{P}<\frac{\Delta P_f}{P_f}\text{，則}\frac{\Delta e}{e}<0$$

即匯率下降（本國貨幣相對升值）。

26.（A）

解析：外匯存底增加，將使貨幣供給上升，導致利率下降。

27.（A）

當出口值增加，則外匯供給曲線向右移，匯率下降表示本國貨幣升值。

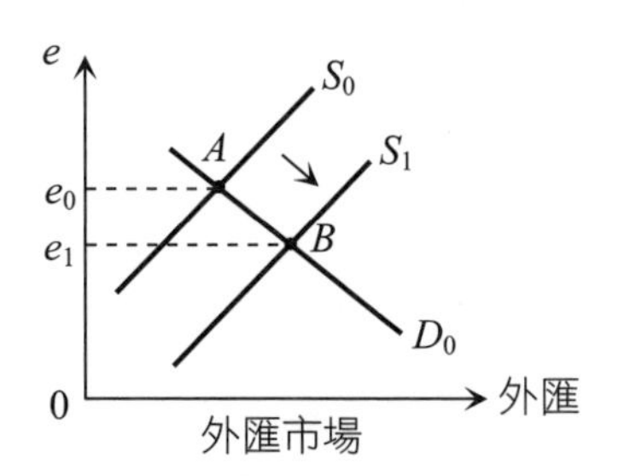

28.（D）

29.（C）

30.（C）

解析：本國貨幣貶值，將使匯率上升，導致出口增加，進口減少，即淨出口增加。

31.（D）

解析：外資將資金匯出，則對外匯需求增加，將使外匯需求曲線向右移，導致外匯率上升，在固定匯率制度下，央行為了穩定匯率於某一固定水準，將在外匯市場出售外匯，使外匯供給曲線向右移，同時釋放貨幣供給到國內市場上，使利率不致上升。

32.（A）

解析：進口需求增加，對於外匯需求增加，造成外匯需求線向右移，使得匯率上升，導致本國貨幣貶值。

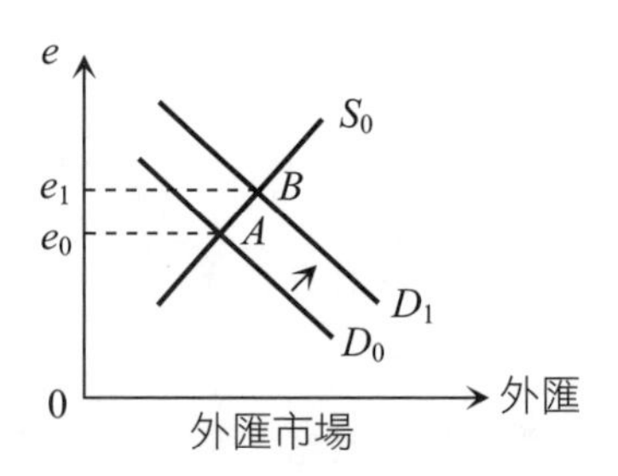

33.（B）

34.（A）

解析：本國利率相對於外國利率上升，則將會使外匯流入，外匯供給增加，外匯供給曲線右移，匯率下跌。如圖：S_0 右移到 S_1，匯率由 e_0 下降到 e_1。

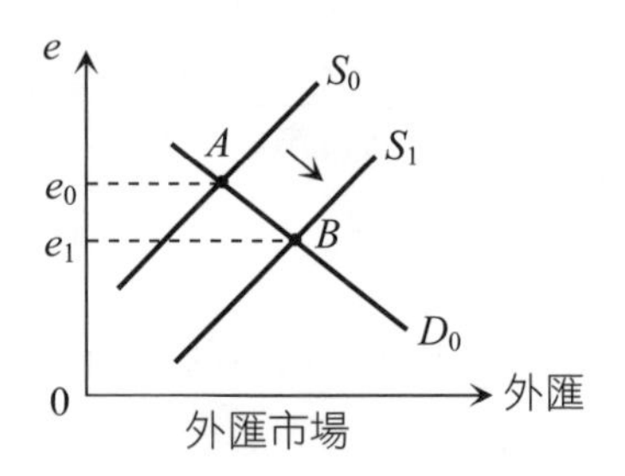

35.（A）

解析：外資將大量外匯匯入台灣，將使外匯供給增加，外匯供給曲線向右移，均衡匯率下降，即新台幣相對升值。

第十四章

1. (C)

解析：分析貿易為何會發生，應以比較利益的觀點來討論，若乙國生產汽車有比較利益，則甲國生產紅酒有比較利益，所以甲國應生產且出口紅酒，乙國應生產且出口汽車。

2. (B)
3. (C)

解析：生產技術進步，將使總合供給曲線向右移動。

4. (C)

解析：傾銷的定義是，產品銷售到國外的售價低於國內售價。

5. (B)

解析：若本國為國際價格的接受者，是進口關稅提高，進口量減少，進口品的國內售價提高，生產者剩餘提高，消費者剩餘減少。

6. (D)
7. (A)

解析：假設本國為國際價格接受者，若採行出口補貼，則國內生產出口品的生產量增加，出口品的數量提高，消費者剩餘減少，生產者剩餘增加。

8. (D)
9. (B)

解析：貿易雙方皆以出口生產機會成本最低的商品或勞務。

10. (B)
11. (C)

解析：比較利益理論乃修正絕對利益理論的盲點。

12. (A)

解析：甲國，1L＝10 單位布＝10 單位米，即 1 單位布＝1 單位米

乙國，1L＝5 單位布＝8 單位米，即 1 單位布＝$\frac{8}{5}$ 單位米

所以甲國生產布其機會成本較乙國低；反之，乙國將生產米其機會成本比較低。故甲乙兩國從事貿易，則甲國出口布，乙國出口米，較符合比較利益。

13.（B）

解析：原點進口量為 20－10＝10（萬）現限額為 5，則S_0向右移到$S_1=S_0+5$，造成進口車和國產車的價格由P_0上升到P_1。

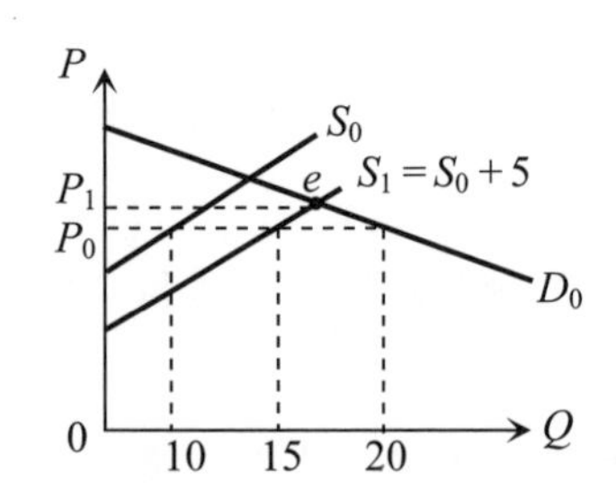

14.（C）

解析：共同市場是除了去除商品貿易障礙之外，容許生產要素在會員國間可以自由移動。

15.（B）

解析：美國：1L＝12 單位小麥＝4 單位掃把，

即 1 單位小麥＝$\frac{4}{12}$單位掃把

中國：1L＝2 單位小麥＝2 單位掃把，

即 1 單位小麥＝1 單位掃把

由上述討論可知，美國生產小麥總機會成本低於中國，所以美國應生產且出口小麥，才有比較利益，同理中國應生產且出口掃把才有比較利益。

16.（A）

17.（C）

18.（D）

解析：比較利益是指相對生產成本較低的國家，並非所有國家，若是比所有

國家生產成本低乃絕對利益的概念。

19. (D)

解析：貿易條件$=\frac{\text{進口品數量}}{\text{出口品數量}}=\frac{\text{出口品國際價格}}{\text{進口品國際價格}}$

20. (A)

21. (C)

解析：限額結果將造成國內生產者增加出售數量，且提高價格。如圖：限額數量為M，則S_0向右移到S_1。國內售價由P_0上升到P_1，國內供給量由$Q_0{}^S$增加到$Q_1{}^S$。

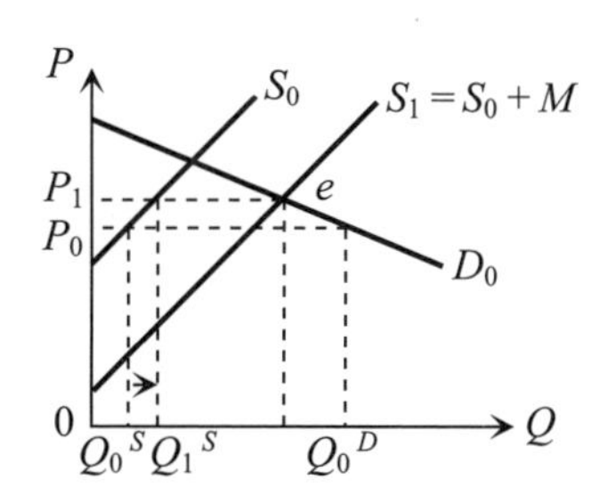

22. (A)

解析：自由貿易區是指會員國將彼此間的商品貿易障礙完全去除，但對外仍維持個別貿易障礙。

23. (B)

解析：貿易帳＝出口－進口，若貿易帳大於謂之貿易順差。

24. (B)

解析：假設本國為國際價格接受者，若採行出口補貼，本國消費者剩餘會減少，生產者剩餘增加，社會的淨福利下降。

25. (C)

解析：1. 關稅前：

(1)進口量$=Q_0{}^D Q_0{}^S=Q_0{}^m$

(2)國內價格＝進口價格$=P_0$

2. 關稅後：S_0上升至S'

(1)國內市場之進口量下降為 $Q_1{}^m=Q_1{}^DQ_1{}^S$。

(2)國內價格由 $P_0\uparrow\rightarrow P_1$，國際價格仍為 P_0。

(3)消費者剩餘減少 $a+b+c+d$。生產者剩餘增加 a。

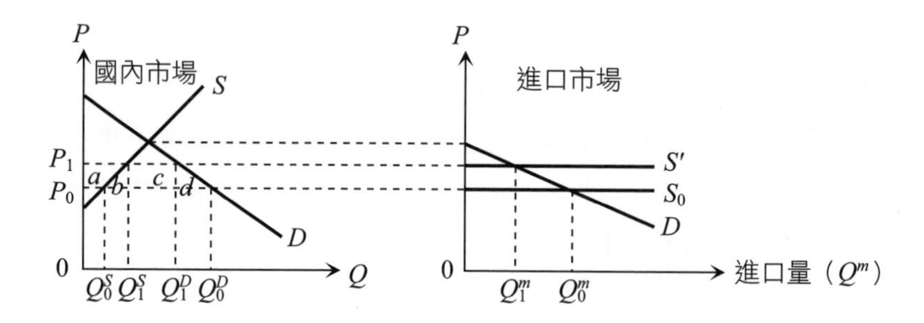

國家圖書館出版品預行編目資料

總體經濟學／王志成著. --二版.--臺北市：
五南, 2012.04
面； 公分
ISBN 978-957-11-6621-6（平裝）
1.總體經濟學
550　　101005115

1MCD

總體經濟學

作　　者 — 王志成(10.1)
發 行 人 — 楊榮川
總 編 輯 — 王翠華
主　　編 — 張毓芬
責任編輯 — 侯家嵐
封面設計 — 盧盈良
出 版 者 — 五南圖書出版股份有限公司
地　　址：106 台北市大安區和平東路二段 339 號 4 樓
電　　話：(02)2705-5066　傳　　真：(02)2706-6100
網　　址：http://www.wunan.com.tw
電子郵件：wunan@wunan.com.tw
劃撥帳號：01068953
戶　　名：五南圖書出版股份有限公司

台中市駐區辦公室 / 台中市中區中山路 6 號
電　　話：(04)2223-0891　傳　　真：(04)2223-3549
高雄市駐區辦公室 / 高雄市新興區中山一路 290 號
電　　話：(07)2358-702　傳　　真：(07)2350-236

法律顧問　元貞聯合法律事務所　張澤平律師

出版日期　2008 年 7 月初版一刷
　　　　　2012 年 4 月二版一刷
定　　價　新臺幣 420 元

凝煉知識品味閱讀

凝煉知識品味閱讀